COLECCIÓN
DERECHO RURAL

5

TÉCNICAS JURÍDICAS DE INTERVENCIÓN PARA LA CONECTIVIDAD RURAL

Esta publicación es resultado del trabajo de investigación realizado en el marco del Proyecto de Investigación ACLIMATRA (Ref. TED2021-129553B-I00) del Ministerio de Ciencia, Innovación y Universidades, Agencia Estatal de Investigación. Proyectos Estratégicos Orientados a la Transición Ecológica y a la Transición Digital. Convocatoria 2021.

5

TÉCNICAS JURÍDICAS DE INTERVENCIÓN PARA LA CONECTIVIDAD RURAL

Autora:
Paula M.ª Tomé Domínguez

COLEX 2024

© Editorial Colex, S.L.
Calle Costa Rica, número 5, 3.º B (local comercial)
A Coruña, C.P. 15004
info@colex.es
www.colex.es

I.S.B.N.: 978-84-1194-752-7
Depósito legal: C 1833-2024

SUMARIO

INTRODUCCIÓN 13

CAPÍTULO I

HISTORIA DE LAS TELECOMUNICACIONES, INTERVENCIÓN PÚBLICA Y SU CONFIGURACIÓN COMO SERVICIO PÚBLICO: LA RED TELEFÓNICA COMO ANTECEDENTE DE LAS COMUNICACIONES ELECTRÓNICAS

Introducción 15
1. El siglo XIX y el despegue de las telecomunicaciones 16
2. Primera parte del siglo XX. De la primera norma con rango de ley (1907) hasta la primera categorización legal de los servicios de telecomunicaciones como servicio público (Ley 31/1987, de 18 de diciembre, de Ordenación de las Telecomunicaciones, LOT) 25
   2.1. Real Decreto 2248/1984, de 28 de noviembre, sobre la extensión del servicio telefónico en el medio rural 33
      A) Extensión del servicio telefónico en el marco del contrato concesional con CTNE (Decreto de 31 de octubre de 1946) 35
   2.2. Entrada de España en la Comunidad Económica Europea (CEE): Libro Verde sobre el desarrollo del mercado común de las telecomunicaciones de la Comisión Europea en 1987 37
      A) Recomendación del Consejo 84/550/CEE, de 12 de noviembre de 1984, relativa a la primera fase de apertura de los contratos públicos de telecomunicaciones y la Résolution du Parlement Européen sur les télécommunications de 30 de abril de 1984 41
      B) Directiva del Consejo 86/361/CEE de 24 de julio de 1986 sobre reconocimiento mutuo de la homologación de equipo 43
      C) Reglamento (CEE) n.º 3300/86 del Consejo, de 27 de octubre de 1986, por el que se establece un programa comunitario relativo al desarrollo de determinadas regiones desfavorecidas de la comunidad mediante un mejor acceso a los servicios avanzados de telecomunicaciones (programa STAR) 44

D) Fomento de la industria europea de telecomunicaciones y de su competitividad e integración de la política comunitaria de telecomunicaciones: Recomendación del Consejo 86/659/CEE de 22 de diciembre de 1986, relativa a la introducción de la Red Digital de Servicios Integrados (RDSI) y Comunicación de la Comisión sobre la política comunitaria de las telecomunicaciones, de 5 de junio de 1986, COM (86) 325 final 46
E) Sobre la introducción incipiente de las comunicaciones integradas de banda ancha (CIBA) a través del Programa RACE de la UE y la aprobación del Convenio Internacional de 6 de noviembre de 1982 de Telecomunicaciones hecho en Nairobi. 48
2.3. Ley 31/1987, de 18 de diciembre, de Ordenación de las Telecomunicaciones (LOT): las telecomunicaciones como servicio público 51

CAPÍTULO II

MERCADO, OBLIGACIONES DE SERVICIO PÚBLICO Y SERVICIO UNIVERSAL

Introducción 57
1. Liberalización y nacimiento del servicio universal. Las telecomunicaciones como servicio de interés general (1992-2000) y competencia en servicios . 59
1.1. Proceso de liberalización: intervencionismo y regulación asimétrica 59
1.2. Armonización comunitaria: liberalización de servicios de telecomunicaciones 62
A) Supresión de derechos especiales o exclusivos en cuanto a la comercialización de los equipos: Directiva 88/301/CEE de 18 de mayo 64
B) Oferta de Red Abierta (ONP) y liberalización de servicios: Directiva 90/387/CEE sobre el mercado interior de servicios mediante ONP. . 67
C) Supresión de los derechos especiales o exclusivos en cuanto a la prestación de servicios: Directiva 90/388/CEE de 28 de junio. 70
D) Obligaciones de apertura en líneas relevantes para la interconexión: Directiva 92/44/CEE de 5 de junio relativa a la aplicación de la ONP en las líneas arrendadas 74
E) Consolidación del proceso de liberalización. La Directiva 96/19/CE de 13 de marzo impulsora de la instauración de la *plena* competencia. 76
F) Primera conceptualización del servicio universal e impulso a la liberalización en infraestructuras: Directiva 97/33/CE y Directiva 97/51/CE 81
G) Directiva 98/10/CE sobre la ONP y el servicio universal de telecomunicaciones 89

i) La diferente financiación del servicio universal y de otras obligaciones de servicio público. Determinante del futuro de la garantía de prestación de comunicaciones electrónicas 92
H) Instrumento clave en el proceso de liberalización en cuanto a servicios: el acceso desagregado al bucle local. 94
1.3. Modelo español de transición hacia la liberalización de las telecomunicaciones: modificación de la Ley 32/1992, de 3 de diciembre, y Ley 11/1998, de 24 de abril, general de telecomunicaciones 96
A) Primera categoría de obligación de servicio público: el servicio universal 107
B) Segunda categoría de obligación de servicio público: los servicios obligatorios 109
C) Tercera categoría de obligación de servicio público: otras obligaciones de servicio público 110
2. Nuevo marco regulatorio europeo de las comunicaciones electrónicas (2002-2003), Paquete Telecom y su reflejo en la Ley 32/2003, de 3 de noviembre, General de Telecomunicaciones: consolidación del servicio universal y competencia en redes. 114
2.1. Crisis de las «puntocom» y convergencia tecnológica: impulso a la competencia en redes 114
2.2. Nuevo marco regulatorio: de las telecomunicaciones a las comunicaciones electrónicas. 116
A) Directiva Marco: Directiva 2002/21/CE de 7 de marzo relativa a un marco regulador común de las redes y los servicios de comunicaciones electrónicas. 117
B) Directiva de autorización: Directiva 2002/20/CE de 7 de marzo relativa a la autorización de redes y servicios de comunicaciones electrónicas. 125
C) Directiva de servicio universal: Directiva 2002/22/CE de 7 de marzo, relativa al servicio universal y los derechos de los usuarios en relación con las redes y los servicios de comunicaciones electrónicas. 126
D) Directiva de acceso: Directiva 2002/19/CE de 7 de marzo de 2002, relativa al acceso a las redes de comunicaciones electrónicas y recursos asociados, y a su interconexión. 137
2.3. Ley 32/2003, de 3 de noviembre, General de Telecomunicaciones y Reglamento del Servicio Universal (Real Decreto 424/2005 de 15 de abril): impulso de la financiación pública para la consecución de otras obligaciones de servicio público 139
3. Régimen jurídico servicios de interés general: Obligaciones de Servicio Público (OSP) en comunicaciones electrónicas y ayudas de Estado por compensación de servicio público 150
3.1. Servicio Público: origen y evolución histórica 151
3.2. Servicios de interés general y obligaciones de Servicio Público (OSP). . . 159

3.3. Servicios de interés general y ayudas de Estado: Paquete Altmark o «Paquete de SIEG» y Reglamento (UE) 360/2012, de 25 de abril sobre ayudas de minimis a empresas que prestan SIEG. 164
A) Introducción: las ayudas de Estado a tenor del art. 106.2 TFUE 164
B) Sentencia Altmark (STJCE de 24 de julio de 2003, Asunto C-280/00, Altmark Trans) 166
C) Régimen jurídico de las ayudas de Estado por compensación de servicio público exentas de notificación: Decisión 2012/21/UE de la Comisión de 20 de diciembre de 2011 relativa a la aplicación de las disposiciones del art. 106, apartado 2, del TFUE. 175
D) Compatibilidad con el mercado interior de las ayudas de Estado notificadas por compensación de servicio público, «Marco de interpretación». 176
i) Comunicación de la Comisión (2012/C 8/03) de 11 de enero de 2012, Marco de la Unión Europea sobre ayudas estatales en forma de compensación de servicio público. 176
ii) Comunicación de la Comisión (2012/C 8/03) de 11 de enero de 2012 relativa a la aplicación de las normas de la UE en materia de ayudas estatales a las compensaciones concedidas por la prestación de SIEG 181
E) Reglamento (UE) 360/2012 de la Comisión de 25 de abril de 2012 relativo a la aplicación de los artículos 107 y 108 del Tratado de Funcionamiento de la Unión Europea a las ayudas de minimis concedidas a empresas que prestan servicios de interés económico general 183

CAPÍTULO III

AGOTAMIENTO DE LA TÉCNICA DE SERVICIO UNIVERSAL Y RECURSO A LAS AYUDAS DE ESTADO PARA LA FINANCIACIÓN DE LA CONECTIVIDAD RURAL

Introducción 185
1. Evolución del régimen jurídico del servicio universal de comunicaciones electrónicas desde 2009 hasta la actualidad 185
1.1. Actualización de las limitaciones del servicio universal en la unión europea. Refundición de las previsiones del nuevo marco de comunicaciones electrónicas 185
A) Directiva 140/2009 de 25 de noviembre de 2009. 186
B) Directiva 2009/136/CE de 25 de noviembre de 2009 192
2. El servicio universal en la Ley 9/2014, de 9 de mayo, y en la Ley 11/2022, de 28 de junio, General de Telecomunicaciones. 196
2.1. Ley 9/2014, de 9 de mayo, General de Telecomunicaciones 196
2.2. El servicio universal en la vigente Ley 11/2022, de 28 de junio, General de Telecomunicaciones. 200

CAPÍTULO IV

RÉGIMEN JURÍDICO DE LAS AYUDAS DE ESTADO Y MODELOS PARA LA CONECTIVIDAD RURAL

1. Régimen jurídico de las ayudas de Estado no vinculadas a compensación por SIEG 207
1.1. Régimen jurídico básico: derecho originario de la UE: Arts. 107 a 109 TFUE 207
1.2. Ayudas de minimis: Reglamento (UE) 1407/2013 212
1.3. Ayudas de Estado exentas vinculadas a las infraestructuras de conectividad digital en virtud del Reglamento de exención por categorías (RGEC) 214
A) Ayudas regionales 218
B) Ayudas a infraestructuras de banda ancha 220
1.4. Directrices del año 2023 sobre ayudas de Estado para redes de banda ancha 228
A) Aportaciones sobre la definición de SIEG a aplicar en la interpretación del Paquete SIEG respecto a las redes de banda ancha 230
B) Evaluación de la compatibilidad de la ayuda en virtud del art. 107.3 TFUE 231
2. Ayudas de Estado y modelos de inversión en infraestructuras de banda ancha y en la prestación de servicios de comunicaciones electrónicas 236
2.1. La disyuntiva entre un procedimiento de selección competitivo o atribución directa a una entidad pública 236

CONCLUSIONES 241

BIBLIOGRAFÍA
Doctrina 245
Normativa y textos de *soft law* más importantes 266
Jurisprudencia 279

INTRODUCCIÓN

La presente obra aborda la origen y evolución histórica de las diferentes técnicas jurídico-administrativas de intervención en el mercado de las telecomunicaciones para consolidar y garantizar la prestación del servicio en virtud de diferentes consideraciones, de tipo geográfico (acceso en zonas rurales no rentables) u otras, a toda la ciudadanía, al menos en unas condiciones cuantitativas y cualitativas, adaptadas al estado de la tecnología, mínimas para el desarrollo de las sociedades y de los individuos que lo integran. De esta manera, la inquietud fundamental que se pretendía satisfacer con esta investigación es conocer el régimen jurídico actual de intervención de un servicio liberalizado como el que nos ocupa y su utilidad práctica para satisfacer las demandas de la ciudadanía en un contexto como el actual donde la palabra digitalización se nos queda pequeña, en el que el día a día de la ciudadanía no solo se sirve de herramientas digitales, si no que estas son imprescindibles y hasta sustituyen las tareas humanas más complejas, lo que supone un importante desafío normativo y social. Es por ello que, para poder realizar un análisis crítico del régimen jurídico actual, fundamentalmente basado en ayudas públicas a los operadores, sin perjuicio de otras técnicas innovadoras que también exploraremos (en las que se da una importancia aún más relevante a las administraciones públicas como posibles prestadores y operadores en zonas rurales especialmente), es necesario abordar de una manera descriptiva la evolución histórico-legislativa del sector de las Telecomunicaciones y su imbricación con la regulación económica desde un punto de vista nacional pero necesariamente también europeo, regulación que tiene una impronta decisiva en la liberalización acometida en la década de los 90 del siglo XX.

Así, como puede apreciarse, la obra se estructura en diferentes capítulos, el primero de ellos tiene que ver con el origen y configuración del sector en nuestro país, en un primer lugar con la introducción de la red telefónica y su configuración como servicio público en sentido clásico, lo cual se plasma en la Ley 31/1987, de 18 de diciembre, de Ordenación de las Telecomunicaciones como servicio público (LOT), también influenciada por la reciente entrada de España en la hoy Unión Europea.

A continuación, en el capítulo segundo se aborda todo el proceso normativo europeo y nacional de liberalización del servicio y de su prestación en un contexto de mercado, momento en el que aparece la necesidad de crear nuevas técnicas de intervención que permitan que el servicio se siga prestando en condiciones equitativas cuantitativa y cualitativamente. Así, se produce una aproximación a la inicial regulación asimétrica que dará pie a una regulación en un contexto de competencia, lo que impulsa la configuración normativa de las llamadas obligaciones de servicio público, en concreto, obligaciones de servicio universal. El desarrollo de este régimen jurídico será plasmado en nuestro país en la Ley 11/1998 de 24 de abril General de Telecomunicaciones, tras la previa modificación de la Ley 32/1992 de 3 de diciembre.

Esto será el precedente inmediato a la plena liberalización y armonización del sector lo cual se refleja en la Ley 32/2003 de 3 de noviembre, General de Telecomunicaciones, fruto del Nuevo Marco regulatorio europeo o Paquete Telecom, que también será estudiado y analizado de manera pormenorizada en el Capítulo II y Capítulo III. Ambos también se centran en el análisis del marco normativo de los Servicios de Interés Económico General (SIEG) en los cuales se insertan los servicios de telecomunicaciones (Paquete Altmark o Paquete «SIEG» y Reglamento (UE) 360/2012, de 25 de abril sobre ayudas de minimis), vía que en su momento tuvo sentido para garantizar el acceso a estos servicios por parte de las administraciones públicas, con independencia de la rentabilidad que suponga su prestación.

Como es bien sabido, la consecuencia del desarrollo frenético de Internet, de las TIC y de la digitalización de las sociedades supuso un cambio en el modelo económico y social lo que impulsó un viraje claro hacia otras técnicas jurídicas regulatorias que garanticen el acceso a la conectividad digital en zonas remotas o despobladas fundamentalmente, como es el recurso a financiación pública, estrictamente regulada y respetuosa de la competencia en el mercado y del mercado único en el contexto europeo, amparado en el régimen jurídico de las ayudas de Estado, que también es estudiado de manera clara en el Capítulo IV. En el mismo, y ya para finalizar, se abordan los diferentes modelos que han utilizado los Estados miembros para extender el acceso a los servicios de comunicaciones electrónicas basándose en las prescripciones europeas, y se realiza un análisis crítico de cuál podría ser el más óptimo teniendo en cuenta el papel que se le da en cada uno de ellos, a las entidades locales, bien como operadores, bien como entidad reguladora o interventora del mercado, con sus hipotéticos resultados en términos de eficiencia.

En definitiva, el objetivo de esta obra no es más que el de poner de manifiesto la evolución de las técnicas de intervención jurídica del mercado de telecomunicaciones para garantizar la prestación del servicio como SIEG que es, con el fin último de realizar un estudio constructivo y propositivo sobre los modelos utilizados en el momento actual y su eficiencia en términos de garantía de la provisión de un servicio de conectividad digital en términos equitativos para toda la ciudadanía.

CAPÍTULO I

HISTORIA DE LAS TELECOMUNICACIONES, INTERVENCIÓN PÚBLICA Y SU CONFIGURACIÓN COMO SERVICIO PÚBLICO: LA RED TELEFÓNICA COMO ANTECEDENTE DE LAS COMUNICACIONES ELECTRÓNICAS

Introducción

En el presente capítulo se pretende hacer un abordaje general de la evolución en el despliegue de las redes y servicios de telecomunicaciones en nuestro país destacando los principales hitos normativos al respecto. Resultado de los vaivenes normativos del siglo XIX protagonizados por una consecución de normas de carácter reglamentario, se aprueba por fin la primera norma con rango de ley, la Ley de 26 de octubre de 1907 de Ordenación de las Telecomunicaciones. En el marco de la misma se convoca la primera concesión de extensión y prestación del servicio telefónico a nivel nacional, que resulta en favor de CTNE (Compañía de Teléfonos Nacional Española, antecedente de Telefónica de España, S.A.) en virtud de la Real Orden de 11 de mayo de 1924, por un periodo de 20 años, lo que dará por primera vez cierta estabilidad al sector, y, por tanto, derivará en un desarrollo muy importante del mismo. Esta será renovada en virtud de un segundo contrato en 1946 (Decreto de 31 de octubre) de duración equivalente.

Seguidamente, se aprobará el Primer Plan de Desarrollo Rural del servicio telefónico que vendrá vertebrado por el Real Decreto 2248/1984 de 28 de noviembre sobre la extensión del servicio telefónico en el Medio Rural. A ello le sucederá la incorporación de España a la Comunidad Económica Europea, las influencias liberalizadoras en el sector y la aprobación de numerosos textos europeos orientativos, pero también normativos, que supusieron los primeros pasos en cuanto a la homologación de los equipos en el sector, al fomento de la competencia, y a la creación un primer programa conjunto de políticas de telecomunicaciones que aparecen a lo largo de todo este capítulo. En nuestro país se aprobará la Ley 31/1987, de 18 de diciembre de Ordenación de las Telecomunicaciones (en adelante, LOT).

1. El siglo XIX y el despegue de las telecomunicaciones

Hacia mediados del siglo XIX se produce un avance espectacular del ferrocarril y, en lo que nos ocupa, que se acerca a las telecomunicaciones que conocemos hoy en día, el telégrafo eléctrico. Esto será la antesala del desarrollo del teléfono y de la radio a finales de este siglo. De esta manera, a nivel mundial se produce la expansión del teléfono durante el periodo 1876-1924 de manera heterogénea en cada uno de los diferentes países, cuestión que dependió de diversos factores como el desarrollo industrial y la incidencia de otros actores implicados, como Estado y empresas. Si bien factores como el nivel de renta fueron importantes, no resultaron determinantes, como tampoco lo fue la proximidad geográfica o el desarrollo tecnológico. En definitiva, se dieron una serie de circunstancias que se interrelacionaron entre sí de forma compleja y dieron lugar a resultados diversos, siendo uno de estos, la actividad económica predominante[1].

El teléfono nace en el mundo anglosajón de la mano de A. G. Bell en 1876[2], que convirtió una realidad teórica en un aparato comercial que comenzó instalándose en las redes urbanas, con numerosas limitaciones por parte del Estado, que pretendía proteger las líneas de telégrafos, normalmente públicas, ante la aparición del teléfono. Así, las redes locales son las primeras en desarrollarse, en áreas urbanas[3], como es lógico, para producirse poste-

---

1 Calvo Calvo, A.: «Infraestructuras urbanas de la Segunda Revolución Tecnológica. La difusión del teléfono en las ciudades españolas», 1877-1930, *Revista electrónica de geografía y ciencias sociales,* vol. XI, núm. 238, 1 de mayo de 2007, donde señala como factores la «diversidad del marco institucional (sistema de concesiones y de explotación), unida a desigualdades en el tamaño inicial, en el crecimiento urbano y en el grado de desarrollo económico, tuvieron como consecuencia lógica un ritmo de crecimiento de los sistemas telefónicos sellado por la disparidad» Así mismo, señala que «resulta verosímil afirmar por ello que la expansión urbana del teléfono no parece ser el resultado lineal del incremento demográfico». Es decir, el incremento demográfico es claramente influyente, pero hay ciudades que en un momento dado se estancan en cuanto a su aumento de población, pero en ellas se produce un aumento exponencial de las redes de telefonía, por tanto, es un factor que afecta, pero no es determinante.

2 *Vid.* Sanchez Miñana, J., Sanchez Ruiz, C.: «Sobre la difusión del teléfono de Bell en sus comienzos (1876-1977)», *Actes de historia de la ciencia y de la técnica. Nova época*, vol. 4, 2011, pp. 33-53. Disponible en: https://bit.ly/3Hl111u.

3 Calvo Calvo, A.: *Infraestructuras urbanas de la Segunda Revolución Tecnológica... op.*

riormente la extensión e interconexión entre diferentes redes locales (hacia finales del siglo XIX). De una irrupción inicial en Gran Bretaña se dio pasó a la hegemonía estadounidense a principios del siglo XX, para continuar con una expansión exponencial en otros países europeos a diferentes niveles, por ejemplo, a finales del siglo XIX son países como Bélgica y Suiza, así como los países nórdicos, los que cuentan con un mayor número de redes telefónicas, en detrimento de otros países más extensos y centralistas, como Francia, que llegarán más tarde a alcanzar cotas elevadas de extensión de las redes telefónicas. Una explicación de la preponderancia de los países nórdicos es que las autoridades se implicaron mucho más en impulsar la extensión de las infraestructuras con el fin de paliar las necesidades de la población, que se encontraba muy dispersa y expuesta a inclemencias meteorológicas difícilmente salvables y que dificultaban mucho las comunicaciones de otra índole[4].

En el caso particular de nuestro país, como sabemos, España se incorporó a la extensión de las otras grandes redes de comunicaciones (telégrafo[5] y ferrocarril) más tarde que el resto de los países de su entorno, pero en el caso del teléfono, la Escuela de Ingeniería Industrial de Barcelona fue pionera[6] tras la compra de un teléfono Bell, un año después de su invención, en el desarrollo y estudio del mismo lo que permitió a la firma Dalmau e Hijo[7] reali-

---

cit.., donde subraya que «muy pronto aparecieron las primeras redes, en su casi totalidad de ámbito local debido a motivos tecnológicos e institucionales. Antes de que las bobinas de Pupin consiguieran reducir el debilitamiento de la señal en los circuitos telefónicos y el diámetro de los conductores, largas distancias equivalían a costes desmesurados».

4 Olsson, S. O.: «Cooperative forms and new technology in rural Sweden», SHOT, *A book of Abstracts of Papers presented at the Annual meeting of the Society for the History of Technology*, p. 8, 1992.

5 Secretaria General del Congreso de los Diputados, Documentación preparada para la tramitación del Proyecto de Ley de Ordenación de las Telecomunicaciones (BOCG-Congreso, Serie A. núm. 27 de 21 de marzo de 1987), Documentación n.° 57, abril 1987. Documentación española, comunidades europeas. Documentación Extranjera. Bibliografía. p. 37.
En el caso del telégrafo, en 1855 se autoriza la extensión de líneas electro-telegráficas que comuniquen las capitales de provincia con la corte y departamentos marítimos y que se comuniquen igualmente con las fronteras de Portugal y Francia. Esto se produce en virtud de la Ley de 22 de abril de 1855, la cual establece en su artículo 4 que se encomendará a empresas privadas por contratas parciales en subasta pública.

6 Tras un primer experimento realizado en la isla de Cuba en octubre de 1877 por parte de la Armada Española comunica a través de una «red telegráfica con aparatos telefónicos» el domicilio del telegrafista con el establecimiento de bomberos.

7 Sanchez Miñana, J., Sanchez Ruiz, C.: «Sobre la difusión del teléfono de Bell en sus comienzos (1876-1977)», *Actes de historia de la ciencia y de la técnica. Nova época,* vol. 4, 2011, p. 51, Disponible en: https://bit.ly/3ZVRo0K. El autor relata del siguiente modo la introducción por primera vez del teléfono en la península: «Tomás José Dalmau García, el hijo de esta razón social de óptica y construcción de instrumentos científicos de Barcelona, solicitó el 19 de noviembre privilegio de introducción en España del teléfono de Bell.

zar numerosos experimentos y ensayos, realizándose la primera conferencia telefónica el día 30 de diciembre de 1877 mediante circuito telegráfico militar que unía la Ciudadela y Montjuich[8].

Así mismo, en Madrid, en enero de 1878, la Dirección General de Telégrafos realiza las primeras pruebas oficiales, tiende una primera línea entre Aranjuez y el Palacio Real y se llega a Andújar el 13 de febrero[9]. Igualmente, se autoriza una suerte de experimento de instalación de los primeros teléfonos rurales privados, en el año 1880, a iniciativa de Rodrigo Sánchez Arjona, iniciativa que consiste en la instalación de esta nueva tecnología en Fregenal de la Sierra (Badajoz) que comunicaría con una casa aislada a unos ocho kilómetros de distancia. A pesar de este impulso inicial, la red de telefonía española crece de manera muy lenta y desigual hasta el año 1914 cuando comienza a despegar decididamente (y cuando comenzamos a tener datos que así lo reflejan, puesto que en los años precedentes los datos se encuentran incompletos). Por ejemplo, en ciudades como Barcelona las líneas se multiplicaron por 100 entre 1885 y 1925, y España transita de una tasa de equipamiento de 1,14 teléfonos por cada 1.000 habitantes en 1910 a 9,01 en el año 1930[10], sin perjuicio de que se encuentra muy por debajo de la media europea en ese momento.

Si nos acercamos a la distribución de las líneas en el territorio nacional, apreciamos como Barcelona, Madrid y País Vasco son las regiones en las que se produce una mayor extensión[11], pero destacan particularmente las provin-

---

Los dibujos que ilustran la descripción del aparato en la memoria presentada son los ya entonces muy difundidos del modelo de mano, que debió de ser el recibido de Estados Unidos».

8 Crónica Científica: «Los teléfonos» tomo I, 1878, núm. 1, 5-8, citado por Sánchez Miñana, J., Sánchez Ruiz, C.: *Sobre la difusión del teléfono de Bell en sus comienzos (1876-1977) ..., op. cit.,* p. 51, «...ocho días después de que M. Bréguet dio a conocer dicho aparato [el teléfono] en Francia presentando un modelo a la Academia de Ciencias de París, los Sres. Dalmau e hijo lo dieron a conocer en España, entregando a la Escuela Industrial de Barcelona un modelo que acababan de recibir de los Estados Unidos. Después de algunos días salieron de sus propios talleres los teléfonos que luego se han ensayado a variadas distancias».

9 Perez San Juan, O., Vilar Ten, J. L.: «El servicio de telefonía fija en España», *Foro Histórico de las Comunicaciones,* p. 57, Disponible en: https://bit.ly/3XDk6RY.

10 Brault, J.: «Histoire de la télephonie», *Bell Telephone Quaterly,* G. Masson, París. 1927, p. 336.

11 Calvo Calvo, A.: *Infraestructuras urbanas de la Segunda Revolución Tecnológica... op. cit.*, señala «desconfianza y trabas administrativas fueron obstáculos contra los que chocaron los pioneros en el caso de Barcelona. Hubo, sin embargo, excepciones significativas, protagonizadas por municipios cuyo entusiasmo chocó con la burocracia y recelo del Estado. Es el caso del proyecto pionero de una red en el Norte de España que enlazaba diecinueve localidades de la costa cantábrica y, por tanto, desbordaba ampliamente no solo el marco urbano sino incluso el provincial» y continua en nota 22 de ese mismo artículo del siguiente modo:« El documento es de extraordinaria importancia y obliga a matizar

cias de Gipuzkoa y Vizcaya, lo que parece tener como causa, en el caso de Vizcaya, el crecimiento económico industrial a comienzos del siglo XX como consecuencia de la I Guerra Mundial y en el caso de Gipuzkoa, lo cual nos interesa especialmente, parece que el origen está en la intervención directa de las Administraciones públicas en su fomento y promoción, en concreto de la Diputación Provincial[12], intervención que también se produce por la Mancomunidad de Cataluña en la provincia de Barcelona, por otra parte.

En cuanto al papel concreto del Estado, las líneas de teléfonos con carácter general quedaron en manos de los organismos públicos que gestionaban las líneas de telégrafos, quienes concedían permisos de explotación de dichas líneas a compañías privadas en un primer momento. No se consideraba una buena alternativa generar un monopolio en torno al teléfono y a su gestión y explotación, pero se permitía cierta predominancia de algunas empresas ya importantes en aquel momento. No obstante, poco tiempo después algunos países europeos optaron por cambiar el modelo de gestión e intervención de las infraestructuras de telecomunicaciones, generándose dos grandes grupos a principios del siglo XX. El primero de ellos apostó por generar un monopolio estatal de las líneas y redes de los operadores privados a los que se había concedido en un primer momento permiso para su explotación (Austria-Hungría, Bélgica, Suiza, Grecia, Italia, Alemania, Bulgaria, Rumanía y Serbia), el segundo no crea un monopolio estatal de este servicio, pero sí controla ampliamente su actividad (Portugal, Noruega, Suecia, Dinamarca, Holanda, Gran Bretaña, Rusia y España). En cuanto a España, si bien se encuentra en el segundo grupo, la actuación del Estado en relación con la gestión de la extensión de redes de telefonía fue cambiando con el paso del tiempo. En un primer momento, se aprueba el Real Decreto de 20 de marzo de 1882 autorizando la presentación de un proyecto de ley para la concesión a particulares y a empresas del establecimiento de redes de telefonía destinadas al servicio público[13]. A continuación, y en virtud del Real

---

muchas de las afirmaciones sobre estos primeros momentos del teléfono. Con una fuerte insistencia en la seguridad, el proyecto de red costera, presentado por E. Rotondo, agente de la Spanish American Telephone Co. y destacado pionero de la telefonía en España, situaba la estación central en Hondarribia: AHH, Teléfonos, 1881-1923, E-2, 16,2».

12 Gaceta de Madrid, 16 de diciembre de 1908, p. 1067. En 1908 el Gobierno convocó inesperadamente una subasta de los derechos de explotación y ampliación de la infraestructura de red interurbana del Noreste, aunque la concesión caducaba en 1910. Aunque el poder de la entonces predominante Cía. Peninsular de Teléfonos era muy importante, fruto de no pocas negociaciones, la Diputación de Guipúzcoa consiguió establecer y explotar una red telefónica propia que conectaba toda la provincia. Como contraprestación, las líneas de la Cía. Peninsular de Teléfonos podían seguir operando (ámbito urbano e interurbano) en sus propias redes, más minoritarias.

13 Pérez San Juan, O., Vilar Ten, J. L.: *El servicio de telefonía fija en España... op. cit.*, p. 58. En este Real Decreto es paradójico cómo se intenta proteger al telégrafo en ese momento, y se pretende mantener una convivencia entre ambas tecnologías, que como es sabido, no fue posible. Así se expresaba la idea en la exposición de motivos del Real Decreto «el

Decreto de 16 de agosto de 1882, se encomienda a la iniciativa privada la construcción y explotación de redes, siendo potestad de la Administración, en ese momento, la aprobación de tarifas y la inspección del servicio[14]. Sin embargo, en 1884 el Real Decreto de 11 de agosto recupera este derecho de explotación de redes por parte del Estado[15], cuestión que, a los dos años, en 1886, volvió a rectificarse, para devolver a los operadores privados la gestión y explotación mencionada[16]. Como consecuencia de esta nueva regulación, en 1886 podemos decir que se cuenta ya con redes telefónicas instaladas en el casco urbano de Madrid, Barcelona y Valencia.

---

teléfono no es un medio de comunicación capaz de sustituir al telégrafo, sino su prolongación y complemento natural, formando una red de comunicaciones secundaria y subordinada a la primera».

14 Las bases generales de la concesión para la prestación del servicio se recogen en la Real Orden de 25 de septiembre de 1882. Será también en el año 1882 cuando la Dirección General de Correos y Telégrafos incorpore por primera vez una Red Telefónica Oficial encargada de comunicar los diferentes departamentos del Estado. Meilán Gil, J. L.: *Progreso tecnológico y servicios públicos*, Civitas, 206, p. 95, señala que ese reglamento utilizó concesiones temporales, pero sin optar por un monopolio.

15 Meilán Gil, J. L. *Progreso tecnológico y servicios públicos... op. cit.*, p. 95, señala dos argumentos jurídicos para llevar a cabo esta modificación, por un lado, se argumentaban razones de seguridad y orden público para volver a esa explotación exclusiva por parte del Estado, y por otro lado, se creía que existiría una rentabilidad económica importante de la cual se beneficiaría, en teoría, el Estado. Pérez San Juan, O. y Vilar Ten J. L.: *El servicio de telefonía fija..., op. cit.*, p. 59, nota 18, por su lado también subrayan que «Se autoriza a particulares el establecimiento de líneas urbanas, siempre y cuando no existieran las de titularidad estatal. En este caso, se pone como condición que estas líneas particulares se unan a las estatales cuando el Estado las instale». En este momento, se prohibía o limitaba el monopolio al Estado, como es lógico, pero también a los particulares, de ahí que se habilitara el establecimiento de esas líneas de particulares, para «frenar» el monopolio, de lo que hoy podríamos decir, grandes operadores.

16 Calvo Calvo, A.: «El teléfono en España antes de Telefónica (1877-1924)», *Revista de Historia Industrial*, núm. 13, 1998, p. 67. «Asimismo, le autoriza a tender otras nuevas [redes de explotación privada] a cambio de rebajas en las cuotas de abono a las entidades oficiales, un canon mínimo del 10 % de la recaudación más una cuota fija por abonado, derechos de inspección, establecimiento de tarifas y elección de tecnología». La exposición de motivos del Real Decreto hace evidente las reticencias a un monopolio público en el siguiente párrafo «El Estado como administrador de este servicio, será un obstáculo perpetuo para su desarrollo en las proporciones que exigen las necesidades de la vida moderna en todas las esferas, y la industria privada, en cambio, con beneficio de los intereses públicos, hallará en la explotación de este nuevo medio de relación amplio espacio donde desenvolver su actividad y fecunda iniciativa». Igualmente en el preámbulo se descarta la idea de una posible rentabilidad del servicio que pudiera, en su caso, beneficiar al Estado y también se deshecha el argumento de la seguridad nacional y orden público como justificación para una explotación pública de las redes, del siguiente modo «[...] no tiene fundamento serio: en muchos países de Europa, y en nuestra misma isla de Cuba, las redes telefónicas están entregadas a la explotación de empresas particulares sin riesgo ninguno para la seguridad del Estado, que por otra parte tiene medios suficientes para ejercer la eficaz inspección que reclamen sus intereses fundamentales».

Seguidamente, en 1890 se opta por una solución intermedia, el Estado es el encargado de la construcción y extensión de redes, pero la explotación corresponde a las empresas privadas a cambio de un canon (Real Decreto de 11 de noviembre de 1890[17] y Reglamento de 2 de enero de 1891 que no contemplaron regulación alguna para la extensión en poblaciones más pequeñas, cuestión que será modificada parcialmente en el Real Decreto de 11 de noviembre de 1894)[18].

Así mismo, en este Real Decreto de 1890, se reitera la prohibición de monopolio que ya se instauró en 1886, ni desde el punto de vista privado, ni del público, hablando incluso de la «coexistencia pacífica y fecunda de los derechos de todos»[19]. Como consecuencia de ello, se permite que se instalen nuevas líneas, pero siempre en coexistencia con las ya existentes y con los derechos adquiridos por los titulares de estas, se configura así una suerte de «exclusiva» favorable a todos esos titulares que con carácter previo instalaron y explotaron dichas líneas[20]. Esto podría implicar la imposibilidad de renovación y extensión de nuevas líneas.

---

17 Gutiérrez Alonso, J.: «Proceso de integración de las redes telefónicas de San Sebastián y Guipúzcoa», *Cuadernos de Historia Contemporánea*, vol. 29, 2007, p. 78. Por primera vez se clasifican las actividades telefónicas, art. 1 del Real Decreto, en redes telefónicas urbanas, líneas interurbanas de gran distancia, líneas secundarias comunicadas con estaciones telegráficas (estas últimas podían ser de tres tipos, permanente de ayuntamientos o de particulares, permanentes en estaciones de ferrocarril o temporales en balnearios) y líneas particulares.

18 Gaceta de Madrid, 20 de mayo de 1894. Es importante señalar en este punto que, en palabras del autor que será referenciado, que asumimos como propias, el desarrollo histórico e implementación de las redes telefónicas, así como su evolución no aparece excesivamente detallado en fuentes primarias, por lo que se recurre con asiduidad a Gaceta de Madrid. Así se expresa en Calvo Calvo, A.: *Infraestructuras urbanas de la Segunda Revolución Tecnológica... op. cit.*,«falta de la fuente primaria por excelencia —los Registros de la Dirección General de Telégrafos o de los gobiernos civiles respectivos—, la Gaceta permite reconstruir la creación de las redes y líneas en España y los territorios bajo su control, evitando así un espigueo largo y no siempre fructífero» nota 43 «Las pesquisas para conseguir más información sobre los actos de subastas han resultado infructuosas, con notables excepciones. Una de ellas se refiere a Mataró: Libros del Registro Mercantil de Barcelona, 18, 46. La escasez de datos sobre teléfono en los archivos municipales, en contraste con la abundancia relativa de los de otras redes técnicas, podría explicar en parte la penuria de estudios señalada al comienzo de este trabajo».

19 El párrafo completo del Real Decreto del que se extrae dicho fragmento es el siguiente, y es especialmente ilustrativo de cómo se pretende configurar el régimen jurídico del servicio telefónico en aquel momento: «No conviene en modo alguno las restricciones que impidan la aplicación de las iniciativas particulares al desarrollo del servicio telefónico; no conviene tampoco que las mismas iniciativas logren monopolio perjudicial al Estado. Dejando libre el camino a aquellas, y no entorpeciéndolo a la Administración para que establezca las líneas que a sus propios intereses sean útiles, está resuelto el problema de la coexistencia pacífica y fecunda de los derechos de todos».

20 Meilán Gil, J. L.: *Progreso tecnológico y servicios públicos... op. cit.*, p. 98.

Posteriormente el Estado se reserva la opción de ser un operador más en ese mercado, y proveer los servicios (Real Decreto de 11 de noviembre de 1894) y adquiere especial importancia la creación de estaciones municipales en 1989 (Real Decreto 29 de enero de 1889) que se conectarían con las de carácter estatal. Así, el Estado mantuvo esa intervención, mayor o menor en función del gobierno que existiera —turno de partidos—, a cargo del Cuerpo de Telégrafos, sin perjuicio de la autorización de intervención a otras entidades o administraciones públicas no estatales, lo que permitió el éxito, ya mencionado, de los programas de construcción y gestión de redes de la Diputación de Guipúzcoa y de la Mancomunidad de Cataluña (en este último caso la mancomunidad crea una red exclusivamente pública)[21].

Con independencia de los diferentes vaivenes a los que se vio sometida la creación, gestión y explotación de redes[22], siempre existieron concesiones hacia los operadores, tarifas y límites en esas concesiones, que, además, se fragmentaban en función de la población, cuestiones que desincentivaban a las empresas privadas a implicarse y contribuir al desarrollo real de las redes. Otra cuestión que llama poderosamente la atención, si queremos ver la trayectoria en cuanto a la exclusión de determinadas zonas que se ha mantenido hasta nuestros días, unido a aquella exclusión de las zonas menos pobladas del Real Decreto de 11 de noviembre de 1890, es que se aplicaba con carácter general una tarifa extra a los abonados que residían en las zonas del extrarradio para sufragar los costes de extensión hasta esas áreas más alejadas[23]. Como vemos, la problemática y el dilema en torno a la extensión de redes en zonas donde no es rentable la prestación del servicio, pero sí existe población que lo demanda, es un continuo desde que comienza la extensión de las redes de telecomunicaciones, en sus diversas formas.

Así mismo, ya se aplicaba en la práctica el hoy conocido como principio de neutralidad de red[24], por el cual, el Estado remitía a elección del concesio-

21 Gutiérrez Alonso, J.: *Proceso de integración de las redes... op. cit.*.

22 Meilán Gil, J.L.: *Progreso tecnológico y servicios públicos... op. cit.*, p. 95, destaca que las disposiciones que se aprueban en el siglo XIX en España «pone de relieve cambios significativos en la fundamentación jurídica de la intervención administrativa, así como en la orientación económica de base [...] En la formula definitiva que se acoge van a jugar, al lado de condicionamientos político-económicos, un factor de extraordinaria importancia en los servicios públicos: el condicionamiento técnico».

23 Gaceta de Madrid, 15 de junio de 1886, p. 769. Desde el año 1886 existían diferentes categorías de tarifas en función del tipo de servicio (particulares o comunitarios, que bien podían ser centros vinculados a servicios públicos o a servicios privados).

24 *Vid.* Para una perspectiva más actual del principio, Cubero Marcos, J. I.: «Neutralidad de red. Interconexión y acceso a las redes a la luz del Código Europeo de comunicaciones electrónicas», *Revista española de derecho administrativo*, núm. 217, 2022, pp. 103-134. También Arjonés Girález, D.: «Un principio jurídico de neutralidad aplicado a la regulación del servicio de banda ancha. Análisis de la neutralidad de la red desde la perspectiva de la arquitectura por capas», *Revista española de derecho administrativo*, núm. 155, 2012,

nario el tipo de tecnología utilizada para la extensión de redes. Igualmente, existían numerosos obstáculos de tipo burocrático o vinculados a la inercia del sistema que privilegiaba otras redes como el telégrafo, en detrimento del teléfono, que, unido a la desorganización entre las diferentes administraciones públicas, supuso un lastre para la extensión de redes telefónicas en un primer momento. Por otro lado, convivieron redes locales con una vocación de impulso nacional de las mismas, pero con una baja rentabilidad de la explotación de estas por el bajo número de abonados y por los costes y las condiciones desfavorables de las concesiones.

Así las cosas, si nos centramos en realizar un pequeño análisis de las compañías existentes y protagonistas de todo este proceso, podemos comenzar por mencionar la Sociedad de Teléfonos de Madrid (STM) que se crea en 1886 por el catalán P. Bosch y Barrau, aunque tuvieron mayores éxitos otras dos empresas, estableciéndose las mismas en Cataluña, siendo estas Telefonía, Fuerza y Luz Eléctrica, Cía. General de Electricidad (CPT) y Sociedad Española de Electricidad (SEE) en el año 1881. La SEE es la que experimenta un mayor crecimiento, siendo su sucesora más importante la Sociedad General de Teléfonos (SGT)[25], empresa que se dedicaría en exclusiva a la telefonía dejando a un lado el sector eléctrico, sector en el que la mayoría de las empresas pioneras en este campo operaban igualmente[26].

En sus inicios, la SGT se centró sobre todo en extender y mejorar los puntos de acceso de organismos oficiales o de entes estratégicos en general, como las redacciones de periódicos y se comenzó a desarrollar una verdadera política comercial de atracción de clientes. Posteriormente, entrará capital extranjero en la SGT, en concreto, importantes empresas de la industria eléctrica británica (Woodhouse & Ramson). A continuación, se creará, financiada por personalidades inglesas, la Cía. Peninsular de Teléfonos (CPT) en 1894 que comprará la mencionada STM para crear la Cía. Madrileña de Teléfonos (CMT)[27].

---

pp. 319-343, Alonso Espinosa, C.: «La información en la Red y el principio de neutralidad tecnológica: la libertad de expresión y la difusión de información administrativa», *Revista Vasca de Administración Pública*, núm. 81, 2008, pp. 15-61, Barata y Mir, J.: «El concepto de net neutrality y la tensión entre regulación pública y autorregulación privada de las redes», *IDP. Revista de Internet, Derecho y Política*, núm. 13, 2012, pp. 44-52, Disponible en: https://bit.ly/3QXfCU7, y Marsden, C. T.: «Neutralidad de la Red: Historia, regulación y futuro», *IDP. Revista de Internet, Derecho y Política*, núm. 13, 2012, pp. 24-43. Disponible en: https://bit.ly/3QUctV0.

25 Cabe señalar que la original SEE como la SGT fueron financiadas por el Crédito Español.

26 Bahamonde Magro, A. (Dir.), Martinez Llorente, G., Otero Carvajal, L. E.: *Las comunicaciones en la construcción del Estado contemporáneo en España 1700-1936*. Ministerio de Obras Públicas, Transportes y Medio Ambiente, Madrid, 1993, pp. 59-68.

27 Calvo Calvo, A.: *El teléfono en España antes de Telefónica (1877-1924)... op. cit.*, p. 71: «En la base de las iniciativas empresariales más dinámicas y ambiciosas destaca la presencia de un grupo inversor articulado en torno a la persona de E. Parellada Pallis, con

Hasta ese momento las principales compañías se centraban en la extensión de redes locales, pero, como es lógico, la interconexión entre las mismas debía llegar tarde o temprano. Esto se comienza a plantear hacia los años 90 del siglo XIX, cuando el Estado decide dar un impulso a las redes que conecten las diferentes redes locales[28]. Con el fin de evitar la concentración de estas redes de interconexión en las empresas mayoritarias, el Gobierno divide el territorio en cuatro distritos radiales (resultantes de la interconexión de cuatro líneas divisorias, siendo éstas Madrid-Bilbao, Madrid-Valencia, Madrid-Granada y Madrid-Cáceres, es decir, distrito Noreste, Noroeste, Sureste y Suroeste[29]), pero finalmente las compañías mayoritarias se harán con la gestión de estos distritos debido a un mayor poder de negociación. Así, la que fuera la CPT y la SGT serán las encargadas de esta labor de interconexión, de tal manera que la primera absorberá a la segunda en esta labor de extensión, consiguiendo la conexión entre las redes urbanas ya desarrolladas hacia el año 1907, llevando a cabo además acuerdos con pequeñas compañías de carácter regional.

Esta compañía apelaba a la teoría del monopolio natural[30] que se aplica o se extiende a los servicios públicos para cuya prestación hay que realizar importantes inversiones, como sería el caso, lo que dará lugar a esa hegemonía en el control de redes por la CPT. Esta teoría, así como sus consecuencias se muestran incompatibles con la tendencia que manifestó el Gobierno de fragmentar las concesiones para facilitar la entrada de empresas de menor tamaño y una

conexiones familiares y financieras diversas. Al control personal (E. Parellada era director de la SGT y de la CMT) se unen las conexiones financieras entre ambas sociedades».

28 Calvo Calvo, A.: *Infraestructuras urbanas de la Segunda Revolución Tecnológica... op. cit.*, recalca que «un giro importante tuvo lugar a partir en 1891 con la aparición de las líneas interurbanas, que siguieron un trazado radial a partir de Madrid, reedición de lo sucedido con el ferrocarril y el telégrafo, las grandes tecnologías reticulares precedentes. Entre 1893-1902, el peso de la extensión de las líneas lo soportaron, capitales de provincia [45], ciudades costeras, prelitorales o isleñas (Mataró, Valls, Motril, Denia y Sta. Cruz de Tenerife), de agricultura especializada (Haro, Valdepeñas) o industriales (Reus, Avilés). Igualmente, se incorporaron núcleos menores y uno de significación religiosa e intelectual, a la vez (Santiago de Compostela)».

29 Real Decreto de 18 de marzo de 1891.

30 Grupe, H.JC.: «Regulación económica y teoría del monopolio natural», *Económica: La Plata*, vol. 36, núm. 1, 1990. En las pp. 74-75 se señalan las características que reúne un sector económico en el que existe un monopolio natural, siendo estas: 1. Los consumidores se encuentran ligados a las plantas productoras del servicio por una red de distribución que implica un elevado monto de inversión y no ofrece alternativas para seleccionar fuente de provisión del servicio. 2. La producción del servicio es realizada en condiciones de rendimientos crecientes a escala, de modo que no tienen posibilidades de desarrollo formas competitivas para la producción del mismo. Esta situación, dada la tecnología existente (en ese momento, ya que después esta teoría deviene inaplicable en el sector) ha sido la dominante en la provisión de energía, teléfonos, gas natural, agua potable etc. Y la finalidad de la regulación. Teóricamente, ha sido la protección de los consumidores mediante la regulación de los beneficios de los monopolistas a efectos de impedir la obtención de rentas monopólicas.

mayor competencia, modelo que también se vio influenciado por la doctrina francesa anti-competencia en la prestación de este tipo de servicios[31], aunque conservando las particularidades históricas, organizativas y normativas de nuestro país[32].

Siguiendo la línea cronológica de reglamentaciones, debemos mencionar así mismo el Real Decreto de 26 de junio de 1900 que devuelve la explotación de las líneas interurbanas a propiedad del Estado, cuestión que se matiza en 1903 a través del Real Decreto de 9 de junio por el cual la explotación de dichas redes solo la llevará a cabo el Estado cuando no sea posible su realización por compañías privadas y además se incorpora una nueva figura, los llamados grupos telefónicos[33].

2. Primera parte del siglo XX. De la primera norma con rango de ley (1907) hasta la primera categorización legal de los servicios de telecomunicaciones como servicio público (Ley 31/1987, de 18 de diciembre, de Ordenación de las Telecomunicaciones, LOT)

Hasta 1907, la regulación de la explotación, gestión y titularidad de las líneas e infraestructuras de telecomunicaciones telefónicas se produjo vía reglamentaria sin tener en cuenta la necesidad de aprobar una norma con

---

31 Por ejemplo, a través del Real Decreto ley de 12 de abril de 1924 se declaran los servicios de agua, gas y electricidad como «servicios públicos», es decir, de titularidad exclusiva estatal y en el artículo 9 del Real decreto de 4 de julio de 1924 se recoge la municipalización en términos de monopolio de determinados servicios públicos en el ámbito de las entidades locales.

32 MEILÁN GIL, J. L.: *Progreso tecnológico y servicios públicos... op. cit.*, p. 101. «Al contagio doctrinal francés hay que sumar la idea del monopolio natural en la prestación de determinados servicios. La competencia, en lugar de ser considerada como una garantía para la consecución de los intereses públicos, se la juzga un obstáculo. La tendencia incoada por la política de Maura cristalizará significativamente entorno a una fecha precisa: el año 1924, en los comienzos de la Dictadura del General Primo de Rivera». También señala este autor en nota a pie de página, que dos hitos importantes a este respecto, a favor de un claro monopolio, son la Ley de 14 de febrero de 1907, de protección de la industria nacional y la Ley de 4 de julio de 1918 referente a la Jornada de la Dependencia mercantil.

33 GUTIÉRREZ ALONSO, J.: *Proceso de integración de las redes... op. cit.*, p. 78. Además, el artículo 48 del Real Decreto define grupos telefónicos de la siguiente manera: Cuando varios pueblos, caseríos, granjas, fabricas, balnearios, etcétera, situados dentro de una misma zona, se enlacen por medio de líneas telefónicas con una estación central, formaran un grupo telefónico. Los grupos telefónicos podrán establecerse y explotarse por el Estado, por Sociedades, Empresas y particulares, previa la concesión correspondiente, en la forma que dispone este reglamento sobre concesiones de redes urbanas.

rango de ley para regular un sector que evolucionaba cada vez más y de cada vez con mayor peso en el curso de la economía y en el desarrollo social de nuestro país[34]. Así, se aprueba en 1907 la primera norma con rango de ley, la Ley de 26 de octubre, de Ordenación de las Telecomunicaciones que pone de manifiesto el régimen de monopolio al que se enfrentaría el sector de las telecomunicaciones, así como reitera, en consecuencia, esa exclusiva a favor del operador que accediera a la construcción y explotación de las redes. De tal manera que «el Gobierno no podía otorgar ninguna otra concesión de servicios análogos dentro de las provincias comprendidas en la concesión, ni conceder conferencias telefónicas a particulares por conductos distintos a los de la Compañía, aunque fuesen del propio Estado»[35]. En virtud de la misma, se autoriza al Gobierno a que plantee, mediante Real Decreto en un plazo determinado, los proyectos de extensión y prestación de servicios «de radiotelegrafía, cables y teléfonos» a través de entidades nacionales y serían los concesionarios privados los que construirían las redes a partir de los recursos de la concesión, reservándose el Estado la potestad de requerir determinadas líneas que se consideraran de interés nacional (art. 2)[36]. Así

34 Calvo Calvo, A.: *Infraestructuras urbanas de la Segunda Revolución Tecnológica... op. cit.* Hasta aquel momento el desarrollo de las redes había sido parcial, desorganizado, deficiente y muy inestable, de tal manera que el autor hace una crítica en los siguientes términos: «como balance de esta primera etapa, la palabra que parece más adecuada es la de atraso, y así lo atestiguan las fuentes secundarias, las cifras y voces autorizadas, entre ellas las que reclamaban en las Cortes una resolución rápida del expediente de las redes de Madrid, Barcelona y Bilbao. En otro aspecto, las deficiencias en el servicio eran notorias y reconocidas privada y oficialmente. El propio titular de Gobernación reclamaba a las compañías privadas reformas en el servicio hasta conseguir un servicio equiparable al de los demás países civilizados».

35 Meilán Gil, J. L.: *Progreso tecnológico y servicios públicos... op. cit.*, p. 102.

36 Así se produjo la primera concesión al amparo de las previsiones que aparecían en la Ley de 26 de octubre de 1907 de Ordenación de las Telecomunicaciones, que implicaba la construcción y explotación de las redes telefónicas en régimen de monopolio. El único operador que se presentó fue la CPT quien obtiene la adjudicación de las líneas de las secciones NO, SE y S y la ampliación de la NE, también tendrá como imperativo comenzar a construir la línea internacional. Todas estas concesiones se unifican posteriormente (Real Decreto de 19 de marzo de 1912). Además, se establecía una cláusula de progreso, que normalmente solo podía introducirse, al menos en ese momento histórico en un contexto de claro monopolio, como era el caso. Así lo reflejaba en la condición 22 del pliego de la sección Nordeste y en la número 19 del pliego de la sección Sur y Noreste, «si dentro de los descubrimientos e inventos que puedan hacerse en lo sucesivo hubiese alguno relacionado con la transmisión a distancia de la palabra hablada, probado y notoriamente beneficioso para el interés público, el Gobierno requerirá al concesionario para ponerlo en práctica, dándole un plazo prudencial, que no será menos de dos años y procurando armonizar los intereses creados por la aplicación del nuevo invento. Si este no fuese aceptado por el concesionario el Gobierno quedará facultado para hacerlo por sí mismo o para otorgar nueva concesión a este solo efecto» lo cual se asemeja, en el fondo en términos teleológicos y salvando las distancias, a las actuales cláusulas de innovación en el ámbito de la contratación pública estratégica en cualquier procedimiento de adjudicación, dentro de un contrato de concesión de servicios. Meilán Gil, J. L.: *Progreso tecnológico y servicios públicos... op. cit.*,p. 102.

mismo, se creará la primera red internacional en 1907 como consecuencia del Real Decreto de 26 de octubre, lo que supuso el enlace con la línea telefónica francesa en la ciudad de Port Bou (Gerona) e Irún (Guipúzcoa). Se aprobarán otros dos Reales Decretos, uno en 1909 y otro el 30 de junio de 1914, que varían y oscilan en cuanto a la intensidad de la participación del Estado en la gestión, explotación y creación de las líneas y servicios de telecomunicaciones. No obstante, el periodo de 1907 a 1924 no se caracteriza por una gran extensión de las redes de telefonía en nuestro país, a pesar de los avances tecnológicos en el ámbito de las telecomunicaciones, como el diodo de J. A. FLEMING que supuso la aparición de la electrónica o el triodo de LEE DE FOREST (1904 y 1906, respectivamente). Esto es así debido al incesante cambio normativo, a la predominancia del telégrafo y a la resistencia del mismo a ser sustituido por el teléfono, a la dispersión y falta de interconexión entre las diferentes redes y el precio elevado de un servicio, aun considerado como privilegio solo accesible para la población urbana y más pudiente de la sociedad española del momento[37].

Así, como sabemos, la CPT y la SGT que en la práctica se fusionaban ya que eran parte del mismo grupo empresarial controlaban la mitad de las líneas hacia 1924. En este mismo año, se adjudica a un único grupo empresarial el servicio telefónico que debía ser español (por Real Orden de 11 de mayo de 1924, «una sociedad española y dirigida por nacionales»), es decir, se instaura el monopolio en el sector. De esta manera, la empresa norteamericana International Telegraph and Telephone Co. (ITT) adquirirá la SGT y la CTP a partir de las cuales creará una empresa española en 1924, con capital español (Urquijo e Hispano Americano), la Compañía Telefónica Nacional de España (CTNE), germen de lo que sería más adelante «Telefónica»[38].

Así, tres días después la recién creada CTNE transfería todos los derechos a la impulsora de la misma, la ITT norteamericana[39], aunque la CTNE continuaba como operadora, siendo la propia ITT quien posteriormente, además, financiará una importante ampliación de capital[40]. De esta manera, las bases

37 PÉREZ SAN JUAN, O., VILAR TEN, J. L.: *El servicio de telefonía fija en España... op. cit.*, p. 65.

38 PÉREZ YUSTE, A.: «La creación de la Compañía Telefónica Nacional de España en la dictadura de Primo de Rivera», *Cuadernos de Historia Contemporánea*, vol. 29, 2007, p. 99-104.

39 PÉREZ YUSTE, A.: *La creación de la Compañía Telefónica... op. cit.*., p. 110 citando *Telégrafos*, núm. 13, 15 de enero de 1932, p. 6: «El Gobierno de la Dictadura tuvo desde el primer momento plena conciencia de que iba a tratar con la International Telephone and Telegraph Corporation, de New York, y conviene con ella, para evitar el escándalo público que de ser conocido el hecho se suscitase, la precipitada formación de una compañía española que en realidad sería una mandataria de aquella, teniendo muy buen cuidado de que en el acta de formación de la misma no figurase ningún apellido americano de los sobradamente conocidos como dirigentes de aquella entidad extranjera».

40 GACETA DE MADRID, 15 mayo 1924, núm. 167.

de la concesión se reflejan en el Real Decreto de la Presidencia del Directorio Militar de 25 de agosto de 1924[41] «por el que se autoriza al Gobierno a suscribir un contrato con la CTNE para la organización, reforma y ampliación del servicio telefónico nacional, concediéndole su prestación en régimen de monopolio»[42] y la CTNE se hace con la adjudicación[43], no sin polémica en relación con un posible pacto previo de la misma[44]. Este contrato con la CTNE[45] tendría un plazo de vigencia de 20 años, pero el transcurso de este tiempo sin procederse una nueva concesión no implica la reversión al Estado de las instalaciones, cuestión que de producirse llevaría aparejada una indemnización del 10 % de los beneficios netos por parte del Estado a CTNE. En conse-

41 En el artículo 2 se reconoce que no se aplicarán las normas que contradigan este Real Decreto, aunque sean de rango superior «no serán de aplicación al contrato que autoriza este Decreto, todas las leyes y disposiciones en contradicción con el mismo y con las bases aprobadas, especialmente la ya citada Administración y Contabilidad de la Hacienda Pública y el Real Decreto Ley de 8 de marzo de 1924, con sus respectivos reglamentos». Así también se refleja en la base 26 del propio contrato, de tal manera que «no podrán quedar modificadas las bases del presente contrato, ni aplicarse en contradicción con el mismo las leyes o disposiciones de carácter general o particular expedidas por el Estado o las corporaciones de carácter público».

42 Pérez San Juan, O., Vilar Ten, J. L.: *El servicio de telefonía fija en España... op. cit.*, p. 65.

43 En este contrato, además, siguiendo la línea de concesiones anteriores, se manifiesta la cláusula de progreso aplicables a los servicios públicos, en concreto en la base primera del contrato se establece el siguiente imperativo «un amplio sistema telefónico urbano e interurbano con los apropiados servicios auxiliares y complementarios, y en cuanto le resulte técnica y comercialmente flexible, extenderá sus servicios al resto del territorio nacional y al extranjero». Así también se manifiesta en la base V, que es prácticamente reproducción de las condiciones 22 y 19 de las primeras concesiones unificadas en el 1912 y que se reproducirá igualmente en el contrato de concesión de 1946. Por otro lado, se cree que se presentaron al menos otras dos ofertas a este «concurso», aunque algunas fuentes indican que fueron tres, siendo dos de ellas las procedentes de la Compañía Española de Teléfonos Ericsson y la New Antwerp Telephone And Electric Works. Perez Yuste, A.: *La creación de la Compañía Telefónica... op. cit.,* p. 108.

44 Perez Yuste, A.: *La creación de la Compañía Telefónica... op. cit.*, p. 104-106.

45 Calvo Calvo, A.: *Infraestructuras urbanas de la Segunda Revolución Tecnológica... op. cit.*, detalla que «el propio carácter de las concesiones conducía a una cambiante estructura del mercado, a medida que iban caducando. La característica primordial era el claro predominio de la iniciativa privada: en 1923, el 36,4 % de los teléfonos existentes eran públicos frente a un 63,6 % que estaban en manos privadas. Desde el punto de vista de la distribución geográfica, el peso de las grandes ciudades continuaba siendo significativo, si bien los resultados de la descentralización y de los esfuerzos de las corporaciones públicas no estatales por extender las redes a nuevas localidades se dejaban notar. En 1921, Madrid y Barcelona, con un 27 % de los teléfonos totales rondaban los 10.000 teléfonos, mientras otras siete ciudades estaban entre 1.000-4.100. La concesión del monopolio a la CTNE dio un vuelco a esta situación, de forma que al final del período aquí en estudio tan solo el 3,6 % de los teléfonos era públicos. Siguiendo las condiciones del contrato con el Estado, CTNE reformó, amplió y modernizó el sistema telefónico español, extendiendo el servicio a nuevas poblaciones, integrando las redes y automatizando una buena parte de ellas».

cuencia, se aprobará un nuevo reglamento que complemente el de 1924, el Real Decreto 2475 de 21 de noviembre de 1929. De esta manera se estabiliza por primera vez la situación durante un periodo largo de tiempo, lo cual fue el paso decisivo para el impulso, extensión y modernización de las redes de telefonía en nuestro país. Así, se comienza a desarrollar una política amplia de extensión de redes por todo el territorio nacional, se renuevan las redes e instalaciones existentes y se procede, progresivamente, a la automatización de muchas de las tareas implicadas en el servicio. Igualmente, la CTNE se encuentra en una situación de prácticamente monopolio en la gestión y explotación de redes, quedando únicamente fuera de su gestión la red telefónica oficial, la red de San Sebastián (urbana) cuya concesión es ilimitada y la red de Guipúzcoa cuya concesión caducaría en 1944[46].

De esta manera, en 1931 ya hay centrales automáticas de telefonía en 39 capitales de provincia, comprendiendo entre Madrid y Barcelona el 40 % de las líneas telefónicas del país, si bien es cierto que en el periodo de la Segunda República se intenta anular el contrato mediante la presentación de un proyecto de ley que argumentaba que el servicio estaba gestionado por empresas extranjeras, intento que resultó infructuoso finalmente[47].

En este punto es importante mencionar la creación de la Unión Internacional de Telecomunicaciones (UIT) como resultado de una reunión celebrada en Madrid en 1932, donde se constituye este organismo internacional cuya finalidad es articular la cooperación entre los estados y las empresas privadas. En este momento se conceptualiza por primera vez el término telecomunicación y la UIT en 1947 se convertirá en una agencia especializada de la ONU[48].

---

46 Gutiérrez Alonso, J.: *Proceso de integración de las redes... op. cit.*, pp. 80-86.

47 Proyecto de ley presentado por Diego Martínez Barrios, el entonces Ministro de Comunicaciones el 10 de diciembre de 1931, por el cual se declaraba ilegal la adjudicación del servicio telefónico a CTNE en 1924, en los siguientes términos: «Bastarían estos antecedentes para reputar ilegal dicho contrato, por haberse otorgado por adjudicación directa, sin subasta ni concurso, ya que no tuvo éste último carácter el estudio que hizo la Comisión nombrada por Real Orden de 11 de mayo de 1924 de los tres proyectos para instalación y mejora del servicio telefónico, que espontáneamente habían presentado al Gobierno la Sociedad de Teléfonos Ericsson, la Compañía Telefónica Nacional y la New Antwerp Telephone and Electrical (sic) Works». Diario de Sesiones de las Cortes Constituyentes de la República española, Apénd. 6, núm. 89, 10 de diciembre de 1931, Congreso de los Diputados.

48 Olivé Roig, S.: «Madrid 1932, nace la Unión Internacional de Telecomunicaciones», *Foro Histórico de las Telecomunicaciones-Revista Bit*, núm. 116, diciembre-enero 2008, pp. 110-113.
Fernández-Shaw, F.: «La Unión Internacional de Telecomunicaciones (UIT): pasado, presente y futuro», *Revista de Política Internacional*, núm. 125, 1973, pp. 100-111. La UIT se crea en el año 1932 en Madrid, siendo la sustituta de la Unión Telegráfica Internacional (UTI) creada en 1865 en París. El convenio de creación de la UIT fue completado por el Reglamento Telefónico, el Reglamento Telegráfico, por otro Reglamento de Radiocomuni-

En España, una vez finalizada la Guerra Civil, en el año 1944 se compran las acciones de CTNE que aun eran propiedad de ITT por parte del Gobierno lo que implicaría que las acciones en posesión del Estado ascenderían a un 79,60 % del capital social de la compañía, produciéndose la nacionalización de facto de la misma (aunque esta seguía cotizando en Bolsa, hablamos de nacionalización en cuanto al porcentaje de capital social de titularidad pública). En este sentido, la Ley de 14 de mayo de 1945[49] dota de fuerza de ley al Decreto-ley de 13 de abril por el que se produce dicha nacionalización[50].

En este mismo año también caducaba la primera concesión con la compañía, por lo que se aprueba un segundo contrato, en virtud del Decreto de 31 de octubre de 1946 por el que se aprueba el Proyecto de Contrato con la Compañía Telefónica Nacional de España, prácticamente igual que el que viene a sustituir[51]. Así mismo se integra la red de Guipúzcoa en la CTNE vía Decreto de 11 de marzo de 1949. En este contrato se traslada a la compañía la potestad de redactar los reglamentos técnicos de sus instalaciones y redes y los reglamentos relativos a la prestación directa de los servicios (Base Primera). Es importante destacar así mismo, que en esta misma base del nuevo contrato con CTNE, de acuerdo con lo previsto en el artículo 84 del Reglamento de 14 de julio de 1924 (Reglamentos para la Ejecución del Estatuto Municipal aprobados por los Reales Decretos de 2, 10 y 14 de julio y 21 y 23 de agosto de 1923), «quedarán en suspenso todas las transferencias de derecho a los Ayuntamientos a que se refiere el artículo 85 de dicho Reglamento, y además, no prestará por sí mismo ninguno de los servicios que ha de rendir la compañía con arreglo al presente contrato, ni otorgará a otras personas

caciones y por un Reglamento Adicional a este último. En este convenio se define por primera vez «telecomunicaciones», término acuñado por Eduard Estaunié, de origen francés.

49 «Se autoriza al Gobierno para adquirir de la International Telephone and Telegraph Corporation de Nueva York, mediante el oportuno contrato, trescientas dieciocho mil seiscientas cuarenta y una acciones de soberanía que dicha entidad posee de la Compañía Telefónica Nacional de España. Dada cuenta de dicho Decreto-ley a las Cortes Españolas, conforme a lo prevenido en el artículo 13 de la Ley de 17 de julio de 1942, se ha procedido al estudio del mismo; y no hallando causa que aconseje modificarlo, procede su elevación a Ley».

50 Secretaria General del Congreso de los Diputados, Documentación preparada para la tramitación del proyecto de ley de ordenación de las telecomunicaciones (BOCG-Congreso, Serie A. núm. 27 de 21 de marzo de 1987), Documentación núm. 57, abril 1987, p. 45. Documentación española, comunidades europeas. Documentación Extranjera. Bibliografía

51 Su base 15 reitera la denominada cláusula de progreso, *Vid*. STS 17 de marzo de 1979 se refiere a la misma cláusula como argumento que esgrime la compañía para introducir una mejora a la que el Ministerio se mostró contrario.
No obstante, se limita la extensión y alcance de esa cláusula de progreso en el artículo 11 del Reglamento que aplica la concesión, de tal manera que se condiciona el cumplimiento de esa cláusula a que las innovaciones a incluir sean factibles desde un punto de vista tanto técnico como comercial.

o entidades ninguna concesión parcial o general, ni prorrogará ninguna de las concesiones existentes, ni permitirá la prestación de tales servicios por ningún particular».

Es a partir de este momento, cuando comienza un nuevo impulso al desarrollo del servicio, una vez superado el periodo de posguerra y reconocido el régimen de Franco por la Organización de las Naciones Unidas (1950). También fueron determinantes el acuerdo bilateral firmado con Estados Unidos en el año 1953 y la aprobación del Plan de Estabilización en 1959 (Decreto-ley 10/1959 de 21 de julio de ordenación económica), para dotar de un mayor impulso industrial a la economía española y por tanto una mayor extensión del servicio.

Así mismo, en la década de los años 50 se producen grandes avances a nivel técnico tales como el descubrimiento de la fibra óptica en 1955 (Narinder Kapany) o la invención de un dispositivo revolucionario en el ámbito de las telecomunicaciones, el transistor en 1957 (Bardeen, Brattain y Shockley), lo que posibilitó un aumento de la capacidad de red. A finales de los años 50 se completa la automatización de toda la red urbana y se comienza a automatizar también la red interurbana, de igual modo avanza el servicio internacional, comunicando con Estados Unidos y Oriente Medio y Extremo Oriente en 1967 y 1970, respectivamente[52].

Como consecuencia de esa apertura al mercado internacional que se inicia en los años 50, también se ponen en venta acciones de la CTNE en 1964 lo que implica que en ese mismo año solo el 31,5 % del capital social de la empresa continua bajo titularidad estatal. A continuación, la CTNE da comienzo a su primer Plan de Desarrollo y compra la Empresa Nacional de Telecomunicaciones (ENTEL) en 1970, empresa dedicada a las comunicaciones internacionales y en 1971 se adquiere igualmente la red telefónica de San Sebastián[53]. Desde el punto de vista orgánico y de la Administración pública, se crea la Junta Nacional de Telecomunicaciones en 1979, dependiente del ministerio de Transportes y Comunicaciones en ese momento, cuya estructura se modifica posteriormente en virtud del Real Decreto 1209/1985, de 19 de junio por el que se modifica parcialmente la estructura orgánica básica del Departamento, se constituye el Instituto Nacional de Promoción del Turismo y se suprimen ciertos organismos autónomos, en concreto en su Disposición Adicional Tercera Uno[54]. Así mismo en el año 1971 se ratifica el Acuerdo de

52 Pérez San Juan, O., Vilar Ten, J. L.: *El servicio de telefonía fija... op. cit.*, p. 72.

53 *Vid.* Gutiérrez Alonso, J.: *Proceso de integración de las redes... op. cit.*, pp. 86 y ss., para profundizar más sobre el proceso de negociación y la compra por parte de CTNE.

54 D. A. Tercera, 1 «La Junta Nacional de Telecomunicaciones es el órgano de estudio, deliberación y propuesta en materias relativas a la planificación de redes y sistemas, introducción de las nuevas tecnologías en los servicios de telecomunicación, normativa reguladora de los mismos, gestión y control del espectro radioeléctrico y, en general, en todo aquello que se refiera a la política nacional de telecomunicaciones».

20 de agosto de 1971 relativo a la Organización Internacional de Telecomunicaciones por Satélite (INTELSAT)[55] a través del Instrumento de Ratificación de 16 de noviembre de 1972. En este acuerdo se establecía como objetivo, en su artículo III, «el suministro sobre una base comercial del segmento espacial necesario para proveer a todas las áreas del mundo y sin discriminación servicios internacionales públicos de telecomunicaciones de alta calidad y confianza». También en la letra c del artículo III de este acuerdo se señala que el segmento espacial del que hablamos se suministrará o estará disponible también para otros servicios públicos de comunicaciones de carácter nacional, entre otras cuestiones que no procede comentar en este momento[56].

En otro orden de cosas, en el marco del Plan Rural aprobado por la CTNE en 1978, la atención a la demanda del servicio telefónico en el Medio Rural se reguló con carácter previo a través de la Orden del Ministerio de Transportes, Turismo y Comunicaciones de 26 de octubre de 1978[57] en relación con los teléfonos de titularidad privada y a través del Real Decreto 1218/1981, de 5 de junio en lo que tiene que ver con la extensión de teléfonos públicos[58]. A

---

55 INTELSAT se convertirá en una empresa privada, proveedora de satélites de telecomunicaciones en el año 2001, después de 37 años como organización intergubernamental que prestaba servicios de retransmisión con carácter internacional. Disponible en: https://bit.ly/3dVYmiQ

56 *Vid.* Instrumento de ratificación de 26 de enero de 1981, del Protocolo de 19 de mayo de 1978 sobre los privilegios, exenciones e inmunidades de INTELSAT.

57 Que se encarga a su vez de aumentar el número de servicios reflejados inicialmente en el art. 4 del Decreto 3585/1970, de 21 de diciembre, sobre reorganización de los servicios de telecomunicación que debe prestar la Compañía Telefónica Nacional de España (CTNE), incorporando nuevas innovaciones técnicas que tienen que ver con el primer servicio de «Teleinformática», «Videotex» y «Teletex» permitiendo estos últimos la transmisión de imágenes, y el primero «la transmisión de señales informáticas entre ordenadores, entre ordenadores y terminales, cuando el origen o destino final de aquellas sea un ordenador, quedando expresamente incluida la conmutación de mensajes», siendo esto el germen de las actuales telecomunicaciones «informáticas» o vinculadas a la conectividad digital entre usuarios.

Así, el artículo 4 del Decreto 3585/1970, de 21 de diciembre, señalaba que «en aplicación de las previsiones de la base trece del Contrato entre el Estado y la CTNE [Contrato de concesión de 31 de octubre de 1946] se autoriza a esta y se le encomienda el establecimiento, explotación y desarrollo del servicio público de transmisión de datos y de los generales y especiales para la transmisión de informaciones, en los términos y condiciones de dicho contrato, con excepción de lo estipulado en su base segunda». A través de este Decreto 3585/1970, de 21 de diciembre, se integra una sociedad llamada «Empresa Nacional de Telecomunicaciones en la Compañía Telefónica Nacional de España» (art. 1).

58 A través de este Real Decreto se regula la extensión del servicio público telefónico en el Medio Rural, así se establece en el mismo la creación de un Plan de Extensión del Servicio Público Telefónico (1982-1984) que impondrá la extensión del llamado «teléfono público de servicio» en el Medio Rural, en todas aquellas zonas donde aún carezcan del mismo. De esta manera, los núcleos de población donde se llevarán a cabo estas actuaciones serán aquellos con 50 o más habitantes que no dispongan de ningún servicio telefónico (art. 1), que así hayan sido reflejados en los Programas que las Diputaciones Provinciales

la luz de los resultados de ambas normas, se consideró necesario la aprobación del Real Decreto 2248/1984, de 28 de noviembre, sobre la extensión del servicio telefónico en el Medio Rural (en adelante RD 2248/1984, de 28 de noviembre), con el fin de impulsar definitivamente este despliegue de redes telefónicas en zonas no densamente pobladas y tradicionalmente aisladas.

2.1. Real Decreto 2248/1984, de 28 de noviembre, sobre la extensión del servicio telefónico en el medio rural

De esta manera, en este Real Decreto se prevé analizar los planes de extensión de la compañía encargada de los mismos, Compañía Telefónica Nacional de España (CTNE) y reconsiderar estos contemplándose como tres objetivos principales los reflejados en su artículo primero: la instalación de teléfonos públicos en el Medio Rural, la creación de las llamadas zonas urbanas telefónicas y la creación de abonos telefónicos en los extrarradios. Igualmente, se pretende generar un marco legal que permita acuerdos de colaboración entre la CTNE y las diferentes administraciones públicas territoriales en aras de conseguir el objetivo común de extensión del servicio.

Así, es importante señalar que en ese momento la CTNE es la encargada de la extensión de estas redes (art. 1.3 RD 2248/1984, de 28 de noviembre), cuestión que tiene su origen en el contrato concesional del servicio otorgado en 1946 en virtud del Decreto de 31 de octubre de ese mismo año. Esta labor se realiza conforme a los planes cuatrienales aprobados por el Gobierno que son los que debe seguir la CTNE y que fijan unos recursos determinados, sin perjuicio de las aportaciones que puedan realizar las llamadas entidades territoriales como consecuencia de diferentes acuerdos de colaboración (art. 4.4 RD 2248/1984, de 28 de noviembre).

De esta manera, la consecución de estos tres objetivos reflejados en el art. 1 RD 2248/1984, de 28 de noviembre, se llevará a cabo en cuatro etapas sucesivas, cubriendo en un primer momento los núcleos que tienen mayor población (arts. 3 y 4 del mismo), siendo el número de habitantes mínimo requerido para la primera etapa de 300, para la segunda de 200, para la tercera de 100 y 50 habitantes como mínimo en la cuarta. Así, se deduce que no

---

deben elaboran y remitir al delegado del Gobierno en la CTNE dentro del plazo estipulado de tres meses desde la publicación del Real Decreto (art. 2), en caso contrario quedarán excluidos del Plan de Extensión del Servicio Público Telefónico (art. 2. 3). Este Plan se llevará a cabo a través de un convenio de colaboración entre las Diputaciones Provinciales y la CTNE y la financiación del mismo se producirá al 50 % por la CTNE y al 50 % por las Diputaciones Provinciales, en este último caso la financiación que reciba la CTNE por las Diputaciones Provinciales para la ejecución de dicho Plan (todas las obras e instalaciones se integrarán en el patrimonio de la CTNE, aunque la titularidad de los teléfonos corresponderá a los Ayuntamientos, arts. 5.3 y 7.1) tendrá carácter de subvención (art. 3.2).

se introduce la posibilidad de llevar a cabo la extensión del teléfono a núcleos poblacionales de menos de 50 habitantes. No obstante, existen excepciones en relación con las entidades colectivas integradas por entidades singulares carentes de teléfono público de servicio. Así, de acuerdo con el art. 4.5 RD 2248/1984, de 28 de noviembre, los teléfonos públicos de servicio serán titularidad del Ayuntamiento, continuarán operativos siempre que los usuarios así lo demanden sin perjuicio de que existan otros métodos alternativos de comunicación a través del servicio telefónico, y el servicio se facturará a los usuarios.

Por otro lado, en virtud del art. 5 RD 2248/1984, de 28 de noviembre se crean las zonas urbanas telefónicas también en núcleos que cuenten con al menos 50 habitantes, a través de una metodología en etapas dependiendo de la población como en el caso de los teléfonos públicos de servicio. Igualmente, se establecen una serie de criterios en función de los cuales se delimitan las zonas urbanas telefónicas (se deduce que se trata de zonas en las que se extienden las redes telefónicas, como forma de organización y delimitación de cada una de esas áreas, es decir, previamente no existían estas zonas, esto es, no existía red telefónica en numerosas zonas rurales que ahora son objeto de actuación)[59].

Así mismo, se prevé un abono específico, el abono en extrarradio, para todos aquellos usuarios que no residan en una zona urbana periférica (art. 5 RD 2248/1984, de 28 de noviembre) de tal manera que deberán pagar una cuota inicial de constitución que varía en función de la distancia. No obstante, se prevé en el apartado quinto de este artículo que si existen usuarios que no puedan acogerse a este procedimiento podrán acceder al servicio si otras entidades como Comunidades Autónomas o Diputaciones provinciales, entre otras (art. 8 RD 2248/1984, de 28 de noviembre), se hacen cargo del coste correspondiente.

Igualmente, también se prevé que un grupo de usuarios que no puedan acogerse a ninguno de los procedimientos descritos en este Real Decreto, construyan una red propia conforme a las normas técnicas establecidas por CTNE, a quien corresponderá en última instancia la titularidad de las mismas, no obstante, esto no implica la creación de una red urbana al uso ni los derechos aparejados.

---

59 Diario de Burgos, 25 de septiembre de 1988. «Zona urbana telefónica en Sandoval de la Reina». En esta noticia se refleja la inauguración de esta zona urbana telefónica que dará servicio a varios municipios y, por tanto, de las nuevas líneas de teléfono, señalándose (mencionando el RD 2248/1984 de 28 de noviembre) que la inversión total en la zona fue de 65 millones de pesetas, de los cuales 4.032.960 pesetas fueron aportadas por el municipio de Sandoval de la Reina y 8.346.00 pesetas por Sotresgudo, dando cuenta de la colaboración que preveía el RD 2248/1984 mencionado. Así, se señala al final de esta nota periodística que «estas obras conllevan no solo un beneficio en la comunicación para estas localidades y las circundantes, sino también un tratamiento económico y de servicio telefónico similar al de los abonados y usuarios en los grandes núcleos de población».

Por su lado, en relación con los convenios y acuerdos, estos se reflejan en el artículo 8 del RD 2248/1984, de 28 de noviembre, el cual establece que podrán implicarse otras entidades, como las ya mencionadas, en la extensión de las redes, cuestión que se renovará con la aprobación de cada plan cuatrienal. Estos deben ser homogéneos en cuanto a sus condiciones esenciales, forma y contenido, sin perjuicio de las posibles variaciones que sean imprescindibles por las características de cada caso en concreto y se detallan una serie de porcentajes que deben cumplirse en cuanto a la aportación de entidades territoriales, cuestión que debe corresponderse con las cantidades suficientes para llevar a cabo los objetivos prefijados de extensión. Además de esta financiación directa, las entidades mencionadas pueden colaborar en la extensión de redes mediante otro tipo de tareas tales como la gestión del otorgamiento de licencias y/o autorizaciones a la CTNE, cediendo redes ya construidas o cooperando en el trazado y planteamiento de nuevas líneas, entre otras cuestiones[60].

A este respecto es importante señalar, como hace el artículo 10 RD 2248/1984, de 28 de noviembre, que el carácter de esta financiación por parte de las entidades territoriales a la compañía telefónica es de subvención y debe acogerse a lo establecido en este sentido en el Decreto de 31 de octubre de 1946 por el que se regula el contrato concesional del servicio público de telefonía, párrafo 15, base 15.

A) Extensión del servicio telefónico en el marco del contrato concesional con CTNE (Decreto de 31 de octubre de 1946)

Esta concesión se realiza en virtud del Decreto mencionado, del cual podemos destacar algunas notas características. En primer lugar, este contrato de concesión sustituiría al primero realizado con la compañía que data del 25 de agosto de 1924 y se aprueba para que la CTNE adquiera el derecho de administración y explotación del servicio de telefonía. Así, se llevará a cabo dicho convenio/concesión (debemos tener presente que el marco normativo es preconstitucional) ajustándose a lo establecido en el art. 63 de la Ley de Administración y Contabilidad de 1 de julio de 1911[61]. Así mismo, en la base

60 No obstante, la titularidad de las mismas reside en la CTNE, tal y como señala el art. 10.2. RD 2248/1984, de 28 de noviembre «las obras e instalaciones realizadas con la participación de las mismas Entidades, cualquier que sea el grado de dicha participación, se integrarán en el patrimonio de la Compañía Telefónica Nacional de España afecto al servicio público telefónico».

61 Gaceta de Madrid de 1 de julio de 1911, núm. 185, pp. 41-50. PEREZ YUSTE, A.: *La creación de la Compañía Telefónica... op. cit.*, pp. 114 y 115. Esta ley contemplaba la subasta como vía de adjudicación de servicios u obras por cuenta del Estado, «admitiendo el concurso público en algunos casos y permitiendo la excepción en otros, ninguno de los cuales podía incluirse en el contrato con la CTNE». Sin embargo, según este autor se excepciona la aplicación de esa ley, salvo, evidentemente, lo previsto en el artículo 63 que imponía la escri-

primera se contempla que la explotación de estas líneas y servicios y su administración corresponderá a esta compañía con carácter exclusivo y se restringe expresamente la entrada de nuevas entidades en la gestión del servicio, salvo acuerdo específico y excepcional con la compañía, excluyendo algunos casos particulares, fundamentalmente aquellos que se sustenten en un contrato de colaboración con entidades «públicas» como RENFE, por ejemplo, y aquellos que tengan que ver con la garantía del orden público, interés nacional etc. Igualmente, el Estado pondrá a disposición de la Compañía todas las infraestructuras necesarias y otorgará los derechos y servidumbres que se consideren imprescindibles para la extensión, administración y gestión del servicio (Bases 5.ª y 6.ª), cuestión que además se completa con lo establecido en la Base 7.ª y 8.ª por la cual el Estado recibirá parte de los ingresos de la Compañía, así como esta estará exenta del pago de cualquier tipo de impuesto.

Especial importancia adquiere la Base 9.ª por la cual la Compañía puede disponer en todas sus formas de todos los bienes, propiedades y derechos que haya adquirido en virtud de este contrato siempre que estos no se encuentren afectos o se consideren de utilidad para la prestación de servicio público, es decir, se refleja aquí una limitación a esa disposición libre y extensa que parece que se relataba en las bases anteriores. Por su parte la base 15 de este contrato de concesión, ya mencionada con anterioridad, obliga a la compañía a implementar todas las innovaciones y avances que se vayan desarrollando en cuanto a la prestación del servicio telefónico. Igualmente, en un periodo de 10 años establece la obligación de que la Compañía extienda el servicio telefónico urbano a todas las poblaciones cuyo número de habitantes excede de 1000, cuestión que se complementa con el imperativo de instalar cuantas líneas y estaciones auxiliares sean necesarias para facilitar las comunicaciones entre cualquier punto de la península conectado a la red interurbana[62]. Vemos aquí como se comienzan a desarrollar unas incipientes obligaciones de servicio público, es decir, ciertas imposiciones en términos de intervención jurídico-administrativa, salvando todas las distancias, temporales, materiales y de forma, existentes. Finalmente, en la base 23

tura pública como modo de formalización de la subasta, concurso o adjudicación directa. En este sentido, a pesar de que se preveía para este supuesto subasta o concurso, se decidió acudir a una contratación directa con CTNE, incluyendo en el mismo decreto de concesión un precepto que reflejaba la exención de aplicación de la ley de 1911 mencionada, así como todas las leyes y disposiciones contrarias al mismo y al contenido del contrato. Por tanto, también se dejaba constancia de que todo lo establecido en el Estatuto Municipal no se aplicaba a este contrato de tal manera que se produjo «la suspensión de las transferencias de derechos a los Ayuntamientos reconocida en el Reglamento de Obras, Servicios y Bienes Municipales, de 14 de junio de 1924, en lo que a establecimiento y explotación del servicio telefónico se refería». En definitiva, se consideraron a todos los efectos las bases del contrato como «norma fundamental intocable, enajenando la soberanía del Estado».

62 Otras obligaciones comprenden la instalación de centros urbanos en los centros interurbanos en los cuales al menos 50 abonados así lo soliciten y se prevé la instalación de estaciones en lugar no rentables, siempre que se compense a través de diferentes técnicas, esas pérdidas.

se establece como periodo de duración de esta concesión, 30 años, cuando el Estado incautará en su totalidad todas las infraestructuras e instalaciones telefónicas, previa notificación con un año de antelación (Base 23).

Finalmente, el artículo 11 da prioridad a la instalación de estas redes de telefonía y de estos planes y objetivos del artículo 1, a las zonas de agricultura de montaña y equiparables reguladas en la Ley 25/1982 de 30 de junio de agricultura de montaña, desarrolladas por el Real Decreto 2164/1984, de 31 de octubre, por el que se regula la acción común para el desarrollo integral de las zonas de agricultura de montaña y de otras equiparables[63]. Por otro lado, se dará preferencia en la instalación de redes a aquellas zonas urbanas aprobadas como consecuencia del art. 2.3. de la Orden del Ministerio de Transportes, Turismo y Comunicaciones de 26 de octubre de 1978 que se detallan en el Anexo del Real Decreto 2164/1984, de 31 de octubre, por el que se regula la acción común para el desarrollo integral de las zonas de agricultura de montaña y de otras zonas equiparables (Disposición Transitoria).

2.2. Entrada de España en la Comunidad Económica Europea (CEE): Libro Verde sobre el desarrollo del mercado común de las telecomunicaciones de la Comisión Europea en 1987

A partir del año 1985 comienza un periodo de amplia liberalización[64] y de apertura clara a la competencia, cuyo hito principal es la entrada de España

---

63 La Ley 25/1982, de 30 de junio, de agricultura de montaña establece un régimen jurídico específico para determinadas zonas con el objetivo de facilitar su desarrollo económico y social. En concreto se refiere a zonas de agricultura de montaña que, para ser calificadas como tales, mediante declaración del Gobierno (art. 5), deben cumplir con una serie de requisitos (arts. 2 y 3). En cuanto a las medidas incluidas en los programas de ordenación de estas zonas se hace una mención expresa a la posibilidad de incluir medidas relativas a la extensión de redes de telecomunicaciones y de otros servicios de interés general que «promuevan unas condiciones de vida digna» (art. 8. Tres. b y c). También en el art. 12, h) e i), se reflejan como cuestiones prioritarias en cuanto a las obras de infraestructuras y de servicios «básicos» todo aquello que implique el desarrollo de condiciones de vida básicas de la población, su desarrollo, cultural, educativo y profesional y el artículo 14 detalla que, en cuanto a la financiación, se dará especial importancia a los planes que conlleven la generación de empleo y el asentamiento de población, cuestiones ambas que se pueden vincular decididamente con el establecimiento de redes de telefonía. El Real Decreto 2164/1984, de 31 de octubre, por el que se regula la acción común para el desarrollo integral de las zonas de agricultura de montaña y de otras zonas equiparables en desarrollo de la Ley mencionada, contiene las especificidades de los Programas de Ordenación y Promoción de las zonas rurales de montaña: contenido, órganos encargados de su elaboración, aprobación, seguimiento, ejecución y control, así como el procedimiento de su elaboración.

64 MEILÁN GIL, J. L.: *Progreso tecnológico y servicios públicos... op. cit.*, p. 121. La Unión Europea en ese momento consideró que la liberalización era «la vía más eficaz para satisfacer el interés general, concretado en servicios innovadores, de calidad, a precios más bajos y, por tanto, asequibles al conjunto de los ciudadanos, evitando discriminaciones y,

en la CEE (Comunidad Económica Europea, hoy Unión Europea) en ese mismo año. Esta tendencia liberalizadora y reformadora también se ve impulsada por el llamado fenómeno de convergencia tecnológica. Así, a finales de los años 80 y principios de la década de los 90, se produce la convergencia del sector de las telecomunicaciones con el de la informática, lo que provoca una discordancia y un choque entre dos ámbitos completamente diferentes en cuanto a su relación con el entramado del derecho público. El primero de ellos sometido a regulación a partir de ese momento, pero anteriormente sometido a monopolio y titularidad pública o similar en muchos países de nuestro entorno, así como en España, y el segundo, caracterizado por ser un mercado emergente completamente liberalizado y no sometido a ninguno tipo de precepto de derecho regulatorio.

En particular, el 9 de enero de 1985, se produce la ratificación del Convenio de 15 de julio de 1982 estableciendo la Organización Europea de Telecomunicaciones por Satélite (EUTELSAT), Acuerdo de Explotación relativo a la Organización Europea de Telecomunicaciones por Satélite (EUTELSAT), hechos en París, y del Protocolo de modificación, hecho en París el 15 de diciembre de 1983[65].

En el citado convenio por el que se establece la Organización Europea de Telecomunicaciones por Satélite (EUTELSAT) se señala el objetivo principal de esta organización que no es más que «explotar sectores espaciales[66] de sistemas europeos de telecomunicaciones por satélite» en el marco del Tratado sobre los principios que deben regir las actividades de los estados en la explotación y utilización del espacio ultraterrestre, incluso la luna y otros cuerpos celestes, hecho en Londres, Moscú y Washington el 27 de enero de 1967. Igualmente, en su artículo I se señalan una serie de conceptos que conviene recordar tales como «servicios públicos de telecomunicaciones» (apartado k), siendo estos los «servicios de telecomunicaciones fijos o móviles que puedan prestarse por medio de satélite y a los que el público pueda

en sentido positivo, fomentando la cohesión social». Importante también es la siguiente aportación en relación con la conexión entre el progreso y evolución tecnológica que conlleva, necesariamente, la liberalización: «la liberalización, en suma, no es solo el reflejo del desarrollo de la capacidad del mercado para atender las necesidades y demandas de la sociedad, sino también de la evolución tecnológica, mucho más rápida que cuando nacieron los servicios públicos como respuesta jurídica a aquéllas. Los monopolios tienden a estar ligados a tecnologías estables y duraderas, incompatibles con el rápido progreso tecnológico».

65 Instrumento de Ratificación del Convenio estableciendo la Organización Europea de Telecomunicaciones por Satélite (EUTELSAT), Acuerdo de Explotación relativo a la Organización Europea de Telecomunicaciones por Satélite (EUTELSAT), hechos en París el 15 de julio de 1982, y del Protocolo de modificación, hecho en París el 15 de diciembre de 1983. BOE núm. 235, de 1 de octubre de 1985.

66 Según el artículo 1. G) el término sector espacial se corresponde con el conjunto de satélites, pero también con las estaciones e instalaciones terrestres de todo tipo «de seguimiento, de telemedida, de telemando, de control, de vigilancia y los demás equipos asociados, necesarios para el funcionamiento de estos satélites».

tener acceso, tales como el teléfono, el telégrafo, el télex, el facsímil, la transmisión de datos, el videotex, la transmisión de programas de radiodifusión y de televisión entre estaciones terrenas aprobadas que tengan acceso al sector espacial EUTELSAT con objeto de una ulterior transmisión al público». En el artículo II se establece que las administraciones competentes a nivel nacional serán las que decidirán en última instancia los acuerdos de tráfico respecto a la utilización de los medios puestos a disposición del Estado en virtud de este Convenio, respetando el mismo y evidentemente, la legislación nacional aplicable, así como de los servicios puestos a disposición del público y de las instalaciones que correspondan.

Especialmente importante es el artículo III en el que se señala el alcance de las actividades de EUTELSET, es decir, a qué tipo de servicios daría soporte y con qué rango de actuación, el sector espacial de los sistemas europeos de satélites, siendo estos: servicios públicos de telecomunicaciones internacionales en Europa, servicios públicos de telecomunicaciones nacionales en Europa, otros servicios públicos de telecomunicaciones determinados en la medida en que no afecten a los primeros, y para los servicios especializados de telecomunicaciones internacionales o nacionales bajo determinadas circunstancias y siempre sin fines militares[67].

Esto vendrá seguido de la aprobación del Libro Verde sobre el desarrollo del Mercado Común de las Telecomunicaciones de la Comisión Europea en 1987[68] que supondrá la fijación de una hoja de ruta clara, un marco de actuación y una concreción en cuanto a las medidas a seguir en el ámbito de la Unión Europea, con el fin de dar cumplimiento a los instrumentos que ya comenzaron a articular este cambio de paradigma desde el año 1984 (programa RACE[69], programa STAR[70], Recomendación 86/659/EEC sobre la intro-

67 Se entiende por servicios públicos especializados (art. I.k del Convenio) como los servicios de telecomunicaciones diferentes de los denominados «servicios públicos de telecomunicaciones» en el art. I.F) del Convenio, que puedan prestarse por medio de satélite, incluyendo, sin que esta lista sea limitativa, los servicios de radiodifusión, de radionavegación por satélite, de investigación espacial, de meteorología y de teledetección de recursos terrestres».

68 COMMISSION OF THE EUROPEAN COMMUNITIES: *Toward a dynamic European economy. Green paper on the development of the common market for telecommunications services and equipment*, COM (87) 290 final.

69 El objetivo fundamental de este programa era el desarrollo de una nueva banda ancha para la provisión de servicios integrados, pero no solo, ya que fue decisivo igualmente para la consolidación de un clima de cooperación entre las diferentes administraciones de telecomunicaciones, y entre estas y las industrias implicadas.

70 Reglamento (CEE) n.º 3300/86 del Consejo, de 27 de octubre de 1986, por el que se establece un programa comunitario relativo al desarrollo de determinadas regiones desfavorecidas de la comunidad mediante un mejor acceso a los servicios avanzados de telecomunicaciones. Directamente relacionado con el objetivo de cohesión, este programa pretendía paliar la exclusión de determinados servicios a las que se veían sometidas las zonas periféricas que se encontraban ciertamente aisladas. Pretende reducir las desigualdades territoriales en el acceso a los servicios de telecomunicaciones.

ducción coordinada de la Red de Servicios Digitales, ISDN[71] y la Directiva 86/361/EEC[72], todas ellas cuestiones que serán abordadas con mayor detalle posteriormente), y dar impulso a otros nuevos que tendrán lugar posteriormente. De este modo, señala una serie de consideraciones clave que deben tenerse en cuenta para cumplir con dichos objetivos.

Así, el objetivo del Libro Verde es la creación de un mercado abierto y dinámico que consideran necesario para introducir cambios regulatorios con el fin de mejorar el dinamismo del sector. Se proponen en esa línea una serie de metas más concretas como el desarrollo del mercado de suministros y equipamientos a nivel europeo y configurar el inicio de una comunicación fluida y constante entre los Estados Miembros para introducir modificaciones que conlleven la homogeneización de sus sistemas regulatorios en cuanto al sector de las telecomunicaciones. En consecuencia, esta necesidad de reforma y modificación del marco regulatorio nace con el objetivo de cumplir con la completa implementación del mercado único que se preveía para el año 1992, pero también como consecuencia del desarrollo vertiginoso del sector y de nuevos servicios en el mismo, entre otras cuestiones. También era especialmente importante dar respuesta a través de este cambio de paradigma a nuevos retos tales como la expansión de nuevas formas de acceso a fuentes de información o la creciente relevancia de las economías de escala[73].

Así mismo, otras *metas* que se plantean en el Libro Verde se corresponden con:

- La promoción del desarrollo de nuevos servicios en un entorno competitivo.
- La salvaguarda del rol de las administraciones de telecomunicaciones y de los operadores de redes nacionales públicas o privadas en el suministro o puesta a disposición de infraestructuras y de su financiación.
- En el proceso de toma de decisiones se deberá tener en cuenta a todas las partes directamente implicadas (usuarios, fabricantes de equipamiento etc.).

---

71 Recomendación del Consejo 86/659/CEE de 22 de diciembre de 1986, relativa a la introducción de la Red Digital de Servicios Integrados (RDSI) en la Comunidad Europea (D.O.L 382, de 31 de diciembre de 1981).

72 Directiva 86/361/CEE del Consejo de 24 de julio de 1986 relativa a la primera etapa del reconocimiento mutuo de la homologación de equipos terminales de comunicaciones.

73 COMMISSION OF THE EUROPEAN COMMUNITIES: *Toward a dynamic European economy. Green paper... op. cit.*, pp. 1-6.

- La garantía de la interoperabilidad de redes, terminales y servicios mediante la promoción activa de una política de estandarización a nivel europeo que ya comenzó en 1984.
- La separación completa de las funciones regulatorias de las operacionales en el sector, así como la apertura total pero gradual al mercado de los terminales.

En definitiva, el Libro Verde trata de reunificar los objetivos principales y de reunir las metas que se han venido fijando en los diferentes instrumentos aprobados, que, evidentemente fueron el impulso decisivo para que se produjera un cambio de paradigma y de modelo regulatorio en nuestro país hacia la liberalización del sector con el reconocimiento e incorporación de obligaciones de servicio público como principal mecanismo regulatorio.

A) Recomendación del Consejo 84/550/CEE, de 12 de noviembre de 1984, relativa a la primera fase de apertura de los contratos públicos de telecomunicaciones y la Résolution du Parlement Européen sur les télécommunications de 30 de abril de 1984

Uno de estos instrumentos fue la Recomendación del Consejo 84/550/CEE, de 12 de noviembre de 1984, relativa a la primera fase de apertura de los contratos públicos de telecomunicaciones, de especial importancia. Esta recomendación indica la inercia de liberalización del sector de las telecomunicaciones, como paso necesario, según argumentan las instituciones europeas, para consolidar el mercado común que se pretende construir como eje vertebrador de la futura Unión Europea. De esta manera, se plasma de manera concreta la necesidad de que los Estados miembros impulsen y promuevan, la presentación de ofertas de empresas de otros Estados miembros ante las administraciones de telecomunicaciones, con el fin de que, bajo el principio de no discriminación, puedan prestar los servicios de telecomunicaciones en cualquier país de la futura Unión Europea. Así mismo, se insta a que se produzca una homogeneización a nivel europeo de las especificaciones en materia de homologación de los equipos terminales y de las diferentes tecnologías implicadas, con el fin de facilitar la verdadera consagración del mercado común en lo que al sector de las telecomunicaciones se refiere. Es importante, y así lo reflejan en este texto, la diferencia entre los equipos terminales[74] y los equipos de conmutación y transmisión[75], estos últimos integran las redes públicas.

---

74 Se entiende por estos «aparatos conectados a los terminales de una red pública de telecomunicación para transmitir, tratar o recibir informaciones», Recomendación Consejo 84/550/CEE, de 12 de noviembre de 1984, p. 1.

75 Son equipos de conmutación y transmisión «todo equipo, a excepción de los equipos ter-

Así mismo, unos meses antes se expresa el Parlamento Europeo en torno a la necesidad de confeccionar y aprobar un plan específico a nivel europeo que plasme una serie de indicaciones hacia el desarrollo de las telecomunicaciones. Esto se lleva a cabo a través de la Résolution du Parlement Européen sur les télécommunications (J.O.C 117/75, 30 abril 1984), que plantea, precisamente, el establecimiento de un Plan Estratégico Europeo de desarrollo de las telecomunicaciones, que sirva, en primer lugar, como mecanismo de evaluación de las carencias y potencialidades existentes, que defina, en consecuencia, los objetivos a alcanzar (cualitativos y cuantitativos, así como métodos de evaluación de la consecución de los mismos) y que establezca cuáles son los sectores o ámbitos en los que las medidas de impulso públicas son más necesarias. En definitiva, todo ello nos lleva a un objetivo común, que es el de coordinar el desarrollo y la política de telecomunicaciones a nivel de la entonces CEE, que permita una mayor eficacia en su despliegue (reglamentación y criterios de homologación comunes, planes de organización coordinados, afrontamiento común de los problemas de desarrollo de redes e infraestructuras, entre otras cuestiones).

El Parlamento Europeo considera que si bien es un sector con numerosa y divergente normativa y reglamentación, que en aquel momento, difería muchísimo entre los diferentes Estados miembros, siendo las disparidades políticas, reglamentarias e institucionales la norma, se erige como esencial la configuración de una serie de características comunes en cuanto a las especificaciones y normas que regulan el acceso a las redes, fundamentalmente, pero también de otras cuestiones, ya que en aquel momento, «dans les differents États membres de la Communauté, de 70 à 90 % du marché industriel des, télécommunications dépendent des pouvoirs publics»[76].

Igualmente, se considera que el sector de las telecomunicaciones debe considerarse como estratégico para el desarrollo de las redes interurbanas, locales y regionales de comunicaciones, teniendo presente las necesidades de la sociedad y se subraya que los servicios «accesorios» o adicionales deberán ser liberalizados, cuestión que posteriormente el legislador español incorpora en la Ley de Ordenación de las Telecomunicaciones del año 1987. En este sentido, también se reconoce que la función o vertiente de servicio público es vital y que un nuevo plan o una nueva reglamentación debe tener en cuenta esta cuestión.

---

minales, adquirido por las administraciones de telecomunicaciones para ser utilizado por sus propias redes». Recomendación Consejo 84/550/CEE, de 12 de noviembre de 1984, p. 1.

76 Interesa especialmente algunas de las medidas de este Plan estratégico que propone la Resolución del Parlamento Europeo, que aparece en el párrafo 5 de la misma, siendo estas «-promotion de l'investissement dans l'infrastructure en base des télécommunications, -établissement, en matière de telécommunications, tant pour les équipes de réseaux que pour les terminaux, d'une politique européenne de normes».

Otra de las medidas que se propone en este texto es la creación de proyectos de infraestructuras a nivel comunitario, que deberían seguir los objetivos que se plantearon en su momento en la Comunicación de la Comisión (83) 573 final, p. 11 y 12, entre los que podemos mencionar el «desarrollo de conexiones terrestres intraeuropeas de banda ancha [...] basándose en las técnicas más avanzadas, utilizando la fibra óptica y el desarrollo en común y a gran escala de los servicios de banda ancha, utilizando las comunicaciones por satélite»[77].

En otro orden de cosas, se considerará como prioritario en esta Resolución el desarrollo de una nueva red comunitaria transfronteriza que ofrezca los servicios digitales ISDN, cuestión que ya hemos abordado con anterioridad, y que, como veremos, finalmente no se articuló en el territorio de lo que hoy es la UE. Este proyecto pretendía generar un monopolio de red pública, es decir, que los diferentes Estados miembros se encargaran de la creación y gestión de la red de telecomunicaciones (emulando la diferenciación red-servicios en cuanto a su gestión, en el sector del ferrocarril) para luego dejar en manos de la iniciativa privada la gestión del servicio. Finalmente, esta iniciativa fracasa porque los propios operadores prestadores del servicio demandaban y, además, tenían capacidad para ello, crear y gestionar igualmente la red, y los Estados no tenían una capacidad tan amplia de extensión[78].

Así mismo, en cuanto a la incidencia social de la extensión de la red de telecomunicaciones, ya este texto hacía hincapié en las consecuencias favorables que tendría este desarrollo en particular en las zonas alejadas y de mayor difícil acceso, es decir, en zonas rurales y menos pobladas, para el desarrollo económico de las mismas, para la viabilidad de las pequeñas empresas locales y también para la implementación paulatina de técnicas de «télé-enseignment dans les régions isolées», es decir, ya se pensaba en la prestación de determinados servicios, públicos o privados a través de las tecnologías de la información, desde cualquier punto geográfico del territorio, siendo esta una de las utilidades fundamentales de la extensión de infraestructuras y servicios de telecomunicaciones (punto 36, Resolución de 30 de abril de 1984).

B) Directiva del Consejo 86/361/CEE de 24 de julio de 1986 sobre reconocimiento mutuo de la homologación de equipo

Por otro lado, nos encontramos con la Directiva del Consejo 86/361/CEE 24 julio 1986, relativa a la primera etapa del reconocimiento mutuo de la homologación de equipos terminales de telecomunicaciones, que, en hilo con la

---

77 Comision Europea. Communication de la Commission au Conseil sur les Télécommunications. Lignes d'action, de 29 septembre 1983, COM (83) 573 final.

78 Calvo, A.: «Las tecnologías de acceso a internet en España: nacimiento y evolución de la Red Digital de Servicios Integrados, 1984-2005», *Actes de Història de la Ciéncia i de la Técnica. Nova Época*, vol. 11, 2018, pp. 69-93.

anterior recomendación, tiene el mismo objetivo común de fortalecer y crear verdaderamente ese mercado único europeo[79]. Esta Decisión obliga al reconocimiento mutuo en la homologación de estos equipos y por tanto impulsa y establece una armonización de las especificaciones técnicas de los equipos a nivel europeo[80]. Unida a esta, debemos mencionar el Accord sur les normes européennes de Télécommunications (NET), pour les terminaux, adopté a Copenhague, le 22 avril 1986, que surge en el seno de la Conferencia Europea de las Administraciones de Correos y Telecomunicaciones (CEPT, Conference Europpeenne des Administrations des postes et des Télecommunications), con el fin de dotar de un carácter reglamentario y obligatorio como Normas Europeas de Telecomunicaciones (NET) a las recomendaciones técnicas de la CEPT sobre los terminales, con el objetivo de que un terminal aprobado, según los procedimientos nacionales o internacionales existentes, pueda tener acceso al mercado común y vincularse libremente a la red pública de telecomunicaciones sobre el territorio del país en cuestión. Al final esta cuestión es un elemento más que contribuye a la armonización de las especificaciones técnicas de los equipos de telecomunicaciones a nivel europeo como paso previo para una completa liberalización e intercambio de servicios en territorio de la Unión sin obstáculo alguno al desarrollo de la competencia. Así, el objetivo fundamental de este acuerdo es, a partir de las recomendaciones técnicas de la CEPT para los terminales, establecer Normas Europeas de Telecomunicaciones (NET) y dotarse de los medios para conferir a estas un carácter obligatorio utilizando el procedimiento previsto en el Anexo de este Acuerdo.

C) Reglamento (CEE) n.º 3300/86 del Consejo, de 27 de octubre de 1986, por el que se establece un programa comunitario relativo al desarrollo de determinadas regiones desfavorecidas de la comunidad mediante un mejor acceso a los servicios avanzados de telecomunicaciones (programa STAR)

En línea con lo anterior pero más enfocado quizá a la consolidación de un mercado basado en la cohesión social y territorial, unos meses más tarde se

79 En conexión con esta Directiva que busca armonizar el mercado de telecomunicaciones en la entonces Comunidad Económica Europea, nos encontramos con otras normas, como por ejemplo, la Decisión del Consejo 87/95/CEE, de 27 de diciembre de 1986, relativa a la normalización en el campo de la tecnología de la información y de las telecomunicaciones (D.O.L 36, 7 de febrero de 1987), que aporta nuevas perspectivas en cuanto a las normalización de los estándares de diverso tipo de los equipamientos de telecomunicaciones.

80 Nos parece importante señalar que en el artículo 2, párrafo 17, se establece que la protección de las redes públicas de telecomunicaciones contra todo daño es uno de los elementos de la especificación de conformidad que aprueba dicha homologación, en concreto, uno de los más importantes, ya que constituye un requisito esencial de la misma, por lo que debe ser respetado en virtud de obligación legal.

aprueba el Reglamento (CEE) n.º 3300/86 del Consejo, de 27 de octubre de 1986, por el que se establece un programa comunitario relativo al desarrollo de determinadas regiones desfavorecidas de la comunidad mediante un mejor acceso a los servicios avanzados de telecomunicaciones (programa STAR, Special Telecommunications Action for Regional Development). A través del presente Reglamento se crea un programa comunitario cuya duración será de 5 años (art. 8) que pretende cumplir el doble objetivo de desarrollo económico y territorial de las regiones más desaventajadas de los Estados miembros, así como desarrollo de las infraestructuras y redes de telecomunicaciones en todos los Estados miembros, cuestión que alimenta y contribuye a la primera de manera decisiva (art. 2). Todo ello ajustándose a lo establecido en el artículo 7 del Reglamento (CEE) n.º 1787/84 que regula el Fondo Europeo de Desarrollo Regional (FEDER)[81], lo que permite que los planes se centren en varias regiones que consideran especialmente deficitarias en ese momento en cuanto a la extensión de redes y servicios de telecomunicaciones, en particular de servicios «avanzados», según dice la propia norma, que sirven o servirían fundamentalmente al tejido productivo de la zona, cuestión que, por tanto, afecta claramente a su desarrollo social y económico[82]. Podríamos decir que este es uno de los primeros programas que se centra en la extensión de redes de este tipo, o al menos focaliza la atención sobre esta problemática con independencia de los resultados obtenidos, lo que será la antesala de futuros programas europeos que han impulsado la conectividad en áreas despobladas.

En particular en el caso de España (art. 3.2.a) se detalla que este programa se destinará a aquellas regiones que cumplan con lo dispuesto en el artículo 92.3 del Tratado Constitutivo de la Comunidad Económica Europea de 1957 (Tratado de Roma) en relación a las ayudas de estado como premisa, y a las zonas que, además, cumplan con lo previsto en el art. 3.1 de este Reglamento «a) situación económica especialmente difícil con respecto al conjunto de la comunidad, b) situación geográfica periférica o insular, c) bajo nivel de los servicios de telecomunicaciones, en particular, de los servicios

81 «1. Un programa comunitario se define como un conjunto de acciones coherentes plurianuales, vinculadas directamente con el cumplimiento de objetivos comunitarios y con la aplicación de las políticas de la Comunidad. Estará encaminado a contribuir a solucionar problemas graves que afecten a la situación socioeconómica de una o varias regiones. Deberá asegurar una mejor articulación entre los objetivos comunitarios de desarrollo estructural o de reconversión de las regiones y los objetivos de las demás políticas comunitarias. 2. Un programa comunitario, afectará, en principio, al territorio de varios Estados miembros, con el acuerdo de estos últimos. 3. Los estados miembros comunicarán a la Comisión los datos relativos a los problemas regionales que puedan ser objeto de un programa comunitario».

82 Reglamento (CEE) 1787/84 que regula el Fondo Europeo de Desarrollo Regional (FEDER), «tales servicios contribuirían de manera decisiva a romper su aislamiento, permitiéndoles participar en la apertura de nuevas vías tecnológicas de la Comunidad y fomentando la creación de empleo», p. 1.

avanzados destinados al sector productivo, y d) en principio, posibilidad de acogerse a un régimen nacional de ayuda con finalidad regional».

Por su parte, el artículo 4 señala las actividades particulares que puede financiar el programa, por ejemplo, la instalación de equipamientos necesarios para la extensión de estos servicios, el fomento a través de planes específicos de la oferta y la demanda de servicios avanzados de telecomunicaciones, por ejemplo, a través de proyectos experimentales de teletrabajo (ya en aquel momento, aunque pueda parecernos sorprendente, se comenzó a hablar de esta realidad), la creación de centros de servicios de telecomunicaciones o medidas de promoción y publicidad de estos servicios. Igualmente, el programa no será únicamente financiado por el Fondo mencionado, si no que este constituirá como máximo el 55 % del total, siendo la parte restante aportada por el Estado miembro en cuestión (art. 5), con diferentes particularidades, y podrán ser beneficiarios de dichas ayudas, no solo las Administraciones públicas de los Estados miembros, si no también empresas, particulares o cooperativas (art. 6)[83].

D) Fomento de la industria europea de telecomunicaciones y de su competitividad e integración de la política comunitaria de telecomunicaciones: Recomendación del Consejo 86/659/CEE de 22 de diciembre de 1986, relativa a la introducción de la Red Digital de Servicios Integrados (RDSI) y Comunicación de la Comisión sobre la política comunitaria de las telecomunicaciones, de 5 de junio de 1986, COM (86) 325 final

Con el fin de dar continuidad a las medidas anteriores y consolidar el desarrollo del mercado único de telecomunicaciones y la necesaria y previa liberalización, así como consagración de marcos regulatorios comunes, se aprueba la Recomendación del Consejo 86/659/CEE de 22 de diciembre de 1986, relativa a la introducción de la Red Digital de Servicios Integrados (RDSI) en la Comunidad Europea. Así, se recomienda la incorporación en el seno de la hoy Unión Europea, de una política coordinada de introducción de la RDSI que impulse y fomente, y así lo reconoce, en la parte inicial del texto, la industria europea de telecomunicaciones. No es tanto el objetivo la extensión de redes para dar el servicio al usuario, si no la mejora de la competitividad, que, también es cierto, en ocasiones contribuye igualmente a ese primer objetivo.

---

83 Reglamento (CEE) 1787/84 que regula el Fondo Europeo de Desarrollo Regional (FEDER), art. 6, «la ayuda podrá revestir, total o parcialmente, la forma de una subvención en capital o de una bonificación de interés sobre el préstamo».

Así, a través de esta Recomendación, el Consejo Europeo insta a los Estados miembros a que incorporen e integren de una manera clara y coordinada medidas que permitan el desarrollo de la RDSI (teniendo en cuenta las prescripciones concretas detalladas en el Anexo), teniendo en cuenta que la mayor parte de ellos, ya cuentan con los equipos de conmutación y transmisión necesarios. Así, se impulsa esta consideración como una cuestión más para consolidar el mercado único de las telecomunicaciones, para hacerlo competitivo a nivel internacional y para favorecer los intercambios y el dinamismo económico que lleva aparejado un desarrollo tecnológico de estas características. Igualmente, se considera que esta incorporación debe hacerse de forma coordinada entre los organismos o entidades públicas de cada Estado miembro y las llamadas, en este texto, «Administraciones de Telecomunicaciones», siendo estas las entidades privadas que proporcionen servicios de telecomunicaciones.

Igualmente, en este mismo año 1986 se aprueba la Comunicación de la Comisión al Consejo sobre la política comunitaria de las telecomunicaciones, de 5 de junio de 1986, COM (86), 325 final, que contribuye a clarificar y sistematizar las diferentes medidas en la materia realizando un recorrido sobre las iniciativas y normativas puestas en marcha por la CEE en el marco de la política comunitaria de telecomunicaciones hasta ese momento, desde los primeros textos al respecto que datan de 1984. De esta manera, se abordan los principales avances experimentados en los cinco ámbitos de actuación que se plantearon en un inicio, siendo estos:

- Acuerdo sobre el desarrollo de infraestructura de redes y servicios de telecomunicaciones y de proyectos comunes de infraestructuras a nivel comunitario.
- Creación de un mercado único de equipos y terminales de telecomunicaciones. A tal objeto han servido muchos de los textos analizados[84].
- Creación y puesta en marcha de un programa de desarrollo de la tecnología necesaria para el despliegue de redes de banda ancha.
- Mejorar el acceso de las regiones periféricas, aisladas o menos favorecidas de la Comunidad a los servicios y redes que se creen.
- Coordinación de la negociación en el ámbito de las organizaciones internacionales del sector.

84 Se refiere a las actuaciones realizadas para conseguir una verdadera normalización de las especificaciones técnicas y también a los procedimientos que se han puesto en práctica para garantizar una apertura de la red de infraestructuras a los operadores, a través de licitación, en virtud de lo dispuesto en la Recomendación del Consejo 84/550/CEE, de 12 de noviembre de 1984, relativa a la primera fase de apertura de los contratos públicos de telecomunicaciones (D.O.L 298, de 16 de noviembre de 1984). La redacción y concreción de estas especificaciones se llevaría a cabo por la CEPT (Conferencia Europea de las Administraciones de Correos y Telecomunicaciones) en colaboración con la Comisión Europea, teniendo presente las recomendaciones internacionales.

La elaboración de estos objetivos, así como la evaluación de su consecución, se ha llevado a cabo por los expertos que forman parte del Grupo de Altos Funcionarios de Telecomunicaciones (SOGT) integrado por representantes de los operadores de redes, del sector industrial y de la Comisión, en concreto por un subgrupo denominado Grupo de Análisis y Previsión (GAP).

De estas cinco medidas, en cuanto al objeto de esta investigación, nos interesa especialmente la tercera y la cuarta, en relación con el programa de desarrollo de la tecnología de banda ancha y a la mejora en el acceso de las regiones «menos favorecidas», podríamos decir rurales, a estos servicios, respectivamente.

En el primero de ellos, en relación con el objetivo de desarrollo de la interconexión a través de la tecnología de banda ancha entre los diferentes Estados, se pretende analizar, fundamentalmente, el éxito del Proyecto común de infraestructura TBB: Transnational Broadband Backbone, que «tiene por objeto crear las condiciones de comunicaciones transfronterizas de banda larga en Europa y de poner esos enlaces a la disposición, en una primera fase, de los usuarios profesionales»[85]. En cuanto a la evaluación del segundo, se aprueba, como ya hemos comentado, el programa STAR destinado a regiones desfavorecidas de la Comunidad, como principal herramienta de actuación.

E) Sobre la introducción incipiente de las comunicaciones integradas de banda ancha (CIBA) a través del Programa RACE de la UE y la aprobación del Convenio Internacional de 6 de noviembre de 1982 de Telecomunicaciones hecho en Nairobi

Para finalizar, en cuanto a instrumentos europeos que impulsaron este cambio de paradigma, sin mencionar las decisivas directivas que abordaremos en profundidad a continuación, solo destacar algunas características de la Propuesta de Reglamento del Consejo, relativo a una acción comunitaria en el sector de las tecnologías de telecomunicación RACE, de 14 de noviembre de 1986, que también ya habíamos anticipado. Así, con base en el artículo 238 del Tratado Constitutivo de la Comunidad Económica Europea (TCEE, Tratado de Roma) se impulsa el proyecto RACE, cuyas especificaciones se recogen en este Reglamento apoyado por la Decisión del Consejo de 14 de diciembre de 1987 relativa a un programa comunitario en el sector de las tecnologías de telecomunicaciones, investigación y desarrollo sobre las tecnologías avanzadas de las comunicaciones en Europa (Programa RACE) y cuyo objetivo fundamental es contribuir a la introduc-

85 Comisión Europea. Comunicación de la Comisión al Consejo sobre la política comunitaria de las telecomunicaciones, de 5 de junio de 1986, COM (86), 325 final, p. 5.

ción de las llamadas comunicaciones integradas de banda ancha (CIBA) en los territorios de los Estados miembros, teniendo presente las estrategias y planes nacionales, así como la incorporación del sistema RDSI, con el fin último de conseguir servicios de este tipo en toda la CEE para el año 1995. Para conseguir esta meta, se considera imprescindible la consolidación de un mercado único y competitivo en cuanto a servicios y equipos de telecomunicaciones a nivel mundial.

Igualmente, no podemos finalizar este recorrido internacional sin mencionar acuerdos que trascienden las fronteras de la hoy Unión Europea, siendo de especial importancia, en el ámbito de la UIT mencionada, el Convenio Internacional de 6 de noviembre de 1982 de Telecomunicaciones hecho en Nairobi[86]. De esta manera, parte de su articulado se corresponde con la determinación de cuestiones relacionadas con la UIT (creada en 1932), siempre estando presente el respeto a la facultad de cada miembro a regular el sector de las telecomunicaciones como consecuencia de su soberanía. Así, entre los objetivos de la UIT (art. 4.2 Convenio de Nairobi) se establece que distribuirá las frecuencias del espectro radioeléctrico y llevará un registro de las diferentes asignaciones que se produzcan con el fin de evitar cualquier conflicto o interferencia perjudicial[87], a la vez que redactará reglamentos técnicos, resoluciones, recomendaciones etc.

Otro aspecto importante que se establece en el Convenio es la regulación de la Junta Internacional de Registro de Frecuencias (art. 10) siendo esta la encargada de inscribir y registrar las asignaciones de frecuencias realizadas por los diferentes países (siguiendo lo previsto en el Reglamento de Radiocomunicaciones) y la UIT reconoce en el art. 17 Convenio de Nairobi, que la Unión «gozará en el territorio de cada uno de sus Estados miembros, de la capacidad jurídica necesaria para el ejercicio de sus funciones y la realización de sus propósitos». Sin embargo, una nota característica que demuestra el poder de los miembros es que estos podrán interrumpir cualquier telecomunicación de carácter privado que consideren que es perjudicial para la seguridad del Estado, contraria a su ordenamiento jurídico o que atente contra el orden público (art. 19 del Convenio, de Nairobi que igualmente reconoce el derecho de interrupción de las telecomunicaciones internacionales aplicable a los miembros).

Así mismo, el artículo 18 del Convenio de Nairobi reconoce el derecho del público a utilizar el servicio internacional de telecomunicaciones y establece

86 BOE núm. 96 de 22 de abril de 1986. Instrumento de ratificación del Convenio Internacional de Telecomunicaciones hecho en Nairobi el 6 de noviembre de 1982.

87 Se entiende por interferencia perjudicial, según el Anexo II del Convenio, párrafo 2003, «Interferencia que compromete el funcionamiento de un servicio de radionavegación o de otros servicios de seguridad, o que degrada gravemente, interrumpe repetidamente o impide el funcionamiento de un servicio de radiocomunicación explotado de acuerdo con el Reglamento de Radiocomunicaciones».

una serie de principio de no discriminación entre los usuarios señalando que los precios o tarifas serán los mismos sin preferencia alguna. Por su parte, los principios clásicos aplicables a la provisión del tradicionalmente llamado servicio público, en este caso, servicio público de telecomunicaciones, tales como principio de continuidad, de mutabilidad y de progreso, aparecen reflejados en el artículo 23, «establecimiento, explotación y protección de los canales e instalaciones de telecomunicación».

Igualmente, el artículo 35 indica que las instalaciones deberán ser instaladas y explotadas sin causar ningún tipo de interferencia perjudicial en las comunicaciones de otros Estados miembros, de tal manera que cada uno de ellos, en virtud de este artículo, se compromete a exigir a las entidades privadas de explotación que cumplan con este mandato de no interferencia. Este Convenio, además, está dividido en dos partes, la primera de ellas relativa a las disposiciones fundamentales que comprenden los artículos 1-194, y la segunda, artículos 201-643, referente al Reglamento General, que, en caso de conflicto o divergencia, prevalecerá lo establecido en la primera parte (art. 41 del Convenio). Por otro lado, existen en el marco de aplicación de dicho convenio y en el funcionamiento normal de la organización, reglamentos administrativos (art. 42) que regulan la disposición y utilización de las telecomunicaciones en cuestiones más concretas, obligan a todos los miembros, y en supuesto de divergencia entre estos y el Convenio, prevalecerá el Convenio.

En cuanto a la ejecución del Convenio y de los Reglamentos, el artículo 44 impone, como es lógico, la obligación a los miembros de cumplir con el convenio y con los reglamentos administrativos correspondientes en la totalidad de las oficinas de telecomunicación que de ellos dependan y que sean proveedoras de servicios internacionales o puedan llegar a causar interferencias en la prestación de los servicios de radiocomunicaciones, a la vez que deben garantizar que las entidades privadas de explotación reconocida[88] cuya encomienda es la gestión de algún aspecto de la provisión de estos servicios, cumplan con lo establecido en estos textos.

---

88 *Vid.* Anexo II, Convenio, párrafo 2009, se trata de una «empresa privada de explotación que responda a la definición precedente y que explote un servicio de **correspondencia pública** o de radiodifusión y a la cual impongan las obligaciones previstas en el artículo 44 del Convenio el miembro en cuyo territorio se halle la sede social de esta explotación, o el miembro que la haya autorizado a establecer y explotar un servicio de telecomunicación en su territorio» Así, debemos explicar en qué consiste «un servicio de correspondencia pública» para entender de forma clara el concepto y la diferencia que existe entre este tipo de empresas y las llamadas únicamente empresas privadas de explotación. Así, en Anexo II igualmente, párrafo 2004, se define «correspondencia pública» como «toda telecomunicación que deban aceptar para su transmisión las oficinas y estaciones por el simple hecho de hallarse a disposición del público».

2.3. Ley 31/1987, de 18 de diciembre, de Ordenación de las Telecomunicaciones (LOT): las telecomunicaciones como servicio público

Como consecuencia de esta nueva corriente, se aprueba la Ley 31/1987, de 18 de diciembre de Ordenación de las Telecomunicaciones (LOT), tomando como bases los preceptos constitucionales que amparan esta cuestión, los artículos 18.3, 128.2 y 149.1. 21.ª de la Constitución Española de 1978[89]. Esta norma realiza una categorización de los servicios públicos de telecomunicaciones en cinco grupos diferenciados. Así mismo, si bien se mantiene el régimen de monopolio para la entidad CTNE se liberalizan algunos servicios como los servicios de valor añadido (arts. 20 a 24). Igualmente, impulsa la creación de un nuevo Plan Nacional de Telecomunicaciones (PNT) —arts. 27.2, 28 y Disposición Adicional Primera[90 / 91]— y en virtud de la misma se lleva a cabo un nuevo contrato con la empresa CTNE en 1991[92], que desde 1988 se denominaba Telefónica de España, S.A[93], y así se refleja en la Dis-

89 Artículo 18.3. Se garantiza el secreto de las telecomunicaciones y, en especial, de las postales, telegráficas y telefónicas, salvo resolución judicial. Artículo 128.2. Se reconoce la iniciativa pública en la actividad económica. Mediante ley se podrá reservar al sector público recursos o servicios esenciales, especialmente en caso de monopolio y asimismo acordar la intervención de empresas cuando así lo exigiere el interés general. Art. 149.1.21.ª. [...] régimen general de telecomunicaciones, tráfico y circulación de vehículos a motor; correos y telecomunicaciones; cables aéreos, submarinos y radiocomunicación.

90 El artículo 28 señala que en el marco del PNT el ministerio competente, que en ese momento tenía la denominación de Ministerio de Transportes, Turismo y Comunicaciones, debe asegurar la interconexión y la coordinación de redes e infraestructuras de telecomunicaciones y se debe garantizar la presentación del servicio ante el usuario como una red integrada, con independencia de que haya diferentes entidades que lo presten.
Por su parte, el art. 28.3 señala que el PNT constituirá un marco plurianual en el cual se planificará el desarrollo y la extensión de servicios y redes y la incorporación de nuevos servicios y tecnologías, garantizando que esas innovaciones «no distorsione la prestación de los servicios preexistentes, tanto en su aspecto funcional como económico».

91 Es muy importante la Disposición Adicional Primera, que si bien reitera la necesidad de cumplir con el mandato del artículo 28 sobre la aprobación del PNT y la extensión de redes de telecomunicación, en un principio focalizándose en las redes de telefonía, ya se señala igualmente la necesidad de transformar y/o integrar las redes en «redes digitales de servicios integrados de banda estrecha» que derivaría en servicios de banda ancha en el futuro, por ello uno de los componentes del Plan es «previsiones de introducción de técnicas digitales en las redes» (D. A. 1.ª 3.).

92 Este nuevo contrato establece por primera vez el Índice General de Calidad y otras estrategias y procedimientos de control para medir la calidad del servicio. Pérez San Juan, O., Vilar Ten, J. L.: *El servicio de telefonía fija en España... op. cit.*, y Muñoz Machado, S.: *Servicio y mercado II: Las telecomunicaciones*, Civitas, pp. 196-200, 1998.

93 También se crea el Consejo Asesor de Telecomunicaciones, como órgano asesor del Gobierno en esta materia (Disposición Adicional Tercera).

posición Adicional Segunda[94]. Es también importante el apartado cuarto de esta disposición, por el cual se establece un mínimo de participación de capital nacional, sea público o privado, en el capital social de CTNE, siendo del 75 % del total.

La motivación de esta Ley[95] reside en adaptar el marco jurídico a la diversidad de prestaciones que existen en este momento en el ámbito de las telecomunicaciones y a la necesidad de definir con claridad cuál es el papel de la Administración en este sector, así como el equilibrio y el rol entre el sector público y privado, con carácter general.

En esta norma se consideran las telecomunicaciones como servicios esenciales de titularidad estatal que se reservan al sector público, y, por tanto, se configura y define el dominio público radioeléctrico y se ordena su utilización, excluyendo de este régimen a determinados servicios que, como hemos mencionado, «se liberalizan», siendo estos los servicios de valor añadido[96]. Así, el artículo 2 señala que« conforme a lo previsto en el artículo 128.2 de la Constitución, y en los términos de la presente Ley, las telecomunicaciones tienen la consideración de servicios esenciales de titularidad estatal, reservados al sector público, con las excepciones que se establecen en los artículos 9, 10, 21 y 22[97]». Además, el artículo 3 refleja que el Estado debe garantizar la extensión y el uso de los servicios públicos de telecomunicación, en función de los medios disponibles y de la legislación vigente.

Así mismo, el artículo 7, basándose en las previsiones constitucionales del artículo 149.1.21.ª que atribuye como competencia exclusiva del Estado la regulación del sector de telecomunicaciones, atribuye al mismo la facultad «de gestión, con sus facultades inherentes de administración y control del dominio público radioeléctrico» que en concreto se encomienda en este artículo, al Ministerio de Transportes, Turismo y Comunicaciones. De esta manera se contemplan diferentes mecanismos para proceder a la gestión del mismo, que pasan por la grabación con un canon, cuando se produzca la reserva del dominio público radioeléctrico a favor de entidades diferentes de las Administraciones públicas.

---

94 El nuevo contrato se sujetará a la legislación general salvo en relación con el procedimiento expropiatorio cuestión que se explica en el cuerpo del texto. Esta cuestión se señala explícitamente en la memoria justificativa del proyecto de ley.

95 La LOT recoge los servicios de telecomunicaciones como servicio público (arts. 9, 10, 21 y 22) de lo cual da cuenta el autor y hace un análisis de su motivación, MUÑOZ MACHADO, S.: *Servicio y Mercado II: Las telecomunicaciones*, Civitas, pp. 183-193, 1998.

96 MUÑOZ MACHADO, S.: *Servicio y Mercado II: Las telecomunicaciones*, Civitas, pp. 200-205, 1998.

97 Entre las excepciones nos encontramos con determinados servicios de valor añadido, con los servicios prestados por las compañías ferroviarias y las compañías de «producción, transporte y distribución de energía eléctrica» en los términos del artículo 10, así como determinados servicios de telecomunicaciones en lo previsto en el artículo 9.

Por otro lado, como ya hemos adelantado, existen cinco grupos diferenciados de servicios públicos de telecomunicaciones. El primero de ellos se corresponde con aquellos servicios que, por su especial incidencia en la seguridad, la vida humana, la seguridad del Estado o por razones concretas de interés público serán gestionados directamente por el Estado o sus entes públicos (hablamos de los servicios radioeléctricos de ayuda a la meteorología, los vinculados a la navegación aérea, navegación marítima y aeroespacial, los servicios de información y auxilio en carreteras, entre otros, art. 12). La segunda categoría de servicios se corresponde con los servicios finales de telecomunicación (art. 13) compuestos por los servicios «telefónico urbano, interurbano e internacional, telefónico móvil automático, telefónico móvil marítimo o aeronáutico de correspondencia pública, telegramas, télex, etc». Estos servicios se prestarán en régimen de monopolio y se determinará vía reglamentaria si se opta por un modo de gestión directa o indirecta de cada uno de ellos[98], aplicándose las previsiones existentes en la normativa en materia de contratos del sector público vigente en ese momento (art. 15.1). En este artículo 15 se establecen igualmente las condiciones o reglas que se aplicarán a los contratos de concesión, en su apartado 3:

a) El plazo máximo de duración de la concesión será de treinta años.

b) La explotación por gestión indirecta y régimen de monopolio exigirá la figura del Delegado del Gobierno en la Entidad Concesionaria, cuyas atribuciones se establecerán reglamentariamente e incluirán, en todo caso, el derecho de veto por razones de interés público frente a los acuerdos del concesionario.

c) Intransferibilidad de las concesiones y prohibición de subcontratación de las prestaciones incluidas en las mismas, con las excepciones que reglamentariamente se determinen.

d) La concesión de estos servicios públicos podrá llevar aparejada la obligación de satisfacer a la Administración el canon anual que reglamentariamente se determine, que se establecerá en función del porcentaje de los ingresos brutos de explotación, sin que en ningún caso pueda exceder del 1 por 1.000 de dichos ingresos.

Como vemos, vuelve a aparecer en este caso la figura del canon, que antes comentábamos que se aplicaba cuando se producía la reserva del dominio público radioeléctrico a una entidad diferente de una administración pública, en este caso, como compensación a la Administración, si así se establece reglamentariamente en el marco de la concesión.

98 Así, la explotación y prestación de estos servicios finales de telecomunicaciones implica la ocupación del dominio público normalmente para la instalación de las infraestructuras necesarias, bajo una serie de requisitos previos (art. 17.2) y se tramitará directamente a través del procedimiento especial de urgencia (art. 52 de la Ley de 16 de diciembre de 1964 de Expropiación Forzosa), art. 17.3 y Disposición Adicional Segunda 3., puesto que la explotación de los servicios finales de telecomunicaciones, así como los portadores, implica la declaración de utilidad pública.

Igualmente, el artículo 16 establece una serie de principios a los que debe ajustarse la prestación de los servicios finales de telecomunicaciones (pero también los servicios portadores) entre los que es importante destacar el primero de ellos «el área de cobertura será todo el territorio español» aunque se introducen salvedades o excepciones que tienen que ver con las condiciones, medios, facilidades, reglamentaciones «u otras circunstancias semejantes que obligaran a ello, podrán existir puntos o zonas de excepcional y transitoriamente no cubiertas». Obsérvese aquí la excepcionalidad que se aplica a esa cobertura integral de todo el territorio español, por la que, si bien se reconoce ese imperativo, se abre un amplio abanico de excepciones que podrían justificar la no extensión de líneas desde un punto de vista legal. Sin embargo, se reconoce en esta norma el derecho de los ciudadanos a acceder al servicio telefónico en el apartado segundo de este mismo artículo, «a cuyo efecto se establecerán los mecanismos adecuados para garantizar que el ejercicio de este derecho pueda hacerse efectivo en todo el territorio nacional, en el plazo más corto posible».

Así, existe una tercera categoría de servicios, los servicios portadores, siendo la diferencia fundamental entre los servicios finales y los portadores, que los primeros representan la capacidad completa al usuario, en cuanto a su comunicación, y que los segundos se encargan únicamente de «la transmisión de red con independencia de la comunicación que realice el usuario»[99]. Como punto en común entre ambos tipos de servicios, señalamos el régimen de prestación de los mismos, cuya gestión puede ser directa o indirecta con independencia de la titularidad del mismo, que continúa siendo pública. Por su parte, la cuarta categoría de servicios se corresponde con los mencionados servicios de valor añadido[100] (prestaciones adicionales a las de las redes públicas) que se dividen en tres subgrupos según el soporte técnico que posean, y el quinto grupo serían los servicios de difusión (art. 25).

En esta Ley, igualmente, aparecen una serie de definiciones en su Anexo, que conviene recordar, tales como la correspondiente a telecomunicación («toda transmisión, emisión o recepción de signos, señales, escritos, imágenes, sonidos o informaciones de cualquier naturaleza por hilo, radioelectricidad, medios ópticos u otros sistemas electromagnéticos»), ondas radioeléctricas u ondas hertzianas («ondas electromagnéticas, cuya frecuencia se fija convencionalmente por debajo de 3.000 Giga hertzios, que se propagan por el espacio sin guía artificial»), espectro de frecuencias radioeléctricas («el conjunto de ondas radioeléctricas cuya frecuencia está comprendida entre 3 kilohertzios y 3.000 Giga hertzios. El espectro de frecuencias radioeléctricas se divide, de acuerdo con el Reglamento de Radiocomunicaciones de la Unión Internacional de Tele-

99 Boletín oficial de las Cortes Generales. Congreso de los Diputados. II Legislatura, 1 de octubre de 1985, Núm. 233-I. Memoria justificativa al Proyecto de ley de Ordenación de las Telecomunicaciones, p. 4.

100 Muñoz Machado, S.: *Servicio y mercado II: Las telecomunicaciones*, Civitas, p. 187, 1998.

comunicaciones, Anejo al Convenio Internacional de Telecomunicaciones, en las siguientes Bandas...») y dominio público radioeléctrico («el espacio por el que pueden propagarse las ondas radioeléctricas»).

En definitiva, vemos como se plasma en esta norma la categorización de las telecomunicaciones como servicio público de titularidad estatal sometido a diferentes modos de gestión, y como se sistematizan los diferentes tipos de servicios de telecomunicaciones en cinco grupos diferenciados.

CAPÍTULO II

MERCADO, OBLIGACIONES DE SERVICIO PÚBLICO Y SERVICIO UNIVERSAL

Introducción

El proceso de liberalización trajo consigo una serie de medidas sucesivas muy necesarias para garantizar en última instancia la libre prestación de servicios en el sector de las telecomunicaciones. Para ello, se debían sortear numerosos obstáculos, reminiscencias del régimen de servicio público anterior, del régimen de monopolio económico que se traducía en monopolio legal en nuestro país. De esta manera, se aprueban una serie de normas dirigidas a establecer un régimen de regulación sectorial ex ante asimétrica del mercado que sirviera de transición hacia un estado de plena competencia donde esto no fuera necesario y las intervenciones del regulador se limitaran a un control *ex post*.

En España, a pesar de la corriente liberalizadora, se mantuvo lo máximo posible el régimen vigente de monopolio legal, es decir, nos acogimos a las prórrogas previstas en las directivas europeas, puesto que en aquel momento la extensión de la red era muy deficiente. El legislador consideró que era necesario acometer, en primer lugar, una gran labor de extensión de infraestructuras y servicios en el territorio cuestión que se valoró más conveniente realizar desde el monopolio legal, que liberalizar y dejar al mercado esa extensión, que llegaría de un modo más tardío y deficiente.

Así se hizo finalmente, mientras las directivas de los años 90 profundizaron en cuestiones clave como la Política de Redes Abierta destinada a la liberalización de los servicios como paso previo a la liberalización de redes, la obligación de interconexión entre los operadores, la armonización en los procedimientos de autorización y en el control de precios respecto al operador dominante, así como otras obligaciones que se le impuso, para garantizar el acceso de los competidores al mercado en condiciones equitativas, y evitar de ese modo un abuso de posición dominante[101].

101 GONZÁLEZ-VARAS IBÁÑEZ, S.: *Los mercados de interés general: Telecomunicaciones y posta-*

En ellas, en particular en la Directiva 97/33/CEE y 97/51/CE, se introduce el concepto de servicio universal por primera vez y se establecen los pilares básicos de su mecanismo de financiación, cuyos recursos procederán de los propios operadores del mercado. Todas estas cuestiones son analizadas, tanto desde el punto de vista europeo como interno, con el impacto consecuente que tuvieron en la LOT de 1987 modificada por la Ley 32/1992 de 3 de diciembre, y la aprobación final de una nueva norma, la Ley 11/1998, de 24 de abril, General de Telecomunicaciones, principalmente.

La LGT1998 es muy importante en tanto en cuanto recoge por primera vez la categorización de los servicios de telecomunicaciones como servicios de interés económico general, y, por tanto, regula el servicio universal y otras obligaciones de servicio público vinculadas. También se encargará de recoger por primera vez la posibilidad de auto prestación de servicios de telecomunicaciones por parte de las administraciones públicas y la posibilidad de que estas lleven a cabo la prestación a terceros de dichos servicios, en los términos que se explicarán posteriormente.

Seguidamente, tras la aprobación de las Directivas del Nuevo Marco o Paquete Telecom, se producirá una sistematización y estabilización de la regulación sectorial de las telecomunicaciones, dando un nuevo impulso a la liberalización y a la transición hacia las comunicaciones electrónicas. Este Paquete está formado por un conjunto de directivas de las cuales la que más nos interesa es la Directiva del Servicio Universal en la que como contenido del mismo se reconoce por primera vez «el acceso funcional a Internet»[102]. Consecuencia del mismo, se aprobará la Ley 32/2003, de 3 de noviembre, General de Telecomunicaciones. que se reafirma en las cuestiones iniciadas por la LGT1998, ampliando las prescripciones respecto al servicio universal.

Finalmente, considerando que los servicios de comunicaciones electrónicas son considerados como SIEG se realiza un recorrido por su régimen jurídico básico que nace en la Unión Europea, en íntima conexión con el régimen jurídico de las ayudas de Estado (Paquete Altmark o Paquete SIEG) y su trascendencia para la financiación de la conectividad digital.

---

les, energéticos y de transportes: privatización, liberalización, regulación pública y derecho de la competencia, Comares, pp. 563 y ss., 2001.

102 Como consecuencia de una modificación posterior a través de la Directiva 2009/136/CE de 25 de noviembre, como veremos posteriormente. En ese sentido que expresa el informe SINDIC DE GREUGES DE CATALUNYA: *Internet de banda ancha como servicio universal: el derecho a la igualdad digital*, Informe 2013, p. 9, señalando que a partir de la aprobación de dicha directiva «existen dos estándares diferentes de servicio universal: por un lado lo que podría denominarse estándar europeo de servicio universal, que no incluye la banda ancha; y por otro lado, el llamado estándar nacional de servicio universal o de cada estado miembro, que sí puede prever la conexión a internet mediante tecnologías de banda ancha, de acuerdo con el criterio de flexibilidad que introduce la Directiva de 2009 y que permite a los estados miembros incorporar conexiones de banda ancha al sistema de financiación del servicio universal».

1. Liberalización y nacimiento del servicio universal. Las telecomunicaciones como servicio de interés general (1992-2000) y competencia en servicios

1.1. Proceso de liberalización: intervencionismo y regulación asimétrica

El proceso de liberalización del sector de las telecomunicaciones[103] es un experimento de reforma que supuso la reorganización industrial, económica y jurídica de la realidad de nuestro país y de los países de nuestro entorno y que resultó de una indudable trascendencia. Suponía en última instancia la translación del poder del Estado o de las Administraciones públicas, que pasaron de ser titulares de dicho servicio a observadores, reguladores o garantes de la prestación del mismo, bajo la lógica de las normas de la competencia y del libre mercado, que imperarán con carácter general salvo circunstancias excepcionales[104]. Se produce la mutación de la idea de la responsabilidad como Estado prestacional a la idea de Estado garante o regulador que, valiéndose de principios y técnicas de derecho regulatorio e intervención jurídico-administrativa, se erigirá como guardián de la correcta prestación de determinados servicios liberalizados considerados como esenciales para el conjunto de la sociedad y de la economía, en aras de la consecución de la otrora, *solidaridad social* o la *garantía de la plena pertenencia a la colectividad*[105], hoy en día, cohesión social[106].

En un primer momento, el sector de las telecomunicaciones, como hemos podido ver en el desarrollo histórico de su evolución inicial, se caracterizó, más especialmente en España, por tratarse de una implementación ciertamente caótica y en un ámbito de competencia desorganizada o no simétrica. Ante ese caos inicial, los países occidentales normalmente optaron por los monopolios estatales en términos de titularidad. Además, en el sector de las telecomunicaciones las estructuras en red y las economías de escala, así

---

103 Fernández, T. R.: «Del servicio público a la liberalización desde 1950 hasta hoy», *Revista de Administración Pública (RAP)*, núm. 150, 1999, pp. 57-74, habla de la liberalización como el fruto del desarrollo tecnológico, siendo la primera una consecuencia ineludible que ha dinamitado el monopolio en el servicio público.

104 Sobre el concepto de regulación y las diferentes formas aplicables *Vid*. Braconnier, S.: «La régulation des services publics», *Revue française de droit administratif (RFDA)*, vol. 1, núm. 17, 2001.

105 *Vid.* Bauby, P.: *Les services publics*, Flammarion, París, 1997, p. 95

106 Esteve Pardo, J.: *Principios de derecho regulatorio. Servicios de interés económico general y regulación de riesgos*, Marcial Pons, Barcelona, 2021, pp. 25-37.

como la no obligatoriedad de interconectar las diferentes infraestructuras y servicios del territorio en un inicio imposibilitaron la consolidación de la competencia, que se antojaba inestable, por lo que el monopolio económico en última instancia era evidente. Dicho monopolio económico, coadyuvado por la no obligatoriedad de interconexión, provocó la implementación del monopolio legal para poder garantizar y controlar la prestación del servicio en condiciones de cierta estabilidad. La aproximación fue diferente en Europa y en EE. UU., siendo en este segundo caso un monopolio legal bajo una fuerte regulación que se imponía a empresas privadas, y en el caso de Europa se optó por la estatalización del sector en mayor o menor intensidad[107].

Esta doctrina económica, como en toda ciencia social, se vino a apoyar en postulados igualmente ideológicos, en una suerte de ideología nacionalizadora que tomo como base el «el indudable interés público de las telecomunicaciones que se consideraban vinculadas a la soberanía, al control de la información y a la seguridad nacional»[108]. Esta doctrina considera que las redes soporte e integrantes de este servicio se integran en el capital social, puesto que son imprescindibles para el desarrollo de una economía productiva y competitiva, de ahí la idea de que los poderes públicos deban apoyar o incluso proveer estas infraestructuras o servicios[109].

Sin embargo, en la década de 1980 se comienza a poner en duda este tipo de planteamientos y sobre todo la racionalidad y utilidad de limitar la competencia o la libertad comercial, tesis defendidas por competidores potenciales, como es lógico. Esto aparece influenciado por la introducción previa de competencia en los mercados de Estados Unidos y Japón, lo que dio pie a la aprobación del Libro Verde sobre el desarrollo del mercado común de servicios como el primer hito de la liberalización del sector en la Unión Europea, ya mencionado[110]. Además, en opinión de algunos autores, las ineficiencias del desarrollo de actividades económicas bajo el poder de la Administración pública son evidentes, y declara que el argumento del monopolio natural pronto ve su caída como consecuencia del desarrollo de la tecnología y del sector de manera vertiginosa al albor del mercado.

---

107 Ariño Ortiz, G. (Dir.): *Privatizaciones y liberalizaciones en España: balance y resultados (1996-2003).* Tomo I. Proceso privatizador. Aspectos jurídicos. La liberalización de las telecomunicaciones, Comares, Granada, 2004, p. 69.

108 Ariño Ortiz, G. (Dir.): *Privatizaciones y liberalizaciones en España... op. cit.*, p. 70.

109 Grupe, H.J.C..: «Regulación económica y teoría del monopolio natural», *Económica: La Plata*, vol. 36, núm. 1, 1990, pp. 73-96. y Moral Soriano, L.: «Servicio universal y telecomunicaciones en el Derecho comunitario», *Revista del Derecho de las Telecomunicaciones e Infraestructuras en Red (REDETI),* núm. 16, 2003, p. 47 sobre el monopolio natural, situación previa a la liberalización y justificación de la misma como actividad económica que «por naturaleza» tiene a un monopolio.

110 Calzada, J., Costas, A.: «La liberalización de las telecomunicaciones en España: objetivos europeos versus intereses nacionales», *Revista de Historia Industrial*, núm. 63, año XXV (2), 2016, pp. 161 y 165.

El proceso liberalizador se caracterizó entonces por la creación de una normativa sectorial, lo que detallaremos posteriormente, que impuso una regulación ex ante y de carácter asimétrico en el sector[111], con el fin de transitar y llegar en algún momento a una imposición de la normativa general de la competencia y a un control es post exclusivamente, como desenlace del proceso, una vez se hubiera consolidado la competencia en el mercado[112].

Igualmente, en virtud del desarrollo tecnológico experimentado se llega a la conclusión de que no nos encontramos ante un monopolio natural en cuanto a infraestructuras (como podría argumentarse en su momento en otros sectores como el ferrocarril) y se puede conseguir a medio-largo plazo un equilibrio donde varios operadores puedan competir y prestar sus servicios, que comienzan a ser múltiples y muy diversos en ese momento, por lo que un modelo de macroempresa monopolista no es necesario ni viable[113].

Es un poco más tarde, en la década de los 90 cuando este debate de verdad cobra mayor sentido y se ve plasmado en un claro cambio de paradigma. Y esto es consecuencia de dos factores que modificaron la caracterización del sector: se produce un shock tecnológico por el cual surgen nuevos servicios accesibles y, por otro lado, se da un shock de demanda como consecuencia del desarrollo del teléfono móvil y de Internet. Es la combinación de ambos fenómenos lo que termina con la idea de monopolio natural a finales del siglo pasado, ya que hay nuevos servicios que pueden ser prestados por otros actores de mayor o menor tamaño y, además, un crecimiento tan importante de la demanda da lugar a la creación de más operadores (se incrementa el valor añadido del sector) y a una imposibilidad del ente público de satisfacer ese incremento de demanda con los medios disponibles. Así mismo, se hace necesaria la inversión en innovación y modernización que solo será estimulante y viable si se permite el acceso de inversores privados.

No obstante, más allá de estas consideraciones generales, es importante el contexto nacional de cada Estado y la influencia de la liberalización en su política económica y viceversa. En este sentido, se afirma que, en el caso español, la política liberalizadora, si bien vino impuesta por las instituciones europeas, el ritmo y el modo de llevarse a cabo dependió de numerosos factores internos. En concreto, la deficiente extensión del servicio telefónico a nivel territorial en nuestro país[114] determinó que el Gobierno en aquel

111 Banegas Núñez, J.: «Las telecomunicaciones, motor de la Nueva Economía», *Revista del Instituto de Estudios Económicos*, núm. 4, pp. 59-67, 1999.

112 Carlón Ruiz, M.: *El servicio universal de telecomunicaciones*, Thomson Civitas, Navarra, 2007, p. 40.

113 Romeo López, J. M.: «La liberalización de las telecomunicaciones. Lecciones de historia», *Llull Revista de la Sociedad Española de Historia de las Ciencias y de las Técnicas*, vol. 20, núm. 3, 1997, p. 693.

114 Calzada, J., Costas, A.: *La liberalización de las telecomunicaciones... op. cit.*, p. 166 añade que «el principal reto al que se enfrentaron los nuevos responsables del sector fue univer-

momento priorizara la universalización del servicio antes de acometer una liberalización radical en el sector, ya que consideraba que sería más fácil controlar la extensión de redes desde un monopolio regulado[115] que con un sector liberalizado e intervenido con medidas particulares mucho más complejas[116]. De ahí que en aquel momento se solicitara una moratoria de 5 años, que trataremos posteriormente, para liberalizar completamente el mercado español.

1.2. Armonización comunitaria: liberalización de servicios de telecomunicaciones

En este contexto se aprobó la Ley 32/1992, de 3 de diciembre, de modificación de la Ley 31/1987 de 18 de diciembre, de Ordenación de las Telecomunicaciones[117], donde se reconocía explícitamente la categoría de servicio público a las telecomunicaciones —en cuanto al monopolio público en su titularidad—, que tiene su origen en la aprobación de las Directivas de la Comisión de las Comunidades Europeas 88/301/CEE de 18 de mayo sobre la competencia en los mercados de terminales de telecomunicaciones, la Directiva 90/388/CEE de 28 de junio relativas a la competencia en el mercado de terminales y servicios de telecomunicación respectivamente (en virtud del artículo 90.3, Tratado Constitutivo de la Comunidad Económica Europea, TCEE), la Directiva 90/387/CEE relativa al establecimiento del mercado interior de los servicios de telecomunicaciones mediante la realización de la

salizar el acceso a la telefonía básica. A principios de los noventa, el mercado español se caracterizaba por tener un bajo nivel de penetración (social y territorial) y una baja calidad del servicio. En 1990, solo el 32,4 % de la población tenía acceso al teléfono, cuando la media de la CEE era del 41,7 %. Además, algunas regiones como como Galicia, Asturias y Murcia tenían un gran número de municipios sin cobertura. Esta situación chocaba con una gran demanda de líneas nuevas que Telefónica no podía satisfacer debido a la falta de recursos y a sus carencias organizativas».

115 Bel, G., Calzada, J.: «Privatization and Universal Service Obligations», *Journal of Institutional and Theoretical Economics*, núm. 4 (65), pp. 650-669. Se pueden utilizar subsidios cruzados entre los diferentes tipos de consumidores lo que contribuiría a la financiación de la extensión de red.

116 Calzada, J., Costas, A.: *La liberalización de las telecomunicaciones... op. cit.*, p. 162.

117 Pérez San Juan, O., Vilar Ten, J. L.: «El servicio de telefonía fija en España», *Foro Histórico de las Comunicaciones*, Disponible en: https://bit.ly/3XDk6RY, pp. 78-79. En este momento se aprobó el Plan de Telefonía Rural 1988-1991 que impulsaría los convenios establecidos, de los que ya hemos hablado, entre las administraciones locales y regionales y la CTNE, que finaliza en 1991 con la instauración de telefonía de uso público en todos los municipios de más de 50 habitantes y el servicio telefónico en todas las poblaciones de más de 100 habitantes. Posteriormente, se aprobará el Plan Operacional de Extensión del Servicio Telefónico en el medio rural 1993-1996 en cuyo marco se realiza una prueba piloto de telefonía móvil en estas zonas, a través de un sistema denominado TRAC (Telefonía Rural de Acceso Celular).

oferta de una red abierta de telecomunicaciones (ONP, Open Network Provision) y la Directiva 92/44/CEE de 5 de junio relativa a la aplicación de Oferta de Red Abierta en cuanto a las líneas arrendadas.

Toda esta normativa comunitaria tenía como función fundamental acometer el proceso de liberalización para lo cual consideraban esencial como parte de esta primera etapa, garantizar la interconexión, ya que, si no se llevaba a cabo, el operador dominante podía frenar la entrada de nuevos prestadores de servicios al impedir la interconexión con su red, de manera directa o bien imponiendo precios desorbitados al nuevo inversor[118]. De esta manera, al permitirse la interconexión o incluso exigirse la interconexión entre el operador ya establecido y el entrante (y a su vez, al menos al inicio, regular precios) se favorece el aumento del valor añadido de las economías de red como «un bien público al alcance de cualquier operador independientemente de su tamaño o cobertura». Así se eliminaría una de las barreras que impiden el desarrollo de competencia[119].

Otra condición imprescindible en esta etapa era incentivar una política de redes abierta, es decir, una liberalización en términos de servicios y no tanto de redes, por la cual se impusiera al operador dominante la puesta a disposición de terceros de sus propias infraestructuras (el entrante compensará a través de tarifas de interconexión o cuotas de «alquiler» de bucle) para que estos presten el servicio, como alternativa clara a la prestación del mismo a través de infraestructuras propias, lo cual para un nuevo operador supondría un coste inviable que impediría la incorporación del mismo al mercado[120].

Igualmente, y, por último, para culminar esa primera etapa liberalizadora se debía acometer un control de precios mediante la imposición de tarifas que garantizasen el equilibrio. Esto se refiere al control de precios del operador establecido al que se presupone con poder de mercado y el que será más controlado en todas sus actuaciones con el fin de que no abuse de su posición dominante (art. 86 TCCE) y que no vulnere las medidas de discriminación positivas que, lógicamente, le son más desfavorables. También se

---

118 Armstrong, M.: « Network interconnection in telecommunications», *The Economic Journal*, vol. 108, 1998, pp. 545-564.

119 Ariño Ortiz, G. (Dir.): *Privatizaciones y liberalizaciones en España... op. cit.*, p. 81.

120 Ariño Ortiz, G. (Dir.): *Privatizaciones y liberalizaciones en España... op. cit.,* p. 86. Se trata en última instancia de una discriminación positiva del nuevo operador para conseguir el *level playing field* «equilibrar las desventajas competitivas con las que se enfrenta el nuevo entrante en un mercado donde existe un fuerte contrincante global (el operador histórico). Basándose en la doctrina de las *essential facilities* (instalaciones y equipos de duplicación imposible o prohibitiva) se obliga al operador histórico a alquilar su infraestructura de red o servicios a nuevos entrantes, a precios regulados, basados en costes incrementales de servicios o elementos de red [...] permite al nuevo entrante una estrategia de entrada rápida, aunque diferente del modelo de negocio que se espera sea desarrollado a largo plazo: invertir en redes propias y una vez construidas competir en el mercado de comunicaciones vía acceso directo».

pretende vigilar y supervisar el correcto cumplimiento de las obligaciones de servicio universal para garantizar que la liberalización no implique una restricción en el acceso al servicio para determinados usuarios. De esta manera, la situación previa al control de precios era de desequilibrio tarifario, puesto que el control de precios en esa situación de monopolio conllevaba que los servicios de acceso a la red y llamadas locales o metropolitanas tenían un precio muy inferior al coste de su prestación (por lo que resultaban ineficientes) y, en cambio, los servicios de voz internacionales o provinciales tenían márgenes de beneficio.

Este desequilibrio no resulta compatible con la competencia de mercado ya que los precios de los primeros (muy inferiores al precio normal de mercado) generarían un efecto de dumping que distorsionaría la libre competencia, lo que imposibilita la liberalización del sector (STJCE de 13 de mayo de 2003, asunto C-463/00 en el que se constata que España perjudicó financieramente a Telefónica obstaculizando el desarrollo del sector manteniendo hasta una cuota de abonado por debajo de costes hasta el año 2003). Por ello, con el fin de conseguir un equilibrio tarifario se produjo el incremento paulatino de los precios de acceso y servicios de voz, y una reducción de los correspondientes a servicios internacionales o provinciales, más desorbitados, donde los márgenes de beneficio eran más elevados. Teniendo en cuenta estos presupuestos económicos y medidas regulatorias que debían imponerse en esta primera fase de liberalización, las instituciones europeas se lanzaron al diseño de este marco normativo, a través de un primer grupo de directivas, cuyos preceptos más importantes analizaremos a continuación.

A) Supresión de derechos especiales o exclusivos en cuanto a la comercialización de los equipos: Directiva 88/301/CEE de 18 de mayo

La primera de ellas, la Directiva 88/301/CEE de 18 de mayo sobre la competencia en los mercados de terminales[121] de telecomunicaciones se encarga de restringir o eliminar directamente los derechos exclusivos y derechos especiales otorgados por los Estados miembros a los operadores de telecomunicaciones[122] en régimen de monopolio, puesto que esto vulneraría los

121 La Directiva define «aparato terminal» en su artículo 1 como «el aparato conectado directa o indirectamente al punto de terminación de una red pública de telecomunicaciones para transmitir, procesar o recibir información; la conexión será indirecta si se interpone un aparato entre el terminal y los puntos de terminación de la red. En ambos casos (conexión directa o indirecta), la conexión podrá realizarse por cable, fibra óptica o vía electromagnética».

122 En esta Directiva se habla de «empresas» (art. 1) como «aquellas entidades públicas o privadas a las que el Estado conceda derechos especiales o exclusivos de importación, comercialización, conexión, puesta en servicio y/o mantenimiento de aparatos terminales de telecomunicaciones».

arts. 30 y 34 TCEE[123]. Estos derechos exclusivos y especiales tienen que ver con la prestación de servicios y explotación y establecimiento de redes, pero también con la comercialización de terminales y equipos, lo que de manera indudable restringía la libre competencia y el establecimiento de otros operadores. Así, el art. 37 TCEE (unido al art. 86 TCEE que prohíbe el abuso de posición dominante) establece que «los Estados miembros adecuarán progresivamente los monopolios nacionales de carácter comercial de tal modo que, al final del periodo transitorio quede asegurada la exclusión de toda discriminación, entre los nacionales de los Estados miembros respecto de las condiciones de abastecimiento y mercado. Las disposiciones del presente artículo se aplicarán a cualquier organismo mediante el cual un Estado miembro, *de iure* o *de facto*, directa o indirectamente controle, dirija o influya sensiblemente en las importaciones o las exportaciones entre los Estados miembros»[124]. Además, el artículo 59 TCEE también prevé la progresiva eliminación de la restricción impuesta por los diferentes Estados miembros a la libre prestación de servicios en la UE[125].

En consecuencia, si se quiere garantizar la libertad de comercialización de equipos y terminales para consolidar el mercado único como fin último, las especificaciones técnicas de cada uno de ellos deben ser publicadas, de acceso libre y homogeneizadas para garantizar el libre mercado en cuanto

---

123 Este artículo forma parte del Capítulo 2 titulado «la eliminación de las restricciones cuantitativas entre los Estados miembros» y estipula que «las restricciones cuantitativas a la importación, así como todas las medidas cuyos efectos sean equivalentes, quedan prohibidas entre los Estados miembros, sin perjuicio de las disposiciones que siguen». Igualmente, el artículo 34 establece lo mismo para el caso de las exportaciones.

124 En este punto se recoge una excepción para dos Estados miembros, España y Portugal en virtud de lo previsto en el Acta de Adhesión a la UE, arts. 48 y 208. Artículo 48.1. «Sin perjuicio de lo dispuesto en los apartados 2 y 3 del presente artículo, el Reino de España adecuará progresivamente, desde el 1 de enero de 1986, los monopolios nacionales de carácter comercial, definidos en el apartado 1 del artículo 37 del Tratado CEE, teniendo en cuenta, en su caso, el apartado 2 del artículo 90 del Tratado CEE, de tal modo que, a más tardar, el 31 de diciembre de 1991, quede asegurada la exclusión de toda discriminación entre los nacionales de los Estados miembros respecto de las condiciones de abastecimiento y de mercado. Los Estados miembros actuales asumirán, respecto del Reino de España, obligaciones equivalentes». El art. 208 respecto a la republica portuguesa tiene una redacción idéntica con la excepción de las particularidades y salvedades impuestas en los apartados siguientes de este artículo que se refieren a la progresividad concreta a aplicar en el mercado de determinados productos y/o servicios.

125 Dicho artículo establece literalmente que «en el marco de las disposiciones siguientes, las restricciones a la libre prestación de servicios dentro de la Comunidad se suprimirán progresivamente durante el período transitorio respecto de los nacionales de los Estados miembros establecidos en un país comunitario distinto del destinatario del servicio. El Consejo, por unanimidad ya propuesta de la Comisión, podrá extender el beneficio de las disposiciones del presente capítulo a los prestadores de servicios que sean nacionales de un tercer Estado y estén establecidos en la Comunidad».

a la comercialización de estos productos, paso previo para la garantía de libre prestación del servicio. De esta manera, ya en los arts. 30 y 36 TCEE[126] se prevé que un Estado miembro debe admitir en su territorio un terminal fabricado y comercializado conforme a los estándares legales de otro Estado miembro, aunque con algunas excepciones.

En este sentido, esta Directiva está dirigida a Estados miembros para que actúen sobre las empresas de telecomunicaciones (art. 90 TCEE)[127] que operaban en ese momento en régimen de monopolio, siendo estas empresas públicas directamente, o bien, empresas de titularidad privada, pero a las que se ha concedido derechos especiales o exclusivos de comercialización e importación de terminales. No obstante, aunque existen una serie de excepciones a la no supresión de derechos especiales o exclusivos (art. 90.2 TCEE), estas no son aplicables a la comercialización de estos equipos ya que la supresión de estos derechos a esos efectos no implica la imposibilidad de consecución de la misión de interés general conferida como consecuencia de la categorización del servicio de telecomunicaciones como servicio de interés general en el nuevo marco comunitario.

En definitiva, atendiendo al articulado de esta Directiva, el objetivo final es la supresión de esos derechos especiales o exclusivos atribuidos a las empresas de telecomunicaciones en el mercado de equipos y terminales, sin perjuicio de que los Estados miembros puedan exigir especificaciones técnicas particulares, siempre con arreglo a criterios objetivos y no discriminatorios (arts. 2 y 3 Directiva 88/301/CEE).

---

126 El artículo 30 TCEE ya fue referenciado en notas anteriores, no obstante, el artículo 36 TCEE es de vital importancia en cuanto que establece motivos excepcionales que podrían justificar la restricción a las exportaciones o importaciones entre los Estados miembros, como son los vinculados a «la moralidad pública, al orden público, la seguridad pública, la protección de la salud y de la vida de las personas y los animales o la preservación de los recursos naturales, la protección del patrimonio nacional que tenga un valor artístico, histórico o arqueológico o de protección de la propiedad industrial y comercial. Sin embargo, tales prohibiciones o restricciones no deben constituir un medio de discriminación arbitraria o una restricción encubierta al comercio entre los Estados miembros».

127 Este artículo prevé que «los Estados miembros, respecto de las empresas públicas y de las empresas a las que concedan derechos especiales o exclusivos, no adoptarán ni mantendrán ninguna medida contraria a las normas del presente Tratado, en particular a las previstas en los artículos 7 y 85 a 94 inclusive. 2. **Las empresas encargadas de la gestión de servicios de interés económico general o que tengan el carácter de monopolio fiscal estarán sujetas a las normas del presente Tratado, en particular a las normas de competencia, en la medida en que la aplicación de estas normas no suponga un incumplimiento de derecho o de hecho de la misión particular que se les ha encomendado.** El desarrollo del comercio no debe verse afectado en forma contraria a los intereses de la Comunidad. 3. La Comisión se asegurará de que se apliquen las disposiciones del presente artículo y enviará las directivas o decisiones apropiadas a los Estados miembros cuando sea necesario».

De este modo, los puntos de terminación de red pública deberán ser accesibles, igualmente, a todos los usuarios y se deben publicitar todos los requisitos técnicos, así como los procedimientos de autorización existentes para que puedan operar otras empresas, procedimiento y requisitos que serán evaluados por una entidad independiente de aquella encargada tradicionalmente de la provisión del servicio y de los bienes en el sector (arts. 5 y 6 Directiva 88/301/CE). En perspectiva, vemos cómo a través de estos preceptos se empieza a introducir la idea de libre prestación de servicios en este ámbito, aunque aún no se haya consolidado en ninguna directiva específica en ese momento, sin perjuicio del reconocimiento general ya incluido en el TCCE.

B) Oferta de Red Abierta (ONP) y liberalización de servicios: Directiva 90/387/CEE sobre el mercado interior de servicios mediante ONP

Dando continuidad a esta idea, la Directiva 90/387/CEE relativa al establecimiento del mercado interior de los servicios de telecomunicaciones mediante la realización de la oferta de una red abierta de telecomunicaciones (ONP)[128] es de los primeros textos legales que aborda la liberalización del mercado de las telecomunicaciones en la Unión Europea, de acuerdo con los principios establecidos en los Tratados ya citados y, en particular, en los artículos 100 A y 8 TCCE[129], siguiendo las recomendaciones incluidas en el Libro Verde de 1987

128 Ariño Ortiz, G. (Dir.): *Privatizaciones y liberalizaciones en España... op. cit.,* p. 177. La política de ONP fue uno de los principales instrumentos para la introducción de la competencia en servicios, como método de regulación asimétrica y transitoria del mercado que nos llevaría en algún momento a una competencia plena en el sector. Esta política promueve la competencia entre diferentes operadores de servicios y se trata de un modelo de transición que «desincentiva la inversión en redes independientes y por lo tanto puede frenar el desarrollo de la competencia entre plataformas de red independientes, objetivo último del proceso».

129 El artículo 100 es el primero de los que constituyen el Capítulo III *Aproximación de las legislaciones* y señala que: «el Consejo, por unanimidad y a propuesta de la Comisión, adoptará directivas para la aproximación de las disposiciones legales, reglamentarias y administrativas de los Estados miembros que tengan una incidencia directa en el establecimiento o funcionamiento del mercado común. La Asamblea y el Comité Económico y Social son consultados sobre las directivas cuya ejecución implicaría, en uno o más Estados miembros, una modificación de las disposiciones legislativas».
El artículo 8, por su parte, establece en relación con la implementación del mercado común los siguientes preceptos sobre su consolidación progresiva en un marco temporal establecido, fijando diferentes hitos en todo el proceso: «1. El mercado común se establece gradualmente durante un período transitorio de doce años. El período transitorio se divide en tres etapas, de cuatro años cada una, cuya duración podrá ser modificada en las condiciones que se indican a continuación. 2. A cada etapa se le asigna un conjunto de acciones que deben iniciarse y llevarse a cabo simultáneamente. 3. La transición de la primera a la segunda etapa está condicionada a la observación de que los principales objetivos fijados específicamente por el presente Tratado para la primera etapa se han alcanzado efectivamente y que, con sujeción a las excepciones y procedimientos previstos

sobre el desarrollo del mercado común de los servicios y equipos de telecomunicación, la Comunicación sobre su aplicación y la Resolución de 30 de junio de 1988 sobre el desarrollo del mercado común de los servicios y equipos de telecomunicaciones (DO núm. C 257 de 4 de octubre), fundamentalmente. Así, se procede a la liberalización, parcial, del mercado de las telecomunicaciones a través de la imposición de condiciones de Oferta de Red Abierta (Open Network Provision, ONP) lo cual consiste esencialmente en armonizar las condiciones de prestación del servicio (lo que puede incluir requisitos homogeneizados en cuanto a distintos aspectos, por ejemplo, principios para el cálculo de tarifas, condiciones de uso y concreción de interfaces técnicas —art. 5 Directiva 90/387/CEE en relación a la publicación de normas y especificaciones técnicas armonizadas—) y acceso a redes públicas de telecomunicaciones y a los servicios públicos de telecomunicaciones[130], así como abrir esas redes a otros operadores facilitando que puedan prestar servicios de telecomunicaciones, especialmente aquellos organismos procedentes de otros Estados miembros (art. 1 Directiva 90/387/CEE).

en el presente Tratado, los compromisos se han cumplido. Esta conclusión la hace el Consejo al final del cuarto año, por unanimidad sobre el informe de la Comisión. Sin embargo, un Estado miembro no puede impedir la unanimidad basándose en el incumplimiento de sus propias obligaciones. A falta de unanimidad, la primera etapa se prorroga automáticamente por un año. Al término del quinto año, la determinación la hace la Junta, en las mismas condiciones. A falta de unanimidad, el primer periodo se prorroga automáticamente por un año más. Al final del sexto año, la conclusión la toma el Consejo, por mayoría cualificada, previo informe de la Comisión. 4. En el plazo de un mes a partir de esta última votación, cada Estado miembro que permanezca en minoría o, si no se alcanza la mayoría requerida, cualquier Estado miembro, tiene derecho a solicitar al Consejo que designe un órgano de arbitraje cuya decisión vincule a todos los Estados miembros y las instituciones de la Comunidad. Este órgano arbitral está integrado por tres miembros designados por el Consejo, por unanimidad a propuesta de la Comisión. A falta de designación por el Consejo en el plazo de un mes a partir de la solicitud, los miembros del órgano de arbitraje serán designados por el Tribunal de Justicia en un nuevo plazo de un mes. El organismo de arbitraje nombra a su propio presidente. Emite su decisión dentro de los seis meses siguientes a la fecha de la votación del Consejo a que se refiere el último párrafo del apartado 3. 5. Las etapas segunda y tercera sólo podrán ser prorrogadas o acortadas por decisión adoptada por el Consejo, actuando inmediatamente a propuesta de la Comisión. 6. Lo dispuesto en los párrafos anteriores no podrá tener por efecto la ampliación del período transitorio más allá de una duración total de cinco años a partir de la entrada en vigor del presente Tratado. 7. Sin perjuicio de las excepciones o derogaciones previstas en el presente Tratado, la expiración del período transitorio constituye el plazo final para la entrada en vigor de todas las normas previstas y para la aplicación de todos los logros involucrados en el establecimiento del común mercado».

130 Art. 2. 4) Directiva 90/387/CEE define los *servicios de telecomunicaciones* como «los servicios cuya prestación consista total o parcialmente en la transmisión y conducción de señales a través de una red de telecomunicaciones mediante procesos de telecomunicación, con excepción de la radiodifusión y de la televisión» y *servicios públicos de telecomunicaciones* como aquellos «cuya oferta hayan concedido los Estados miembros específicamente a uno o varios organismos de telecomunicaciones en concreto».

De este modo, las condiciones concretas a especificar en cuanto a las ONP se establecen en el Anexo II, entre ellas destacan las prescripciones sobre las tarifas aplicables que deben ser objetivas, claras y no discriminatorias y orientadas en función de costes cuando existan derechos exclusivos o especiales aplicados al organismo, tarifas que, por su parte, serán fijadas por el Estado miembro atendiendo a estas prescripciones básicas. En esta línea, como es lógico, se prevé una apertura gradual y por etapas (art. 4 Directiva 90/387/CEE) y también adaptada, en la medida de lo posible, a las características y estado de desarrollo de redes y servicios de cada Estado miembro y en los sectores reflejados en el Anexo I Directiva 90/387/CEE.

Es decir, las condiciones básicas que deben abordar las ofertas de red abierta y los ámbitos en los que se aplican aparecen detallados en los Anexo II y Anexo I, respectivamente. Entre los ámbitos sobre los cuales se aplicará esta liberalización en término de servicios se encuentran la red digital de servicios integrados (RDSI), las líneas alquiladas, los servicios de telefonía vocal y, como susceptibles de incorporarse, pero pendientes de «estudios complementarios» se refleja uno de especial importancia como es el «acceso a la red de banda ancha en función del análisis realizado en su definición y en su desarrollo tecnológico». Evidentemente, el desarrollo tecnológico de este último es más que incipiente en ese momento como para imponerse de alguna manera; por ello se establece su incorporación en función de su evolución tecnológica.

Por otro lado, el artículo 7 Directiva 90/387/CE refleja que, en virtud de lo previsto en el artículo 8 del TCCE, se podrán aprobar medidas para armonizar los procedimientos de concesión de autorizaciones y declaraciones con el fin de agilizar y facilitar la apertura del mercado a nuevos operadores, cuestión que se verá reflejada posteriormente en numerosos textos programáticos, pero también normativos, como en la Directiva 97/13/CEE de 10 de abril relativa a un marco común de autorizaciones y licencias individuales en el ámbito de la provisión de servicios de telecomunicaciones, que examinaremos posteriormente.

En este sentido, a partir de ese momento toda restricción a la prestación de un servicio en este ámbito en un Estado miembro o entre ellos debe estar justificada y ser proporcional al objetivo que se persigue, amparándose en «razones de interés público general» que se denominarán *requisitos esenciales*, que serán extraordinariamente importantes y nos acompañarán a lo largo de todo el proceso liberalizador. Estos requisitos se refieren a todos aquellas motivaciones vinculadas al interés general de carácter no económico que impidan la libre prestación de servicios en este ámbito y/o justifiquen la intervención en el sector. Estos motivos son todos aquellos que se refieran a «la seguridad de funcionamiento de red, el mantenimiento de su integridad y, en los casos en que estén justificadas, la interoperabilidad de los servicios y protección de datos» (art. 2.6 y 3.2 Directiva 90/387/CEE).

Así mismo, también se permiten otro tipo de restricciones a esta libre prestación de servicios en virtud de la concesión de derechos exclusivos o especiales[131] a determinados organismos de telecomunicaciones[132], que prevalecerán siempre y cuando sean conformes a los principios del TCCE. Así, para poder llevar a cabo este cometido la Comisión se plantea la creación de un programa de trabajo (art. 9 Directiva 90/387/CEE), siendo el primero de ellos un programa trianual (1990 a 1992) que aplicará las orientaciones recogidas en el Anexo 3 Directiva 90/387/CEE.

En la importante tarea que acometen las instituciones europeas al aprobar esta Directiva se servirán y lo harán en todo el proceso (arts. 9 y 10 Directiva 90/387/CEE) de un Comité consultivo formado por expertos en la materia, por representantes de los Estados miembros y por representantes de la Comisión Europea. El mismo mecanismo de asesoría y apoyo técnico se contemplará y se irá desarrollando a lo largo de todo el proceso liberalizador y así se plasmará en los distintos textos normativos.

C) Supresión de los derechos especiales o exclusivos en cuanto a la prestación de servicios: Directiva 90/388/CEE de 28 de junio

Igualmente, y de manera paralela, se aprueba el mismo día una nueva norma que complementa a la primera, siendo la Directiva 90/388/CEE de 28 de junio en relación a la competencia en los mercados de los servicios de telecomunicaciones. Si bien la primera nos hablaba de la apertura del mercado a través de las ONP, pero no abordaba la cuestión de los derechos especiales y exclusivos[133] de manera amplia, esta Directiva sí los contempla de tal modo que los suprime con carácter general en cuanto a la prestación de servicios[134], salvo en el caso de servicios de telefonía vocal (art. 2 Directiva

131 Art. 2.2) Directiva 90/387/CE habla de «los derechos concedidos por un Estado miembro o una autoridad a uno o varios organismos públicos o privados, mediante cualquier instrumento legal, reglamentario o administrativo que les reserva la prestación de un servicio o la explotación de una actividad determinada». Estos derechos impiden o limitan de facto el acceso al mercado de un operador diferente para la prestación de ese tipo de servicios lo que conlleva una restricción de la libre elección de los consumidores o usuarios, así como, en opinión de la Comisión manifestada en los preámbulos de estas directivas liberalizadoras, una limitación en una última instancia del progreso tecnológico y, por ende, económico y social.

132 Art. 2.1) Directiva 90/387/CE define organismos de telecomunicaciones como «las entidades públicas o privadas a las que un Estado miembro conceda derechos especiales o exclusivos para el establecimiento de redes públicas de telecomunicaciones y, en su caso, para la prestación de servicios públicos de telecomunicaciones».

133 Art. 1 Directiva 90/388/CE define derechos exclusivos o especiales en los mismos términos que la Directiva 90/387/CE.

134 Nótese aquí que la supresión de estos derechos en cuanto a la comercialización de equipos y terminales ya se había suprimido previamente.

90/388/CEE), y establece una apertura en la prestación de los servicios de telecomunicaciones que podrá ser asumida por parte de cualquier operador[135]. Así, la regla general impone la liberalización de estos servicios, lo cual se ampara en los artículos 90.1, 86 y 56 TCCE, partiendo del art. 3 TCEE que establece como objetivo fundamental la consolidación del mercado común.

De este modo, como hemos mencionado, el artículo 90.1 TCCE se encarga de imponer restricciones a los derechos especiales y exclusivos otorgados a las empresas de los Estados miembros en la prestación de servicios o suministro de redes cuando esto suponga un obstáculo para la libre competencia. Vinculado a ello, el art. 86 TCCE prohíbe el abuso de posición dominante y el art. 59 TCCE establece la supresión progresiva y en etapas de las restricciones a la libre prestación de servicios. En definitiva, se establece que la concesión de dicha exclusividad a determinados operadores u organismos de telecomunicaciones, como se denominan en esta Directiva, más allá de lo estrictamente permitido (arts. 66, 55 y 56 TCCE, en relación con funciones vinculadas al ejercicio de autoridad pública, y aquellas justificadas por motivos de seguridad y orden público y cuestiones de salud pública, Cdo. 7 Directiva 90/388/CEE), vulneraría la competencia y constituye una condición discriminatoria respecto a otros operadores procedentes de otros Estados miembro quienes, en virtud del TCCE, tienen derecho a establecimiento y prestación de servicios en toda la hoy Unión Europea.

Otras restricciones a la imposición plena de la libre competencia estarían motivadas por otras razones no económicas, como la salvedad respecto a la consecución de una misión de interés general (en concreto, servicio de telefonía vocal) reflejado en el art. 90.2 TCCE y aquellas vinculadas, como ya hemos dicho, al cumplimiento de requisitos esenciales. En relación con el cumplimiento de misión de interés general (art. 90.2 TCCE), la libre competencia no será completamente implementada en ámbitos concretos en los que esta impida la consecución de una misión de interés económico general, que es una suerte de servicio universal que será definido como tal posteriormente, misión que en aquel momento se encargaba a los organismos de telecomunicaciones dotados de derechos exclusivos y especiales.

Aquí se introduce en un texto comunitario una especie de habilitación del futuro servicio universal o, correspondiéndose también en un momento más avanzado, con otras obligaciones de servicio público, que más tarde será desplegado plenamente, sin perjuicio de un reconocimiento inicial en la nor-

135 Señala el art. 2 párrafo segundo Directiva 90/388/CEE que los Estados miembros que supediten la libre prestación de dichos servicios a un procedimiento de autorización o declaración (con el fin de cumplir con determinados requisitos esenciales) deberán prever un procedimiento transparente, basado en criterios objetivos y no discriminatorio. No es baladí esta cuestión ya que es abordada posteriormente en otra Directiva, como la Directiva 97/13/CEE de 10 de abril sobre el marco común en materia de autorizaciones generales y licencias individuales en el ámbito de los servicios de telecomunicaciones.

mativa de 1998, en la Ley 32/2003, de 3 de noviembre, General de Telecomunicaciones señalando que «esta misión consiste en el establecimiento y explotación de una red universal, es decir, que tenga una cobertura geográfica general y que se facilite, previa solicitud, y en un plazo razonable, a todo prestador de servicios o usuario» (Cdo. 18 Directiva 90/388/CEE). Esta sería la conceptualización muy incipiente del servicio universal[136] en torno al servicio de telefonía vocal sin limitación en cuanto a su extensión territorial, con independencia de la rentabilidad que ofrezca en un entorno liberalizado[137].

Así, el Considerando 18 de la Directiva 90/388/CEE reza y justifica de esta manera la incorporación de la telefonía vocal como servicio universal: «esta misión consiste en el establecimiento y explotación de una red universal, es decir, que tenga una cobertura geográfica general y que se facilite, previa solicitud y en un plazo razonable, a todo prestador de servicios o usuario; que los medios financieros proceden todavía principalmente de la explotación del

136 En cuanto al concepto de universalidad «sin connotaciones técnico-jurídicas» es consustancial a toda fórmula histórica de intervención pública, cuyo fin sea el aseguramiento de ciertas prestaciones a la colectividad» en Carlón Ruiz, M.: *El servicio universal de telecomunicaciones... op. cit.*, p. 29.
También este concepto de servicio universal sirvió para justificar en cierto modo el monopolio natural y por tanto la intervención del Estado, siendo utilizado por primera vez, según CASSESE, S.:« La retórica del serizio universale», en Frova, S.: *Telecommunicazioni e servicio universale, Instituto di Studi e Análisis Económica*, Giuffre, Milán, 1999, pp. 91 y ss., para garantizar el monopolio de ATT sobre las comunicaciones en EEUU justificándose en la necesidad de interconectar las diferentes líneas.

137 Es en esta norma en la que se incluye por primera vez la obligación de servicio universal que contiene el acceso a banda ancha básica, en virtud de modificación recogida en la Ley 2/2011 de 4 de marzo de Economía Sostenible que también supuso modificaciones en el Real Decreto 726/2011 de 20 de mayo por el que se modifica el Reglamento relativo a la prestación de servicios de comunicaciones electrónicas, sobre el servicio universal y la protección de los usuarios aprobado por Real Decreto 4224/2005 de 15 de abril. Sindic Degreuges de Catalunya: *Internet de banda ancha como servicio universal: el derecho a la igualdad digital*, Informe 2013, p. 5.
Vid. art. 52 Ley 2/2011 de 4 de marzo de Economía Sostenible, «Artículo 52. Inclusión, como parte integrante del servicio universal, de una conexión que permita comunicaciones de datos de banda ancha a una velocidad de 1 Mbit por segundo. 1. La conexión a la red pública de comunicaciones con capacidad de acceso funcional a Internet, garantizada por el servicio universal de telecomunicaciones, deberá permitir comunicaciones de datos en banda ancha a una velocidad en sentido descendente de 1 Mbit por segundo. Dicha conexión podrá ser provista a través de cualquier tecnología. El Gobierno, en el plazo de cuatro meses desde la entrada en vigor de la presente Ley, mediante Real Decreto, establecerá las condiciones de acceso de banda ancha a la red pública y podrá actualizar esta velocidad de acuerdo con la evolución social, económica y tecnológica, teniendo en cuenta los servicios utilizados por la mayoría de los usuarios. 2. La Comisión Delegada del Gobierno para Asuntos Económicos, a propuesta de los Ministros de Industria, Turismo y Comercio y de Economía y Hacienda, y previo informe de la Comisión del Mercado de las Telecomunicaciones, garantizará el carácter asequible de los precios de los servicios incluidos dentro del servicio universal. En particular, podrá fijar un precio máximo para las conexiones que permitan comunicaciones en banda ancha incluidas dentro del servicio universal».

servicio de telefonía vocal; que por consiguiente la apertura de este servicio a la competencia podría amenazar el equilibrio financiero de los organismos de telecomunicaciones; que el servicio de telefonía vocal, tanto si se ofrece a partir de la red telefónica actual o como parte integrante del servicio de RDSI (Red Digital de Servicios Integrados), constituye además el medio más importante de notificación y de llamada de los servicios de urgencia responsables de la seguridad pública». Como vemos, toda esta declaración lo que hace es argumentar de manera clara y precisa cuál es el sentido de la especial protección que merece el servicio de telefonía vocal, estableciendo como causas principales que: a) el equilibrio financiero de los organismos que proveen el servicio puede verse afectado por una introducción precipitada de la competencia, b) la telefonía vocal era el medio más extendido, aceptado y útil por todos los usuarios para la comunicación y que, además, c) este permite las llamadas a servicio de emergencia cuestión que debe garantizarse a toda la ciudadanía con independencia de factores geográficos, económicos o sociales (de ahí la necesidad de intervención pública).

Dicho esto, si seguimos estudiando la relación de limitaciones a la libre competencia, nos encontramos con una nueva restricción en cuanto a la prestación del servicio, de tal manera que los Estados miembros podrán restringir la simple reventa de capacidad de circuitos arrendados[138] (art. 3 Directiva 90/388/CEE), es decir, limitar el acceso a redes de nuevos operadores. Se continúa así redirigiendo, aun de manera indirecta, hacia una primera liberalización en términos de servicios.

Por otro lado, como hemos mencionado, existen una serie de procedimientos de autorización o declaración que los Estados miembros deberán comunicar a la Comisión en cuanto a la prestación de servicios conmutados por paquetes o circuitos (servicios de telefonía de voz, digitales o analógicos, respectivamente) que tengan como objetivo el cumplimiento de requisitos esenciales (art. 2 Directiva 90/388/CE), además de todos aquellos vinculados a las regulaciones del comercio en cuanto a la calidad, disponibilidad y permanencia del servicio, y de las actuaciones llevadas a cabo para garantizar la misión de interés económico general de la que hablábamos, cuando los operadores privados no puedan acometer la misma (art. 3 Directiva 90/388/CE). Todo ello con el fin de comunicar en qué casos puntuales se conceden autorizaciones a operadores privados, eludiendo parcial o completamente, el principio general de libre prestación del servicio.

Finalmente, en el art. 7 Directiva 90/388/CEE se establece que las funciones de regulación, anteriormente en manos de los organismos de teleco-

138 Art. 1 Directiva 90/388/CEE lo define como «la explotación comercial para el público de la oferta de transporte de datos a través de circuitos arrendados como servicio independiente, comprendiendo solamente la conmutación, el tratamiento, el almacenaje de datos o la conversión de protocolo en la medida necesaria, para la transmisión en tiempo real, desde y con destino a la red pública conmutada».

municaciones —definidos hasta ese momento como aquellos en poder de derechos exclusivos y especiales de prestación del servicio— se deriven a otra entidad independiente de la primera con el fin de no privilegiar a esta en su actividad prestacional y no incurrir en abuso de posición dominante (art. 86 TCEE y Considerando 16.a y b Directiva 90/388/CE) valiéndose de regulaciones favorables a sus objetivos.

Así, se da un paso más hacia la objetividad, imparcialidad y transparencia que debe imperar en un sector liberalizado y se pretende así que el mismo organismo que regula las condiciones de operatividad no sea a su vez uno de los prestadores del servicio o suministrador de redes. Esto se plasma a nivel interno en el Plan Nacional de Telecomunicaciones 1991-2002 (PNT)[139] acentuando la separación de funciones entre la entonces Secretaría General de Comunicaciones (SGT) creada en 1985 y la Dirección General de Telecomunicaciones (encargadas de la ordenación y planificación del sector, por un lado, y por otro, de la regulación del mercado, la planificación de inversiones y la propuesta de tarifas, respectivamente) de la empresa Telefónica[140]. Igualmente, se prevé que se hagan públicas las interfaces técnicas utilizadas, en cuanto se termina de perfilar las normas sobre el suministro de una red abierta (ONP), con el fin de garantizar que todas las empresas puedan adaptarse y proveer el servicio sin problema en otro Estado miembro, como así indicaba la normativa armonizadora comunitaria.

D) Obligaciones de apertura en líneas relevantes para la interconexión: Directiva 92/44/CEE de 5 de junio relativa a la aplicación de la ONP en las líneas arrendadas

Seguidamente, dando continuidad a las relevantes bases teóricas y reguladoras establecidas en el año 1990, se aprueba la Directiva 92/44/CEE de 5 de junio relativa a la aplicación de la ONP u Oferta de Red Abierta, pero respecto a un tipo de líneas particulares, las líneas arrendadas[141], en la cual se armoni-

139 Boletín oficial de las Cortes Generales. Congreso de los Diputados. 25 de abril de 1992, Serie E, núm. 201.

140 Calvo Calvo, A.: *El estado accionista: Telefónica en la década de 1980*, IV CLADHE, Bogotá, 2014. Como consecuencia de ello y de las previsiones de dicho PNT, Telefónica comenzó su expansión hacia mercados internacionales, especialmente en América Latina, experiencia que le sirvió para afrontar las consecuencias de la liberalización para la compañía en España.

141 Cabe señalar que las líneas arrendadas se corresponden con (art. 2.2 Directiva 92/44/CEE) «los sistemas de telecomunicación suministrados en el contexto del establecimiento, desarrollo y explotación de la red pública de telecomunicación que proporcionan capacidad de transmisión transparente entre los puntos de terminación de red, sin incluir la conmutación cuando así se solicite (funciones de conmutación que el usuario puede controlar como parte del suministro de la línea arrendada)».

zan las condiciones de acceso y utilización de estas redes. De este modo, a estas líneas solo se les podrá imponer ciertas restricciones de manera objetiva y proporcional, al igual que se mencionó en la Directiva 90/387/CEE, amparándose en los mismos motivos denominados requisitos esenciales y en determinados derechos exclusivos y especiales vinculados a la telefonía vocal, que es donde aún persistían. En todo caso, es especialmente importante apreciar cómo se protege vía intervención la liberalización del acceso a este tipo de líneas, ya que se impone la puesta a disposición de, al menos, un mínimo de líneas arrendadas en virtud del Anexo II con el fin de armonizar verdaderamente la oferta a nivel europeo, con independencia de las limitaciones aplicables (art. 7 Directiva 92/44/CEE)[142].

Igualmente, se prevén procedimientos de solicitud de utilización de líneas arrendadas intracomunitarias comunes y facturación única como requisitos irrenunciables en el fomento del uso de estas líneas en todos los Estados miembros (Cdo. 15 y art. 9 Directiva 92/44/CEE). Esta cuestión se acompaña de la necesaria publicación de toda la información (art. 3, en relación con tarifas, características técnicas, condiciones de suministro etc.) para lo cual se establece una guía del contenido esencial de esa oferta en el Anexo I de la Directiva 92/44/CEE.

Como hemos mencionado, la restricción a la apertura de las líneas arrendadas se justifica en virtud del cumplimiento de requisitos esenciales y de lo

142 La STJUE de 12 de diciembre de 1996 (Asunto C-302/94, British Telecommunications plc.) resuelve una cuestión prejudicial por la cual el juez nacional planteaba, entre otras cuestiones, si la obligación de proveer ese conjunto mínimo de líneas arrendadas debía imponerse exclusivamente a los organismos de telecomunicaciones (entendiendo como tales lo dispuesto en el art. 2.1 Directiva 90/387/CE) y si se impondría a todos ellos o solo a aquellos que el Estado miembro decidiera. También se planteaba la posibilidad de la no imposición de obligaciones si no existía demanda de este tipo de líneas a nivel interno del Estado miembro. El TJUE falla dictaminando que las obligaciones en relación con las líneas arrendadas impuestas en la Directiva 92/44/CEE, así como las relativas a la ONP de la Directiva 90/387/UE sobre el mercado interior, en otros términos, son aplicables a los organismos de telecomunicaciones en cuanto titulares de derechos exclusivos y especiales, en el sentido de su definición del art. 2.1 Directiva 90/387/CEE. Igualmente, señala que la obligación de proveer un conjunto mínimo de líneas arrendadas podrá ser impuesta por el Estado miembro, con independencia de la demanda interna existente, ya que lo que se pretende es la armonización e interconexión entre los Estados miembros, y además, señala, que corresponde al Estado miembro decidir qué operador, de entre los organismos de telecomunicaciones, debe cumplir con dicha obligación atendiendo a criterios de extensión e implantación territorial, de tal manera que (párrafos 57 y 58 de la Sentencia) «un Estado miembro puede limitarse a imponer las obligaciones del artículo 7 de la Directiva *líneas arrendadas* únicamente a determinados organismos de telecomunicaciones cuando tal imposición sea suficiente para permitir a los usuarios disponer de un número mínimo de líneas arrendadas conformes con las especificaciones previstas por dicha Directiva, en todo el territorio nacional. En particular, un Estado miembro puede limitarse a imponer las obligaciones de dicha disposición únicamente a los organismos de telecomunicaciones que sean los principales explotadores de líneas de telecomunicaciones en cada una de las zonas geográficas que componen su territorio».

previsto en la Directiva 90/388/CEE en sus artículos 2 y 3. En estos últimos se recoge que, además de esos requisitos esenciales, cuando existan derechos exclusivos o especiales en servicio de telefonía vocal (art. 2 Directiva 90/388/CEE) o cuando existan determinadas condiciones en relación al suministro de servicio de conmutación de datos como medidas de salvaguarda de la misión de interés económico general encomendada a un organismo de telecomunicaciones en concreto (art. 3 Directiva 90/388/CEE) se podrán acometer limitaciones específicas. No obstante, todas estas restricciones o denegación de oferta de las líneas arrendadas deberán justificarse de manera adecuada y aplicarse en su caso de manera proporcional y objetiva, y serán supervisadas por la autoridad nacional de reglamentación (art. 8 Directiva 92/44/CEE).

Por otro lado, las obligaciones previstas para los Estados miembros en los artículos 7 y 10 Directiva 92/44/CEE, en referencia a la garantía de apertura y puesta a disposición de, al menos, un conjunto mínimo de líneas arrendadas sin restricción alguna y la orientación de las tarifas a costes[143], respectivamente, podrán suspenderse en determinados casos (art. 13 Directiva 92/44/CEE). Esto quiere decir que el Estado miembro podrá alegar que, como consecuencia del estado de desarrollo de su red y de su demanda interna, no cuenta con las condiciones adecuadas para cumplir con dichas obligaciones en ese momento lo que supondría una carga desproporcionada, por lo que solicitará la suspensión de las mismas y propondrá una fecha en la cual puede asumir dicha responsabilidad. Es decir, se trata de una especie de concesión de prórroga (no asumiendo el plazo general de 5 de junio de 1993) o periodo transitorio para el cumplimiento de dichas obligaciones, siendo la Comisión quien estudiaría su petición y decidiría en consecuencia.

E) Consolidación del proceso de liberalización. La Directiva 96/19/CE de 13 de marzo impulsora de la instauración de la *plena* competencia

A continuación, con el paso del tiempo y la mayor apertura y desarrollo que experimenta el sector de las telecomunicaciones se aprueba una nueva directiva que modifica la Directiva que inicia el proceso de liberalización (la Directiva 90/388/CEE), siendo esta la Directiva 96/19/CE de 13 de marzo en lo relativo a la instauración de la *plena* competencia en los mercados de telecomunicaciones que precipitará la aprobación de la Ley 12/1997, de 24 de abril,

143 Se impone la nivelación de las tarifas con orientación a costes, con el fin de evitar que el operador dominante que da acceso a sus redes a otros operadores que acaban de entrar en el mercado para proveer el servicio, no imponga precios excesivamente elevados como contraprestación del uso de sus infraestructuras y, por tanto, cree un obstáculo al desarrollo de la competencia.

de Liberalización de las Telecomunicaciones[144] y de la Ley 11/1998, de 24 de abril, General de Telecomunicaciones, que detallaremos posteriormente.

Esta directiva es el hito principal en la liberalización completa del sector, sin perjuicio de restricciones muy concretas que no afectan a la competencia, siendo enero de 1998 la fecha límite de su implementación en todos los Estados miembros. Se considera un punto de inflexión ya que la única excepción existente en aquel momento respecto a la apertura total de servicios y redes a diferentes proveedores de servicios, es decir, aquella vinculada con la continuación de derechos especiales y exclusivos en los servicios de telefonía vocal, se elimina, sin perjuicio de ciertas limitaciones que comentaremos posteriormente (Resolución del Consejo de 22 de julio de 1993 y de 22 de diciembre de 1994).

En este sentido, el nuevo artículo 2 de la Directiva 90/388/CEE modificada, nos dejaría las siguientes claves: «se suprimen los derechos exclusivos de prestación de servicios de telecomunicaciones incluidos la creación y suministro de redes», «se suprimen los derechos especiales que, con arreglo a criterios que no sean objetivos, proporcionales y no discriminatorios, limiten a dos o más el número de empresas autorizadas a prestar tales servicios o a crear tales redes» y se suprimen los derechos especiales en los mismos términos que los primeros, encaminados a designar a «varias empresas que compitan entre sí para prestar servicios de telecomunicaciones o crear o suministrar tales redes».

Como vemos, se refleja la supresión de derechos, y, por ende, liberalización, tanto respecto a prestación de servicios como a la creación o suministro de redes con carácter general, siendo una de las excepciones la reflejada en el artículo 3 ter[145] y 4 tercero de la misma Directiva en relación con el servicio universal y su financiación y a obligaciones de servicio público en cuanto a la telefonía vocal.

---

144 Esta ley liberalizó completamente la telefonía fija en nuestro país en noviembre de 1998, unos nueve meses después del plazo ordinario estipulado en la normativa comunitaria y a partir de la misma se creó la Comisión del Mercado de las Telecomunicaciones (CMT), siendo esta una de las primeras agencias regulatorias europeas.

145 El artículo 3 Directiva 90/388/CE fija que «en lo que respecta a los servicios de telefonía vocal y al suministro de redes públicas de telecomunicaciones, los Estados miembros, a más tardar el 1 de enero de 1997, notificarán a la Comisión, antes de su aplicación, todo procedimiento de licencia o de declaración que tenga por objeto el cumplimiento: de las exigencias esenciales, o de las normas comerciales sobre condiciones de permanencia, disponibilidad y calidad del servicio, o de las obligaciones financieras relativas al servicio universal, de conformidad con los principios fijados en el artículo 4 quater». El artículo 4 quater Directiva 90/388/CE establece que contribuirán al sistema de financiación del servicio universal que se fije en su momento, exclusivamente «las empresas que suministren redes públicas de telecomunicaciones» y cada una de las empresas aportará la parte correspondiente atendiendo a principios y criterios objetivos, proporcionales y no discriminatorios.

Es importante, no obstante, concretar que algunos servicios que luego nos resultarán especialmente interesantes en cuanto a la integración de diferentes sectores, como las comunicaciones móviles y personales, generalmente se regulaban en este momento en documentos separados de esta maraña de excepciones e intervenciones en el sector de las telecomunicaciones tradicional cuyo antecedente es un claro monopolio.

Con esto queremos decir que dichas comunicaciones se encuentran plenamente liberalizadas, sin excepción alguna y se les aplica con totalidad la Directiva 90/388/CEE en su momento y aquella que se encarga de actualizar esta, la Directiva 96/19/CEE de instauración de plena competencia en el mercado, en virtud de la Directiva 96/2/CE respecto a las comunicaciones móviles y personales. Cuestión similar ocurre con las comunicaciones por satélite, que se incluyen en el ámbito de aplicación de las primeras directivas del año 1990 —en virtud de la Directiva 94/46/CE— y con la televisión por cable como consecuencia de la Directiva 95/51/CE (que darán lugar a la aprobación de la Ley 37/1995, de 12 de diciembre, de Telecomunicaciones por Satélite y de la Ley 8/1996, de 5 de julio, relativa a la regulación de la programación audiovisual distribuida por cable), sin ánimo de profundizar más en estas dos últimas.

Pues bien, dicho esto, esa liberalización plena que debe completarse en enero de 1998 se excepciona no sólo en términos de contenido de la misma, como se venía haciendo hasta el momento, si no en términos temporales. Esto es, se establecen prórrogas a la fecha límite de implementación de hasta cinco años para algunos países en los que las redes se encuentran menos desarrolladas y necesitan tiempo para acometer ajustes, siendo estos España[146], Grecia, Portugal e Irlanda. Así mismo, se ampliaría el plazo hasta dos años a los Estados miembros con redes muy pequeñas o extensas (Luxemburgo). Esta liberalización se aplica a la prestación del servicio, pero también respecto a la provisión de infraestructuras (previsto en las mencionadas Resoluciones del Consejo de 22 de julio de 1993 y de 22 de diciembre de 1994).

En este sentido, se afirma que «los Estados miembros han de suprimir los derechos exclusivos vigentes con respecto al suministro y la utilización de infraestructuras, que infringen lo dispuesto en el apartado 1 del artículo 90, en relación con los artículos 59 y 86 del Tratado, y deben autorizar a los prestadores de servicios de telefonía vocal a utilizar su propia infraestructura o cualquier otra infraestructura de su elección» (Cdo. 7 Directiva 96/19/CEE), manifestándose así la liberalización de la prestación de servicio de telefonía vocal, desde el punto de vista del servicio, pero también de la infraestructura.

---

146 Calzada, J., Costas, A.: *La liberalización de las telecomunicaciones... op. cit.*, pp. 67-168. La Comisión aceptó la moratoria solicitada por España bajo las siguientes condiciones «1) el ajuste de los precios de los servicios a sus costes 2) la cobertura universal de la telefonía fija y 3) la provisión de un servicio público básico en condiciones asequibles».

En este momento, también la digitalización de las redes ha avanzado enormemente, lo que implica una ampliación del tipo de servicios que un operador podía ofrecer, cuestión que demandaba ser abordada por una nueva Directiva que implementara una prácticamente completa liberalización, como la que estamos analizando. No obstante, no podemos olvidar que la presente Directiva continúa reconociendo algunas restricciones a la libre prestación de servicios y suministro de infraestructuras (a través de procedimientos de autorización, declaración o licencia concretos), con independencia del servicio del que se trate sea telefonía vocal o no, cuando así lo justifique el cumplimiento de requisitos esenciales, ya mencionados[147].

Igualmente, se fija dicha restricción respecto del servicio de telefonía vocal y sus infraestructuras cuando estas limitaciones sean imprescindibles para garantizar el cumplimiento de una misión de interés general, o «misión de servicio público» (art. 90.2 TCCE) o la consecuente financiación del servicio universal, en un entorno competitivo, sin perjuicio de que los Estados miembros puedan incluir otros requisitos adicionales de servicio público siempre y cuando estos respeten lo dispuesto en los Tratados (en concreto arts. 66 y 56 TCCE) y sean proporcionales, sin ahondar más, por el momento, en estos últimos.

Así, como vemos, se comienzan a establecer los cimientos de una suerte de servicio universal y a proponerse sistemas de financiación del mismo cuando no resulte rentable, que es, por otro lado, una característica intrínseca a esta realidad. En esta línea se sugieren mecanismos de financiación en la Directiva 96/19/CE, sin concretar demasiado cuáles, pero sí señalando que deberá ser el suministrador de redes de telecomunicaciones públicas quien deba contribuir a esta financiación ya que esto no puede imponerse a los nuevos operadores sin implantación real, porque carecen de los medios y porque, por otro lado, se desincentivaría su establecimiento en otros Estados miembros y por tanto, la consecución efectiva y eficaz del mercado único.

No obstante, se advierte también del necesario cambio en la estructura de costes y tarifas que se aplica en el ámbito de la telefonía vocal en relación con el servicio universal. En ese ámbito existen servicios muy rentables y otros que no lo son tanto, como por ejemplo la provisión de servicio universal de telefonía vocal en áreas rurales (hablamos de conexión inicial, alquiler mensual, llamadas regionales, locales y de larga distancia) de tal manera que con las tarifas más elevadas de servicios más rentables se compensa la pérdida que sufre el operador al aplicar tarifas muy bajas, así fijadas por

147 El Cdo. 10, Directiva 96/19/CE señala que «respecto a los servicios de telefonía vocal y al suministro de redes fijas públicas de telecomunicaciones y otras redes públicas que supongan la utilización de radiofrecuencia, las exigencias esenciales justificarán la introducción o el mantenimiento de un procedimiento de concesión de licencia individual. En todos los demás casos para garantizar el cumplimiento de las exigencias esenciales basta una autorización general o un procedimiento de declaración».

las autoridades regulatorias normalmente, en determinados segmentos de mercado.

Esta realidad ocasiona un problema muy importante y es que los nuevos operadores no pueden competir en las zonas con tarifas por debajo de costes y por tanto no pueden integrarse en el mercado por lo que esta cuestión debe suprimirse gradualmente (aplicándose el llamado reequilibrio de precios, art. 4 quater Directiva 90/388/CE modificada por la Directiva 96/19/CE[148], es decir, se deben «adaptar las cuotas vigentes que no se rijan por los costes y que eleven el precio de la prestación del servicio universal, con objeto de lograr unas tarifas basadas en los costes reales», lo más rápido posible). Este reequilibrio de precios también se venía solicitando desde finales de la década de los años 80 en nuestro país con el fin de que el operador dominante en aquel momento pudiera financiar la extensión de redes y la innovación, así como pudiera adaptarse a la llegada de competencia, sin embargo, este reequilibrio (que suponía, en última instancia un incremento de algunas tarifas que se encontraban por debajo de costes) se pospuso hasta este momento por cuestiones sociales y para evitar tensiones inflacionistas que impidieran la entrada de España en la Unión Económica y Monetaria, UME[149 / 150]. Así se puede apreciar cómo los objetivos macroeconómicos pueden determinar la estrategia regulatoria a seguir en cada contexto nacional[151].

---

148 *Vid.* STJCE de 6 de diciembre de 2001, Asunto C-146/00, Cdo. 32 y Conclusiones del Abogado General Sr. L. A. GEELHOED, presentadas el 7 de junio de 2001.
A este respecto también es importante a nivel interno el Real Decreto-ley 16/1996, de 15 de octubre, por el que se adoptan medidas para combatir la inflación y facilitar un mayor grado de competencia en las telecomunicaciones, lo que no obstante, no fue suficiente para considerar que el reequilibrio tarifario se estaba produciendo de manera efectiva, y así lo sentenció el TJCE en la STJCE de 7 de enero de 2004 (en relación con la STJCE de 6 de diciembre respecto a Francia, ya mencionada), respecto al incumplimiento del art. 4 quater de la Directiva 90/388/CE.

149 CALZADA, J., COSTAS, A.: *La liberalización de las telecomunicaciones... op. cit.*, p. 163.

150 No obstante, existía evidencia de una inflación dual, es decir que mientras que los bienes se encontraban en un entorno similar al de los países europeos en cuanto a convergencia de precios, en cuanto a los servicios no privatizados, no existía una convergencia ya que se encontraban por encima de la media europea. Así lo señaló BANCO DE ESPAÑA: «Los servicios, el núcleo inflacionista de la economía española», *Boletín Económico del Banco de España*, núm. 3, pp. 13-17. *Vid.* COSTAS A., SERRANO, J. M.: «Problemas escogidos y olvidados de la política económica española», *Diez ensayos sobre economía española*, Barcelona, Península, 1996.

151 JOSKOW, P.L.: «Inflation and Environmental Concern: Structural Change in the Process of Public Utility Price Regulation», *Journal of Law and Economics*, vol. 17, núm. 2, 1974, pp. 291-237, estudió la interrelación entre ambas realidades, en concreto, como se evitó por parte de los reguladores de la industria eléctrica y gasística de EEUU (1949-1972) un aumento de precios necesario para garantizar la rentabilidad de las empresas para evitar un aumento inflacionista, enmarcado en las llamadas teorías de la economía del comportamiento que influencian decisivamente a las entidades reguladoras en cuanto a las políticas o medidas a seguir. PAÉZ PÉREZ, P. N., SILVA RUIZ, J.: «Las teorías de la regulación

Sin embargo, las consecuencias de este reequilibrio, es decir, la subida de tarifas, pueden impactar directamente a corto plazo en el consumidor más vulnerable que se beneficiaba de la anterior regulación[152], de tal manera que, en consonancia con la Resolución del Consejo sobre el Servicio Universal de 16 de febrero de 1994 se autoriza a los Estados miembros a que aprueben disposiciones *especiales* para proteger en cierto modo a esos colectivos.

Así mismo, es importante mencionar que la definición de servicio público de telecomunicaciones, que en la Directiva 90/387/CEE se vinculaba evidentemente a la prestación del servicio por un organismo de telecomunicaciones (conferido de derechos especiales y exclusivos) cambia y se entiende como «servicio de telecomunicaciones accesible al público», sin connotaciones de titularidad del servicio o de la infraestructura (art. 1 Directiva 96/19/CEE), sino que se refiere exclusivamente, desde una perspectiva finalista, a los servicios prestados directamente al consumidor final, no a otro operador o intermediario.

F) Primera conceptualización del servicio universal e impulso a la liberalización en infraestructuras: Directiva 97/33/CE y Directiva 97/51/CE

A continuación, ya hemos visto que se introducen ciertas obligaciones de servicio público en virtud de misiones de interés general en las Directivas que preceden a la presente, como excepciones «aceptables» a la regla general de supresión de derechos especiales respecto a la prestación del servicio y al establecimiento y suministro de redes de telefonía vocal, pero no se llega a concretar en lo que denominamos, ya a partir de la Directiva 97/33/CEE, servicio universal como concepto definido.

Esta Directiva aborda la interconexión en el sector en relación con el servicio universal, de ese modo la Resolución del Consejo de 7 de febrero de 1994 reconoce la importancia de regular y fortalecer adecuadamente el servicio universal, cuestión que necesita como requisito previo una adecuada y eficaz interconexión a nivel comunitario, necesaria, por otra parte, para consolidar una libre prestación de servicios plena y de calidad. Así, se aborda una primera consideración sobre el concepto de servicio universal en el Considerando 7 Directiva 97/33/CEE señalándose que el mismo *no es un concepto estático*: se adaptará a la evolución tecnológica y a las necesidades de la

y privatización de los servicios públicos», *Administración y Desarrollo*, vol. 52, núm. 38, 2010, p. 41.

152 Calzada, J., Costas, A.: «La liberalización de las telecomunicaciones en España. Actores, ideas e intereses», *Documento de trabajo del GIM*, Universitat de Barcelona, 2012. De hecho, el reequilibrio acabo perjudicando efectivamente a los consumidores, en un primer momento generando un importante rechazo en la opinión pública.

sociedad en continua evolución y desarrollo, así como a la estructura del mercado y, por tanto, a las demandas de los usuarios.

A continuación, la Directiva 97/33/CEE no duda en hacer un alegato del servicio universal en el Considerando 8 determinando que la obligación de servicio universal es determinante para la consecución de los objetivos de cohesión social y territorial[153] en toda la Comunidad y que más de un organismo a nivel nacional puede estar sujeto a estas obligaciones. Igualmente, en ese momento las redes han avanzado hacia la RDSI, la cual por el momento no está sometida a estas obligaciones, pero la Directiva recomienda que los Estados miembros se encarguen de incorporarla al marco del servicio universal.

De esta manera, se define por primera vez el servicio universal en el art. 2.1.g) de la Directiva 97/33/CEE siendo este «*un conjunto mínimo definido de servicios de una calidad determinada accesible a todo usuario con independencia de su localización geográfica y, a la vista de las condiciones nacionales específicas, a un precio asequible*». En definitiva, el objetivo de la misma (art. 1 Directiva 97/33/CE) es garantizar la interconexión de redes, la interoperabilidad de servicios (el art. 3 Directiva 97/33/CE mandata a los Estados miembros a que eliminen los obstáculos para que se produzcan acuerdos de interconexión) y la prestación del servicio universal en un contexto competitivo, para lo cual se hace necesaria la armonización de las condiciones para un acceso abierto y eficaz a las redes.

De esta modo, la provisión del servicio universal, como es lógico, implica una serie de costes derivado de la prestación en zonas que no serían rentables en condiciones normales de mercado, que pueden considerarse por el Estado miembro como una carga injustificada para el organismo encargado de proveer el servicio, momento en el cual se debe aplicar un mecanismo especial de financiación del servicio universal (art. 5 Directiva 97/33/CEE) al que contribuirán los operadores de manera proporcional, no discriminatoria y transparente.

---

153 FALUDI, A.: «La política de cohesión territorial de la Unión Europea», *Boletín de la A.G.E.*, núm. 39, 2005, pp. 15 y 16. Nos habla del concepto de cohesión territorial y de su configuración desde la Unión Europea de tal manera que integre todas las políticas de la misma, plasmadas en la diversa legislación correspondiente, a través de una perspectiva de policentrismo con el fin último de conseguir un desarrollo equilibrado de las regiones, en este caso, en materia de acceso a servicios de conectividad digital o de SIEG, vinculándolo ya con el futuro art. 36 de la Carta de Derechos Fundamentales de la UE y *vid.* VALIN, S.: *Services publics: un défi pour l'Europe. Approches matinales et enjeux communautaires*, Ed. Charles Leopold Mayer, París, p. 37, 2007. Por otro lado, KOLLING, M.: «Territorial cohesión and democracy in the EU», *Política y Sociedad* (Universidad Complutense de Madrid), núm. 58, 1, 2021, p. 4, habla de la vertiente territorial que tiene el concepto desigualdad y que incide de manera directa en la integración de la ciudadanía en sociedad y en una cuestión de satisfacción de derechos fundamentales. *Vid.* GRAU RUIZ, M.A.: «La protección del interés económico general y de la cohesión social y territorial en la Unión Europea» en GARRIDO MAYOL, V., GARCÍA COUSO, S., ÁLVAREZ CONDE, E. (Coords).: *Comentarios a la Constitución Europea*, vol. 3, 2004, pp. 103-138.

Así, las redes y servicios públicos de telecomunicaciones que podrían financiarse a través de este mecanismo son los que aparecen en el Anexo I, parte I, siendo estos la Red Pública de Telefonía Fija y el Servicio Público de Telefonía Fija (en virtud de lo dispuesto en la Directiva 95/62/CE de 13 de diciembre relativa a la aplicación de la oferta de red abierta (ONP) a la telefonía vocal)[154]. Es decir, en ese momento el servicio universal se circunscribe a la red y a los servicios reseñados y solo ellos serán financiables con cargo al mecanismo que se estipule, cuyas particularidades aparecen en el art. 5.2 a 5.6 Directiva 97/33/CEE. En consecuencia, podrá establecerse un mecanismo por una autoridad independiente de los beneficiarios y/o crearse cuotas (aplicadas por el operador encargado del servicio universal a otros) que unidas a las tarifas de interconexión financien el servicio universal. Es decir, los beneficiarios del mecanismo o de lo recaudado por dichas cuotas, evidentemente, serán los operadores prestadores del servicio universal, quienes deben justificar ante la autoridad nacional de reglamentación el coste neto que les ha supuesto la provisión de ese servicio siguiendo el procedimiento que establece la Directiva 97/33/CEE en su Anexo III. Este sistema de cuotas no se contemplará en la reconfiguración posterior que se realiza del mecanismo de financiación del servicio universal en el denominado Nuevo Marco o Paquete Telecom.

De este modo, la autoridad nacional de reglamentación, ponderando dicho coste con los beneficios generados como consecuencia de la prestación del servicio universal, determinará si se establece el mecanismo referido que habilite una compartición del coste del servicio universal y una liberación de la carga «injustificada» sobre los operadores que lo prestan, cuestión que como idea que sustenta el mecanismo de financiación persistirá a lo largo del tiempo.

El coste de la provisión del servicio universal será la diferencia entre el coste neto asumido por un operador que provee el servicio universal y el coste que tendría hacerlo sin cumplir con dicha obligación, todo en términos

154 En esta parte del Anexo I, se considera como Red Pública de Telefonía Fija «la red pública conmutada de telecomunicaciones que sirve de soporte a la transferencia, entre puntos de terminación de la red situados en ubicaciones fijas, de la voz y de información en audio con un ancho de banda de 3,1 kHz, al servicio, en particular, de: la telefonía vocal; las comunicaciones de telefax del grupo III, de conformidad con las recomendaciones de la serie T de la UIT-T; la transmisión de datos en banda vocal mediante módem a una velocidad de por lo menos 2400 bit/s, de conformidad con las recomendaciones de la serie V de la UIT-T. El acceso al punto de terminación de la red del usuario final se efectúa mediante uno o más números del plan nacional de numeración». En cuanto al Servicio Público de Telefonía Fija detalla que se refiere a «la prestación a los usuarios finales en ubicaciones fijas de un servicio que permita emitir y recibir llamadas nacionales e internacionales y que podrá incluir el acceso a los servicios de urgencia (112), la asistencia de centralita telefónica, los servicios de información sobre los números de abonados, la oferta de teléfonos públicos de pago, la prestación de servicios en condiciones especiales a los clientes discapacitados o que tengan necesidades sociales especiales».

de previsiones realizadas por expertos, y para el cálculo de los costes netos se tendrán en cuenta los ingresos previstos de manera hipotética. Así, los costes vinculados directamente a la prestación del servicio universal se desglosarían en dos: el primero de ellos es el coste que supone poner a disposición de los usuarios «i) los elementos de los servicios que solo pueden prestarse con pérdidas o en condiciones de costes no conformes a las prácticas comerciales normales», estos elementos se refieren a, por ejemplo, la puesta a disposición de teléfonos públicos de pago, acceso al servicio de urgencias de forma gratuita, la adaptación de equipos y servicios a las personas con discapacidad, etc.

Por otro lado, el segundo, que nos interesa más en este momento, se refiere a los costes vinculados a la puesta a disposición de los servicios y redes de telefonía pública de servicio vocal a los consumidores o grupos de consumidores finales concretos asumiendo claramente pérdidas económicas por tratarse de un negocio no rentable cuyas demandas no hubieran sido atendidas si no se hubiera previsto un mecanismo de servicio universal (por ejemplo, grupos de población situados en zonas periféricas)[155].

Entonces podemos concluir que una de las vertientes del servicio universal tiene que ver con la vocación de dotar de acceso a redes y servicios de telefonía fija, al menos al inicio, a grupos poblacionales a los que por diferentes razones (situación geográfica, discapacidad o necesidades sociales especiales) en condiciones normales de mercado no se les prestaría ni tan siquiera un conjunto mínimo de servicios. Esta técnica es el instrumento fundamental utilizado para la vertebración del territorio en cuanto a la comunicación de su población con núcleos urbanos en un contexto de libre mercado, técnica que posteriormente se sustituirá por otras, como veremos, dada su incapacidad de adaptación a las nuevas realidades económicas, tecnológicas y sociales.

Igualmente, siguiendo con este análisis, la Directiva 97/33/CE establece que se deben establecer las tarifas de interconexión y acceso con suma atención a los principios de transparencia, proporcionalidad y no discriminación, en virtud de los artículos 6 y 7 Directiva 97/33/CEE. Este último señala que los preceptos en cuanto a orientación a contabilidad de costes y cuotas de interconexión se aplicaran a los organismos que provean servicios o exploten redes reseñadas en los apartados 1 y 2 del Anexo I, es decir, la Red Pública de Telefonía Fija, el Servicio Público de Telefonía Fija y las líneas arrendadas y el art. 7.2 se aplicará

155 Ariño Ortiz, G. (Dir.): *Privatizaciones y liberalizaciones en España... op. cit.*, p. 170. En este sentido, existen factores estructurales que impiden el desarrollo de la competencia en determinados casos como la heterogeneidad de costes y clientes, que depende del tipo de cliente (empresa o particular) y de donde se encuentre (zona rural o urbana). Así, los costes y los beneficios varían en función de esos factores, lo que determina la rentabilidad de la prestación del servicio, de tal manera que «los costes de suministro de servicios de acceso a las redes de telecomunicaciones y tráfico de señal son muy sensibles a la morfología del terreno y a factores sociodemográficos como densidad de población, carácter estacional o permanente de la demanda y otros».

a la parte 3 —redes y servicios de telefonía móvil— cuando se les haya reconocido como organismo con poder significativo de mercado.

Por otro lado, se siguen manteniendo las restricciones en relación con los requisitos esenciales y aquellas excepciones que deban adoptarse por un Estado miembro (arts. 36 y 56 TCEE) por motivos de seguridad y orden público. Así mismo, se imponen una serie de obligaciones como son las reflejadas en el art. 4.2. Directiva 97/33/CEE, en relación con las obligaciones de interconexión. En este artículo se prevé que todos los organismos reflejados en el Anexo I con peso significativo en el mercado deben satisfacer todas las solicitudes o demandas *razonables* de conexión a la red. Se considera, a estos efectos, que un organismo tendría peso significativo en el mercado cuando esté en posesión de un 25 % o más de cuota de mercado de telecomunicaciones en un ámbito territorial en el que se le haya autorizado a operar (art. 4.3 Directiva 97/33/CEE) aunque este porcentaje no es determinante en cada Estado miembro de que el organismo en sí tenga ese «peso significativo» y, en consecuencia, esas obligaciones. Es decir, cada Estado miembro podrá tener en cuenta otros condicionantes, como son la influencia de dicho organismo en el mercado, el volumen de negocios o la facilidad de acceder a recursos financieros, entre otros.

Así mismo, se comienzan a sugerir estrategias de intervención *ex post*, que luego serán las protagonistas, cuando exista una competencia realmente efectiva en el mercado, ya que en ese momento se considera que no serían necesarios instrumentos adicionales como los contenidos en estas directivas para garantizar la libre competencia, sin perjuicio de lo incluido en las mismas en cuanto al servicio universal y a la resolución de litigios. Es decir, una vez se consiga el objetivo, debería ser suficiente con la aplicación a posterior de los preceptos garantes del libre mercado contenidos en los Tratados.

En tanto en cuanto esto se consolida, las autoridades nacionales de reglamentación tendrán un papel fundamental en la vigilancia y supervisión de la consecución de la competencia en el mercado (art. 9 Directiva 97/33/CEE) sin olvidar otros objetivos como son cooperación con autoridades de reglamentación de otros Estados miembros, promover las redes y servicios transeuropeos, garantizar comunicaciones satisfactorias para los usuarios, velar porque se cumpla con los principios de proporcionalidad y no discriminación en el acceso y mantendrá y desarrollará el servicio universal.

Más en concreto garantizarán la interconexión en los términos del art. 9.2 Directiva 97/33/CEE en referencia a los organismos reflejados en el Anexo II en relación con el Anexo VII (regulación *ex ante*) y mediará, cuando así se le solicite por una de las partes, en los litigios sobre interconexión que puedan surgir entre los organismos del Estado miembro, adoptando decisiones. En el Anexo VII, parte 1 se establecen los ámbitos en los cuales la autoridad nacional de reglamentación puede establecer condiciones *ex ante* en el marco de los acuerdos de interconexión, entre ellas podemos mencionar, lo relativo al mantenimiento de los requisitos esenciales o el desglose, en su caso, de la cuota de interconexión para conocer qué parte va dirigida a la financiación del servicio universal.

Por otro lado, en los acuerdos de interconexión que se produzcan también se pueden imponer restricciones aludiendo a requisitos esenciales, que ya conocemos (art. 10 Directiva 97/33/CEE) y también se establece la coubicación o compartición de instalaciones en el marco de dichos acuerdos (art. 11 Directiva 97/33/CEE). Así mismo, y como ya hemos adelantado, el artículo 20 Directiva 97/33/CEE fija las condiciones y presupuestos en los que se consentiría por parte de la Comisión una suspensión de determinadas obligaciones reflejadas en esta Directiva siempre y cuando se encuentren justificadas en el incipiente desarrollo de las redes o en la escasa dimensión de las mismas.

Estas obligaciones serían en primer lugar las relativas a la interconexión entre redes móviles y otras redes, sean fijas o móviles, de otro Estado miembro recogidas en los artículos 3.1, 3.2, 4.1, 4.2, 9.1 y 9.3 Directiva 97/33/CEE, lo relativo al cumplimiento de las obligaciones de servicio universal y a su mecanismo de financiación recogido en los artículos 5 Directiva 97/33/CEE, y lo pertinente sobre portabilidad y conservación de los números del art. 12.5 Directiva 97/33/CEE. De esta manera se concederá una ampliación del plazo para llevar a cabo estas medidas acogiéndose a periodos de transición específicos. A continuación, esta directiva será derogada y sustituida por la Directiva 2002/21/CE de 7 de marzo que examinaremos posteriormente con ocasión del análisis de la Ley 32/2003, de 3 de noviembre, General de Telecomunicaciones.

Seguidamente, se aprueba otra Directiva que actualiza las previsiones de las dos primeras (Directiva 90/387/CEE y la 92/44/CEE) en cuanto a la configuración de un entorno competitivo en el sector de las telecomunicaciones, esta es la Directiva 97/51/CE de 6 de octubre. Fundamentalmente se centra en adaptar el nuevo marco a un contexto en el que las infraestructuras también se encuentran liberalizadas, cuestión que no sucedía en el año 1990 y 1992 cuando se aprobaron esos primeros textos normativos. Igualmente, se añade un precepto nuevo al artículo 1 de la Directiva 90/387/CEE en el que se establecen cuáles son los objetivos, en última instancia, de la configuración de la oferta de red abierta, OPN (disponibilidad de un conjunto de servicios mínimos, garantía de acceso e interconexión, armonización de cuestiones técnicas, y garantía de prestación del servicio universal).

Así mismo, se actualizan determinadas definiciones eliminándose algunas como derechos especiales o exclusivos y se incorporan otras como la de servicio universal, un poco actualizada, siendo este «un conjunto definido de servicios mínimos *de calidad especifica* que es accesible a todos los usuarios independientemente de su *ubicación geográfica* y, a la luz de las *condiciones nacionales* específicas, a un precio *asequible*»[156]. También se hace mayor

156 De este concepto hablará un poco más tarde, aunque con carácter previo a las directivas

hincapié en la separación total como entidades diferentes de las autoridades nacionales de reglamentación de los organismos que suministren servicios, redes o equipos de telecomunicaciones y establece una declaración final, bastante elocuente, por la cual «advierte» de que el cumplimiento de las obligaciones de servicio universal, así como su financiación, no puede de ninguna manera interferir en el desarrollo de los mercados.

En esta línea, para poder consolidar y configurar los prerrequisitos y las condiciones de base para, ya no un despegue, si no un desarrollo mucho más ambicioso de la competencia plena en el marco de las telecomunicaciones, se debe legislar en torno a la armonización real de las condiciones y requisitos de las autorizaciones[157], sean autorizaciones generales o licencias individuales, requeridas a los operadores en el sector, con el fin de impedir que sean un obstáculo al despliegue de nuevas redes y servicios en toda la hoy Unión Europea[158].

Así, la Directiva 97/13/CE de 10 de abril de 1997, partiendo de la base de que los requisitos impuestos para el otorgamiento de dichas autorizaciones deben ser proporcionales, objetivos, transparentes y no discriminatorios, establece que siempre se priorizará la imposición de autorizaciones generales, en detrimento de licencias individuales u otros títulos que precisen de una declaración expresa de la autoridad nacional de reglamentación[159]. El artículo 3.3 Directiva 97/13/CE establece una serie de condiciones generales

del Nuevo Marcos, el autor MORENO VALERO, P.: «El servicio universal de telecomunicaciones en la Unión Europea», *Boletín Económico de ICE*, núm. 2679, 2001, pp. 9-18, destacando su evolución y necesaria adaptación al contexto social, económico y tecnológico, así como hace un breve repaso al sistema de financiación planteado, pp. 10 y 13.

157 Art. 2.1.a) Directiva 97/13/CE define autorización como «todo permiso en el que se definan derechos y obligaciones específicos del sector de las telecomunicaciones y que permita a las empresas suministrar servicios de telecomunicaciones y, en los casos que proceda, el permiso para establecer o explotar redes de telecomunicaciones para la prestación de dichos servicios, en forma de autorización general o de licencia individual». En ese sentido, la autorización general es un tipo de autorización que «con independencia de que se rija por una licencia por categoría o por disposiciones generales de carácter general y que disponga o no la obligación de registro, que no exija a la empresa interesada que recabe una decisión expresa de la autoridad nacional de reglamentación antes de ejercer los derechos que se derivan de la autorización» en cambio la licencia individual sí que necesita de dicha decisión expresa, y se define en este punto en los términos que siguen «toda autorización concedida por la autoridad nacional de reglamentación que confiera derechos específicos a una empresa o que imponga a dicha empresa obligaciones específicas que complementen, cuando proceda, la autorización general, cuando la empresa no pueda ejercer dichos derechos hasta que se le haya comunicado la decisión de la autoridad nacional de reglamentación».

158 GARCÍA LEGAZ PONCE, J.: «Liberalización, competencia y regulación de las telecomunicaciones en España», *Economía Industrial*, núm. 337, 2001, pp. 103-118.

159 Todo ello sin perjuicio de otras medidas que los Estados miembros puedan adoptar, en virtud de los artículos 36 y 56 del Tratado, relacionadas con la defensa, seguridad pública (donde se incluyen investigación de delitos), moralidad y orden públicos.

en cuanto al recurso a autorizaciones generales o licencias individuales[160]: los servicios o las redes de telecomunicaciones podrán suministrarse/instalarse o bien sin ningún tipo de autorización o recurriendo en primer lugar a autorizaciones generales, completadas, en caso de ser necesario, con licencias individuales como resultado de una evaluación de derechos y obligaciones individuales. Por tanto, las licencias se contemplan como un recurso más excepcional por el obstáculo que supone, y por ello, solo se prevén en los casos en los que se concede acceso a recursos escasos (como, por ejemplo, acceso al espectro radioeléctrico) o cuando el operador beneficiario se someta a obligaciones o derechos especiales reflejados en los artículos 7 a 11 de esta Directiva 97/13/CE, detallados seguidamente.

De este modo, por un lado, las autorizaciones generales (arts. 4 a 6 Directiva 97/13/CE) se llevarán a cabo cuando cumplan con las condiciones recogidas en el Anexo I, punto 2 y 3[161], y a las mismas se podrán aplicar cánones en concepto de gestión, gastos administrativos y expedición, sin que estos gravámenes sean desproporcionados o no objetivos, y sin perjuicio de las posibles aportaciones al servicio universal, lo mismo que se refleja para las licencias individuales (art. 11).

Por otro lado, en cuanto a las licencias individuales (arts. 7-11) estas se exigirán en determinados casos tales como el acceso a radiofrecuencias (recurso escaso, como decíamos), cuando se concedan derechos concretos respecto al acceso al dominio público o privado, cuando se imponga la obligación de suministrar determinados servicios al operador —entre los que se encuentra el servicio universal— y cuando se impongan obligaciones específicas al operador con peso significativo en el mercado en términos de interconexión (art. 4.3. Directiva 97/33/CE). En cuanto a las condiciones aplicables a estas licencias son, además de las que se exigen para autorizaciones generales, aquellas presentes en los puntos 2 y 4 del Anexo. De esta manera, si una empresa cumple con todas las condiciones previstas para obtener una licencia individual, tendrá derecho a la misma (art. 9.3 Directiva 97/13/CE) sin perjuicio de las limitaciones de licencias a nivel interno (art. 10.1)[162] y de que el Estado miembro considere que no se ha acreditado suficientemente el cumplimiento de dichos requisitos.

160 MUÑOZ MACHADO, S.: *Servicio y Mercado II: Las telecomunicaciones*, pp. 209-217, 1998.

161 Podemos destacar, entre las condiciones que pueden imponerse de manera general reflejadas en el punto 2, las condiciones cuyo objetivo es garantizar el cumplimiento de requisitos esenciales y aquellas cuyo fin es impedir un comportamiento anticompetitivo. En cuanto a las condiciones específicas del punto 3, se resalta la condición que estipule la contribución de los operadores a la financiación de la prestación del servicio universal.

162 El art. 10.3 Directiva 97/13/CE establece que se «concederán las licencias individuales con arreglo a criterios de selección no discriminatorios, objetivos, transparentes, proporcionados y detallados. Toda selección deberá tener debidamente en cuenta la necesidad de facilitar el desarrollo de la competencia y de conseguir los máximos beneficios para los usuarios».

En definitiva, las licencias individuales se constituyeron como la vía para imponer obligaciones de servicio universal al operador, obligaciones que se consideran esenciales para fortalecer y garantizar la cohesión social, económica y territorial ya que son vitales para la comunicación e integración en un equivalente nivel de desarrollo de las zonas periféricas, alejadas y rurales de los Estados miembro[163]. Para la solicitud de licencias individuales o para facilitar el procedimiento de autorización general o declaración deberá habilitarse un procedimiento de ventanilla única que coordine los procedimientos entre los diferentes Estados miembros (art. 2.1.c y art. 13).

Así mismo, al igual que el resto de paquetes de medidas en relación a la obligación de interconexión y provisión de servicio universal y toda su adaptación, en general, a un régimen de plena competencia en el mercado, las previsiones que acabamos de mencionar en materia de homogeneización y armonización de autorizaciones generales y licencias individuales, se someten a un aplazamiento (art. 24 Directiva 97/13/CE) en cuanto a su entrada en vigor (art. 26 Directiva 97/13/CE) para todos aquellos Estados miembros que, por las razones ya enumeradas, se les haya concedido un periodo de transición especial hacia el nuevo modelo.

En las condiciones del Anexo se contempla que se puedan incluir cuestiones concretas relativas al cumplimiento de las obligaciones de servicio universal para el caso de las licencias individuales, que ya hemos señalado (parte 4.3) y condiciones relativas la contribución financiera al servicio universal para el caso de las autorizaciones generales (parte 3.2). En cambio, para todo tipo de autorizaciones, sean autorizaciones generales o licencias individuales, se prevé como condición general las actuaciones necesarias para dar cumplimiento a los requisitos esenciales (parte 2.1), de tal modo que se pueden imponer restricciones a la libre competencia por este motivo sin necesidad de acudir a licencias individuales. No obstante, éstas son imprescindibles cuando se trata de imponer obligaciones de servicio universal, como ya hemos mencionado.

G) Directiva 98/10/CE sobre la ONP y el servicio universal de telecomunicaciones

Seguidamente, y como antecedente último a la aprobación de la nueva normativa interna en 1998, entra en vigor la Directiva 98/10/CE sobre la aplicación de la red abierta (ONP) a la telefonía vocal y sobre el servicio universal de telecomunicaciones en un entorno competitivo, teniendo en cuenta que el plazo ordinario para la implementación completa de la liberalización en el suministro de servicios y redes en la Comunidad fue anterior a la aproba-

163 En el Cdo. 15 Directiva 97/13/CE se resalta la importancia del servicio universal en la integración de las zonas rurales en una dinámica de desarrollo equiparable a las zonas más centrales y urbanizadas, de donde deriva precisamente la justificación de la imposición de obligaciones de prestaciones que no se llevarían a cabo en un contexto de competencia.

ción de esta Directiva, 1 de enero de 1998, sin perjuicio de los periodos de transición particulares que hayan sido concedidos. Esta Directiva daría continuidad a lo establecido en la Directiva 90/387/CEE en un primer momento en cuanto al mercado interior y a la oferta de red abierta de telecomunicaciones y modificaría lo establecido en la Directiva 95/62/CE de 13 de diciembre relativa a la aplicación de la oferta de red abierta (ONP) a la telefonía vocal, sustituyendo a esta (art. 1.3 Directiva 98/10/CE)[164].

No obstante, esta Directiva, por el momento (sujeto a esa revisión que se producirá en el año 1999) no se aplica a la telefonía móvil en su integridad, con excepción de lo previsto en los arts. 6.b) y c), 9, 10 y 11.1, relativos a llamadas de emergencia y vigilancia y supervisión de las autoridades nacionales y se mantiene el concepto de servicio universal tal y como se definía en la Directiva 97/13/CE (art. 2.2.f)). Así mismo, justifica la intervención de las autoridades europeas como consecuencia de la realidad que se pretende abordar, la garantía del servicio universal y la armonización de los requisitos de acceso y utilización de redes públicas de telefonía fija y servicios telefónicos accesibles al público[165], que no puede alcanzarse por cada uno de los Estados miembros por separado, esgrimiendo el principio de subsidiariedad del art. 5 del Tratado.

Así, esta Directiva viene a realizar una revisión de la anterior armonización que se llevó a cabo en torno a las condiciones de acceso y uso abierto de las redes y servicios públicas de telefonía fija conforme a los principios de la oferta de red abierta (ONP)[166]. Sumado a ello, es muy importante también, como objetivo paralelo, garantizar a todos los usuarios de la Comunidad unos servicios públicos de telefonía fija con unas condiciones mínimas en cuanto a calidad, así como armonizar y revisar las condiciones en las cuales se prestará el servicio universal como un conjunto de servicios al que todos los usuarios deberían tener acceso, atendiendo, lógicamente a las características nacionales en cuanto a desarrollo de redes y asequibilidad desde un punto de vista económico (art. 1 Directiva 98/10/CE).

---

164 En el Anexo V Directiva 98/10/CE se refleja un cuadro de equivalencias entre esta directiva y la que derogada Directiva 95/62/CE (art. 33 Directiva 98/10/CE).

165 Art. 2.3.b) «el término "servicios telefónicos accesibles al público" incluirá tanto a los servicios públicos de telefonía fija como a los servicios públicos de telefonía móvil. Los servicios públicos de telefonía fija, según se indica en la parte I del anexo I de la Directiva 97/33/CE sobre interconexión, podrán incluir —además de los servicios de telefonía vocal— el acceso a los servicios de urgencia "112", la asistencia de centralita telefónica, los servicios de información sobre números de abonados, la oferta de teléfonos públicos de pago, la prestación de servicios en condiciones especiales y/o la oferta de facilidades especiales a los clientes discapacitados o que tengan necesidades sociales especiales, pero no incluirá los servicios de valor añadido prestados en la red telefónica pública».

166 Art. 20.1 Directiva 98/10/CE señala que «las normas adecuadas para el acceso a las redes públicas de telefonía fija se publicarán en la relación de normas para la ONP a que se refiere el artículo 5 Directiva 90/387/CEE».

Se exigen ciertos criterios de calidad en relación con la nueva red pública de telefonía fija, señalando que esta debe soportar la transmisión de voz, pero también de datos, de tal manera que esta permita el acceso a servicios de formación en línea por un precio asequible, el que deberá determinarse atendiendo a la situación específica de cada Estado miembro (Cdo. 4 Directiva 98/10/CE). Esta calidad del servicio se garantizaría a través de un control realizado por las ANR a los operadores con un peso significativo en el mercado[167], a aquellos designados de conformidad con el artículo 5 y a otros operadores cuando estos hayan operado durante más de dieciocho meses y que la ANR considere que es necesario su fiscalización en términos de calidad del servicio. El mandato de supervisión de estas cuestiones aparece en la Comunicación de 13 de marzo de 1996 sobre el servicio universal de telecomunicaciones ante la perspectiva de un entorno plenamente liberalizado.

Los preceptos más importantes en esta Directiva se encuentran en el Capítulo II donde concreta qué tipo de servicios y en qué condiciones pueden financiarse en el ámbito del servicio universal (arts. 3-8 Directiva 98/10/CE). Así, partiendo de que las tarifas deben estar orientadas a costes reales de prestación (art. 17.2 y Anexo II Directiva 98/10/CE)[168], en función del sistema de financiación previsto, estas no podrán, en aras de ese principio de asequibilidad (ajustándose igualmente a los principios de transparencia y no discriminación), aumentarse en las zonas rurales o en zonas donde los costes de prestación sean elevados, en general, así como de aquellos usuarios más vulnerables, como discapacitados o personas con necesidades especiales (art. 3.1 Directiva 98/10/CE). En este sentido, siempre y cuando se respete lo dispuesto en esta Directiva y en otras normas vinculadas, así como el Derecho comunitario, se podrán implementar regímenes especiales o modulaciones

167 Art. 2.2. i) Directiva 98/10/CE, organismo con un peso significativo en el mercado, un «organismo autorizado para suministrar redes públicas de telefonía fija y/o servicios de telefonía vocal en un Estado miembro que, a efectos de la presente Directiva, haya sido designado como tal por la autoridad nacional de reglamentación de dicho Estado miembro, y esta decisión haya sido notificada a la Comisión. Se presumirá que un organismo tiene un peso significativo en el mercado cuando posea una cuota superior al 25 % del mercado pertinente en la zona geográfica de un Estado miembro en la que esté autorizado para operar. Las autoridades nacionales de reglamentación podrán decidir que un organismo que dispone de una cuota de mercado inferior al 25 % en el mercado pertinente tiene un peso significativo en el mercado. Asimismo, podrán decidir que un organismo que dispone de una cuota de mercado superior al 25 % en el mercado pertinente no tiene un peso significativo en el mercado. En ambos casos, dicha decisión tendrá en cuenta la capacidad del organismo para influir en las condiciones del mercado, su volumen de negocios en relación con las dimensiones del mercado, su control de los medios de acceso a los usuarios finales, su acceso a los recursos financieros y su experiencia en la comercialización de productos y servicios en el mercado»

168 Art. 17.2 Directiva 98/10/CE afirma «las tarifas relativas al uso de la red pública de telefonía fija y los servicios públicos de telefonía fija deberán ajustarse a los principios básicos de orientación en función de los costes establecidos en el Anexo II de la Directiva 97/387/CEE».

especificas en cuanto a la limitación de tarifas o precios a estos usuarios en particular, en el ámbito de prestación del servicio universal[169].

i) La diferente financiación del servicio universal y de otras obligaciones de servicio público. Determinante del futuro de la garantía de prestación de comunicaciones electrónicas

En esta norma se actualiza igualmente el sistema de financiación del servicio universal (art. 4 Directiva 98/10/CE) remitiéndose a lo establecido ya en la Directiva 97/33/CE sobre interconexión, de tal manera que cuando no puedan financiarse directamente en el mercado, se dice de forma «comercial», estas obligaciones, los EM podrán establecer regímenes especiales que se basarán siempre en lo dispuesto en la Directiva 97/33/CE (especialmente en lo dispuesto en el art. 5 sobre puesta a disposición de determinada información por parte de los operadores para acogerse estos al sistema de financiación). Es cierto que (art. 4 Directiva 98/10/CE) los EM podrían imponer requisitos o servicios adicionales a los previstos en las normas comunitarias en cuanto a la prestación de servicios de telecomunicaciones, pero estos no pueden interferir en el cálculo del coste del servicio universal, no pueden financiarse, por tanto, con cargo a su sistema, y no se puede exigir a los agentes del mercado una contribución financiera para cumplir con su cometido. Esto es muy importante puesto que continuará esta consideración durante todo el siglo XX, con la nueva normativa que se impone en ese momento, y determinará en última instancia que se recurra a fondos públicos para financiar prestaciones adicionales, muy necesarias en aras de la cohesión económica, social y territorial, pero ajenas al contenido propio del servicio universal que como se ve, desde sus inicios, presentó una limitación vinculada fundamentalmente a su sistema de financiación[170].

Es decir, en este punto, y a riesgo de anticiparnos, estaríamos hablando del inicio de las futuras ayudas públicas en compensación por prestación de servicio público, siendo algunas de ellas consideradas ayudas de Estado y

---

169 En el Cdo. 5 Directiva 98/10/CE se imponen límites al reequilibrio de precios impuesto como condición imprescindible para la consolidación plena del libre mercado en el sector, «el reequilibrado de tarifas está propiciando un alejamiento de las tarifas no orientadas en función de los costes; que, hasta que la competencia quede efectivamente instalada, puede resultar necesario garantizar que no se recurra a aumentos de precios en zonas rurales o apartadas para compensar las pérdidas de ingresos resultantes de la disminución de precios en otros lugares». Por lo tanto, de manera coyuntural podrían aplicarse limitaciones de precios o restricciones vinculadas a equiparaciones geográficas u otro sistema similar para garantizar que el reequilibrio (necesario) no afecte de manera muy negativa a los usuarios y se garantice, de ese modo, la asequibilidad del servicio de telefonía vocal.

170 Carlón Ruiz, M.: *El servicio universal de telecomunicaciones... op. cit.*, p. 70.

otras no en virtud de los criterios del Paquete Altmark o Paquete SIEG. Cosa distinta serán las ayudas públicas de las cuales también se beneficia el sector de comunicaciones electrónicas y las administraciones públicas, que no cumplen con los criterios de servicio público o SIEG y cuyo régimen jurídico es completamente diferente.

Igualmente, se impone la obligación de aceptar las solicitudes razonables[171] de conexión a la red pública de telefonía fija, y debe ser provisto este servicio como mínimo por un operador. En caso de necesidad, incluso el EM podría designar a otro operador con tal de que se cubra todo el territorio y la conexión debe ser la necesaria en términos de calidad, para garantizar realizar y recibir llamadas nacionales e internacionales que permitan transmitir voz, fax y/o datos (art. 5 Directiva 98/10/CE); como podemos ver aún no se incluye la provisión de acceso a Internet en el ámbito del servicio universal. Otras cuestiones que incluye el servicio universal es la puesta a disposición de servicios de guía telefónica, de teléfonos públicos de pago, así como medidas concretas para usuarios con discapacidad o necesidades sociales especiales, que no corresponde comentar aquí en profundidad (arts. 6 a 8 Directiva 98/10/CE).

Así mismo, en cuanto a los servicios telefónicos accesibles al público y las redes públicas de telefonía fija (definición en 2.3 a y b Directiva 98/10/CE) se deberá garantizar lo siguiente: que los usuarios puedan conectar los equipos terminales correspondientes a la red, que puedan acceder a servicios de asistencia y consulta de abonados y que puedan acceder a servicios de urgencia 112, las dos últimas posibilidades se aplican, lógicamente, también a la telefonía móvil (art. 6 b y c, ya mencionado)[172].

En cuanto a la calidad del servicio, se deben respetar los preceptos mínimos establecidos en las diferentes normas comunitarias, en concreto lo establecido en el art. 12 de esta Directiva por el cual se podrán establecer objetivos de rendimiento en el ámbito de las licencias individuales (conforme a lo dispuesto en la Directiva 97/13/CE) en concreto para los organismos con un poder significativo en el mercado o que sean designados como operadores responsables de la prestación del servicio universal, con arreglo al art. 5 Directiva 98/10/CE.

En línea con lo anterior, si existieran organismos aún poseedores de derechos exclusivos o especiales, sobre ellos se podrán imponer condiciones en

---

171 En el caso de que un organismo que suministre servicios o redes bajo derechos exclusivos o especiales rechace una solicitud determinada de conexión a la red pública de telefonía fija «en las condiciones y con las tarifas hechas públicas», por considerarla «no razonable», «deberá contar con la conformidad de la ANR para modificar dichas condiciones en ese caso en concreto», art. 23 Directiva 98/10/CE.

172 La información sobre los organismos suministradores de las redes o servicios de telefonía fija o móvil debe estar actualizada y disponible al público en todo momento, en cuanto a sus términos y condiciones de acceso y uso de red y de los servicios, cuyo cumplimiento se verá sometido a vigilancia por las autoridades nacionales (art. 11 Directiva 98/10/CE).

términos de calidad del servicio que se ajusten a los parámetros establecidos en el Anexo III. Así, de acuerdo con dicho Anexo III, también deberán estos organismos conservar y publicar la información sobre su rendimiento y su grado de cumplimiento de estos objetivos o requisitos de calidad (art. 12.2 Directiva 98/10/CE), bajo observancia de la ANR.

La Comisión en todo momento debe estar informada de los avances en términos de interconexión y garantía del servicio universal en cada Estado miembro. Así, el artículo 25 prevé que los EM notificarán los organismos que tienen un peso significativo en el mercado, los casos en los que los proveedores de redes públicas de telefonía fija y/o servicios de telefonía vocal dejen de ajustarse al principio de orientación de las tarifas en función de costes cuando exista competencia efectiva en una zona geográfica concreta (art. 17.6 Directiva 98/10/CE[173]) y los organismos designados en virtud del art. 5 Directiva 98/10/CE, cuando proceda.

Teniendo en cuenta esta realidad, se realizará un nuevo examen de la situación para adaptar el marco normativo (art. 31 Directiva 98/10/CE) que evaluará si la Directiva debe aplicarse también en su totalidad a la telefonía móvil, si se deben revisar las prescripciones en torno al contenido del servicio universal del Capítulo II Directiva 98/10/CE (en vista del progreso tecnológico y del mercado, es decir, de la demanda existente) y por último, si se deben mantener las obligaciones reflejadas en los arts. 17 a 19 Directiva 98/10/CE (tarifas en función de costes, fijación o intervención en los precios en última instancia) en vista del desarrollo e implementación de la competencia en el sector.

H) Instrumento clave en el proceso de liberalización en cuanto a servicios: el acceso desagregado al bucle local

Finalmente, es importante también abordar un instrumento concreto a partir del cual se facilitó el acceso indirecto a las redes e infraestructuras del operador dominante, y así se produjo la introducción de competencia, al menos en materia de servicio, como fue el acceso abierto (desagregado o compartido al bucle local). Esta posibilidad fue regulada en el Reglamento (CE) 2887/2000 de 18 de diciembre sobre el acceso desagregado al bucle local y también en el Real Decreto 3456/2000 de 22 de diciembre por el que se por el que se aprueba el Reglamento que establece las condiciones para

173 Art. 17. 6 Directiva 98/10/CE, «6. Sin perjuicio del artículo 3 en relación con la asequibilidad, un Estado miembro podrá autorizar a su autoridad nacional de reglamentación a no aplicar las exigencias de los apartados 1, 2, 3, 4 y 5 del presente artículo en una zona geográfica concreta si considera que existe competencia efectiva en el mercado de servicios públicos de telefonía fija».

el acceso al bucle de abonado de la red pública telefónica fija de operadores dominantes[174], que analizaremos en el epígrafe siguiente.

Así, el Reglamento (CE) 2887/2000 de 18 de diciembre sobre acceso desagregado al bucle local[175] pretende impulsar la competencia en las redes locales a través de la regulación del acceso directo (o desagregado) al bucle local, ya sea compartido o acceso completo. Cuando hablamos de bucle local nos referimos a, «un circuito físico de línea de par trenzado metálico de la red pública de telefonía fija que conecta el punto de terminación de la red en las dependencias del abonado a la red de distribución principal o instalación equivalente» Cdo. 3 y art. 2.c). Es decir, en definitiva, serían las llamadas redes locales hasta que llegan a su conexión con el punto de distribución principal desde donde se extienden las redes para interconectarse con otras redes locales. En el bucle local es muy difícil que la competencia se introduzca de manera espontánea puesto que la presencia del operador dominante es muy amplia y se ha extendido durante mucho tiempo, amparado en derechos exclusivos y en ingresos consecuencia del régimen de monopolio en el que estuvieron inmersos durante décadas. De ahí que sea necesario obligar a los operadores con peso significativo de mercado, operador mayoritario, o como se denomina en este reglamento, operador notificado[176], a dar acceso a otros operadores (beneficiarios)[177] bajo una serie de condiciones a su bucle local con el fin de que puedan prestar igualmente el servicio, lo que diríamos, acceso mayorista a las redes de acceso local.

De esta manera el acceso desagregado consiste básicamente en el acceso al bucle local, infraestructura propiedad del operador notificado, por parte de un

174 Este Real Decreto deroga la Orden de 26 de mayo de 1999 por la que se establecían unas condiciones para la provisión del acceso indirecto al bucle de abonado de la red pública de telefonía fija (BOE núm. 86, de 10 de abril de 1999) con el objetivo de permitir el uso de ADSL. En el mismo se preveía una extensión mínima del 61 % de este tipo de redes en toda la red telefónica nacional para el año 2000.

175 Que tuvo como antecedentes la Recomendación 2000/417/CE de 25 de mayo de 2000 sobre el acceso desglosado al bucle local: prestación competitiva de una amplia gama de servicio de comunicaciones electrónicas, incluidos los multimedios de banda ancha y los servicios de internet de alta velocidad y Comunicación de 26 de abril de 2000 DO C 272 de 23 de septiembre.

176 El operador notificado es aquel operador de la red telefónica publica fija notificado «por su respectiva autoridad nacional de reglamentación como poseedores de un peso significativo de mercado en el suministro de redes y servicios públicos de telefonía fija con arreglo a la Parte I del Anexo I de la Directiva 97/33/CE interconexión y red de oferta abierta OPN o la Directiva 98/10/CE de aplicación de la OPN» art. 2. A), con la aprobación previa de la Directiva 92/44/CEE del Consejo de 5 de junio, sobre la aplicación de Oferta de Red Abierta a las líneas arrendadas.

177 Art. 2. B) es «un tercero que disponga de las autorizaciones requeridas con arreglo a la Directiva 97/13/CE o esté facultado para prestar servicios de telecomunicaciones en virtud de la legislación nacional y que reúna las condiciones para tener acceso desagregado a un bucle local».

beneficiario, ya sea completo (acceso a la totalidad del espectro de frecuencias disponible, art. 2. f y g) o compartido con el primero (el bucle local se utilizará igualmente por el operador notificado para prestar servicio de telefonía), sin perjuicio de que la titularidad se mantenga intacta. Es decir, se dará acceso al beneficiario, previo pago de una serie de tarifas reguladas, en función de los costes en los que se incurra y bajo una serie de condiciones, al bucle local para que use esta plataforma para la prestación de servicios en condiciones de competencia.

Así, los operadores notificados harán ofertas de referencia sobre el acceso desagregado con el fin de que los posibles beneficiarios puedan conocer toda la información de las condiciones de acceso. En las ofertas se deben incluir al menos los elementos reflejados en el anexo del Reglamento (art. 3). En este mismo precepto se establecen una serie de fechas límite para la publicación de la primera oferta, en la que se incluirán las tarifas en función de los costes que serán supervisadas[178] por la ANR (art. 3.3) sin embargo, en virtud del art. 4.4, cuando dicha autoridad considere que existen condiciones de competencia normalizadas en el mercado de acceso local, eximirá al operador notificado de imponer tarifas en función de costes, con el fin de no cargar excesivamente a este operador y de no imponerle medidas discriminatorias que repercutan en un perjuicio claro en cuanto a sus posibilidades de desarrollo y competencia en el mercado.

1.3. Modelo español de transición hacia la liberalización de las telecomunicaciones: modificación de la Ley 32/1992, de 3 de diciembre, y Ley 11/1998, de 24 de abril, general de telecomunicaciones

Todas estas modificaciones se plasman, en un primer lugar, a nivel interno a través de la Ley 32/1992 de 3 de diciembre de modificación de la Ley 31/1987 de 18 de diciembre de Ordenación de las Telecomunicaciones. Como adelantábamos, la modificación más importante es el refuerzo de la liberalización de ciertos servicios en el ámbito de las telecomunicaciones, que, con anterioridad, en su conjunto, residían en cuanto a su titularidad en

178 Artículo 4. Supervisión por la autoridad nacional de reglamentación «1. La autoridad nacional de reglamentación garantizará que a través de las tarifas de acceso desagregado al bucle local se fomente una competencia equitativa y sostenible. 2. La autoridad nacional de reglamentación podrá: a) imponer modificaciones de la oferta de referencia para el acceso desagregado al bucle local y a los recursos asociados, incluidas las tarifas, cuando dichas modificaciones estén justificadas; y b) exigir a los operadores notificados que le suministren información pertinente para la aplicación del presente Reglamento. 3. La autoridad nacional de reglamentación podrá intervenir, cuando esté justificado, por iniciativa propia para garantizar la no discriminación, la competencia leal, la eficacia económica y un beneficio máximo para los usuarios finales».

manos del Estado[179]. Así, hablamos de los servicios de valor añadido, que ya a partir de la norma de 1987 se prestan en régimen de concurrencia, aunque con algunas trabas administrativas importantes que serán abordadas y reducidas en 1992 (mediante las modificaciones introducidas en los arts. 20 y 21 LOT en virtud del art. 1.10 y 1.11 Ley 32/1992 de 3 de diciembre)[180]. En este momento también se impulsa el Plan Operacional de Extensión del Servicio Telefónico en el Medio Rural (1993-1996) en el marco del Plan Nacional de Telecomunicaciones (1991-2001).

Igualmente, se da una nueva redacción al art. 2 de la LOT señalando una reserva al sector público de determinados servicios[181], con carácter general, pero incorporando excepciones del artículo 9, 10 y 21 LOT y en la redacción inicial se incluía también la excepción del artículo 22 que se elimina. Es decir, en el anterior artículo 22 de la LOT se preveía un régimen diferenciado para la prestación de esos servicios de valor añadido (excepcionados de ser «servicio público»), siendo la concesión o la autorización título habilitante para la prestación de estos servicios. En el nuevo artículo 22, sin embargo, se establece un régimen jurídico genérico en cuanto a la gestión indirecta de los ser-

179 Jordana, J., Sancho, D.: «Policy networks and market opening. Telecommunications liberalization in Spain», *European Journal of Political Research*, núm. 44, 2005. Las modificaciones introducidas en el año 1992 facilitaron la entrada de nuevos operadores extranjeros como British Telecom, France Telecom, AT&T o Bell South, quienes presionaron, al igual que otras grandes empresas usuarias de telecomunicaciones, para que se acometiera esta apertura.

180 10. Se modifica el apartado 2 del artículo 20 de la Ley de Ordenación de las Telecomunicaciones que queda como sigue: «2. Los servicios de valor añadido se prestan en régimen de libre competencia. Su explotación podrá ser realizada por cualquier persona física o jurídica en los términos previstos en la presente Ley» 11. Se modifica el artículo 21 de la Ley 31/1987, cuya nueva redacción es la siguiente: «1. Los servicios de valor añadido no tendrán la consideración de servicio público y su explotación requerirá previa autorización administrativa. La autorización, salvo resolución expresa, se considerará concedida transcurridos tres meses desde que se presente la solicitud. En ningún caso se entenderán adquiridos por silencio administrativo derechos o facultades en contra de lo previsto en el Ordenamiento Jurídico. 2. Quedan exceptuados de lo dispuesto en el apartado anterior: - Los servicios regulados en los artículos 22 y 23 de la presente ley. -Los servicios que vayan a utilizar como soporte los recursos limitados cuya capacidad real pueda obligar a limitar el número de titulares de aquellos. La explotación de estos servicios exigirá la correspondiente concesión administrativa, que se otorgará de conformidad con el régimen previsto en el artículo siguiente [...] Las resoluciones de autorización y concesión denegadas deberán ser razonadas y podrán ser recurridas de acuerdo con el procedimiento establecido. 4. Las autorizaciones y concesiones de servicio de valor añadido, cuando exista capacidad suficiente para atender la demanda, se otorgarán por orden de presentación de solicitudes. En los supuestos en que la disponibilidad de los recursos obligue a limitar el número de titulares, se otorgarán por concurso público».

181 «Conforme a lo previsto en el artículo 128.2 de la Constitución y en los términos de la presente Ley, las telecomunicaciones tienen la consideración de servicios esenciales de titularidad estatal reservados al sector público con las excepciones que se establecen en los artículos 9, 10, 21 y 22».

vicios de telecomunicaciones con carácter general. Por tanto, podemos ver cómo se elimina esa atención particular a estos servicios sujetos a gestión indirecta, regulándose un procedimiento de gestión indirecta amplio y aplicable a otros servicios, que ya augura la posterior modificación liberalizadora del régimen jurídico del sector de las telecomunicaciones con la aprobación de la nueva normativa en el año 1998, la Ley 11/1998, de 24 de abril, General de Telecomunicaciones (en adelante, LGT1998).

Así mismo, otra de las novedades se encuentra precisamente en los artículos que se excepcionan del régimen general de reserva al sector público. En concreto, el artículo 9 LOT, que relaciona algunos servicios que no se prestan a terceros y que se habilitan solo en el ámbito de una propiedad privada, digamos «*ad intra*» y los categoriza como excluidos del servicio público, se ve simplificado en su redacción y no se concretan los términos de la hipotética autorización administrativa.

A su vez, el artículo 10 LOT establecía un listado de servicios que no se considerarían como servicio público, siendo estos últimos los que se prestan con carácter general en infraestructuras e instalaciones estratégicas y cuyas redes se destinan al uso exclusivo del titular del servicio o instalación (compañías ferroviarias y compañías de producción, transporte y distribución de energía eléctrica). En el nuevo artículo 10 LOT se elimina dicho listado exhaustivo y se recogen, con carácter general, una serie de requisitos a aplicar cuando se presten estos servicios en el interior de «infraestructuras físicas de carácter continuo» que posean redes propias de telecomunicación distintas de las de los titulares del servicio, matizando y suavizándose así la consideración de servicio público[182].

Por otro lado, se da una nueva e interesante redacción al artículo 22 LOT por la cual, en el marco de la gestión indirecta de determinados servicios de telecomunicaciones, se podrán exigir por parte de la administración pública determinados requisitos en esa concesión o autorización pero en este caso se concretan cuáles podrían ser estos (en aras de esa armonización mandatada en las Directivas analizadas), siendo por ejemplo, la exigencia de cierta cobertura geográfica en la prestación del servicio, de medidas destinadas al cumplimiento de fines de interés general y de obligaciones en cuanto a la calidad, permanencia y disponibilidad del servicio. Como se puede apreciar, los dos primeros preceptos ya anticipan lo que luego vendrá a denominarse servicio universal como técnica de garantía de prestación de servicios en entornos liberalizados, generalmente en infraestructuras de red, y el tercero de ellos recalca que se debe cumplir con ciertas consideraciones, que redi-

182 Igualmente, se incorpora un nuevo precepto en este artículo que contempla la posibilidad de que las administraciones de las comunidades autónomas se consideren una de esas infraestructuras que prestan esos servicios para su normal funcionamiento (no a terceros), en virtud de la previsión realizada en el artículo 12 Ley 31/1987, bajo una serie de condicionantes o circunstancias.

rigen directamente hacia los principios armonizadores clásicos del servicio público[183].

Así mismo y de forma prácticamente simultánea a la aprobación de la reforma del año 1992, comienza a producirse un cambio de perspectiva a nivel interno en nuestro país respecto a la velocidad de la liberalización y a la necesidad de la misma. De esta manera, se produce una reorientación en las políticas de telecomunicaciones como consecuencia de la necesidad de reducir la inflación para poder formar parte de la Unión Monetaria Europea, y así cumplir con uno de los requisitos estipulados en el Tratado de Maastricht. El Gobierno en ese momento contempló la liberalización del sector, y, por tanto, la no intervención en términos de tarifas, como un instrumento que permitiría la bajada de precios y, así, la incorporación a la UME como país modernizado y desarrollado en estos términos. En este sentido, se produjo un conflicto entre aquellos partidarios de retrasar aún más la liberalización hasta que se consolide la universalización de la red y aquellos que abogan por una liberalización que permita cumplir con los objetivos inflacionistas[184].

Es decir, se produce un choque entre dos tipos de estrategias liberalizadoras llegado este punto de desarrollo del mercado. La primera de ellas es la estrategia de liberalización gradual vinculada con una apertura inicial solo en servicios (competencia intraplataforma), que en España pretendía pasar del monopolio al duopolio en cuanto a redes fijas (Telefónica y Retevisión) para luego dar el paso a la competencia plena. La segunda, que es la que se impone finalmente, a partir de 1996, la estrategia basada en una liberalización inmediata que aborde lo más rápido posible una apertura también en términos de infraestructuras, estrategia que arroja mejores resultados en términos de eficiencia y desarrollo del servicio[185]. Esta estrategia fue plasmada

183 ROLAND, L.: *Prècis de Droit Administratif*, Dalloz, París, 11.ªEd., 1957, siendo los principios clásicos la continuidad del servicio, la igualdad en el acceso, la disponibilidad, la adaptabilidad, la calidad, fundamentalmente. Principios que se adaptan al nuevo marco, a los principios del entorno regulatorio comunitario, a los que se suman otros como la igualdad, no discriminación, permanencia y transparencia. Vemos como muchos de ellos son simplemente una revisión de los principios clásicos y otros suponen una novedad como el principio de transparencia. *Vid.* MALARET I GARCÍA, E.: «Servicios públicos, funciones públicas, garantías de los derechos de los ciudadanos: perennidad de las necesidades, transformación del contexto, *Revista de Administración Pública (RAP)*, núm. 145, 1998, p. 86. Para una aproximación-resumen de estos principios *Vid.* CARLÓN RUIZ, M.: *El servicio universal... op. cit.,* pp. 93-96.

184 CALZADA, J., COSTAS, A.: *La liberalización de las telecomunicaciones... op. cit.*, p. 162.

185 WALSTEN, S.: *Telecommunications privatization in Developing Conuntries: The Real Effects of Exclusivity Periods*, Working paper Stanford University, Palo Alto, 2000, estudió las diferentes estrategias de liberalización de 29 países y concluye que perpetuar el monopolio e impulsar el estímulo obtiene peores resultas en cuanto a extensión de líneas telefónicas. También destaca en otro estudio, WALSTEN, S.: «An econometric analysis of telecom competition, privatization and regulation in Africa and Latin America», *The Journal of Industrial Economics*, núm. 1 (49), pp. 1-19, 2001, que la competencia incrementa el número de líneas

en el documento *Líneas estratégicas de la política de telecomunicaciones para el periodo transitorio hasta el 1 de enero de 1998 (número 90 del BIT)* donde se establecieron las siguientes medidas en continuación de las anteriores, pero actualizadas: a) En enero de 1998 la telefonía fija estaría completamente liberalizada, lo que suponía renunciar a la moratoria planteada en un primer momento a este respecto; b) Compromiso de conceder una segunda licencia de telefonía móvil en 1994; c) Creación de un segundo operador nacional partiendo de las infraestructuras del ente público Retevisión[186],y d) Antes de 1996 debía existir una cobertura total de redes telefónicas en todo el país, infraestructura suministrada por Telefónica[187].

En este contexto, y visto el enorme desarrollo normativo a nivel comunitario[188] que impulsó la liberalización del sector de las telecomunicaciones en las sociedades europeas, así como otros sectores, y las orientaciones prefijadas en el Libro Verde sobre la liberalización de las infraestructuras de telecomunicaciones y redes de televisión por cable de 1994[189], no basta con una modi-

per cápita, de cabinas de teléfono y mejor la capacidad de conexión a la vez que reduce los precios. Sin embargo, el monopolio implica retrasos en el desarrollo del servicio.

186 Se le otorgará el título habilitante para constituirse como segundo operador en cuanto a la prestación del servicio telefónico básico a través del Real Decreto-ley 6/1996 de 7 de junio de liberalización de las telecomunicaciones, posterior Ley 12/1997, de 24 de abril, de Liberalización de las Telecomunicaciones.

187 Pérez San Juan, O., Vilar Ten, J. L.: *El servicio de telefonía fija... op. cit.,* p. 77, «la Unión Europea establece el 1 de enero de 1998 como fecha límite de apertura del mercado a la competencia, si bien otorga a España, junto con Irlanda, Grecia y Portugal, la posibilidad de acogerse a un plazo adicional de hasta cinco años. Con el cambio de Gobierno de 1996, España decide liberalizar el mercado de las telecomunicaciones el 1 de diciembre de 1998. Estos once meses de diferencia con respecto a la mayoría de los países de la Unión se deben a la idea de establecer un duopolio, con un segundo operador con una mínima masa crítica, como etapa previa a la liberalización, y a la falta de recursos públicos de numeración suficientes para ser compartidos por los nuevos operadores en condiciones de igualdad».

188 Directiva 90/387/CEE del Consejo de 28 de junio de 1990 (mercado abierto de telecomunicaciones a través de la oferta de una red abierta de telecomunicaciones), la Directiva 97/51/CE, del Parlamento Europeo y del Consejo, de 6 de octubre de 1997, por la que se modifica la citada en primer lugar y la Directiva 92/44/CEE, del Consejo de 5 de junio de 1992, la Directiva 95/62/CE, del Parlamento Europeo y del Consejo, de 13 de diciembre de 1995 sobre la aplicación de la oferta de red abierta (ONP) que también aborda el servicio universal de telecomunicaciones, la Directiva 96/19/CE, de la Comisión, de 13 de marzo de 1996, que modifica la Directiva 90/388/CEE en cuanto a la implementación de la completa competencia en este mercado, la Directiva 97/13/CE, del Parlamento Europeo y del Consejo, de 10 de abril de 1997 sobre autorizaciones generales y licencias individuales y, la más importante, la Directiva 97/33/CE, del Parlamento Europeo y del Consejo, de 30 de junio, de 1997, relativa a la interconexión en las redes de telecomunicaciones, para garantizar el servicio universal y la interoperabilidad, mediante la aplicación de los principios de la oferta de red abierta (OPN).

189 Comisión Europea, Comunicación de 25 de octubre de 1994, Libro Verde sobre la liberalización de las infraestructuras de telecomunicaciones y redes de televisión por cable, COM (94) 400 final.

ficación del marco existente, si no que se hace imprescindible la aprobación de una nueva norma que regule este sector en nuestro país, siendo esta la Ley 11/1998 de 24 de abril, General de Telecomunicaciones y en cuanto al servicio universal, el Real Decreto 1736/1998, de 31 de julio y la Orden de 21 de diciembre de 2001 del Ministerio de Ciencia y Tecnología por la que se regulan determinados aspectos del servicio universal de telecomunicaciones. Esta normativa también viene motivada por la necesidad de reforzar el marco liberalizador que se aprecia necesaria ante los resultados relativamente deficientes que estaban teniendo las primeras medidas implementadas hasta ese momento[190]. Como antecedente a esta nueva norma, también nos encontramos con la Ley 12/1997, de 24 de abril, de Liberalización de las Telecomunicaciones[191], la cual modificó la ley propia de telecomunicaciones, pero también otras normas que afectan de manera directa o indirecta al sector que nos ocupa[192].

Así, la Ley 11/1998 sustituye, entre otras cuestiones, las antiguas concesiones y autorizaciones que suponían un freno para la introducción de competencia en el sector por autorizaciones y licencias individuales para la prestación del servicio y el suministro de redes de telecomunicaciones[193]. Es muy importante esta legislación en tanto en cuanto introduce la completa liberalización del sector de las telecomunicaciones, siendo estos servicios, desde este momento, un servicio que se prestaría en absoluta concurrencia, dejando de considerarse «servicio público» en los términos clásicos y tradicionales del mismo (como sector sometido a un monopolio público en cuanto a su titularidad).

---

190 Comisión Europea, Comunicación de 28 de abril de 1993, sobre consultas efectuadas con motivo del informe sobre la situación del sector de las telecomunicaciones, COM (93) 159 final.

191 En virtud de esta norma se crea la Comisión del Mercado de las Telecomunicaciones, con funciones de arbitraje, otorgamiento de títulos habilitantes y supervisión del cumplimiento de los principios de libre competencia (art.1) y por el que se establece el segundo operador de telecomunicaciones (Retevisión) con el fin de dar comienzo a esa liberalización, comenzando por un régimen de duopolio. *Vid.* Muñoz Machado, S.: *Servicio y Mercado II: Las telecomunicaciones*, Civitas, pp. 206-208, 1998.

192 En este sentido, podemos mencionar la Ley de Telecomunicaciones por cable 42/1995, de 22 de diciembre, de las telecomunicaciones por cable que reguló cuestiones que luego se integraron en las leyes sucesivas generales de telecomunicaciones. Así, la tecnología del cable se presentó como medio alternativo para la transmisión de comunicaciones electrónicas en banda estrecha y banda ancha. Si bien es cierto que las estadísticas señalaban que en el año 2003 más de 6 millones de hogares tenían acceso a la red de cable [aproximadamente el 50 % en aquel momento, *Vid.* Ariño, G. (Dir.): *Privatizaciones y liberalizaciones en España... op. cit.*, p. 101] esta red, por razones de eficiencia y rentabilidad nunca se extendió en zonas de baja densidad poblacional, dispersas o de dificultosa orografía, prueba inequívoca, por contraste, de que en algún momento, al menos en su inicio, las obligaciones de servicio universal impuestas al operador mayoritario, entonces Telefónica, surtieron sus efectos en cuanto a la cobertura mínima de servicios de comunicaciones.

193 Calzada, J., Costas, A.: *La liberalización de las telecomunicaciones... op. cit.*, p. 173.

Así, la principal y más relevante consecuencia, aparejada a esa novedosa realidad, es la introducción del llamado servicio universal en la normativa interna, como paradigma del nuevo derecho regulatorio encargado de garantizar ciertas consecuencias de la prestación de servicios considerados ahora esenciales, antes «públicos», en cuanto a la satisfacción de necesidades de los ciudadanos, que son más que clientes[194].

En este sentido, visualizamos la transformación desde una configuración del servicio público como medio y fin, es decir, como ente público que lleva a cabo la provisión de un servicio desde la titularidad pública, a un Estado garante[195] que se encarga de velar por que el fin último se cumpla, es decir, la prestación del servicio en determinadas condiciones mínimas, con independencia de los medios que se empleen (entidades públicas o privadas titulares del servicio y/o de la red). Se expresa claramente en este punto la evolución del concepto y de la articulación del servicio público de manera clara.

De esta manera, los principales objetivos que se reconocen en el preámbulo de esta norma pasan por, en primer lugar, promover la competencia en el sector aplicando y garantizando la observancia de los principios de no discriminación y de transparencia en la prestación del servicio, aunque, y es de reconocer, sí se hace una apreciación en la que se señala que la garantía de esta libre competencia[196] no puede impedir que se consagre el derecho de acceso a los ciudadanos a este servicio, ahora servicio de interés general, en aras de garantizar la cohesión social y territorial (aunque también la económica) en las sociedades de la CEE, pilares y valores esenciales de la futura UE, como así se reconoce en el Tratado de Maastricht (primera vez en la que esto se incorpora, para equilibrar la balanza frente al objetivo primordial de libre competencia, contrapeso que impone Francia)[197].

El segundo punto importante es la instauración de un régimen jurídico general de títulos habilitantes para la prestación de servicios de telecomunicaciones, que se divide fundamentalmente en dos categorías: autorizaciones generales y licen-

---

194 LAGUNA DE PAZ, J.C.: «El servicio universal» en DE LA QUADRA-SALCEDO FERNÁNDEZ DEL CASTILLO, T.: *Derecho de la regulación económica. IV. Telecomunicaciones*, Madrid, Iustel, 2009, pp. 389-431.

195 ESTEVE PARDO, J.: «La Administración garante. Una aproximación», *Revista de Administración Pública (RAP)*, núm. 197, 2015.

196 Punto 8.º Preámbulo de la LGT1998 «Con el cambio profundo de filosofía que sobre la regulación del sector de las telecomunicaciones se recoge en esta Ley, se pretenden implantar, de forma gradual, los mecanismos propios de un *régimen plenamente liberalizado*».

197 En relación con esta idea y con la postura francesa ligeramente beligerante con algunos postulados comunitarios, de influencia anglosajona en cuanto al nuevo paradigma de servicio público que se propugnaba, unos años después el CONSEJO DE ESTADO FRANCÉS en su informe «Service public, services publics, déclin ou rénouveau», *Études et documents, Conseil d'Ètat,* 46, 1994, p. 63, reafirma la importancia de reforzar y mantener el servicio universal en un contexto de libre prestación de servicios de la siguiente manera «el servicio público es, de alguna manera, la prolongación del mercado por otros medios, cuando el mercado fracasa, no su contrario».

cias individuales para la instalación y explotación de redes, que reformula el régimen tradicional del derecho español regulado por concesiones y autorizaciones administrativas (art. 7. LGT 1998). Como excepciones a la necesidad de obtener estos títulos habilitantes, se corresponden los servicios que «[...] sin conexión a redes exteriores y sin utilizar el dominio público radioeléctrico, presten servicio a un inmueble, a una comunidad de propietarios o dentro de una misma propiedad privada. B) Los servicios establecidos entre predios de un mismo titular que no utilicen el dominio público radioeléctrico. C) Las instalaciones o equipos que utilicen el dominio público radioeléctrico, mediante su uso común general».

Igualmente, aparecen por primera vez dos cuestiones fundamentales y de vital importancia en cuanto al análisis que se pretende hacer en esta investigación y a la resolución de las dudas, y en su caso, adecuación de la hipótesis confirmada. Estas dos cuestiones son la regulación del régimen de auto prestación y del régimen de prestación a terceros por las administraciones públicas en el ámbito de las telecomunicaciones.

Así, no será necesario título habilitante alguno cuando se produzca la prestación de servicios en régimen de auto prestación por parte de las administraciones públicas o de los entes públicos dependientes de las mismas, y es especialmente importante, de cara a la hipótesis o teoría posterior que se desarrolla en normativa actualmente en vigor, destacar que la prestación del servicio por esa entidad pública (o sociedades creadas por esta y con mayoría de capital público) a terceros, en virtud del apartado tercero del artículo séptimo LGT1998, sí se prevé siempre que se obtenga el título habilitante respectivo y sea autorizada por la Comisión del Mercado de las Telecomunicaciones, acogiéndose al régimen jurídico vigente. Dicha Comisión, previamente, habrá establecido las condiciones necesarias que la entidad debe cumplir para llevar a cabo dicho cometido, que en cualquier caso se corresponden con los principios de transparencia, neutralidad y no discriminación, y separación de cuentas respecto del resto de actividades de la entidad.

Por su parte, la concesión de las autorizaciones generales y de las licencias individuales aparecen reguladas en los artículos 10 a 21 LGT1998. Las autorizaciones generales[198] se otorgarán para los supuestos en los que no se prevé licencia individual (art. 15 LGT1998), siendo preceptivo la obtención de licencia individual cuando se trate de la prestación de servicios que impliquen uso del dominio público radioeléctrico, cuando se prevea para la prestación del servicio telefónico público (esto quiere decir, de servicio prestado al usuario final, no a

198 A este respecto cabe destacar que existen diferentes condiciones o requisitos que se recogen, en el caso de la autorización general, en la Orden ministerial correspondiente, que en el supuesto de incumplimiento (art. 13 LGT1998) podrán implicar la revocación del título en caso de incumplimientos muy graves (los reflejados en el art. 79 LGT1998) o de afectación clara a los intereses generales, derechos fundamentales o libertades públicas, daños a la defensa nacional o aquellas actuaciones que conlleven graves daños a terceros.

otro operador) y para la explotación o establecimiento de redes públicas de telecomunicaciones (art. 15 LGT1998). Más allá de esas previsiones genéricas, será precisa la licencia individual cuando así lo determine el Gobierno mediante Real Decreto, por motivos vinculados a necesidad de asignación de recursos limitados (como determinadas asignaciones de espectro del dominio público radioeléctrico que veremos posteriormente), otorgamiento de derechos de servidumbre o reconocimiento del operador como beneficiario de expropiación forzosa, o cuando, quiera imponerse a ese operador obligaciones de servicio público[199].

Así, entre las condiciones que se pueden exigir a los operadores para conseguir una licencia individual, además de las que se reflejan para las autorizaciones generales, pueden imponerse las contenidas en el art. 16 LGT1998 —como vemos, las licencias individuales son mucho más exigentes para con los operadores, como títulos habilitantes—, entre las que podemos mencionar, el «uso efectivo y gestión eficaz del espectro radioeléctrico» y «el respeto a las medidas aprobadas por razones de interés público».

Por otro lado, en cuanto a la limitación del número de licencias (art. 20 LGT1998), esto se producirá cuando sea necesario para dar un uso eficiente al espectro radioeléctrico, y se llevará a cabo a través de Orden ministerial del Ministerio respectivo, en ese momento, el Ministerio de Fomento. En este caso, cuando se trate de servicios prestados en régimen de concesión amparados bajo el antiguo contrato de «gestión de servicios públicos» siempre que los mismos lleven aparejadas obligaciones de servicio público, será de aplicación las obligaciones dispuestas en el artículo 162 Ley Contratos del Sector Público de 1995 (muchas de las cuales, son imperativos directamente relacionados con esa nota característica del «servicio público» tales como el respeto al principio de continuidad y calidad)[200/201].

199 A este respecto, las licencias individuales que impongan dichas obligaciones, en virtud del artículo 18 LGT1998, o bien que conlleven la utilización del dominio público radioeléctrico, se otorgan por un determinado periodo de tiempo que aparecerá en la Orden ministerial, siendo la máxima duración de treinta años, prorrogables por periodos sucesivos de 10 años.

200 El contratista estará sujeto al cumplimiento de las siguientes obligaciones con carácter general:
a) Prestar el servicio con la continuidad convenida y garantizar a los particulares el derecho a utilizarlo en las condiciones que hayan sido establecidas y mediante el abono, en su caso, de la contraprestación económica comprendida en las tarifas aprobadas.
b) Cuidar del buen orden del servicio, pudiendo dictar las oportunas instrucciones, sin perjuicio de los poderes de policía a los que se refiere el artículo 156.
c) Indemnizar los daños que se causen a terceros como consecuencia de las operaciones que requiera el desarrollo del servicio, excepto cuando el daño sea producido por causas imputables a la Administración.
d) Respetar el principio de no discriminación por razón de nacionalidad, respecto de las empresas de Estados miembros de la Comunidad Europea o signatarios del Acuerdo sobre Contratación Pública de la Organización Mundial del Comercio, en los contratos de suministro consecuencia del de gestión de servicios públicos.

201 En relación con los principios clásicos del servicio público y como se han mantenido y/o

Igualmente, la Ley se centra en la promoción y garantía de la interconexión de redes[202] para facilitar la comunicación entre los usuarios atendiendo al principio de igualdad y respetando el libre mercado (arts. 22 a 29 LGT1998). En concreto, se definirá operador dominante, como aquel que debe facilitar esa interconexión a otros operadores (art. 24 LGT1998), siendo aquel que haya obtenido, tal y como mandata la Directiva, en el ámbito territorial que corresponda, municipal, estatal o autonómico, en el año anterior una cuota de mercado superior al 25 % (art. 23 LGT1998)[203].

La tercera y una de las más importantes actualizaciones, al menos en lo que respecta a nuestro estudio, es la regulación exhaustiva de las obligaciones de servicio público (siendo una categoría de las mismas el llamado servicio universal) que se aborda en el Título III de la norma, como condiciones de prestación impuestas a los explotadores de las redes públicas y prestadores de estos servicios para proteger el interés general. Así, el servicio universal de telecomunicaciones supone ofrecer un mínimo de servicios a toda la ciudadanía con independencia de sus circunstancias geográficas, económicas o sociales de diversa índole, con carácter general. Aunque la ley recoge las especificaciones del servicio universal básicas, se prevé su ampliación y concreción vía reglamentaria[204].

Igualmente, se regula la certificación de los equipos de telecomunicaciones, como un paso más hacia la normalización y estandarización que comenzó a finales de la década de los 80 en el contexto de la hoy Unión Europea, cuestión que ya hemos abordado. Y, además, en el Título V veremos cómo se actualiza el marco jurídico de gestión del dominio público radioeléctrico,

---

regenerado en pro del nuevo concepto y marco normativo del servicio público, *Vid.* MARTÍN REBOLLO, L.: «Sociedad, economía y Estado (a propósito del viejo regeneracionismo y el nuevo servicio público) en AA. VV.: *Estudios de derecho público-Libro homenaje a Sebastián Martín-Retortillo*, Civitas, Madrid, 2003.

202 Se define en el Anexo como «la conexión física y funcional de las redes de telecomunicaciones utilizadas por el mismo o diferentes operadores, de manera que los usuarios puedan comunicarse entre sí o acceder a los servicios de los diferentes operadores. Estos servicios pueden ser suministrados por estos operadores o por otros que tengan acceso a la red. La interconexión comprende, así mismo, los servicios de acceso a la red suministrados con el mismo fin, por los titulares de redes públicas de telecomunicaciones a los operadores de servicios telefónicos disponibles al público».

203 La Disposición Transitoria Tercera determina que, en relación con la prestación del servicio universal, será inicialmente el operador dominante designado Telefónica de España, S.A.U. Sin embargo, se preveía en ese momento, que, a partir del 1 de enero de 2006, la Comisión del Mercado de las Telecomunicaciones determinará si este operador conserva esta categoría en cada ámbito territorial o no.

204 Real Decreto 1736/1998, de 31 de julio, por el que se aprueba el Reglamento por el que se desarrolla el Título III de la Ley General de Telecomunicaciones en lo relativo al servicio universal de telecomunicaciones, a las demás obligaciones de servicio público y a las obligaciones de carácter público en la prestación de los servicios y en la explotación de las redes de telecomunicaciones.

que adquirirá mayor interés posteriormente cuando se postule como medio de provisión de comunicaciones electrónicas en el contexto de convergencia tecnológica que completa su desarrollo ya hacia principios del siglo XX.

En concreto, en el artículo 2 LGT1998 se consagra claramente la nueva categoría de los servicios de telecomunicaciones siendo estos, a partir de este momento, considerados servicios de interés general[205], en concreto, servicios de interés económico general, como posteriormente detallará la Comunicación de la Comisión sobre los SIG [«Un marco de calidad para los servicios de interés general en Europa», 20 de diciembre de 2011, COM (2011) 900 final] subrayando especialmente que están sometidos a obligaciones de servicio público en lo previsto en el Título III de esta ley, que veremos a continuación, y que solo se considerarán como «servicio público» los servicios recogidos en el artículo 5 (Servicios vinculados a la defensa nacional y la protección civil).

En definitiva, podríamos considerar que el objetivo primordial de esa nueva norma es dar una nueva categorización a este tipo de servicios, abrir la prestación de los mismos al libre mercado, y por ende, regular una serie de obligaciones de servicio público, especialmente, el servicio universal (artículo 3 a, b y c LGT1998 que garantiza el derecho de acceso —art. 29 de la Carta DDFF UE[206] y Pilar social UE— a los servicios de interés general con el fin de «de impulsar la cohesión territorial, económica y social»). Como bien decíamos anteriormente, el Título III LGT1998 prevé obligaciones de servicio público entre las que encontramos algunas relacionadas con la defensa y seguridad nacional, diferentes de las vinculadas al servicio universal. Si se incumplieran estas, se prevé en el artículo 5.5 LGT1998 la asunción directa de la gestión del servicio, previo informe de la Comisión del Mercado de las Telecomunicaciones, por el Gobierno o por la Administración territorial que ostente competencias en materia de seguridad, todo ello en virtud de la consideración previa de este servicio como servicio público, que no como servicio de interés general.

Así, siguiendo con lo anterior, los titulares de licencias individuales para las prestaciones de estos servicios se sujetan a las obligaciones de servicio público que se consideren oportunas por el legislador, impuestas en los artículos 35 a 42 LGT1998 (art. 35 LGT1998). Igualmente, quienes posean una autorización general y cumplan con lo dispuesto en el art. 42 LGT1998, tam-

205 MORAL SORIANO, L.: «El encuentro del servicio público con los servicios de interés económico general», *Revista Española de Derecho Europeo*, núm. 12, 2004, pp. 539-562.

206 MARTÍN-RETORTILLO BAQUER, L.: «El derecho de acceso a los servicios de interés económico general (el art. 36 de la Carta de los Derechos Fundamentales de la Unión Europea) en AA. VV.: *Estudios de derecho público económico: libro homenaje a D. Sebastián Martín-Retortillo*, Madrid, Civitas, 2003, pp. 494-525. En relación con DIARIO OFICIAL DE LAS COMUNIDADES EUROPEAS. *Carta de los Derechos Fundamentales de la Unión Europea,* de 18 de diciembre de 2000, (2000/C364/01)

bién podrán estar sometidos a estas obligaciones, en condiciones de transparencia, igualdad, no discriminación, continuidad, disponibilidad, adaptabilidad, permanencia y calidad, también como principios de servicio público (art. 35.2 LGT1998). Las condiciones en las que se garantizarán estas prestaciones se valdrán de los instrumentos jurídicos contractuales vigentes, en particular, del contrato de concesión en el caso de contrato de gestión de servicios públicos, previsto en la Ley 13/1995, de 18 de mayo, de Contratos de las Administraciones Públicas. Esta modalidad contractual, con sus modificaciones y adaptación normativa posterior, será la utilizada con carácter general como marco de derechos y obligaciones entre la administración pública y el encargado de las obligaciones de servicio público.

En cuanto a las categorías de obligaciones de servicio público, en la LGT1998 se diferencian tres fundamentalmente en el sector de las telecomunicaciones que en sus notas esenciales se mantendrán a lo largo del tiempo: el servicio universal, los servicios obligatorios que se prestarán en la totalidad o en parte del territorio nacional y otras obligaciones impuestas por razones de interés general. Ahora vamos a explicar cada una de ellas, tal y como se prevé en esta norma, sin perjuicio de la especial importancia histórica que tuvo la configuración del servicio universal en sí mismo.

A) Primera categoría de obligación de servicio público: el servicio universal

De esta manera, se enumeran ciertos elementos del servicio universal (arts. 37-39 LGT1998) tales como:

- Acceso a toda la ciudadanía de conexión a la red telefónica pública fija y acceso al servicio telefónico fijo a disposición del público.
- Que todos los abonados dispongan anualmente de una guía telefónica actualizada y unificada para cada ámbito territorial.
- Que se garantice una oferta de teléfonos públicos de pago suficiente en el dominio público.
- Dotar de un acceso equiparable a los usuarios con discapacidad o necesidades especiales, al teléfono fijo disponible al público[207].

El operador que debe llevar a cabo esta función es un operador dominante en una zona determinada (art. 38 LGT1998) y será designado explícitamente por la administración competente para la prestación del servicio universal (reglamentariamente se indicarán las condiciones —zona geográ-

207 El artículo 39.2 LGT98, en relación con la financiación del servicio universal, establece que, si un operador ofrece condiciones especiales de acceso a usuarios con discapacidad o con necesidades sociales, puede solicitar la deducción del coste neto de esta prestación de la cuota que debiera soportar como aportación a la financiación del servicio universal.

fica, servicios y periodo—, procedimientos y requisitos para la designación). Sin embargo, puede que se preste ese servicio por un operador no dominante, en una zona geográfica concreta, cuando la calidad y el precio que oferte «sean iguales o más beneficiosos para el usuario que los que oferte el operador dominante» (art. 38. 2 LGT1998). Así, se aprecia como, a pesar de renunciar a condiciones o criterios de mercado en la prestación de este servicio, se tienen en cuenta consideraciones ciertamente comerciales para la elección de un operador alternativo al dominante para la prestación del servicio universal en esta primera configuración del mismo.

En cuanto a la financiación del servicio universal, el primer régimen jurídico básico se establece en el artículo 39 LGT1998. Así, siempre que la prestación de este servicio (como suele ser el caso) suponga una situación de desventaja competitiva para el operador sujeto a esta operación, a ojos de la Comisión del Mercado de las Telecomunicaciones, se deberá compensar el coste de esta prestación a los operadores a través del mecanismo habilitado a tal efecto.

El coste será actualizado periódicamente, teniendo en cuenta el *ahorro neto que el operador obtendría si no prestara este servicio*. En concreto se calculará «tomando en cuenta el coste que implica suministrar el servicio a los clientes a los que, bajo consideraciones estrictamente comerciales, y a largo plazo, el operador no lo prestaría por no resultar rentable. A estos efectos, se tendrán en cuenta en el cálculo del coste neto, por una parte, el coste incremental en que el operador incurriría al prestar el servicio a los clientes citados, en condiciones no rentables, y por otra, los ingresos derivados de dicha actividad y los beneficios intangibles asociados a la universalidad del servicio».

No obstante, este coste será calculado por el operador encargado de la prestación del servicio, y será la Comisión la que posteriormente evaluará y aprobará dicho cálculo, que *será asumido por la totalidad de los operadores* que dispongan de las redes públicas como infraestructura y por aquellos que presten el servicio telefónico disponible al público. A continuación, será la Comisión la que fije cuál será la distribución de las aportaciones de cada uno de los operadores con arreglos a los principios de transparencia, proporcionalidad y no discriminación, atendiendo fundamentalmente, sin perjuicio de otros criterios técnicos determinados posteriormente, a los ingresos de explotación, brutos, que obtenga cada uno, en proporción al volumen de negocio del mercado.

Todas estas aportaciones se depositarán en el *Fondo Nacional del Servicio Universal*, fondo del cual se extraerán las compensaciones para costear el coste neto que corresponda a cada operador las asunciones de obligaciones de servicio universal. No obstante, y es importante señalar esto, se prevé la eliminación del fondo en el último párrafo del artículo 39 cuando el coste de la provisión del servicio universal sea de tal envergadura que no compense los propios gastos de gestión del mismo. En su lugar, se establecería un mecanismo de compensación directa entre operadores, este mecanismo de compensación directa se mantendría en la legislación de 2003 que sustituye a la de 1998, sin embargo, el mecanismo de financiación del servicio universal varía en algunos términos. Se puede apreciar el hecho de que la remisión al mercado es una constante que elige el legislador como opción preferente y única para la financiación del servicio universal, incluso en ese precepto normativo se aprecia cierto desentendimiento de la gestión del fondo, cuando este no resulte rentable, derivando a un mecanismo privado de compensaciones, a todas luces, en nuestra opinión, ineficaz para costear el servicio.

B) Segunda categoría de obligación de servicio público: los servicios obligatorios

El segundo grupo es el conformado por los servicios obligatorios, por el cual podrán considerarse como tales, por declaración expresa vía reglamentaria previo informe de la Comisión del Mercado de las Telecomunicaciones, algunos de los siguientes servicios:

> a) Los servicios de teléx, los telegráficos y aquellos otros de características similares [...] así como los servicios de seguridad de la vida humana en el mar y los que afecten en general a la seguridad de las personas, a la seguridad pública y a la protección civil.
>
> b) Los servicios de líneas susceptibles de arrendamiento o transmisión de datos, los avanzados de telefonía disponible al público, los de red integral de servicios integrados y los que faciliten la comunicación entre determinados colectivos que se encuentren en circunstancias especiales y estén insuficientemente atendidos, en especial, los de correspondencia marítima [...].

A través de reglamento se catalogarán estos servicios como tales, en el cual se indicará las cuestiones relativas a su financiación y cuál será la administración pública u operador que debe prestarlos, así como el ámbito geográfico en el que debe producirse esta prestación de servicios (art. 41 y 42 LGT1998). Normalmente, y así se prevé en el art. 42.2.B LGT1998 cumplir con estas obligaciones de servicio público no llevará a cabo contraprestación económica, salvo que en el reglamento se establezca que se financie con cargo a las tasas de los artículos 72 y 73 LGT1998 (tasas por numeración y tasa por reserva del dominio público radioeléctrico).

Todo ello se aplicará sin perjuicio de lo establecido en la Disposición Transitoria Novena que dispone ciertas particularidades aplicadas a la entidad pública empresarial Correos y Telégrafos, a la Dirección General de la Marina Mercante y a Telefónica de España, S.A. Se aprecia como a través del régimen jurídico de este segundo grupo de servicios obligatorios se protegen o eximen determinados servicios de su liberalización y sometimiento a la libre competencia, incluso no se prevé una financiación directa de los mismos, puesto que se entiende se asumen, en parte importante, por entidades públicas empresariales o asimilados (servicios avanzados, servicios de RDSI, los de correspondencia marítima y servicios de télex, telegráficos y equivalentes, y otros vinculados a seguridad de las personas y seguridad pública). Todas estas excepciones se matizarán, reducirán y en la mayoría de los casos, se eliminarán en posteriores normativas, cuando se asuma una real y completa liberalización de todos los ámbitos del sector.

C) Tercera categoría de obligación de servicio público: otras obligaciones de servicio público

Finalmente, se prevén otras obligaciones de servicio público (art. 42 LGT1998), las primeras de ellas justificadas por razones de defensa nacional y de seguridad pública y las segundas por motivos de cohesión territorial o con el fin de extender el uso de servicios y tecnologías a la sanidad, educación o cultura, en un intento de dar pie a una extensión inicial completa de la infraestructura antes de proceder a una liberalización completa del sector. Se financiarán, en un primer momento, a partir de las tasas previstas en los artículos 72 y 73 LGT1998 (tasas por numeración y tasa por reserva del dominio público radioeléctrico, respectivamente), de acuerdo con el procedimiento del artículo 37.2 LGT1998, es decir, el mecanismo de financiación del servicio universal es ajeno a estos servicios.

Por otro lado, los operadores sujetos a obligaciones de servicio público sean cuáles sean, titulares de licencias individuales, serán beneficiarios de los derechos especiales de ocupación del dominio público (art. 43 LGT1998 y especialidades respecto a la ocupación del dominio público local recogidas en el artículo 45), de la aplicación del régimen de expropiación forzosa y del establecimiento de limitaciones y servidumbres, según lo dispuesto en los artículos 43 a 48 LGT1998.

En particular, en el artículo 46.3LGT1998 se establece que en el caso de las obligaciones de servicio universal y de los llamados servicios obligatorios (art. 36.a y b LGT1998), se aplicará el procedimiento especial de urgencia previsto en el entonces artículo 52 de la Ley de 16 de diciembre de 1954, de Expropiación Forzosa, siempre que así lo contemple la resolución del órgano correspondiente del Ministerio de Fomento, encargado de la aprobación del proyecto técnico.

Igualmente, el artículo 47 ofrece la posibilidad de uso compartido de los bienes de titularidad pública o privada que se ocupen como consecuencia de la autorización previa otorgada a un operador en el procedimiento de expropiación forzosa. De tal manera que, con carácter previo a la resolución que otorgaría ese derecho de ocupación, se podrán habilitar 20 días para que otros operadores manifiesten su interés de utilización compartida[208]. La uti-

208 La resolución que finalice el expediente tramitado para la expropiación forzosa o para la

lización compartida será otra figura que se mantendrá, con modificaciones, hasta la legislación vigente de 2022.

Así mismo, en la Disposición Transitoria Octava se prevé la prórroga del contrato entre Telefónica de España, S.A. y el Estado, establecido en 1991 mediante contrato de concesión el 26 de diciembre, por el cual se otorgan las correspondientes licencias individuales como título habilitante, en las mismas condiciones establecidas en el mismo, salvo que Telefónica comunicara lo contrario antes del 31 de agosto de 1998[209]. Por su parte, las modificaciones incorporadas a partir de la aprobación de esta ley que tengan trascendencia sobre el título habilitante no conllevarán indemnización económica por haber alterado el equilibrio económico. Las principales obligaciones que podrían alterarlo serían la adaptación al régimen de derechos especiales o exclusivos a la libre competencia, la garantía de igualdad de trato a todos los operadores y, fundamentalmente, las obligaciones de servicio público que correspondan a este como operador dominante. No obstante, se vería compensado por el sistema de financiación del servicio universal que se regula en esta norma.

Igualmente, en el Anexo de la LGT1998 se establecen algunas definiciones de interés como derechos exclusivos[210], siendo estos «los derechos concedidos a uno o varios organismos públicos o privados mediante cualquier instrumento legal, reglamentario o administrativo que les reserve la prestación de un servicio o la explotación de una actividad determinada» o derechos especiales, entendidos como aquellos «derechos concedidos a un número limitado de empresas por medio de un instrumento legal, reglamentario o administrativo que, en una determinada zona geográfica: a) Limiten a dos o más el número de tales empresas con arreglo a criterios que no sean objetivos,

---

ocupación se debe reflejar la obligación del beneficiario de permitir el uso compartido (art. 47.5 LGT1998).

209 BOE núm. 20, de 23 de enero de 1992, Resolución de 14 de enero de 1992, de la Subsecretaría, por la que se dispone la publicación del Contrato del Estado con «Telefónica de España, Sociedad Anónima». PÉREZ SAN JUAN, O., VILAR TEN, J. L.: *El servicio de telefonía fija... op. cit.,* p. 76 afirma que «el nuevo contrato, que se firma en 1991 por un periodo de 30 años, pierde el carácter de *lex practicia* que se venía arrastrando desde 1924 y establece criterios de calidad del servicio, que se miden a través del Índice de Calidad del Servicio y de procedimientos de vigilancia y control».

210 Posteriormente será definido a nivel comunitario en el Dictamen del Comité económico y Social «sobre los servicios de interés general» [1999 (C368/177)], siendo estos «Los derechos garantizados por un Estado miembro que reservan la prestación de determinados servicios a una empresa mediante disposiciones legales, reglamentarias o administrativas, reservándole el derecho a prestar un servicio o a desempeñar una actividad en un área geográfica dada». STJ de 23 de abril de 1991, asunto C-4190, Hofner y STJ 8 julio 1999, asunto T-266/97, respectivamente, no se podrán conceder derechos especiales o exclusivos a prestadores de ese servicio incapaces de llevarlo a cabo, así como, cuando exista una posibilidad alternativa de prestar dicho servicio que implique menor alteración de la competencia.

proporcionales y no discriminatorios; b) Permitan, conforme a tales criterios, a varias empresas que compitan entre sí, o c) Reconozcan a una empresa o a varias, con arreglo a los citados criterios, ventajas legales o reglamentarias que dificulten gravemente la capacidad de otra para importar, comercializar, conectar, poner en servicio o la misma zona geográfica y en unas condiciones básicamente similares». Estas definiciones irán cambiando en virtud del desarrollo normativo y sobre todo de la evolución de la realidad hacia una mayor liberalización del sector y una eliminación progresiva, o reducción a lo anecdótico, de estos *privilegios*.

En todo este contexto, como consecuencia de los impulsos liberalizadores procedentes de las instituciones comunitarias y de la nueva realidad social, se avanza igualmente en el proceso de privatización de Telefónica de España, S.A.U.[211], de tal manera que en 1995 se vende el 12 % de su capital a inversores privados, unido a una reorganización interna de la compañía que transfiere activos a algunas de sus filiales. Poco después, el Estado vende otro paquete de acciones correspondiente al 21,15 % del capital, de este modo Telefónica no tendrá porcentaje de participación público alguno en el año 1997, cuando se convertirá en una compañía completamente privada[212]. En este punto nos encontraríamos en un momento de apertura completa a la competencia, una vez superado el modelo de duopolio (y posterior tripolio con la concesión al tercer operador de telefonía Lince Telecomunicaciones, del título habilitante el 28 de mayo de 1998)[213], entre Telefónica y Retevisión.

Finalmente, destacar que existieron algunas críticas a este proceso liberalizador que, en opinión de algunos autores, no se realizó correctamente ya que abusó de la intervención administrativa inestable, cambiante y a veces, errática, lo que frenó la inversión. Es decir, existen diversas contradicciones que hacen de éste un proceso ineficiente desde muchas perspectivas, lo que generó un oligopolio muy vigilado por las autoridades regulatorias que frenó el crecimiento del sector[214]. De esta manera, la incertidumbre regulatoria se hizo hueco en un mercado que ya padece tradicionalmente de otro tipo de incertidumbres como son la tecnológica y la comercial[215].

211 Ariño Ortiz, G. (Dir.): *Privatizaciones y liberalizaciones en España... op. cit.*, p. 74. Con anterioridad al proceso liberalizador, el monopolio público en el sector de las telecomunicaciones lo ejercía el Estado a través de Telefónica S.A.U. que, aunque era una empresa privada, en la práctica estaba controlada por el Estado ya que este poseía el 30 % de las acciones de la compañía, además de la potestad de nombrar al Delegado del Gobierno en la misma y a los Consejeros de Administración respectivos, lo que en ultima instancia derivaba en el control público de la compañía.

212 Pérez San Juan, O., Vilar Ten, J. L.: *El servicio de telefonía fija... op. cit.*, p. 77 y ss.

213 Pérez San Juan, O., Vilar Ten, J. L.: *El servicio de telefonía fija... op. cit.*, p. 78.

214 Ariño Ortiz, G. (Dir.): *Privatizaciones y liberalizaciones en España... op. cit.*, pp. 84-85.

215 Ariño Ortiz, G., De la Cuétara, J. M.: «Algunas ideas básicas sobre regulación de sectores estratégicos», *Cuadernos de Derecho Público*, núm. 9, 2000, p. 13. Los autores men-

Así, se transitará de un modelo de acceso, o un modelo de competencia basado en un primer momento en un acceso indirecto regulado, regulación asimétrica, es decir, los nuevos operadores acceden a infraestructuras del operador ya establecido (bajo una serie de condiciones y tarifas) y ofrecen un servicio independiente del que ofrece el propietario de la red, a otro modelo de acceso directo, por el cual los nuevos operadores construyen sus propias redes y se valen de las mismas para prestar sus servicios. No obstante, este modelo perjudica y distorsiona la competencia y sobre todo, la competitividad del operador establecido, ya que, en opinión de algunos autores, este asumirá costes hundidos vinculados a la modernización (y mantenimiento) de la estructura, que puede que no recupere si se desarrolla otra tecnología superior en un periodo corto de tiempo como suele ocurrir en este mercado (hablamos del riesgo comercial e incertidumbre tecnológica que solo asume el suministrador de red, no el proveedor del servicio)[216].

En cuanto a dicho acceso indirecto, ya hemos comentado como se reguló a través de un reglamento en el contexto europeo un tipo de acceso indirecto, como es el acceso desagregado al bucle local. A nivel interno este se desarrolló en el Real Decreto 3456/2000, de 22 de diciembre, por el que se aprueba el Reglamento que establece las condiciones para el acceso al bucle de abonado a la red pública telefónica fija de los operadores dominantes, que, además de aprobar el reglamento, modifica disposiciones de la Ley General de Telecomunicaciones de 1998 y el Real Decreto ley 7/2000 de 23 de junio de medidas urgentes en el sector de las telecomunicaciones. Así mismo, este modifica el art 9.4 del Reglamento por el que se desarrolla el Título II de la LGT1998 (interconexión y redes públicas) aprobado por el Real Decreto 1651/1998 de 24 de julio. El resultado de esta política de acceso desagregado al bucle local en general no tuvo un éxito muy considerable, a pesar de que se esperaba que permitiera un incremento de la competitividad que diera paso a una mayor extensión de la innovación tecnológica[217].

Se aprecia en todo el recorrido y evolución tecnológica y legislativa, cómo el propio desarrollo del proceso de liberalización nos conduce al siguiente punto y momento histórico, a apostar por el acceso directo de una manera más decisiva, es decir, a impulsar definitivamente la competencia en infraes-

---

cionaban que, precisamente, esa incertidumbre regulatoria reside en parte en la decisión de reducir el rango normativo de las normas que regulan la cuestión para que estas puedan ser fácilmente modificadas al compás del avance vertiginoso de la tecnología y la sociedad, cuestión que, por otro lado, tiene la consecuencia negativa de generar cierta inseguridad jurídica, sobre todo en ese momento, lo que ahuyentaba la inversión en el sector.

216 Ariño, G. (Dir.): *Privatizaciones y liberalizaciones en España... op. cit.,* pp. 187-190 señala que «si las facilidades para el uso de las redes existentes se mantienen indefinidamente, entonces la inversión en redes nunca llegará».

217 Comisión del Mercado de las Telecomunicaciones. Informe anual 2001 *El mercado de las telecomunicaciones, audiovisual e internet*, p. 187.

tructuras, con una importante determinación de las obligaciones de servicio público a imponer a los operadores, que se verán sometidas, tanto en su contenido como en su financiación a relevantes actualizaciones a partir de este momento.

2. Nuevo marco regulatorio europeo de las comunicaciones electrónicas (2002-2003), Paquete Telecom y su reflejo en la Ley 32/2003, de 3 de noviembre, General de Telecomunicaciones: consolidación del servicio universal y competencia en redes

2.1. Crisis de las «puntocom» y convergencia tecnológica: impulso a la competencia en redes

Después de la liberalización acometida en el año 1998, los resultados inmediatos no son los previstos ante las expectativas de la UE[218], lo que sumado a la crisis generalizada que se produce en el sector[219], la llamada crisis de las puntocom en la que se congelaron las inversiones y se produjo un parón en el desarrollo del mercado[220], desembocó en un replanteamiento normativo[221] que se plasma en esta nueva generación de directivas, Nuevo

---

218 Calzada, J., Costas, A.: *La liberalización de las telecomunicaciones... op. cit.*, p. 176 señala que «a la altura de 2002 las autoridades europeas consideraron que el modelo regulatorio que había servido para romper los monopolios nacionales se había agotado y que era necesario sustituirlo por otro con más capacidad para estimular la competencia».

219 Ariño Ortiz, G. (Dir.): *Privatizaciones y liberalizaciones en España... op. cit.*, p. 73. Esta crisis es fruto de las expectativas del sector porque se produjera una liberalización completa y un entorno de plena competencia en un periodo de tiempo relativamente corto, cuestión que no podía producirse por las necesidades que el sector experimentada (como en todo proceso de liberalización en un ámbito con economías de escala y en red como del que estamos hablando) de una transición lenta, es decir, de una competencia asimétrica, ciertamente controlada en un principio, para poder consolidarse en los próximos años una competencia simétrica perfecta.

220 Calzada, J., Estruch, A.: «Telefonía móvil en España: regulación y resultados», *Cuadernos económicos del ICE*, núm. 81, pp. 39-70.

221 La transición de la idea de competencia en servicios como inicio de la liberalización del sector, a la competencia en redes responde a la teoría de la inversión escalonada acuñada por la Comisión Europea por la cual «los operadores alternativos comenzarían su actividad en el mercado haciendo uso de los operadores existentes para, a medida que fueran ganando cuota de mercado, y gracias al uso de los incentivos reguladores adecuados, comenzar a desplegar infraestructura propia», Gómez-Barroso, J. L., Feijoo, C.: «Directrices comunitarias para el empleo de ayudas estatales en el despliegue de redes de

Marco regulatorio de Telecomunicaciones aprobado en 2002, el llamado «Paquete Telecom», en adelante «Nuevo Marco». Otro factor que condicionó el cambio de paradigma fue el rápido desarrollo de nuevos servicios y su integración como consecuencia de la digitalización de redes[222], se trata de nuevas tecnologías especializadas, sobre todo la telefonía móvil e Internet y la convergencia tecnológica entre diferentes sectores (telecomunicaciones, tecnologías de la información, radiodifusión y la integración o combinación de las comunicaciones fijas y móviles), que ofrecían cada vez mayor calidad y eran más protagonistas del desarrollo de las sociedades europeas hacia la Sociedad de la Información. En este sentido, el desarrollo de la banda ancha resultó determinante para impulsar una mayor desregulación en el sector que permitiera la inversión[223].

Igualmente, otra de las cuestiones que tuvo una importante influencia en el cambio de paradigma fue la ineficiencia, que desde un punto de vista económico y para algunos autores, presentaba el sistema de liberalización paulatino y transitorio basado en la intervención y regulación asimétrica, y a su vez, el uso político-social que se hace en numerosas ocasiones de dichas medidas de intervención. Como sabemos, a fin de cuentas, la regulación se tergiversa en cierto modo hacia un instrumento de política económica y social a través del cual, como ya hemos comentado, se pretendió abordar el control de la inflación, el control de la estructura tarifaria y también la configuración salarial. El uso político o social de la regulación deriva en ineficiencia típica que se manifiesta en una paralización de la innovación y del dinamismo, necesario para la consolidación económica del sector.

De esta manera, se llega a la conclusión de que el marco legal de los tradicionales grandes servicios públicos debe ser reformulado para adaptarse mejor a las condiciones del mercado. Así, este Nuevo Marcos tiene como objetivo continuar la tarea de eliminación de barreras de tipo legal a la entrada de nuevos operadores interesados en la prestación del servicio y la reducción a la mínima expresión de las medidas sectoriales y ex ante aplicables hasta el momento, para ello, debe configurarse un «level playing

banda ancha-una novedad conceptual», *Revista de Derecho Comunitario Europeo*, núm. 36, 2010, p. 461.

222 PÉREZ SAN JUAN, O., VILAR TEN, J. L.: *El servicio de telefonía fija en España... op. cit.*, p. 79. La digitalización de las redes «conlleva la integración de la voz con los datos y las imágenes y da lugar a un fenómeno denominado convergencia tecnológica, que es el germen de la Sociedad de la Información o del conocimiento».

223 ARIÑO ORTIZ, G. (Dir.): *Privatizaciones y liberalizaciones en España... op. cit.*, p. 134. «El marco regulatorio de la banda ancha [...] no puede basarse en regulaciones ex ante diseñadas en función de un modelo estático, fundamentado en expectativas sobre el desarrollo de la telefonía tradicional aplicado —erróneamente— a los nuevos servicios de banda ancha [...] en todo caso, el regulador no debe intentar configurar desde arriba la estructura de los mercados».

field», es decir, un equilibrio en un modelo de transición del monopolio a la libre competencia plena[224].

De esta manera, los resultados esperados en el corto plazo con la modificación del marco regulatorio serían, entre otros, los siguientes: ganancias en eficiencia estática, un aumento del dinamismo empresarial (mayor innovación en los servicios), madurez empresarial en un sector muy importante a nivel económico y eficiencia laboral[225]. Igualmente, los resultados esperados a medio-largo plazo serían una disminución en el precio del servicio derivada de un entorno competitivo, un aumento en su calidad y en la innovación del mismo y mayor creación de empleo. En definitiva, a través de las directivas aprobadas en el año 2002, se pretende precisamente la transición de la primera etapa de desarrollo incipiente hacia la segunda de consolidación de la competencia en el sector, así como de las obligaciones de servicio público, necesarias para que pueda producirse lo primero sin minar las condiciones de igualdad de toda la ciudadanía en pro del libre mercado.

2.2. Nuevo marco regulatorio: de las telecomunicaciones a las comunicaciones electrónicas

Será la Comunicación de la Comisión de 10 de noviembre de 1999, «Hacia un nuevo marco para las infraestructuras de comunicaciones electrónicas y los servicios asociados [Revisión de 1999 del marco regulador de las comunicaciones (COM [1999] 539 final)] la que inicie el nuevo modelo e indique la hoja de ruta que seguirán posteriormente las directivas aprobadas. Esta comunicación realiza una revisión del marco regulador de las telecomunicaciones con el objetivo general de dotarse de una mayor horizontalidad, recogiendo también las propuestas del Libro Verde sobre la convergencia de los sectores de telecomunicaciones, medios de comunicación y tecnologías de la información y sobre sus consecuencias para la reglamentación, COM (97) 623 final. Así mismo, la configuración del Nuevo Marco vendrá marcada por los Resultados de la consulta pública sobre la Revisión de 1999 del sector de las comunicaciones y las orientaciones para el nuevo marco regulador [Comunicación de la Comisión de 26 de abril del 2000, COM (2000) 239 final].

Como principios del Nuevo Marco se establecen: dar respuesta a objetivos políticos claramente definidos, la disminución de la regulación cuando no sea necesaria en un contexto de prácticamente plena competencia, mejora de la seguridad jurídica y en consecuencia, se insta a una mayor coherencia

224 Cubero Marcos, J. L.: «Regulación, iniciativa pública económica y libre competencia: hacia un modelo sin inmunidades», *Revista de Administración Pública (RAP),* 2011, pp. 132-137.

225 FALTA TEXTO

y estabilidad del regulador en la imposición de sus medidas, garantizar el principio de neutralidad tecnológica[226], y aplicación de la normativa a través de instituciones y medios lo más vinculados y cercanos a la realidad que se pretende abordar.

Estos principios serán los pilares vertebradores de las líneas generales, siendo estas la aprobación de una nueva directiva marco que legisle sobre los sectores convergentes en cuanto a los objetivos generales y particulares, a partir de la cual se aprobarán otras cuatro directivas específicas sobre servicio universal, interconexión, acceso y licencias y protección de datos, siendo otras de las líneas generales, que no abordaremos en profundidad en este estudio, el desarrollo de medidas complementarias y de una revisión en cuanto a las normas de la competencia que aspiran a ser las únicas reguladoras, en opinión de las instituciones europeas, en un futuro no demasiado lejano, cuando se haya consolidado plenamente la competencia y resulte innecesaria las medidas de regulación sectorial. A continuación, veremos cuál ha sido la aportación de cada una de las siguientes directivas, que fueron determinantes para configurar el marco jurídico sectorial en el que se desempeñó el sector de las telecomunicaciones hasta, prácticamente, el año 2022 con la aprobación del Código Europeo de Comunicaciones Electrónicas[227], sin perjuicio de algunas modificaciones que también abordaremos.

A) Directiva Marco: Directiva 2002/21/CE de 7 de marzo relativa a un marco regulador común de las redes y los servicios de comunicaciones electrónicas

En la que llamaremos a partir de ahora, Directiva Marco, en virtud del objetivo general de aproximación de legislaciones de los EM establecido en el art. 95 del Tratado Constitutivo de la Unión Europea[228] (valiéndose del procedi-

---

226 Carlón Ruiz, M.: *El servicio universal... op. cit.*, pp. 102-103. Hablamos del principio de neutralidad en su doble dimensión, tecnológica, como se ha explicado, pero también económica, estando esta última en íntima conexión con el principio de mínima distorsión del mercado. Además, esta doble vertiente tiene, a su vez, diferentes prismas, «neutralidad respecto de los actores en el mercado, respecto de los servicios, respecto de las estructuras verticales y respecto de la tecnología».

227 Directiva (UE) 2018/1972 por la que se establece el Código Europeo de las Comunicaciones Electrónicas.

228 Artículo 95 1. No obstante lo dispuesto en el artículo 94 y salvo que el presente Tratado disponga otra cosa, se aplicarán las disposiciones siguientes para la consecución de los objetivos enunciados en el artículo 14. El Consejo, con arreglo al procedimiento previsto en el artículo 251 y previa consulta al Comité Económico y Social, adoptará las medidas relativas a la aproximación de las disposiciones legales, reglamentarias y administrativas de los Estados miembros que tengan por objeto el establecimiento y el funcionamiento del mercado interior.
Capítulo 3. Aproximación de las legislaciones. Artículo 94. El Consejo adoptará por una-

miento del art. 251 Tratado Constitutivo de la Unión Europea) se aprueba una serie de condiciones que amparan la aprobación de las posteriores directivas específicas, cuestión que viene motivada por la convergencia tecnológica experimentada en los últimos años que demanda un marco regulador común e integrado. Como veremos a lo largo del análisis de estos textos[229], es en este momento cuando se comienza a hablar de «comunicaciones electrónicas» y se deja a un lado el término de telecomunicaciones, como consecuencia del desarrollo de Internet, como instrumento de comunicación de la nueva Sociedad de la Información, que va más allá de la transmisión de voz o fax (o sus vertientes), a través de telefonía fija o móvil de la que hablábamos en la anterior regulación[230]. El marco regulador que aquí se presenta se refiere al «transporte de señales en redes de comunicaciones electrónicas», su acceso, interconexión, obligatoriedad de prestación del acceso a la red y prestación de un conjunto mínimo de servicios, que se corresponden esencialmente, con el contenido del servicio universal.

No obstante, es importante señalar que estas directivas se encargan de la regulación de la transmisión, no de los contenidos transferidos (servicios financieros electrónicos, servicios de la sociedad de la información, contenidos de radiodifusión etc.). Así mismo, todo lo dispuesto en este paquete legislativo, se establece sin perjuicio de lo regulado por cada EM, como es habitual, en el ámbito de la seguridad nacional, salvaguarda del orden público y persecución de delitos etc. (Cdo. 7. Directiva Marco). Igualmente, se recalca de nuevo el principio de separación de funciones que debe continuar reforzándose, en cuanto a las funciones de regulación y de explotación de redes (art. 3 Directiva Marco) y, por su lado, en lo relativo a la resolución de conflictos entre los usuarios y/o operadores y las autoridades naciona-

---

nimidad, a propuesta de la Comisión y previa consulta al Parlamento Europeo y al Comité Económico y Social, directivas para la aproximación de las disposiciones legales, reglamentarias y administrativas de los Estados miembros que incidan directamente en el establecimiento o funcionamiento del mercado común. Artículo 14 1. La Comunidad adoptará las medidas destinadas a establecer progresivamente el mercado interior en el transcurso de un período que terminará el 31 de diciembre de 1992, de conformidad con las disposiciones del presente artículo, de los artículos 15 y 26, del apartado 2 del artículo 47 y de los artículos 49, 80, 93 y 95 y sin perjuicio de lo establecido en las demás disposiciones del presente Tratado. 2. El mercado interior implicará un espacio sin fronteras interiores, en el que la libre circulación de mercancías, personas, servicios y capitales estará garantizada de acuerdo con las disposiciones del presente Tratado. 3. El Consejo, por mayoría cualificada y a propuesta de la Comisión, definirá las orientaciones y condiciones necesarias para asegurar un progreso equilibrado en el conjunto de los sectores considerados.

229 *Vid.* Gómez-Ferrer Rincón, R.: «El softlaw comunitario en materia de telecomunicaciones», *Revista Española de Derecho Europeo*, núm. 8, 2003, pp. 687-713.

230 Cdo. 10 Directiva Marco establece que «una misma empresa, por ejemplo, un proveedor de servicios por Internet puede ofrecer tanto un servicio de comunicaciones electrónicas, tal como el acceso a internet, como servicios no cubiertos por la presente Directiva, tales como el suministro de contenidos en forma de páginas web».

les de reglamentación, se fija que debe existir un órgano independiente que solucione la controversia, pudiendo ser un órgano jurisdiccional (art. 4 Directiva Marco).

En este contexto, todas las medidas llevadas a cabo por las ANR[231] atendiendo a lo dispuesto en esta Directiva Marco y en las directivas específicas, deben contribuir a la cohesión territorial social y urbana, así como a los objetivos de empleo, medio ambiente y cultura[232]. Además, todas ellas estar en consonancia, como también ya hemos mencionado, con el principio de neutralidad tecnológica, es decir, la regulación no impondrá de ninguna manera un tipo de tecnología a utilizar o desplegar en particular por los operadores (Cdo. 18 Directiva Marco).

Igualmente, en cuanto a las radiofrecuencias (art. 9 Directiva Marco), como medio fundamental para las comunicaciones electrónicas, se armonizan las condiciones de acceso, planificación, atribución, gestión y disposición de frecuencias a través de las autoridades nacionales de reglamentación remitiéndose a lo determinado por la Decisión del espectro radioeléctrico, n.º 676/2002/CE de 7 de marzo de 2002 sobre un marco regulador de la política del espectro radioeléctrico en la Comunidad Europea (en adelante, Decisión espectro radioeléctrico)[233]. Esta Decisión pretende armonizar el marco político y jurídico en cuanto a las condiciones de acceso, disponibilidad y uso eficiente del espectro, dada la importancia que revierte este para la consecución de los diferentes objetivos políticos en cuanto a la Sociedad de la Información, las comunicaciones electrónicas, el transporte y el I+D+i en su conjunto[234].

---

231 Así mismo, el art. 5 establece que las empresas suministradoras de servicios y redes de comunicaciones electrónicas aportaran toda la información necesaria, especialmente la información financiera, para que las ANR puedan actuar en consecuencia e imponer las medidas adecuadas. Las ANR podrán también, de ese modo, comprobar el cumplimiento de lo dispuesto en las directivas analizadas.

232 Ya lo destacaba de manera especialmente elocuente la Comunicación de 20 de septiembre de 2000 (DOCE C-17/4 de 19 de enero de 2001) señalando en el párrafo 54 que una de las metas de la Comunidad era consolidar e impulsar la cohesión económica, social y territorial, señalando que «la eficacia de los servicios constituye un factor determinante a la hora de determinar la ubicación de las actividades de producción debido a los beneficios que supone tanto para las empresas que los utilizan como para los trabajadores que viven en el área. La existencia de una red de servicios de interés general es un elemento esencial de la cohesión social; por el contrario, la desaparición de tales servicios es un indicio significativo de la desertificación de una zona rural o de la degradación de una ciudad».

233 En el art. 2 Decisión espectro se define espectro radioeléctrico como «las ondas radioeléctricas en las frecuencias comprendidas entre 9kHz y 3000 GHz; las ondas radioeléctricas son ondas electromagnéticas propagadas por el espacio sin guía artificial».

234 Las medidas previstas en esta decisión se llevarán a cabo y se ejecutarán en virtud de la Decisión 1999/468 sobre ejecución atribuidas a la Comisión.

Así, existe una oferta limitada de espectro, es decir, nos encontramos ante recursos limitados que cada vez son más demandados como consecuencia del avance tecnológico, social y económico, por diferentes sectores de la sociedad y que actúan como medio, por otro lado, en la consecución de políticas comunitarias. Por tanto, es necesario regular un marco común armonizado, aunque sea en los requisitos mínimos y en las competencias que puedan tener las instancias comunitarias. En línea con esto, lo previsto en esta Decisión no puede afectar a las facultades que despliegan los EM en cuanto a la preservación de orden público, seguridad y salud pública, y defensa (art. 1.4 Decisión espectro).

Además, en esta Decisión se aborda la gestión técnica del espectro radioeléctrico lo que incluye la aplicación de principios comunitarios a la asignación del mismo, con el fin de conseguir cierta armonización en el proceso, en particular, del principio de transparencia en torno a las consideraciones técnicas para facilitar las inversiones y el desarrollo económico y tecnológico (art. 5 Decisión espectro). No obstante, esa gestión técnica no incluye los procedimientos de asignación o concesión de licencias o autorizaciones para su uso o el uso o el recurso a procedimientos de adjudicación competitivos para la asignación de bandas de frecuencias determinadas, lo que evidentemente queda en manos de cada Estado miembro[235]. Esto es especialmente importante porque, como veremos, la gestión, distribución y las condiciones de asignación de las diferentes bandas de frecuencias serán determinantes, más adelante, de la mayor o menor extensión de determinado tipo de conectividad (por ejemplo, vía 5G) en cada EM, y, por tanto, condicionará el cumplimiento de determinados mandatos europeos, más o menos imperativos, al respecto.

De esta manera, se establecen procedimientos dirigidos a facilitar el proceso de decisión en cuanto a la planificación del despliegue, disponibilidad y uso del espectro radioeléctrico, la aprobación de una metodología que garantice las condiciones armonizadas en el uso del espectro, procedimientos que garanticen una publicidad coordinada en torno a estas cuestiones (disponibilidad, atribución y uso del espectro) y mecanismos que permitan una coordinación de voluntades y presentación de posturas comunes ante las negociaciones internacionales con otros actores, en nombre de la UE.

Así, para elaborar y configurar estos procedimientos y conseguir los objetivos planteados, la Comisión estará asistida por un comité especializado «Comité del espectro radioeléctrico» quien actuará de acuerdo con los procedimientos establecidos en los arts. 3 y 7, por un lado, o 5 y 7, por otro,

235 A ello se refiere el Cdo. 21 Decisión «Los estados miembros pueden recurrir entre otras cosas, a procedimientos de selección competitiva o comparativa para la asignación de radiofrecuencias»

según corresponda, de la Decisión 1999/468/CE[236], teniendo en cuenta lo dispuesto en el artículo 8 de la misma. Las funciones del Comité del espectro radioeléctrico será dar el visto bueno a las medidas técnicas propuestas por la Comisión en cuanto a la implementación de condiciones armonizadas que permitan el acceso, disponibilidad y uso del espectro radioeléctrico así como el acceso a la información pertinente, la Comisión realizará esta tarea en colaboración con la CEPT (Conférence européenne des administrations des postes et des télécommunications) en estrecha relación con la UIT (Unión Internacional de Telecomunicaciones).

Por otro lado, se prescribe el principio de transparencia también en los procedimientos a seguir por el operador para conseguir derechos de instalación de infraestructuras o recursos que deben ser transparentes y no discriminatorios, sin olvidar que son las disposiciones nacionales las que regulan el régimen de propiedad en este sentido, y, por tanto, la posible expropiación forzosa. Así, en esta Directiva se propone una cuestión que se desarrollará y extenderá como propuesta en las Directivas posteriores, se establece la posibilidad de concluirse acuerdos voluntarios de coubicación física (art. 12 Decisión del espectro) de los recursos e infraestructuras de diferentes operadores en un mismo entorno físico con el fin de compartir ese espacio, por diversas razones: escasez de recursos, motivos medioambientales, de salud pública o vinculados a la ordenación territorial, cuestión que ya se contemplaba en normativa previa respecto al uso de otras infraestructuras diferentes de aquellas que se valen del espectro radioeléctrico como medio de transmisión.

Así mismo, después de esta breve aproximación a la Decisión del espectro radioeléctrico a la que se remite la Directiva Marco, podemos señalar que en esta se transita hacia un nuevo concepto de lo que anteriormente entendíamos como operador con peso significativo en el mercado. En este sentido, en la anterior Directiva 97/33/CE se definía a un *operador con peso significativo* en el mercado como aquel al que se le imponían, en virtud de esta y otras normas, obligaciones respecto a la interconexión de telecomunicaciones e interoperabilidad aplicando lo referente a los principios de oferta de red abierta y la obligatoriedad de garantizar el servicio universal. En cambio, en la Directiva Marco esta figura sigue existiendo (art. 14 Directiva Marco) como operador al que se imponen obligaciones *ex ante* con el fin de regular el mercado hasta que se consiga una plena competencia en el sector, sin embargo, equivaldría en ese momento a lo que denominamos *operador en posición dominante*, en términos empleados por el TJUE, como consecuencia de la necesaria adaptación de la realidad a un nuevo entorno más competitivo que el existente en el año 1997.

---

236 Decisión del Consejo de 28 de junio de 1999 por la que se establecen los procedimientos para el ejercicio de las competencias de ejecución atribuidas a la Comisión. DOCE núm. 184, de 17 de julio de 1999.

Estas empresas se considerarán como tales en virtud del procedimiento del art. 16 Directiva Marco donde se regula un procedimiento de análisis de mercado y se definen en el art. 14.2. Directiva Marco como aquellas que «individual o juntamente con otras, disfruta de una posición equivalente a una posición dominante, esto es, una posición de fuerza económica que permite que su comportamiento sea, en medida apreciable, independiente de los competidores, los clientes, y en última instancia, de los consumidores». El procedimiento de análisis de mercado es muy importante ya que dependiendo de su resultado en cuanto a lo competitivo que sea el mismo, se continuarán aplicando las obligaciones relativas al servicio universal (arts. 16 a 19 Directiva Servicio Universal) y los arts. 7 y 8 de la Directiva de Acceso, o se modificarán sus términos, como bien se ha reivindicado en todos los textos, en consonancia con la evolución tecnológica, social, económica y de mercado (art. 16.3 Directiva Marco).

Como sabemos, estas regulaciones *ex ante* solo caben en un entorno no competitivo y se mantendrán única y exclusivamente sobre este tipo de operadores hasta que se produzca un cambio en ese sentido. Un *entorno no competitivo* se considera, a nivel de los EM, como aquella circunstancia en la que existe uno o más operadores con peso significativo en el mercado y cuando las prescripciones en materia de competencia (nacionales y comunitarias) no basten para paliar la situación, se aplicarán entonces las medidas *ex ante* contenidas en el Nuevo Marco. Así, serán los EM quienes analicen la situación del mercado de manera periódica valiéndose de las directrices dadas a nivel europeo, y, para la asistencia en todo este proceso se crea un comité único a partir de dos comités ya existentes: el creado por la Directiva 90/387/CEE (art. 9), llamado comité ONP, y el llamado comité de licencias del art. 14 Directiva 97/13/CE de 10 de abril de 1997, sobre un marco común en materia de autorizaciones generales y licencias individuales en el ámbito de los servicios de telecomunicaciones.

Se propone igualmente la creación de un Grupo de Entidades Reguladoras Europeas para las Redes y Servicios de Comunicaciones (GRE) que será sustituido en 2009 por el ORECE (Organismo de Reguladores Europeos de las Comunicaciones Electrónicas) regulado por el Reglamento (CE) 1211/2009 del Parlamento Europeo y del Consejo y regido actualmente por el Reglamento (UE) 2018/1971 del Parlamento Europeo y del Consejo de 11 de diciembre de 2018 por el que se establecen el ORECE y la Agencia de Apoyo al ORECE (Oficina del ORECE) por el que se modifica el Reglamento (UE) 2015/2120 por el que se deroga el Reglamento (CE) 1211/2009 mencionado anteriormente. Así, reiteramos que todas las medidas aprobadas en este nuevo marco regulatorio se aplicarán en virtud de lo establecido en la Decisión 1999/468/CE del Consejo de 28 de junio de 1999, por la que se establecen los procedimientos para el ejercicio de las competencias de ejecución atribuidas a la Comisión.

Por otro lado, en esta Directiva Marco se hace referencia, en el Considerando 43, a la posibilidad de derogar el Reglamento (CE) 2887/2000 del Parlamento Europeo y del Consejo de 18 de diciembre de 2000 sobre el acceso desagregado al bucle local que abordamos brevemente en epígrafes anteriores. Ese Reglamento tuvo su sentido en su momento en tanto en cuanto facilitó una de las modalidades de acceso indirecto a la red por los nuevos competidores en el mercado, impulsando la competencia en materia de servicios, previa a la competencia en redes o infraestructuras que, en este momento histórico comenzaba a verse como siguiente paso en el proceso de liberalización, de ahí que se proponga su derogación en un contexto de competencia más consolidada.

En conclusión, el objetivo de esta directiva es triple: 1) establecer un régimen jurídico que permita la armonización de las condiciones de despliegue (mediante la normalización de normas técnicas que publicará la Comisión[237], se insta a su aplicación y en caso de no llevarse a cabo, la Comisión podrá imponer su aplicación, arts. 17.3, 4 y 22.3[238] Directiva Marco), de los servicios de comunicaciones electrónicas[239], redes de comunicaciones electrónicas[240] y servicios asociados[241]; 2) concretar las funciones de las ANR y, 3) Establecimiento de procedimientos para garantizar la aplicación de esta regulación[242].

237 Mientras no se publiquen dichas normas, los EM fomentarán la aplicación de las especificaciones establecidas los organismos europeos de normalización, y en ausencia de estas, aplicarán las aprobadas por organismos internacionales como la Comisión Electrotécnica Internacional (CEI), la Organización Internacional de Normalización (ISO) o la Unión Internacional de Telecomunicaciones (UIT) (Art. 17 Directiva Marco).

238 Se aplicarán los artículos 3 y 7 Decisión 1999/468/CE de 28 de junio de 1999 por la que se establecen los procedimientos para el ejercicio de las competencias de ejecución atribuidas a la Comisión.

239 Art. 2.c) Directiva Marco, «el prestado a cambio de una remuneración que consiste en su totalidad o principalmente, en el transporte de señales a través de redes de comunicaciones electrónicas, con inclusión de los servicios de telecomunicaciones y servicios de transmisión en las redes utilizadas para la radiodifusión», pero no de los servicios que suministren el contenido que se transmite a través de las redes de comunicaciones electrónicas. Se excluyen los servicios de la sociedad de la información definidos como tales Enel art. 1 Directiva 98/34/CE que no se correspondan, parcial o totalmente, con «el transporte de señales a través de redes de comunicaciones electrónicas».

240 Art. 2.a) Directiva Marco, «los sistemas de transmisión y cuando proceda los equipos de conmutación o encaminamiento y demás recursos que permitan el transporte de señales mediante cables, ondas hertzianas, medios ópticos u otros medios electromagnéticos, con inclusión de las redes de satélites, redes terrestres fijas (de conmutación de circuitos y de paquetes, incluido Internet) y móviles, sistemas de tendido eléctrico, en la medida en que se utilicen para la transmisión de señales, redes utilizadas para la radiodifusión sonora y televisiva y redes de televisión por cable, con independencia del tipo de información transportada».

241 Art. 2. e) Directiva Marco, Los servicios que permiten o apoyan de algún modo el suministro del servicio de comunicaciones electrónicas, por ejemplo, guías electrónicas de programas.

242 Tanto la Directiva Marco como las especificas se entenderán sin perjuicio de establecido en la Directiva 1999/5/CE sobre equipos radioeléctricos y equipos terminales de telecomunicaciones y reconocimiento mutuo.

Así, las funciones y los principios fundamentales de actuación de las ANR aparecen en el artículo 8, de los cuales nos interesa destacar lo establecido en el apartado cuarto de este precepto y es que estas autoridades «promoverán los intereses de los ciudadanos de la Unión Europea, entre otras cosas: a) velando por que todos los ciudadanos dispongan de un *acceso a un servicio universal* especificado en la Directiva 2002/22/CE, de servicio universal» y «e) respondiendo a las necesidades de *grupos sociales específicos,* en particular de los usuarios con discapacidades». Es decir, las ANR serán garantes del cumplimiento de las obligaciones de servicio público pertinentes, aplicando las medidas que considere oportunas a los operadores implicados[243]. En este sentido, en los casos en los que la medida incida directamente en el ámbito del artículo 16 de la Directiva de Servicio Universal relativo a la revisión de las obligaciones impuestas a los operadores con un poder significativo de mercado, la ANR deberá poner a disposición de la Comisión y del resto de las ANR el proyecto que se pretende llevar a cabo, con el fin de que estas presenten las observaciones que consideren oportunas (en aras de una cada vez mayor consolidación del mercado interior de comunicaciones electrónicas, ex art. 7 Directiva Marco).

Dicho esto, procedemos a analizar, de una manera más o menos exhaustiva, en función del contenido de cada una, las cuatro directivas específicas de este Nuevo Marco, que se desarrollan en base al art. 95 TCCE (Aproximación de legislaciones), estas son:

- *Directiva de autorización*: Directiva 2002/20/CE de 7 de marzo relativa a la autorización de redes y servicios de comunicaciones electrónicas.
- *Directiva de servicio universal*: Directiva 2002/22/CE de 7 de marzo, relativa al servicio universal y los derechos de los usuarios en relación con las redes y los servicios de comunicaciones electrónicas.
- *Directiva de acceso*: Directiva 2002/19/CE de 7 de marzo de 2002, relativa al acceso a las redes de comunicaciones electrónicas y recursos asociados, y a su interconexión.
- *Directiva sobre la privacidad y las comunicaciones electrónicas:* Directiva 2002/58/CE de 12 de julio de 2002, relativa al tratamiento de datos personales y a la protección de la intimidad en el sector de las comunicaciones electrónicas.

---

243 Cabe señalar que los operadores de la red de telefonía pública fija que hubieran sido categorizados como de peso significativo en el mercado, cumpliendo con lo previsto en el Anexo 1, parte 1 de la Directiva 97/33/CE o en la Directiva 98/10/CE se seguirán considerando como operadores notificados, con las obligaciones que corresponda, y a efectos del Reglamento del Bucle hasta que haya finalizado el procedimiento de evaluación del art. 16 Directiva Marco, en cuanto a su posición en el mercado.

B) Directiva de autorización: Directiva 2002/20/CE de 7 de marzo relativa a la autorización de redes y servicios de comunicaciones electrónicas

Su objetivo fundamental es incidir aún más en la creación de un marco jurídico que ampare e impulse la libertad de suministro de redes y servicios en todos los EM, a través de la simplificación y armonización de las condiciones de autorización (procedimientos transparentes, no discriminatorios, proporcionados y objetivos) para el suministro de redes y servicios de comunicaciones electrónicas. Se estipula que, en aras de esa simplificación y facilidad de las condiciones de prestación del servicio, se debe aplicar el procedimiento menos gravoso de autorización de suministro de redes y servicios con el fin de no suponer un obstáculo al desarrollo de la libre competencia, de nuevos servicios y de la innovación. Por tanto, se prevé la autorización general[244] como el mejor medio para llevar a cabo este cometido (sin perjuicio de las obligaciones del art. 6.2 y de lo relativo a los derechos de uso del art. 5) sin necesidad de una decisión o acto administrativo previo y explícito que autorice el suministro de redes y servicios en un EM. Estas autorizaciones generales detallaran una serie de derechos y obligaciones de las empresas que la obtienen, entre esos derechos se incluye el derecho de negociación de la interconexión[245] según lo dispuesto en la Directiva de Acceso (art. 3.2)[246].

De esta manera, la empresa podrá comenzar su actividad una vez haya notificado esta voluntad adjuntando la documentación e información necesaria para que la ANR proceda a su registro y eventual control posterior del cumplimiento de los requisitos establecidos (art. 3.3 en relación con el art. 10 relativo al seguimiento del cumplimiento de dichos requisitos, las ANR podrán imponer sanciones económicas). Así mismo, las autorizaciones generales de suministro de redes o servicios de comunicaciones electrónicas y los derechos de uso de radiofrecuencias se someterán a las condiciones establecidas en el Anexo, parte a, b, y c. Por otro lado, se aplicarán tasas adminis-

---

244 Art. 2.2.a) toda disposición de los EM que otorgue derechos para el suministro de redes y servicios de comunicaciones electrónicas que establezca obligaciones específicas al sector que podrán aplicarse a todos o a determinados tipos de redes y servicios de comunicaciones electrónicas, de conformidad con la presente Directiva.

245 Es importante volver a destacar que las empresas que suministren el servicio no directamente al público podrán negociar las condiciones de interconexión con arreglo a condiciones comerciales (no se les impondrá ninguna de las obligaciones que venimos mencionando en términos de tarifas) y en general las condiciones impuestas a estas empresas serán menos estrictas Cdo. 10 y 16.

246 Art. 4 lista de derechos que implica la concesión de la autorización: derecho de negociar la interconexión, derecho de suministrar redes y servicios de comunicaciones electrónicas, derecho a ser designadas como prestadoras de diferentes elementos del servicio universal y derecho a que se considere la solicitud de derechos pertinentes para la instalación de recursos (art. 11 Directiva Marco).

trativas para cubrir los gastos derivados de la gestión y control del régimen de autorizaciones generales (art. 12) así como cánones por derechos de uso de radiofrecuencias o por instalación de recursos en propiedad pública o privada (art. 14) siendo toda la información publicada (art. 15) fundamentalmente la relativa al acceso, derechos, obligaciones, procedimientos, tasas etc. derivados de todo el proceso de autorización.

Igualmente, es importante subrayar que los derechos y obligaciones aparejados a la autorización general serán independientes de aquellos impuestos como consecuencia del peso significativo en el mercado del proveedor (en virtud de la Directiva Marco) y se impondrán de manera separada y paralela no afectando a la autorización y a sus términos. Lo mismo ocurre con las obligaciones establecidas en los arts. 5.1, 5.2, 6 y 8 de la Directiva de Acceso y con las obligaciones de servicio universal (art. 6.2), ya que se trata de obligaciones diferentes con motivaciones distintas.

Finalmente, el acceso a radiofrecuencias no estará sujeto, con carácter general, a derechos individuales de uso, si no que su disposición formará parte de la autorización general (art. 5). No obstante, cuando la demanda de las mismas en un intervalo concreto supere las disponibles, se deben aplicar, procedimientos para la asignación de frecuencias transparentes, no discriminatorios y objetivos conforme a los establecido en el art. 7, en consonancia, y reiterando así, los preceptos incluidos en la Decisión del espectro.

C) Directiva de servicio universal: Directiva 2002/22/CE de 7 de marzo, relativa al servicio universal y los derechos de los usuarios en relación con las redes y los servicios de comunicaciones electrónicas

La Directiva de Servicio Universal tiene como objetivo establecer los derechos de los usuarios finales y concretar las obligaciones que las empresas tienen respecto a la provisión de redes y servicios de comunicaciones electrónicas disponibles al público. Esta norma acoge de manera separada una de las herramientas fundamentales de las que hemos dispuesto durante un largo periodo de tiempo, tras la liberalización del servicio, para garantizar el acceso y la provisión de una determinada cuota de servicios a toda la ciudadanía de manera universal. De esta manera, con ese objetivo final de garantizar la prestación del servicio universal en un entorno liberalizado y competitivo, se define el conjunto mínimo de servicios que forman parte del servicio universal, teniendo presente, como ya hemos reiterado, las condiciones nacionales en la fijación de una calidad mínima y un precio asequible. Igualmente, la Directiva de Servicio Universal también determina obligaciones en cuanto a la prestación mínima de otros servicios, como el suministro al público de líneas arrendadas (art. 1.2).

La liberalización del sector de las telecomunicaciones y la incorporación, por tanto, de la competencia y la libre elección de servicios de comunicaciones conllevó al desarrollo del servicio universal, como un tipo de obligación de servicio público a aplicar a las empresas suministradoras de redes y servicios de comunicaciones electrónicas[247]. La base de la aplicación de estas obligaciones se encuentra, entre otros, en el art. 153 TCCE[248] en cuanto a la protección de los consumidores y usuarios. La regulación en materia de redes y servicios de comunicaciones electrónicas por la UE y por los EM nace, además, de compromisos en el marco de la OMC. Así, todo miembro de la OMC puede definir las obligaciones de servicio universal como considere y las medidas aplicadas no se considerarán a priori anticompetitivas mientras se administren de forma transparente y no discriminatoria, respetando el principio de neutralidad tecnológica y de proporcionalidad en cuanto a la gradación de la medida.

También se incide en que la compensación del coste de la prestación del servicio universal que se articule a través de diferentes mecanismos no debería distorsionar la competencia en tanto en cuanto dicha compensación se limite a cubrir los costes netos concretos en los que se incurra. No obstante, en cuanto a las obligaciones de prestación que deben imponerse, algunas se referirán a todos los operadores que ofrezcan servicios telefónicos al público desde un punto fijo y otras se impondrán a aquellas que tengan un peso significativo en el mercado o que hayan sido designadas como prestador del servicio universal.

De esta manera el Capítulo II de la Directiva de Servicio Universal se encarga de detallar cuál es el contenido de dicho conjunto mínimo de servicios garantizado por las autoridades en todo el territorio a toda la ciudadanía, con una calidad específica y a un precio asequible, en función de las carac-

247 Laguna de Paz, J.C.: «El servicio universal», en De la Quadra-Salcedo Fernández del Castillo, T.: *Derecho de la regulación económica. IV. Telecomunicaciones*, Madrid, Iustel, 2009, pp. 415-429.

248 Título XIV. Protección de los consumidores. Artículo 153. 1. «Para promover los intereses de los consumidores y garantizarles un alto nivel de protección, la Comunidad contribuirá a proteger la salud, la seguridad y los intereses económicos de los consumidores, así como a promover su derecho a la información, a la educación y a organizarse para salvaguardar sus intereses. 2. Al definirse y ejecutarse otras políticas y acciones comunitarias se tendrán en cuenta las exigencias de la protección de los consumidores. 3. La Comunidad contribuirá a que se alcancen los objetivos a que se refiere el apartado 1 mediante: a) medidas que adopte en virtud del artículo 95 en el marco de la realización del mercado interior; b) medidas que apoyen, complementen y supervisen la política llevada a cabo por los Estados miembros. 4. El Consejo, con arreglo al procedimiento previsto en el artículo 251 y previa consulta al Comité Económico y Social, adoptará las medidas mencionadas en la letra b) del apartado 3. 5. Las medidas que se adopten en virtud del apartado 4 no obstarán para que cada uno de los Estados miembros mantenga y adopte medidas de mayor protección. Dichas medidas deberán ser compatibles con el presente Tratado. Se notificarán a la Comisión».

terísticas nacionales de cada EM, quien decidirá los mecanismos de implementación más adecuados y la organización particular del servicio universal y velará porque así sea (art. 3). Cuando hablamos de toda la ciudadanía y en todo el territorio nos referimos muy especialmente a la población que habita las zonas rurales de los diferentes EM, colectivo que por excelencia se ha beneficiado de estos preceptos[249] y para lo cual los EM están facultados para llevar a cabo medidas en el ámbito del servicio universal, junto a otros grupos también desfavorecidos en cuanto a acceso a los servicios de comunicaciones, como personas mayores, personas con necesidades sociales especiales, rentas bajas o colectivos con capacidades diferentes a las que se debe garantizar el servicio y además, la adaptación del mismo a su realidad (art. 9.3 y 9.4)[250].

Dentro de ese conjunto de medidas que forman parte del servicio universal, nos encontramos con la garantía de suministro de acceso desde una ubicación fija, que se manifiesta como la exigencia básica y troncal del servicio universal. Aparece reflejada en el art. 4, el cual establece que los EM garantizarán que se satisfacen todas las solicitudes de acceso «razonables»[251] desde

249 Es precisamente el hecho de dar acceso a estos colectivos una de las motivaciones del servicio universal en el ámbito de las comunicaciones electrónicas, ya que se considera este como un servicio esencial para su participación en la sociedad. Así se refleja particularmente en la Comunicación relativa a la revisión del alcance del servicio universal de conformidad con la Directiva 2002/22/CE, COM(2005) de 24 de mayo de 2005 señalando que: «En el área de las comunicaciones electrónicas, la principal herramienta política para establecer una sociedad del conocimiento no excluyente es la creación de mercados competitivos, junto con la red de seguridad del servicio universal para aquellos cuyos recursos económicos o situación geográfica no les permita acceder a los servicios básicos que ya están disponibles y son utilizados por la gran mayoría de los ciudadanos y que son considerados esenciales para la participación en la sociedad».

250 Serán los Estados miembros quienes determinen cómo organizar la provisión de los servicios que engloban el servicio universal recogido en este Capítulo II, siempre respetando los principios ya invocados de proporcionalidad, objetividad, no discriminación y transparencia, distorsionando el mercado lo mínimo posible «en particular cuando la prestación de servicios se realice a precios o en condiciones divergentes de las prácticas comerciales normales, salvaguardando al mismo tiempo el interés público» (art. 3.2 y Cdo. 7 Directiva Servicio Universal).

251 Se refiere a que la existencia de una justificación o motivación objetiva que imposibilite el cumplimiento de la provisión de ese elemento del servicio universal (el acceso a la red desde una ubicación fija) puede dar lugar a que en determinados casos existan solicitudes que no pueden atenderse por el operador, sin llevar aparejado alguna consecuencia, siempre que así se considere por las entidades reguladoras. En este sentido se pronuncia la CMT en la Resolución de 23 de septiembre de 1999: «Es precisamente el carácter básico y elemental de las prestaciones que integran la esfera del servicio universal lo que permite concluir una vez más que, en principio, el cumplimiento de las obligaciones impuestas en la materia por la legislación sectorial de aplicación es preceptivo y no susceptible de condicionamiento alguno. Sin perjuicio de ello, la existencia de una justificación objetiva quebraría, lógicamente (de ahí el matiz »en principio» del párrafo precedente), la aseveración general en cuanto al cumplimiento preceptivo e incondicionado de las obligaciones

un punto fijo a la red telefónica pública y a los servicios telefónicos puestos a disposición del público prestados al menos por una empresa. Esta conexión a la red y a los servicios consecuentes debe permitir a los usuarios finales, en cumplimiento del apartado segundo de este precepto «efectuar y recibir llamadas telefónicas locales, nacionales e internacionales, comunicaciones por fax y transmisiones de datos a velocidades suficientes para acceder de *forma funcional a Internet*, teniendo en cuenta las tecnologías dominantes utilizadas por la mayoría de los abonados y la viabilidad tecnológica» (art. 4) bajo el principio de neutralidad tecnológica[252]. El denominado acceso funcional a internet se refiere al acceso a Internet a través de una conexión fija de banda estrecha mediante la red telefónica cuya velocidad de acceso depende de diferentes factores, como el equipo terminal del abonado, la calidad de la línea, o el número de abonados que soliciten conexión en una misma zona[253]. Por ello, como consecuencia de esa multiplicidad de condicionantes presentes en cada entorno, EM o situación de red especifica, señala la Directiva del Servicio Universal, no se puede imponer una velocidad mínima, si bien es cierto que la velocidad media de transmisión de datos que suelen ofrecer los módems en ese momento es de al menos 56 kbit/s, aunque podría ser inferior en función de los factores mencionados.

No obstante se establece como declaración de intenciones en el Considerando 8 una elevación de esos requerimientos, ciertamente genéricos y no concretados en el articulado de la Directiva de Servicio Universal, pero no por ello menos importantes, en los que insta a los EM a que, en aquellos supuestos

de referencia. Así, cuando la solicitud formulada por el usuario carezca de la necesaria y suficiente razonabilidad». No obstante, en el sentido contrario existen algunas resoluciones de la CMT por las cuales se obliga al operador a atender determinadas solicitudes que en un momento inicial fueron rechazadas por este argumentando esa no razonabilidad: Resoluciones de 15 de junio de 2000, 30 de septiembre y 2 de diciembre de 1999. Finalmente, se concretarán una serie de criterios para definir la razonabilidad o no de una solicitud y por tanto, su aceptación, en el art. 29.2 Real Decreto 424/2005 de 15 de abril (Reglamento sobre las condiciones para la prestación de servicios de comunicaciones electrónicas, el servicio universal y la protección de los usuarios, que se basan fundamentalmente en la condición de residencia habitual del solicitante y en la situación del inmueble (suelo urbano o no urbanizable bajo condiciones específicas). Igualmente, en ese artículo (art. 29.5, remitiendo al anexo I, Real Decreto 1773/1994, de 5 de agosto), se estipula que la negativa a proveer el acceso deberá ponerse en conocimiento del director general de Telecomunicaciones y Tecnologías de la Información, denominado como tal en ese momento. A este respecto igualmente *Vid*. SAN de 2 de febrero de 2006 sobre la negativa del operador a atender solicitudes de acceso.

252 Kliemann, A., Stehmann, O.: «EU State Aid Control in the Broadband Sector-The 2013 Broadband Guidelines and Recent Case Practice», *European State Aid Law Quaterly*, núm. 3, Vol. 12, 2013, p. 512.

253 Sindic de Greuges de Catalunya: *Internet de banda ancha como servicio universal: el derecho a la igualdad digital*, Informe 2013, pp. 15 y ss. realiza un análisis desde el punto de vista de la demanda existente en el mercado en ese momento, respecto a si es suficiente la banda ancha básica para un acceso funcional a Internet.

en los que la conexión a la red telefónica pública fija sea insuficiente para acceder funcionalmente a Internet, lleven a cabo medidas para mejorar la calidad de la conexión «hasta un nivel similar al disfrutado por la mayoría de los abonados, a fin de que su velocidad de transmisión sea suficiente para acceder a Internet». Esta prestación, como hemos dicho, formaría parte del servicio universal por tanto el coste neto de la misma sería incluido de igual manera en el mecanismo de financiación del servicio universal correspondiente.

Además, esta línea capaz de soportar el simple acceso funcional a Internet debe proporcionarse a todos los usuarios que lo soliciten con una calidad determinada y a un precio asequible, limitándose a una única línea que se correspondería con una conexión de banda estrecha en la residencia principal del usuario, exclusivamente y por tanto, excluyendo a la Red Digital de Servicios Integrados (RDSI), que puede proporcionar más de una conexión que podría utilizarse simultáneamente, lo que está excluido del servicio universal.

Así mismo, hablamos de que las prestaciones incluidas en el servicio universal deben producirse a un precio asequible para el usuario. En el contexto del Nuevo Marco se define éste en el Considerando 10 de la Directiva de Servicios, como «un precio que los Estados miembros definen a nivel nacional teniendo en cuenta las circunstancias específicas, para lo cual pueden recurrir al establecimiento de tarifas comunes e independientes de la ubicación o de tarifas especiales dirigidas a cubrir las necesidades de los usuarios con rentas bajas». Así, las tarifas se modularían en función de las circunstancias sociales y/o geográficas de los usuarios y serán supervisadas por las ANR (art. 9) en cuanto al coste de los servicios incluidos en el servicio universal, teniendo presente los niveles nacionales de renta y precios al consumo, esto implica que en muchos casos dicha asequibilidad será incompatible con las practicas normales comerciales que, si no existiera dicha obligación, determinarían una imposición de tarifas más elevadas (art. 9.2), de ahí la importancia de la intervención pública para garantizar el acceso a estas prestaciones esenciales[254] (vinculado a precio asequible, asequibilidad...).

En cuanto al requisito de calidad del servicio universal, las empresas a las que se hayan impuesto obligaciones de servicio universal deberán cumplir con los parámetros de calidad estipulados en el Anexo III Directiva, donde se establecen también definiciones y metodología de medición de dicha calidad. En virtud de esas disposiciones las empresas deberán, atendiendo al

254 Se produce un cierto desplazamiento de los principios de rentabilidad y orientación a costes en pro del principio de asequibilidad, ya que de nada sirve garantizar el acceso »físico» a la red, si no se garantiza igualmente el »acceso económico». Las Directivas, como decimos, no concretan los términos de dicha asequibilidad, los dejan a consideración de los Estados miembros y de sus características particulares. *Vid.* CARLÓN RUIZ, M.: *El servicio universal... op. cit.*, pp. 189-190.

artículo 11 y 22 Directiva, publicar toda la información referente al cumplimiento de los parámetros señalados[255].

En este sentido, las ANR podrán fijar objetivos concretos de calidad del servicio (en relación con lo exigido en el art. 4, en particular en su segundo apartado) para medir su grado de cumplimiento respecto a lo allí pautado. Las ANR realizarán un control y seguimiento del cumplimiento de los objetivos de rendimiento de las empresas designadas (solicitando auditorías independientes, por ejemplo) y si estas no cumplieran con los mismos de forma continua y reiterada se podrían adoptar medidas en virtud de la Directiva de autorización (art. 11.5 y 6 Directiva servicio universal). Además del suministro de acceso a una red fija, existen otros componentes del servicio universal como los servicios de información sobre números de abonados y guías (art. 5), el establecimiento de teléfonos públicos de pago (art. 6), determinadas medidas facilitadoras para los usuarios con discapacidad (art. 7).

Por su parte, la designación de las empresas encargadas del servicio universal de comunicaciones electrónicas se llevará a cabo por los EM de tal modo que todo el territorio quede cubierto sin distinción alguna. En general, los EM supervisarán que la oferta de servicios adicionales que pueda desarrollar la empresa suministradora del servicio al público no se incluya como parte de un paquete íntegro en el que se incluye el servicio universal, obligando así a contratar ambos al usuario (art. 10)[256].

---

255 De esta manera, vemos como la garantía de la calidad del servicio universal se fija con un doble objetivo: por un lado, se establecen una serie parámetros que medirán el rendimiento y que serán evaluados y por otro, se impone el principio de transparencia a los operadores designados por el cual deberán información «completa, comparable y de fácil consulta» respecto del «rendimiento en el suministro del servicio universal». Sorprende en este punto, no obstante, que no se desarrolle nada concreto en cuanto a los requerimientos de calidad y a la vigilancia y seguimiento de esta, en la normativa interna, en concreto en la LGT2003, ya que, en palabras de Carlón Ruiz, M.: *El servicio universal... op. cit.*, pp. 222-223: «quede silenciado por la LGT2003, salvo por lo que se refiere a la tipificación, como infracción muy grave, del «incumplimiento reiterado de la obligación de mantener los niveles de calidad establecidos para la prestación de los servicios». Previsión que no es, en absoluto, especifica -sin embargo— del servicio universal sin perjuicio de un desarrollo reglamentario posterior respecto a los requisitos de calidad del servicio telefónico fijo disponible al público, aunque muy genérico, plasmado en el Reglamento de 2005, en los arts. 110.1 y 34. Algunas de estas consideraciones, igualmente, se detallan en la ORDEN ITC/912/2006 por la que se regulan las condiciones relativas a la calidad de servicio en la prestación de los servicios de telecomunicaciones, en particular en el art. 13 (Disposición Transitoria Segunda el Real Decreto 424/2005 de 15 de abril (Reglamento sobre las condiciones para la prestación de servicios de comunicaciones electrónicas, el servicio universal y la protección de los usuarios).

256 En línea con esto, se afirma que precisamente dentro del servicio universal no se pueden incluir otros servicios adicionales no reconocidos como elemento del servicio universal, los cuales, si así lo desea el usuario, y así lo dispone el operador, serán contratados en otro paquete diferente. A este respecto se pronuncia la STS 667/2000 de 2 de febrero señalando que «se trata, por tanto, de garantizar el acceso, lo que conlleva la posibilidad de utilizar o estar en condiciones de utilizar el resto de los servicios disponibles al público

En relación con la financiación del servicio universal, se articulará un sistema específico de financiación del servicio universal que solo se activará cuando se acredite que el cumplimiento de dichas obligaciones solo puede llevarse a cabo asumiendo pérdidas o un coste neto no asumible en las prácticas comerciales normales, es decir, cuando las ANR consideren que asumir la prestación del servicio universal supone, literalmente, «una carga injusta» para las empresas (art. 12). En ese momento se calculará el coste neto de dichas prestaciones (procedimiento reflejado en la Parte A, Anexo IV) teniendo presente los beneficios intangibles (art. 12.1.a) ya mencionados cuando se dieron las primeras pinceladas sobre este sistema de financiación en el anterior paquete regulatorio, y sin olvidar el principio general de orientación a costes que debe imperar en la imposición de tarifas. De esta manera, el coste neto del servicio universal y su sistema de financiación no puede distorsionar la competencia ni contravenir lo estipulado en los art. 87 y 88 del TCCE en cuanto a las ayudas de Estado, de lo cual nos ocuparemos más adelante.

Así, en este momento el mecanismo de financiación elegido (art. 13) puede ser de dos tipos según la Directiva: o bien se financia con cargos a fondos públicos directamente o se recupera el coste neto asumido por el operador de manera «injusta» a través de aportaciones o exacciones a las empresas suministradoras de redes y servicios de comunicaciones electrónicas, quienes en su conjunto contribuirían a un fondo común de financiación del servicio universal, bajo criterios objetivos de proporcionalidad y no discriminación en el reparto de las responsabilidades a asumir por cada una de las empresas. Cuando se opte por este sistema, el mecanismo estará administrado y supervisado por la ANR o bien por una autoridad independiente de los proveedores del servicio (ver arts. 3-10 y Anexo IV, parte A donde se concreta el sistema de cálculo del coste neto y el mecanismo de compensación). Como veremos posteriormente, la elección de uno u otro mecanismo va a determinar la mayor o menor amplitud que podremos darle al contenido del servicio universal, y la prueba de ello es que en nuestro país elegimos el mecanismo de financiación vinculado a aportaciones del mercado que pronto deviene insuficiente, y el ensanche de determinados servicios de comunicaciones electrónicas que no forman parte del servicio universal, se financiará directamente con fondos públicos, en muchas ocasiones, considerados ayudas de Estado y sometidos a su régimen jurídico.

Las cuotas individuales que asumir por cada empresa no podrán imponerse a empresas no prestadoras del servicio en el territorio del EM que haya diseñado dicho mecanismo de reparto (art. 13.4), es decir, solo se impondrá

a través de la red, sin que ello signifique que estos servicios disponibles se incluyan en el servicio universal, ya que su prestación, si así lo desea el usuario, se llevará a cabo por el prestador del servicio de que se trate, previo acuerdo de interconexión con el titular de la red».

a las empresas que presten servicios de comunicaciones electrónicas en el EM responsable de dicho mecanismo. Y, como es lógico, todo el mecanismo y sistema de reparto de costes del servicio universal debe publicarse y ser accesible al público de tal manera que se deberá publicar un informe anual en el que se detalle el coste neto del servicio universal y las aportaciones realizadas por cada empresa.

Así, como bien decíamos, el cálculo del coste neto de prestación del servicio universal y el mecanismo de compensación a aplicar aparece detallado en el Anexo IV, parte A, donde se determina que el coste neto será la diferencia entre el coste neto que supondría para un operador prestar servicios (incluyendo el servicio universal) y el coste relativo a operar sin asumir el asumir el servicio universal teniendo en cuenta los beneficios materiales o intangibles resultantes de la prestación del servicio universal.

Así, la prestación del servicio universal se continúa desglosando en dos elementos fundamentales, en los mismos términos que se preveía en la Directiva 97/33/CE, ya mencionados. Podemos recordar en este punto que se trata por un lado de los elementos que solo podrían prestarse con pérdidas o en condiciones diferentes a las prácticas comerciales normales (teléfonos público de pago, acceso a servicios de urgencia...), y por otro, los servicios prestados a usuarios finales concretos que «teniendo en cuenta el coste del suministro de red y del servicio especificados, los ingresos generados y la eventual fijación de precios mediante promedio geográfico que imponga el EM, solo pueden atenderse con pérdidas o en condiciones de costes no conformes a las prácticas comerciales normales». Es decir, esta última vertiente del servicio es la que justifica, reiteramos, la prestación en zonas rurales no rentables, y el imperativo que supone la consolidación del servicio universal en las mismas[257].

En todo caso, la prestación del servicio universal debe cumplir con el principio de neutralidad tecnológica y no debe derivar en una carga financiera injusta para los operadores, ni para los usuarios finales, especialmente para aquellos que son más vulnerables. Precisamente para evitar estas dos últimas situaciones se prevé el mecanismo de compensación vinculado a costes netos injustificados y el control de tarifas para garantizar la asequibilidad del servicio, respectivamente. En cuanto a la selección de la empresa que prestará el servicio universal se estará a lo dispuesto en el art. 8 de esta Directiva, sin perjuicio de otras obligaciones impuestas a otras empresas con poder significativo de mercado (art. 17), que pueden ser la misma entidad o no, que se imponen en un ejercicio de regulación asimétrica en pro de la competencia para nivelar las oportunidades de los nuevos entrantes con las que

257 La parte b del Anexo IV Directiva Servicio Universal se encarga de detallar cuestiones sobre el mecanismo de compensación que debe ser transparente, no discriminatorio, proporcional e imponer un reparto de forma equitativa y objetiva.

pudieran tener los operadores ya establecidos, hasta que se consolide una verdadera libre competencia.

Por otro lado, con el fin de evitar situaciones que podrían contravenir la prohibición de abuso de posición dominante (art. 86 TCCE) las ANR podrán imponer tarifas determinadas al público sobre una empresa con un peso significativo en el mercado con el objetivo de fomentar una competencia efectiva y garantizar la defensa del interés público, a través de limitación de precios, equiparación geográfica u otros mecanismos similares (art. 9.3). Se debe fomentar que los precios que imponga una empresa con peso significativo en el mercado se ajusten a los costes, por motivos de eficacia, de fomento de la competitividad y por razones de índole social, con el fin de que todos los usuarios en sus diferentes circunstancias puedan permitirse el coste de los servicios básicos, del servicio universal. Por ello se prevén esas medidas de intervención sobre las tarifas en los casos concretos que hemos determinado, con el fin de evitar abusos por parte de empresas con significativo poder de mercado.

Así mismo, se continuará aplicando lo referente al conjunto mínimo de líneas arrendadas (estipulado en la Directiva 92/44/CE) hasta que el procedimiento de evaluación del mercado realizado por las ANR previsto en la Directiva Marco, determine que existe un mercado lo suficientemente competitivo como para prescindir de dichas obligaciones de prestación de líneas (art. 18 y Anexo VII sobre «condiciones para el conjunto mínimo de líneas arrendadas»: principio de no discriminación, tarificación en función de costes y transparencia), las cuales, recordamos, debían prestarse sin la aplicación de mecanismo de compensación alguno, a diferencia de lo establecido para el servicio universal.

Igualmente, solo hay que señalar que hay ciertos servicios exentos del servicio universal. De tal manera que los servicios ofrecidos por paquetes de radiodifusión sonora o televisiva no se encuentran regulados por el marco general regulatorio de los servicios y redes de comunicaciones electrónicas y, por tanto, los prestadores de esos servicios no están sometidos a obligaciones de servicio universal.

En otro orden de cosas, es muy importante destacar la diferenciación que se hace respecto a las obligaciones vinculadas al servicio universal y a su sistema de financiación y a aquellas otras medidas especiales que los EM decidan imponer a algunos operadores en ejercicio de su soberanía, para reforzar las prestaciones en cuanto a comunicaciones electrónicas ofrecidas a sus ciudadanos.

Pues bien, la Directiva de Servicio Universal establece claramente que estas últimas, en ningún caso podrán financiarse con cargo al sistema de financiación del servicio universal o a algún sistema equivalente que suponga imposición de cuotas a los agentes del mercado (Cdo. 25 y art. 3, donde denomina a estas prestaciones especiales «servicios obligatorios adicionales»). Así, se abre una posibilidad de reforzar dichas prestaciones cuando se considere, como el desarrollo posterior podrá corroborarnos, insuficientes en determinadas áreas debido al avance tecnológico y económico de nuestras sociedades, con cargo a fondos públicos.

En esa línea, cuando se pretendan aprobar obligaciones, digamos, suplementarias al servicio universal, señala el Considerando 46, estas deben cumplir con el principio de rentabilidad y siendo ajenas a ese sistema de financiación pueden corresponderse con medidas, y así lo ejemplifica, tales como «facilitar el desarrollo de infraestructuras o de servicios en los casos en que el mercado no dé una respuesta satisfactoria a las necesidades de los usuarios finales o consumidores de conformidad con el derecho comunitario».

Amparándose en estos preceptos, se establecen numerosos objetivos programáticos en textos que comienzan a desarrollarse a partir de ese momento, relacionados con el cumplimiento de objetivos en cuanto a la digitalización y conectividad de las sociedades europeas. Metas que van más allá y exceden con mucho las costuras del servicio universal, y cuyos mecanismos de financiación tendrán mucho más que ver con ciertas obligaciones complementarias como las aquí reflejadas, que no tendrán mucho éxito en el contexto del servicio universal y transitarán hacia consideraciones de financiación directa con cargo a fondos públicos[258]. Uno de los primeros ejemplos de esta tendencia es la iniciativa *eEurope* de la Comisión y el Consejo Europeo de 23 y 24 de marzo 2000 que instaba a los EM a instalar en todos los centros educativos acceso a Internet y a recursos multimedia, lo que, indudablemente se realiza con cargo a fondos públicos y no puede derivarse hacia un mecanismo de financiación que se nutra de los agentes del mercado[259].

Salvando las distancias, aquí se abre en cierto modo, en nuestra opinión, una vía al menos conceptual hacia las ayudas públicas directas a la extensión de redes y/o servicios de conectividad. Si bien es cierto que con una configuración y un planteamiento de base completamente diferente, ya que en

258 González-Varas Ibáñez, S.: *Los mercados de interés... op. cit.*, pp. 589 y ss.

259 Gómez-Barroso, J. L., Feijoo, C.: «Directrices comunitarias para el empleo de ayudas estatales en el despliegue de redes de banda ancha-una novedad conceptual», *Revista de Derecho Comunitario Europeo*, núm. 36, 2010, p. 447. Se habla por vez primera de inversión en banda ancha, fundamentalmente procedente del sector privado, pero no descartando la necesidad de que (en aquel momento así se consideraba) fuera necesaria la intervención pública con recursos financieros en el mercado de las telecomunicaciones. Posteriormente, el programa *eEurope* que sucede al inicio en el año 2005 propone actuaciones públicas concretas, del siguiente modo «los Estados miembros en cooperación con la Comisión, deben respaldar cuando resulte necesario la implantación de la banda ancha en las zonas menos favorecidas utilizando, si es posible, los fondos estructurales y/o incentivos financieros (a reserva de las normas sobre la competencia)», Comision de las Comunidades Europeas. *eEurope 2005: Una sociedad de la información para todos. Plan de Acción que se presentará con vistas al Consejo Europeo de Sevilla, 21 y 22 de junio de 2002*, (COM) 263 final de 28 de mayo de 2005.

el supuesto de servicios obligatorios adicionales se impondría la prestación de un servicio reforzado, por ejemplo, de un acceso a Internet más allá de lo funcional, a un operador en concreto vía obligación de servicio público (las que posteriormente denominaremos, ayudas de Estado por compensación de servicio público); mientras que con la ayuda pública en sentido estricto, cuestión que analizaremos pormenorizadamente en otro epígrafe, se ofrece esta financiación al mercado para que sea el operador el que decida su interés por la misma, sin imposiciones vinculadas a un poder significativo en el mercado u otros, que justificaría la obligación de servicio público en otro sentido.

El cambio de paradigma es singularmente llamativo en cuanto a esa mejora de servicios, ya que se transita de una imposición al operador del servicio a prestar (con una compensación posterior), a una imposición de dicho servicio, pero siendo el operador el que finalmente decide si acepta a o no dicha financiación pública para dicho cometido, atendiendo, en primer lugar y por encima de cualquier otra consideración, a su interés comercial.

Definitivamente, supone una victoria de la eficiencia y rentabilidad del mercado frente a la potestad del Estado de intervenir en aras de garantizar realmente la prestación de un servicio considerado a todas luces esencial para la cohesión social, económica y territorial, para el cumplimiento de los pilares sociales de la UE y del derecho de acceso a servicios consagrado en la Carta de Derechos Fundamentales de la UE, como ya hemos comentado[260]. En conclusión, esa «prohibición» de uso del mecanismo de financiación del servicio universal, salvando las diferencias reseñadas, abre la puerta a la financiación pública a través de diferentes herramientas de financiación (entre las que destaca la técnica subvencional) para la extensión de redes y consecución de objetivos de conectividad digital, ajenos al conjunto insuficiente de mínimos que comprende el servicio universal. Esta financiación pública, reiteramos, se centraría en, por un lado, financiar obligaciones de servicio público no consideradas servicio universal, y por otro, en financiar directamente proyectos privados de extensión y prestación de servicios, al mercado, sin imponer obligaciones de servicio público, a través de un procedimiento determinado. Todo ello se ajustará al marco normativo de las ayudas de Estado, muy importante, que analizaremos con detenimiento a continuación, pero es muy conveniente en este momento diferenciar las dos direcciones que toma la garantía de prestación de servicios de conectividad digital, una vez el servicio universal está agotado.

Finalmente, la revisión del alcance del estricto ámbito del servicio universal atendiendo al avance tecnológico, económico, de la sociedad y de la demanda de la ciudadanía que tendrá presente, según dice esta Directiva,

260 DOCE, C 364/1 de 18 de diciembre de 2000. *Carta de los derechos fundamentales de la Unión Europea*, (2000/C 364/01), art. 29.

la velocidad de transmisión en función de las tecnologías utilizadas, sin olvidar el principio de neutralidad tecnológica, se producirá una vez pasados dos años desde la fecha de aplicación de la presente directiva (24 julio 2003, según el art. 38.1 de la misma) y las siguientes revisiones del contenido y alcance del servicio universal se realizarán cada tres años. Igualmente se mantendrán, hasta que se produzca el análisis de mercado que prevé el art. 16 Directiva Marco, las obligaciones previstas en el art. 17 de la Directiva 98/10/CE en relación con las tarifas, lo previsto en la Directiva 97/33/CE en cuanto a la selección de operadores en relación con el servicio universal y la interoperabilidad a través de los principios de oferta abierta y lo previsto sobre líneas arrendadas en la Directiva 92/44/CE (arts. 3, 4, 6 a 8 y 10).

D) Directiva de acceso: Directiva 2002/19/CE de 7 de marzo de 2002, relativa al acceso a las redes de comunicaciones electrónicas y recursos asociados, y a su interconexión

Esta directiva continuará la labor de armonización de las normas de acceso a redes y recursos asociados de comunicaciones electrónicas, estableciendo los derechos y obligaciones de operadores y empresas que quieran interconectarse o acceder a las redes y a los recursos asociados, y facilitando así una mayor competencia y mayor oferta de servicios. El acceso se refiere fundamentalmente a la puesta a disposición de una empresa diferente, bajo una serie de condiciones definidas, recursos cuyo fin último es la prestación de servicios de comunicaciones electrónicas. Esto incluye el acceso al bucle local y a los recursos asociados, a las infraestructuras físicas y a los sistemas informáticos de gestión correspondientes, entre otros (art. 2.a). Por su parte, el término acceso difiere de lo que es la interconexión que se refiere a la conexión entre redes, sean de la misma empresa o entre redes de empresas diferentes, con el fin de que todos los usuarios, sean abonados de la empresa que sean, puedan comunicarse entre ellos (art. 2.b).

Hay que recordar en este punto, aunque ya estudiado, el acceso desagregado al bucle local[261] como técnica que sirvió para aumentar la competencia en el sector, en el extremo en el que se consideraba más necesaria, como es

261 Definido en esta Directiva de Acceso en el art. 2.e) del siguiente modo: «el circuito físico que conecta el punto de terminación de la red en las dependencias del abonado a la red de distribución principal o instalación equivalente de la red pública de telefonía fija». Igualmente, *Vid*. Anexo II Directiva de Acceso donde encontramos definiciones, que evitando ser reiterativos ya no reproducimos, correspondientes a bucle local, subbucle local, acceso completamente desagregado al bucle local o acceso compartido.

el punto de unión entre el punto terminal de red (o punto final de conexión con el abonado) y los puntos de interconexión generales del operador para proveer el servicio. Es ahí donde se pretende facilitar el acceso de otros proveedores precisamente a esas redes que continuaban en su gran mayoría en manos del operador con mayor peso significativo en el mercado.

De esta manera, esta directiva garantiza el acceso y/o interconexión entre empresas y, por tanto, entre usuarios, lo que determina una fluida comunicación entre ellos y es presupuesto de cualquier medida encaminada al cumplimiento del servicio universal o de cualquier propuesta de extensión de redes en el territorio. También se reveló importante la garantía de acceso e interconexión (cuestión sometida a supervisión y observancia de las ANR, art. 5 Directiva Acceso) desde el punto de vista comercial para favorecer los intercambios entre operadores de los diferentes EM, consolidándose así aún más el mercado único.

Como ya hemos anticipado en la Directiva Marco, los análisis de mercado darán lugar a modificaciones en cuanto a las obligaciones en materia de interconexión y acceso impuestas a los operadores[262]. Pues bien, hasta que no se produzca esa evaluación y revisión (art. 7.3 Directiva Acceso) se mantendrán todas las obligaciones recogidas en la normativa previa (arts. 7 y 8 Directiva 92/44/CE, arts. 4, 6, 7, 8, 11, 12, y 14 Directiva 97/33/CE y art. 16 Directiva 98/10/CE).

Y en la misma línea, cuando el resultado del análisis del mercado previsto en el art. 16 Directiva Marco arroje resultados que permitan concluir que existen operadores con peso significativo en un mercado específico, las ANR impondrán determinadas obligaciones[263] (arts. 9-13 Directiva Acceso) en cuanto a la transparencia, la no discriminación, la obligación de mantener cuentas separadas de las actividades vinculadas a la interconexión y acceso, el acceso a recursos específicos de las redes y su uso, el control de precios (orientación de precios a costes) y contabilidad de costes, sin perjuicio de lo establecido en los artículos 27, 28 y 30 Directiva Servicio Universal (números no geográficos, suministro de facilidades adicionales y conservación del número, todos estos elementos vinculados a los derechos de los usuarios finales).

262 Una de las obligaciones protagonistas de este régimen jurídico es la reflejada en el art. 12 Directiva de Acceso por la cual se establece que la ANR podrá exigir a los operadores que acepten todas las solicitudes «razonables» de acceso que reciban por parte de otros operadores, en cuanto a la red y a sus recursos asociados, en concreto cuando su denegación pueda implicar un obstáculo claro a la consolidación de un mercado plural y competitivo, que perjudique a los usuarios finales. Por ejemplo, entre las diferentes medidas se hablar de imponer la concesión de acceso a terceros al bucle local, la coubicación de recursos, entre otros.

263 Estas obligaciones deberán ser publicadas en los términos que establece el artículo 15 Directiva de Acceso, en un ejercicio de transparencia en consonancia con el art. 9 Directiva de Acceso.

Finalmente, hay que señalar que el art. 25 Directiva Marco establece que se examinará el contenido de dicho texto, y también de las directivas específicas, como ya hemos señalado sobre la Directiva de Servicio Universal, a los tres años de la fecha de aplicación de este nuevo paquete regulatorio (24 de julio de 2003, art. 28.1 Directiva Marco). A partir de dicha fecha, además, se derogarán las Directivas de la primera fase de regulación que ya hemos analizado: la Directiva 92/44/CE, la 97/33/CE y la 98/10/CE. Todo ello da paso a la nueva normativa interna que nos disponemos a estudiar, como es la Ley 32/2003, de 3 de noviembre, General de Telecomunicaciones.

2.3. Ley 32/2003, de 3 de noviembre, General de Telecomunicaciones y Reglamento del Servicio Universal (Real Decreto 424/2005 de 15 de abril): impulso de la financiación pública para la consecución de otras obligaciones de servicio público

La Ley 32/2003, de 3 de noviembre, General de Telecomunicaciones, junto a su desarrollo reglamentario, el Real Decreto 424/2005 de 15 de abril (Reglamento sobre las condiciones para la prestación de servicios de comunicaciones electrónicas, el servicio universal y la protección de los usuarios, en adelante, Reglamento del Servicio Universal)[264], se encarga de la transposición del paquete de directivas mencionado del llamado Nuevo Marco, que comprende la Directiva Marco y las cuatro directivas específicas analizadas. Igualmente, también incorpora contenido de la Directiva 2002/58/CE en la medida en que afecte a las comunicaciones electrónicas y de la Directiva 2002/77/CE de 16 de septiembre sobre competencia en los mercados de redes y servicios de comunicaciones electrónicas. En esta norma se imponen los principios de mínima intervención en el mercado y de supervisión administrativa respecto a las obligaciones de servicio público, a lo relativo al dominio público y a su acceso, uso y disponibilidad y en términos de defensa de la competencia. Se reitera igualmente lo referido en las directivas sobre la exclusión de este marco regulatorio de los servicios de la sociedad de la información que en el ámbito interno se encuentran regulados en la Ley 34/2002 de Sociedad de la Información y Comercio electrónico, así como

264 Modificado posteriormente para incluir las previsiones sobre la ampliación del servicio universal incluyendo el acceso funcional a Internet, en virtud de la modificación incorporada en la LGT2003 por la Ley 2/2011, de 4 de marzo, de Economía Sostenible (art. 52). Esta modificación se llevó a cabo a través del Real Decreto726/2011 de 20 de mayo, en concreto su artículo 28.1.b) al que nos remitimos. Dicho Real Decreto traspone, también, otros contenidos de la Directiva 2009/136/CE de 25 de septiembre, que veremos, en parte, posteriormente.

lo relativo a contenidos audiovisuales y el control editorial de los mismos (art.1.1 LGT2003).

Así, y por primera vez, se introduce en la normativa nacional sobre telecomunicaciones, como consecuencia de estas directivas, el término comunicaciones electrónicas, que de hecho abarca una realidad menor que las primeras, refiriéndose a un ámbito concreto de las telecomunicaciones encargado de las obligaciones y derechos de los operadores, de lo relativo a interconexión y acceso, de la regulación del servicio universal, como garante de una prestación mínima de un conjunto de servicios esenciales y de los derechos de los usuarios, muy particularmente.

En primer lugar, en cuanto a las autorizaciones y licencias, se incorpora la extensión de la autorización general para todo tipo de servicios, salvo la concesión de derechos individuales en supuestos específicos, eliminándose así la diferenciación entre autorizaciones y licencias prevista en la anterior legislación de 1998[265]. Bastará en este momento con una notificación ante la Comisión del Mercado de las Telecomunicaciones siguiendo el procedimiento que se desarrollaría vía reglamentaria (art. 6.2)[266], quien, posteriormente, en ejercicio de las potestades que le son propias como ANR, podrá realizar la correspondiente tarea de supervisión y verificación.

Igualmente, si aprecia que la notificación no cumple con los requisitos estipulados, dictará una resolución motivada en el plazo de 15 días advirtiendo de la situación y de que la notificación no se entiende por efectuada, por tanto, el operador no podría dar comienzo a su actividad. Así mismo, se establece un registro de operadores público dependiente de la CMT donde se inscribirá cada uno de los que hayan cursado una notificación que cumpla con los requisitos prefijados y donde aparecerá las condiciones en las cuales desarrollarán la actividad y las posibles modificaciones que se apliquen a la misma (art. 7 LGT2003).

En segundo lugar, se establece el principio de separación de cuentas para aquellas entidades que provean servicios en otro sector ostentando derechos especiales o exclusivos y que, además exploten redes o suministren servicios de comunicaciones electrónicas al público (art. 8.3 LGT2003) y, como cuestión importante, que no incorpora ninguna de las directivas mencionadas, y se deja a la discrecionalidad de cada uno de los EM, se actualiza el papel de las Administraciones públicas como explotadores de redes o suministradores de servicios de comunicaciones electrónicas, cuestión que en la LGT1998

265 Como novedad respecto al régimen transitorio que aplica esta ley en relación a los títulos habilitantes otorgados con carácter previo a la misma, se establece la adaptación automática de dichos títulos al nuevo régimen jurídico, que será llevada a cabo por la CMT Disposición Transitoria Primera, 2.a).

266 No estarán obligados a notificarlo a la CMT los operadores que exploten redes en régimen de autoprestación, según este precepto.

ya se introdujo de una manera no muy exhaustiva. Así, se determina que estas podrán desempeñar esta actividad de manera directa o a través de sociedades participadas por la administración de forma mayoritaria, operando como una empresa más, es decir, ajustándose a todos los preceptos establecidos en esta norma, incluyendo la separación de cuentas y el respeto de los principios de transparencia, no discriminación y objetividad, y la solicitud de su incorporación al registro de operadores mediante notificación. No obstante, la CMT podría imponer condiciones especiales para garantizar que la intervención del ente público como operador económico en el mercado no distorsione la competencia (art. 8.4 LGT2003).

En tercer lugar, el artículo 10 detalla cuál será el procedimiento de evaluación del mercado que se llevará a cabo a intervalos periódicos fijándose en los mercados geográficos de referencia[267], y el Capítulo III del Título II, por su parte, se dedica a determinar cuestiones sobre acceso a redes, interconexión y recursos asociados, separación funcional y resolución de conflictos (arts. 11 a 15) en línea con lo prescrito por las instituciones europeas. En concreto, el artículo 13 detalla las imposiciones aplicables a los operadores con poder significativo en los mercados de referencia en materia de transparencia (para facilitar la interconexión y acceso entre operadores), no discriminación entre operadores, separación de cuentas[268], acceso a recursos específicos y control de precios (orientación a costes), sin perjuicio de otras obligaciones adicionales que podrán imponerse por la CMT, previa consulta[269].

267 Comunicación de la Comisión relativa a la definición de mercado de referencia a efectos de la normativa comunitaria en materia de competencia, 97/CE 372/03, define «el mercado geográfico de referencia comprende la zona en la que las empresas afectadas desarrollan actividades de suministro de productos y de prestación de los servicios de referencia, en la que las condiciones de competencia son suficientemente homogéneas y que puede distinguirse de otras zonas geográficas próximas debido, en particular, a que las condiciones de competencia en ella prevalecientes son sensiblemente distintas de aquellas».

268 El artículo 13 bis LGT2003 aborda la posibilidad de una separación funcional adicional y ciertamente diferente a lo que habíamos contemplado en las directivas europeas. En este precepto se concreta el procedimiento por el cual se producirá la separación funcional de los operadores con poder significativo en el mercado de sus funciones respecto al suministro de acceso al por mayor a otros operadores, funciones que se traspasarían con carácter imperativo a unidades empresariales que actuarían independientemente de la primera, pero bajo los mismos precios, términos, condiciones, plazos, procedimientos y/o procesos. Esto solo se producirá en el caso de que las obligaciones del art. 13 impuestas a los operadores con peso significativo en el mercado hayan devenido inútiles y sea clara la ineficiencia en materia de competencia en el sector.

269 Para la imposición final de dichas obligaciones y su adaptación o modulación deberán tenerse en cuenta una serie de circunstancias recogidas en el art. 13.3 LGT2003: «3. Cuando la Comisión del Mercado de las Telecomunicaciones estudie la conveniencia de imponer las obligaciones previstas en el presente artículo, habrá de tener en cuenta, en particular, los siguientes elementos:
a) la viabilidad técnica y económica de utilizar o instalar recursos que compitan entre sí, a la vista del ritmo de desarrollo del mercado, teniendo en cuenta la naturaleza y el tipo

En cuarto lugar, la CMT verá reforzadas sus competencias, sobre todo en lo que tiene que ver con el análisis periódico de los mercados, y cuando determine que no existe una competencia clara y efectiva en los mismos, podrá aplicar las medidas previstas para aquellas empresas con peso significativo en el mercado, recogiéndose también la evolución conceptual de estas entidades de la que dan cuenta las directivas (transitando de una categorización más formal de éstas, basada en % de mercado a una definición más material y subjetiva fundamentada en la independencia de actuación del operador respecto a los competidores).

Igualmente, se han reforzado las potestades administrativas de las ANR en general, en cuanto al régimen sancionador, como necesario contrapeso a una limitación de la regulación *ex ante*, y a una simplificación importante de las condiciones para obtener las autorizaciones para prestar servicios. Así, el control *ex post* será mucho más amplio por lo que las funciones de supervisión y control de las ANR se verán intensificadas. Volviendo al régimen sancionador, en este momento el incumplimiento de las obligaciones de servicio público, dependiendo de si es reiterado y de la gravedad del mismo, se tipificará como infracción administrativa muy grave (art. 53.l) o grave (art. 54.o), con sanciones pecuniarias que pueden llegar hasta los 2 millones de euros y puede tener como consecuencia, igualmente, la suspensión o retirada de los derechos de uso al operador en cuestión (art. 56.3.f).

En quinto lugar, por primera vez se reconoce el servicio de comunicaciones electrónicas o las telecomunicaciones en general como servicio de interés general[270] (art. 2 LGT2003), cuyo régimen jurídico estudiaremos a continuación, es decir, se trata de servicios que se prestan en un contexto de libre competencia pero los prestadores del mismo estarán sujetos a una serie de obligaciones de servicio público, en concreto obligaciones de servicio universal, que, en esta ley, aparecen recogidas en el art. 4 y Titulo III en aras de la consecución de los objetivos del art. 3 LGT2003[271]. En este se

de interconexión o acceso de que se trate, incluida la viabilidad de otros productos de acceso previo, como el acceso a conductos, b) la posibilidad de proporcionar el acceso propuesto, en relación con la capacidad disponible, c) la inversión inicial del propietario de los recursos, sin olvidar las inversiones públicas realizadas ni los riesgos inherentes a las inversiones, d) la necesidad de salvaguardar la competencia a largo plazo, prestando especial atención a la competencia económicamente eficiente basada en las infraestructuras, e) cuando proceda, los derechos pertinentes en materia de propiedad intelectual, y f) el suministro de servicios paneuropeos».

270 Fernández, T. R.: «Las transformaciones del Derecho Administrativo a resultas de las privatizaciones», *Revista Andaluza de Administración Pública*, núm. 39, 2000, pp. 105-116.

271 SAN de 11 de mayo de 2004 afirma y corrobora este paso del «servicio público» al «servicio de interés general» afirmando que «la liberación del mercado de las telecomunicaciones o despublificación del mismo supone abandona la calificación de servicio público, fundada en la titularidad pública de la actividad, y la introducción del régimen de competencia, pero no se abandona el carácter de actividad económica regulada en salvaguarda

incluye el fomento de la competencia en infraestructuras (letra b) como uno de los objetivos fundamentales de esta norma y se reconoce la importancia de fomentar la competencia en los mercados de telecomunicaciones y el consiguiente refuerzo de las obligaciones de servicio público[272].

Evidentemente, todo ello tiene como meta el desarrollo último del sector, con una eficaz y eficiente interconexión e interoperabilidad, así como mayor conectividad, lo que implica una previa armonización de las condiciones de acceso a redes e infraestructuras con el menor número de obstáculos posible. Esto es necesario para impulsar la cohesión económica, territorial y social (art. 3.d), principios vertebradores, junto a la consagración del mercado único en el sector (apartado i), de la regulación de las telecomunicaciones en este momento. También se recoge el principio de neutralidad tecnológica (apartado g) y la defensa de los intereses de los usuarios, con especial atención a los usuarios con discapacidad o con necesidades sociales especiales (apartado f).

Así y siguiendo con las obligaciones de servicio público, señala el precepto segundo del art. 2 LGT2003, que los encargados de asumir las obligaciones de servicio público respectivas serán los operadores con poder significativo en el mercado, aquellos que tengan derechos de ocupación de dominio público, o aquellos que ostenten derechos de uso del dominio público radioeléctrico, es decir, aquellos que tengan unos derechos de suficiente entidad cuya contraprestación pueda ser la imposición de proveer dichos servicios (atendiendo al principio de proporcionalidad), que, en este momento, será transitoriamente Telefónica de España S.A.U.[273]. No obstante, decimos transitoriamente como consecuencia de la designación realizada al amparo de la anterior norma de 1998, pero en la LGT2003 se prevén procedimientos específicos de selección de los operadores encargados del servicio universal[274], selección que se

---

del interés público afectado, sujeta a determinadas exigencias de servicio público que se imponen a través de los títulos habilitantes para el desarrollo de la actividad». Cuestión que también se aborda en la SAN de 5 de febrero de 2004.

272 Es importante destacar que no todos los servicios de comunicaciones electrónicas se consideran como tal, como servicio de interés general, solo lo serán, según la CMT (Resolución de 28 de noviembre de 2002 de la Comisión de los Mercados de Telecomunicaciones), un conjunto de servicios considerados como esenciales que son los especialmente protegidos en virtud de obligaciones de servicio público.

273 Disposición Transitoria Segunda y Cuarta. Prestación del servicio universal. «Durante el periodo transitorio previsto en el apartado cinco de la disposición transitoria primera, la prestación del servicio universal en el ámbito definido por la Ley 11/1998, de 24 de abril, General de Telecomunicaciones, seguirá correspondiendo a Telefónica de España, S.A.U. Una vez aprobado el reglamento previsto en dicho apartado, se estará a lo dispuesto en él». Así, en la Disposición transitoria segunda del Real Decreto 424/2005 (Reglamento sobre las condiciones para la prestación de servicios de comunicaciones electrónicas, el servicio universal y la protección de los usuarios) se fija la fecha de 31 de diciembre de 2007, como límite temporal hasta el cual Telefónica seguirá prestando el servicio universal.

274 Carlón Ruiz, M.: *El servicio universal... op. cit.*, pp. 236-239, hace aquí una diferenciación entre la designación del operador como prestador del servicio universal como un derecho

producirá vía real decreto, atendiendo a los principios de no discriminación, eficacia, objetividad y transparencia, y, a su vez, se prevé un mecanismo de licitación pública (art. 23.2 LGT2003)[275], cuando para la prestación de todos o algunos de los elementos del servicio universal (en parte o en la totalidad del territorio) estén interesados varios operadores[276].

En este sentido, las obligaciones de servicio público aparecen reguladas en el Título III, Capítulo I como decíamos, partiendo de la definición europea de estas, matizando en el apartado segundo del artículo 20 que los operadores sujetos a estas obligaciones están sometidos a lo establecido en esta norma y con carácter supletorio al régimen relativo a la concesión de servicio público del texto refundido de la Ley de Contratos de las Administraciones Públicas, aprobado por el Real Decreto Legislativo 2/2000, de 16 de julio.

Como es lógico, esta norma reproduce la diferencia entre obligaciones de servicio universal y otras obligaciones de servicio público, ambas dentro de la categoría general de obligaciones de servicio público, plasmada en el Nuevo Marco. Respecto a la primera, al servicio universal, se regula de una manera idéntica a lo estipulado en las Directivas comunitarias[277], salvo que en el caso de garantía de suministro de red fija de comunicaciones electrónicas, se concreta cuál sería la velocidad mínima de referencia, no de transmisión, de

---

y, por otro lado, como una obligación. Además, destaca que, para ser operador, en este momento, basta con realizar una actividad de explotación de redes o prestación de servicios de comunicaciones electrónicas y notificarlo a través del procedimiento establecido a la CMT. Así, «solo los operadores de iure tienen derecho a ser designados para prestar el servicio universal, mientras que los operadores de facto no tienen este derecho, pero sí el deber de asumir la designación con independencia de no haber instado la autorización pertinente» (p. 239). No obstante, la falta de notificación de esta actividad no exime del cumplimiento de determinados elementos del servicio universal si así son impuestos, véase por ejemplo lo relativo a los teléfonos públicos de pago y a las guías y servicios de consulta, que no se encuadran dentro de lo considerado como comunicaciones electrónicas.

275 El procedimiento de licitación se llevará a cabo cuando no concurra ninguna de las dos circunstancias siguientes: a) cuando ningún operador haya mostrado su interés en prestar el servicio universal en el trámite de consulta pública previo b) cuando el operador que prestaba anteriormente el servicio universal sea el único interesado (Art. 37 Real Decreto 424/2005, Reglamento sobre las condiciones para la prestación de servicios de comunicaciones electrónicas, el servicio universal y la protección de los usuarios). Por otro lado, si solo se presenta un operador, pero este no es el que venía prestando el servicio anteriormente, se debe abrir un procedimiento de licitación pública.

276 Real Decreto 424/2005, de 25 de abril, sobre las condiciones para la prestación del servicio de comunicaciones electrónicas, el servicio universal y la protección de los usuarios.

277 En concreto, se extrapola lo establecido en el Anexo de la Directiva de Servicio Universal como componentes del servicio universal hacia una nueva nomenclatura, siendo componente social (art. 42 Real Decreto 424/2005, Reglamento sobre el servicio universal y la protección de los usuarios) y componente territorial (art. 41 Real Decreto 424/2005, Reglamento sobre el servicio universal y la protección de los usuarios).

ese acceso a internet funcional previsto como parte del servicio universal[278] (1 Mbps) mientras que en las normas comunitarias se dejaba abierta esa cifra a diferentes consideraciones (art. 22 LGT2003), pero en ambos casos, como es lógico, esta cifra se supedita a la evolución económica, social y tecnológica[279]. En la misma línea, se garantizan los otros elementos del servicio universal y se subraya la necesidad de atender las necesidades sociales específicas de determinados colectivos, estableciéndose sistemas de ayudas directas como una de las herramientas para garantizar el acceso y utilización en igualdad de condiciones de personas con bajas rentas o con necesidades sociales especiales (art. 22.2 LGT2003).

Así mismo, el mecanismo de financiación por el que se opta en nuestro país es por una herramienta de exacción a los operadores que deben contribuir al llamado *Fondo nacional del servicio universal*, cuyos fondos se repartirán entre aquellos prestadores del servicio universal que acrediten una carga injustificada en la prestación del servicio. Estos deberán presentar cuál es el coste neto que les supone la prestación del mismo, o lo que es lo mismo, lo que nosotros traducimos como ahorro neto que el prestador deja de percibir, cálculo que se realizará conforme a los procedimientos establecidos a nivel comunitario y a lo establecido reglamentariamente a nivel interno (arts. 24.3. y 22 LGT2003 y arts. 39.3, 37, 40 y 46 Reglamento del Servicio Universal, donde aparecen los diferentes procedimientos de cálculo de dicho coste neto[280]). Será la CMT quien determine la cuota o aportación que debe aportar

---

278 Se introduce el acceso funcional a internet como parte del servicio universal, sin embargo, a través del TRAC que se había puesto en marcha en las zonas rurales, esto resultaba imposible a nivel técnico. Por ello, se sustituirá el TRAC por el LMDS (Local Multipoint Distribution Service o acceso al abonado vía radio) por el cable o por el satélite, culminando este proceso hacia finales de 2004. PÉREZ SAN JUAN, O., VILAR TEN, J. L.: *El servicio de telefonía fija en España ... op. cit.*, p. 81.

279 No obstante, en el Real Decreto 424/2005 de 15 de abril (Reglamento sobre las condiciones para la prestación de servicios de comunicaciones electrónicas, el servicio universal y la protección de los usuarios), no se concreta la velocidad a la que debería proveerse ese acceso, simplemente habla de «velocidad suficiente» en su artículo 28.1.d) en los siguientes términos «se considerará velocidad suficiente la utilizada de manera generalizada para acceder a Internet por los abonados al servicio telefónico fijo disponible al público con conexión a la red mediante pares de cobre y modem para band vocal».

280 No obstante, conviene recordar las diferencias existentes en cuanto al cálculo del coste neto cuando se trate de un operador encargado de su prestación en virtud de un procedimiento de licitación, puesto que en este caso habrá que estar a lo establecido en el art. 39 del Reglamento del Servicio Universal de 2005, en concreto en su apartado 1 y 2. Así, el art. 39.1 Reglamento 2005 señala que «la designación conforme al artículo 37 de un operador de un operador para la prestación del servicio universal dará lugar, en el caso de que la prestación para la que ha sido designado implique un coste neto que supondrá por ello una carga injustificada, a la cualificación de dicho operador como receptor de fondos del Fondo nacional de financiación del servicio universal o, en su defecto, del mecanismo de compensación entre operadores que se establece en este reglamento» y el apartado 2 «en el supuesto al que se refiere el art. 38, la CMT determinará anualmente si la obligación

cada operador al fondo con el fin de generar un mecanismo de compensación eficaz.

Igualmente, se prevén otras obligaciones de servicio público que la norma relaciona con las actividades de defensa nacional, de seguridad nacional o de servicios vinculados a la protección civil o seguridad de las personas, un tipo de servicios que en todas las directivas analizadas se exceptuaban del cumplimiento de los requisitos generales establecidas en las mismas, y que se encontraban como motivación fundamental para adoptar obligaciones adicionales separadas de la obligación de servicio universal. Son estas las que, además, se detalla que se pueden imponer por los estados a los operadores, con arreglo a los Tratados, en ejercicio de su soberanía (art. 25.1 LGT2003).

Es importante diferenciar que estas obligaciones no se corresponden con aquellas complementarias al servicio universal que se configuraban como un complemento necesario en cuanto a la prestación de los servicios particulares de comunicaciones electrónicas a la ciudadanía en situaciones específicas. Cuestión que no tiene nada que ver con las consideraciones de servicio público tradicional que aún perviven en las comunicaciones electrónicas en cuanto estas puedan afectar a la seguridad nacional, defensa u orden público, donde las potestades de los Estados no se ponen en juego frente al libre mercado.

De esta manera, podríamos diferenciar tres tipos de obligaciones de servicio público plasmadas en la normativa comunitaria hasta el momento, siendo a) servicio universal, b) actuaciones complementarias del servicio universal pero financiadas a través de otro sistema que no implique la contribución de agentes del mercado, se recurre a fondos públicos, y c) seguridad nacional, defensa, seguridad pública y salud pública[281] (que anteriormente se jus-

de la prestación del servicio universal puede implicar una carga injustificada para los operadores obligados a su prestación. En el caso de que exista un coste neto en la prestación del servicio universal pero la CMT considere que no constituye una carga injustificada, la resolución que así lo establezca deberá ser motivada». Igualmente, *Vid.* CARLÓN RUIZ, M.: *El servicio universal... op. cit.*, pp. 278 y ss. sobre el cálculo del coste neto y el sistema de financiación del servicio universal previsto en la normativa del año 2003. A este respecto, igualmente es recomendable consultar la SAN 6523/2004 de 21 de octubre que estima de manera parcial un recurso de Telefónica contra la Resolución de 19 de julio de 2001 de la CMT, en relación con el artículo 24.1 LTG2003 por la cual se acordó no aceptar el coste neto notificado por la empresa y por tanto, determinó (sin realizar un cálculo alternativo) que la prestación del servicio universal no había supuesto una carga injustificada o una desventaja competitiva y que, en consecuencia, Telefónica no podría acceder a la compensación económica prevista.

281 Como parte de esa parcela de excepcionalidad a los principios liberalizadores de esta normativa comunitaria mencionábamos que se encontraba todo lo relacionado con la protección del orden público, la seguridad y salud pública y la defensa del Estado. En este sentido, el apartado 5 del art. 4 señala que el Gobierno podrá asumir, de manera excepcional, la gestión directa de algunos servicios o la explotación de determinadas redes de comunicaciones electrónicas con el fin de garantizar la defensa nacional y la seguridad

tificaban en el cumplimiento de los llamados «requisitos esenciales») y que se corresponden básicamente con una pervivencia del concepto de servicio público tradicional en cuanto a titularidad y gestión, en este ámbito concreto.

En este sentido, en relación con el apartado b) reseñado, aquellas actividades, complementarias al servicio universal y a su contenido estricto fijado por el Nuevo Marco, que según las mismas deben financiarse con cargo a fondos públicos, se detallan a nivel interno en el art. 25.2 LGT 2003, aludiendo a los motivos por los cuales estas podrían imponerse. Las motivaciones que se reflejan son bastante ilustrativas «a) razones de cohesión territorial», «b) extensión del uso de nuevos servicios y tecnologías, en especial a la sanidad, la educación, a la acción social y a la cultura» y «c) razones de facilitar la comunicación entre determinados colectivos que se encuentren en circunstancias especiales y estén insuficientemente atendidos». Se señala además en el art. 25.3 LGT2003 que, mediante real decreto se determinarán las condiciones de desarrollo de estas obligaciones de servicio público adicionales y su modelo de financiación, cuestión que finalmente no fue desarrollada.

Por otro lado, en relación con el apartado a servicio universal como tipo de obligación de servicio público, se amplían las prestaciones incorporándose como ya hemos visto el acceso funcional a Internet como parte del conjunto mínimo de servicios que se deben proveer a toda la ciudadanía (art. 22.1.a LGT2003[282]), cuestión que a nivel interno ya estaba reflejada igualmente en la Ley 34/2002, de 11 de julio, de servicios de la Sociedad de la Información y comercio electrónico en su Disposición Final Tercera, la cual añadió la Disposición Transitoria 12.ª de la LGT1998, señalando que «en el plazo máximo de cinco meses a partir de la entrada en vigor de esta disposición, el operador designado para la prestación del servicio universal al Ministerio de Ciencia y Tecnología para su aprobación en el plazo de un mes, previo informe de la CMT, un plan de actuación detallado para garantizar que las conexiones

pública (en coherencia con lo estipulado en la entonces vigente normativa en contratación pública, Real Decreto Legislativo 2/2000 de 16 de junio). Y, esto es especialmente importante, en caso de incumplimiento de las obligaciones de servicio público previstas (Título III, art. 4.5) «el Gobierno, previo informe preceptivo de la CMT, e igualmente con carácter excepcional y transitorio, podrá acordar la asunción por la AGE de la gestión directa de los correspondientes servicios o de la explotación de las correspondientes redes. En este último caso, podrá, con las mismas condiciones, intervenir la prestación de los servicios de comunicaciones electrónicas».

282 SAN 4536/2004, de 24 junio donde se reconoce esa ampliación del servicio universal, «Conviene, igualmente, tener presente que la actual LGT 32/2003 aunque en cumplimiento del principio de mínima intervención avanza en la liberalización de la prestación de servicios y la instalación y explotación de redes hasta el punto de entender que la habilitación para dicha prestación vienen concedida de forma generale inmediata por la ley, se amplía las prestaciones incluidas dentro del "servicio universal" y además se amplía el catálogo de derechos de los consumidores (art. 38), derechos que se formulan en relación a los servicios de comunicaciones electrónicas "in genere" siguiendo el camino marcado al respecto por la Directiva 2002/22/CE».

a la red telefónica publica fija posibiliten a sus abonados el acceso funcional a Internet y, en particular, a los conectados mediante Telefonía Rural de Acceso Celular (TRAC)».

Igualmente, en aras de garantizar los derechos de uso por las empresas suministradoras de redes y servicios, de las propiedades públicas y privadas para la instalación de recursos físicos necesarios para la transmisión de señales de comunicaciones electrónicas, se permitirá el acceso al dominio público y a la propiedad privada en tanto en cuanto sea necesario para su actividad y siempre que se haya producido la notificación correspondiente atendiendo a una serie de principios de transparencia e igualdad en el acceso (Título III, Capítulo II). En concreto, en el art. 30 LGT2003 se reconoce lo relativo a la compartición de recursos públicos o privados y a la coubicación de recursos, sin que se haya manifestado en la transposición ninguna novedad relevante.

Se incorpora, por su parte, el uso eficiente del espectro radioeléctrico como principio inspirador de la planificación y asignación del espectro por la Administración pública a los operadores, incluyendo la cesión de usos que también se indicaba en las directivas comunitarias, para determinados casos (Título V, Dominio público radioeléctrico). También, cumpliendo con el mandato europeo, se regulan procedimientos de otorgación de derechos de uso privativo del dominio radioeléctrico como medio para asignar bandas de frecuencias del espectro radioeléctrico a empresas que quieran utilizarlo como vía de transmisión de comunicaciones electrónicas[283] (art. 43.4.a)[284].

Estos derechos de uso privativo pueden ser no limitados, en cuyo caso se prevé una vigencia de los mismos de 5 años y otros serán limitados en cuanto a su número, cuya duración será adaptada al objetivo perseguido, pero en ningún caso superior a 20 años; toda esta normativa y asignación se realizará en plena colaboración y bajo el compromiso de coordinación con las medidas propuestas por la Unión Europea y por sus Estados miembro. Así, la habilitación para el uso del dominio público radioeléctrico se preveía en forma de concesión, afectación o autorización administrativa (art. 45 y art. 44.1.d en relación con el art. 44.2 LGT2003) que habla de la limitación del número de concesiones demaniales para garantizar un uso eficaz del mismo, en cuyo caso se prevé un procedimiento de licitación para su otorgación[285]).

---

283 *Vid.* Fernando Pablo, M. M.: «Régimen jurídico del dominio público radioeléctrico», *Colección Derecho de la sociedad de la Información,* Cavanillas Múgica, S. (Dir.), núm. 18, Comares, Granada, 2009, pp. 45-70.

284 Art. 44.1.c) señala que será facultad del Gobierno en la gestión del dominio público radioeléctrico «c) Procedimientos abiertos de otorgamiento de derechos de uso del dominio público radioeléctrico, que se basarán en criterios objetivos, transparentes, no discriminatorios y proporcionados y tendrán en cuenta, entre otras circunstancias, la tecnología utilizada, el interés de los servicios, las bandas y su grado de aprovechamiento».

285 «Cuando [...] el Ministerio [...] limite el número de concesiones demaniales, se tramitará un procedimiento de licitación para el otorgamiento de las mismas que respetará en todo

En este dominio también se prevé el principio de neutralidad de red[286] pero se establecen una serie de excepciones que limitarían el uso de algunos tipos de tecnología inalámbrica (Art. 43.6 LGT2003)[287]. A través de estas bandas de frecuencias del espectro radioeléctrico se podrán prestar todo tipo de servicios de comunicaciones electrónicas con carácter general, no obstante, se podrá limitar este principio y aplicarse restricciones proporcionadas. De esta manera, podrán destinarse deliberadamente determinadas frecuencias a servicios de comunicaciones electrónicas concretas por razones de seguridad de la vida, fomento de la cohesión social, regional o territorial, evitar el uso ineficiente de recursos y la promoción de la diversidad lingüística y cultural de los medios de comunicación (art. 43.7). En este sentido, esta es una buena herramienta que justificar la limitación de determinadas bandas de frecuencias al uso por determinadas entidades que provean el servicio, por ejemplo, en zonas determinadas no especialmente pobladas y que parten de una situación de desventaja, acogiéndose al motivo de cohesión social, región o territorial reflejado en el art. 43.7 LGT2003[288].

Así, como contraprestación por el uso del dominio público, como puede ser el dominio público radioeléctrico, pero también propiedades físicas de titularidad pública, se podrán imponer cánones, que serán tasas diferentes de aquellas que sirven para compensar los gastos administrativos propios de la gestión de las autorizaciones generales y de la labor de control de la ANR[289] (art. 49).

---

caso los principios de libertad, concurrencia y no discriminación para todas las partes interesadas. Para ello, se aprobará [...] el pliego de bases la convocatoria de licitación correspondiente a la concesión del segmento de dominio público radioeléctrico que se sujeta a limitación».

286 Briglauer, W., Cambini, C., Gugler, K., Stocker, V.: «Net neutrality and high speed broadband networks: evidence fromn OECD countries», *European Journal of Law and Economics,* núm. 55, 2023, pp. 539-545 sobre los requerimientos concretos vinculados a ese principio de neutralidad de red y también se hace una comparación interesante entre el desarrollo del principio en los Estados Unidos y en la Unión Europea.

287 «a) Evitar interferencias perjudiciales, b) Proteger la salud pública frente a los campos electromagnéticos, c) asegurar la calidad técnica del servicio, d) garantizar un uso compartido máximo de las radiofrecuencias, e) garantizar un uso eficiente del espectro, f) garantizar el logro de un objetivo de interés general».

288 Fernando Pablo, M. M.: *Régimen jurídico del dominio público radioeléctrico... op. cit.*, pp. 86 y ss.

289 La LGT20003 no prevé una única autoridad nacional de reglamentación, si no que reparte las funciones que le correspondería a esta entre diferentes órganos en función de su ámbito de actuación, teniendo todos ellos la categoría de autoridad nacional de reglamentación: el Gobierno, los órganos superiores del Ministerio de Ciencia y Tecnología, los del Ministerio de Economía en cuanto a la regulación de precios, la Comisión del Mercado de las Telecomunicaciones (CMT) y la Agencia Estatal de Radiocomunicaciones (art. 46.1). Esta última tiene como función la gestión del dominio público radioeléctrico en general, y la concesión de títulos habilitantes para su uso, salvo en caso de licitación

Finalmente, en virtud de esta Ley se deroga la Ley 12/1997, de 24 de abril, de Liberalización de las Telecomunicaciones, la Ley 11/1998, de 24 de abril, General de Telecomunicaciones (salvo algunos preceptos, ver Disposición derogatoria única LGT 2003), la Ley 42/1995, de 22 de diciembre, de las Telecomunicaciones por Cable (ver Disp. Transitorias sexta y décima LGT2003) y otras de menor interés en este momento.

3. Régimen jurídico servicios de interés general: Obligaciones de Servicio Público (OSP) en comunicaciones electrónicas y ayudas de Estado por compensación de servicio público

Introducción

Hasta el momento hemos realizado un recorrido sobre el avance normativo en el sector de las telecomunicaciones que ha tenido varios hitos fundamentales tras el proceso de liberalización tales como la consolidación del concepto de comunicaciones electrónicas, y fundamentalmente la configuración del servicio universal en este ámbito, tanto desde el punto de vista conceptual como de contenido del mismo, así como la concreción de su financiación. El servicio universal nace como un tipo de obligación de servicio público que se impone en determinados servicios, anteriormente bajo un régimen de servicio público tradicional, y ahora liberalizados, pero que continúan siendo esenciales para la comunidad, estos son los Servicios de Interés General. Esta normativa nace en el seno de la Unión Europea y se adapta a través de diferentes reglamentaciones nacionales a cada uno de los sectores a los que se deben de aplicar estas consideraciones por resultar especialmente importantes para el desarrollo económico, social y territorial de cada Estado miembro. En ese sentido, visto el desarrollo normativo sectorial, conviene hacer un recorrido sobre el régimen jurídico de este tipo de servicios, como carácter general, para comprender su importancia histórica y como han determinado, a su vez, parte de la normativa en materia de ayudas pública o de ayudas de Estado respecto al sector de las comunicaciones electrónicas, cuestión con la que enlazaremos en la última parte de esta investigación.

(art. 44.2) y la supervisión del cumplimiento de las condiciones necesarias para el otorgamiento de dichos títulos y los derechos de uso aparejados, entre otras cuestiones (art. 47). Por su parte, la CMT tiene funciones de arbitraje en los conflictos entre operadores y también podrá emitir resoluciones vinculantes en los conflictos entre operadores en cuanto al acceso e interconexión de redes en función de lo establecido en el Título II, en cuestiones relacionadas con el servicio universal, uso compartido de infraestructuras y guías telefónicas (art. 48.c y d). También es muy importante que esta autoridad, la CMT tiene potestades sancionadoras en los términos que se prevén en esta ley (art. 48.j).

3.1. Servicio Público: origen y evolución histórica

El concepto de Servicio Público surge en Francia en el siglo XIX de la mano de autores extremadamente relevantes de la doctrina administrativista, como son DUGUIT, JEZÉ y HARIOU[290], entre otros, quienes comprendieron la configuración de los servicios públicos y su provisión como esencia misma del Estado, y del Derecho Administrativo, incluso como fin u objetivo último del Estado[291], ya que, más allá de las cuestiones vinculadas a la personificación de la soberanía en este ente[292], se consideraba que la función de los gobernantes era la llamada «realización de la soberanía social». Muchos autores sitúan su origen el Arrêt Blanco en 1873[293] y se consagra su completo reconocimiento en el Arrêt Terrier en 1903[294], no obstante, el concepto «servicio público» al menos en la tradición francesa, se vinculaba a los llamados actos de gestión[295]. Estos postulados maximalistas inspiraron el nacimiento y primer estadio teórico del servicio público, denominado como «teoría del

290 RIVERO, J.: «Hariou et l'évenement de la notion de service public», en *L'evolution du Droit Public,* Ed. Sirey, París, 1956, pp. 461-475. Aquí cabe destacar el papel diferenciado que desempeñó cada uno de ellos. Si bien Duguit es el padre del concepto teórico inicial, el Decano Hariou fue en cierto modo la oposición al primero puesto que era contrario a una postura dogmática expresada por Duguit y se hizo cargo de la tecnificación jurídica y concreción del concepto posteriormente. Para ese último, no es una razón del Estado la existencia del Servicio Público y reduce su categorización y lo entiende como «una base de consolidación del poder público», muy importante, pero matizada en cuanto a su protagonismo en la razón de ser del Estado. Además, Hariou sostendrá que, en palabras de MEILAN GIL, J.L.: *Progreso tecnológico y servicios públicos*, Civitas, Madrid, 2006, p. 25 y 26, «el servicio público es la obra por realizar por la Administración y el poder públicos es el medio de realización. El poder se autolimita por medio de la organización, que se transforma gradualmente en institución. Es un su seno donde el poder público se ha sometido progresivamente a la idea de servir en lugar de a la de dominar».

291 Para el fundador teórico de los postulados de la Escuela de Servicio Público y del concepto mismo, este se corresponde con «el concepto de soberanía como fundamento del Derecho Público». Así, el Servicio Público será «una obligación del orden jurídico que se impone a los gobernantes» a la vez que señala que «existe una correspondencia [...] entre la posesión del poder y la obligación de cumplir ciertas actividades, de prestar ciertos servicios». DUGUIT, L. *Las transformaciones del Derecho Público*, Editorial Heliesta, Buenos Aires, 1975, p. 9.

292 TORNOS MAS, J.: «El concepto de servicio público a la luz del derecho comunitario», *Revista de Administración Pública (RAP)*, 2016, p. 195.

293 BOLETÍN OFICIAL DEL ESTADO. *Jurisprudencia Administrativa del Consejo de Estado Francés* «Grands ArrÊts», 21.° edición, 2019 (traducción de la edición francesa de 2017), Dalloz, Madrid, pp. 27-36.

294 BOLETÍN OFICIAL DEL ESTADO. *Jurisprudencia Administrativa del Consejo de Estado Francés* «Grands ArrÊts», 21.° edición, 2019 (traducción de la edición francesa de 2017), Dalloz, Madrid, pp. 112-118.

295 Así se manifiesta en LAFERRIÉÈRE, E.: *Traité de la Jurisdiction Administrative et des recours contentieux,* París, 1986, I. p. 485, «los actos de gestión son aquellos que la Administración realiza en calidad de gerente y de intendente de los servicios públicos».

servicio público»[296], que pronto transitará hacia otro entendimiento de los servicios públicos, más realista y no tan dogmático, puesto que con anterioridad no se definía con claridad qué actividades de entre las cuales puede realizar las Administraciones públicas eran servicio público y cuáles no[297]. Sin embargo, el concepto acuñado por Duguit, que se detalla en las siguientes líneas, constató un conjunto de notas características que son aplicables en el momento actual al concepto contemporáneo de servicio público, si se permite, como parte de la actividad de las Administraciones públicas:

> «Aquellas actividades cuyo cumplimiento debe ser regulado, asegurado y controlado por los gobernantes porque es indispensable para la realización y desarrollo de la interdependencia social y porque es de tal naturaleza que no puede ser asegurado completamente más que por la intervención de la fuerza gobernante».

Este concepto nos hace pensar en una actividad de la Administración, de carácter prestacional que se realiza a través de una intervención pública en la sociedad (del tipo que sea), con motivo de la insuficiencia del servicio prestado por el mercado y con el fin último de garantizar la «interdependencia social» o solidaridad social, lo que hoy podría ser perfectamente la cohesión económica y social.

Como vemos, a través de esta definición apreciamos ciertas claves conceptuales, ambiguas, puesto que no se concreta cuáles son las técnicas de intervención[298] ni en qué consiste exactamente la interdependencia social, de tal manera que el concepto puede extrapolarse al momento actual sin problema, incluso en un entorno de libre competencia, lo que puede servir como principal argumento de la intervención de las Administraciones públicas en la economía con el fin de garantizar la cohesión social, económica y territorial, y el pleno ejercicio de los derechos fundamentales[299]. Así, se trata de un concepto, igualmente, que, en origen, se configuró como un concepto ciertamente ideológico que ha tenido que transitar, por imperativo histórico y social, hacia una conceptualización jurídica más técnica que parte del derecho o paradigma francés[300].

---

296 Esta sería una de las etapas configuradoras del propio servicio, entre otras, las cuales son enunciadas y detalladas en Cassagne, J. C.: «Evolución de los principios aplicables a los servicios públicos y problemas actuales tras los procesos de privatización», *Revista de Administración Pública (RAP)*, núm. 157, 2002, pp. 467-494.

297 Carlón Ruiz, M.: «Nuevas técnicas para nuevos tiempos: del servicio público al servicio universal» en Muñoz Machado, S., Esteve Pardo, J.: *Derecho de la regulación económica. I. Fundamentos e instituciones de la regulación*, Madrid, Iustel, 2009, pp. 464-535.

298 En todas estas técnicas confluyen de manera clara los principios clásicos del servicio público consagrados en las llamadas Leyes de Roland: universalidad, continuidad y regularidad. *Vid.* Roland, L.: *Prècis de Droit Administratif*, Dalloz, París, 11.ª Ed., 1957.

299 Pedraza Córdoba, J.: *Competencia efectiva y servicios de interés económico general. El caso de las telecomunicaciones*, Valencia, Tirant lo Blanch, 2014, p. 302.

300 Meilan Gil, J. L.: *Progreso tecnológico y servicios públicos... op. cit.*, p. 20.

Así mismo, esa conceptualización inicial bebe de postulados filosóficos y políticos claves en la comprensión de las sociedades modernas, que expresan indudablemente una forma de relacionarse o de interconectarse Sociedad y Estado, digamos, son una expresión de una idea preconcebida de cuál es el papel del Estado en la satisfacción de las necesidades de la colectividad. Así, la base filosófica-política de esta realidad descansa en ROUSSEAU[301] quien concibe el servicio público como algo contrario e incompatible con los intereses privados, y que forma parte del llamado contrato social entre la sociedad y el Estado. También es influyente HEGEL por su concepción del Estado como superior a la sociedad y a los individuos, como ente que debería encarnar la racionalidad, moralidad y la justicia, que unifica los intereses individuales, dispersos y contradictorios en torno a un interés común[302].

Así se comprende cómo en un primer momento la fundamentación ideológica o teórica de una exclusiva titularidad y gestión pública de la prestación de estos servicios nace como consecuencia de un entendimiento de la realidad dual, basado en estas premisas filosóficas por las cuales las actividades económicas o privadas (que solo persiguen el interés individual) se encuentran fuera de un ente «superior» racional dedicado a las tareas que nutren el interés general. Digamos que esa sería la justificación teórico-filosófica[303] que subyace a esa identificación de los servicios públicos con un régimen público en todos sus aspectos: titularidad, gestión y jurisdicción.

No obstante, y ya parcialmente mencionado, este dogma no es compartido por HARIOU quien entiende que la gestión privada de servicios de titularidad pública puede resultar enormemente útil para la satisfacción de la misión de interés general[304]. De esta manera, la llamada teoría del servicio público nos lleva hacia el siguiente estadio de evolución del concepto y de la provisión de servicios públicos, de tal manera que esta nueva etapa, que comienza en el siglo XX, parte de la idea de que existen diferentes actuaciones a desarrollar por las Administraciones públicas, que no todas ellas son servicio público, y que en el caso de la realización de esta actividad prestacional, ésta se realizará a través de la técnica de la *publicatio*[305] lo que implica la reserva de una actividad de manera clara y exclusiva a su desarrollo por una Administra-

301 ROUSSEAU, J. J.: «Du contrat social ou principes de droit politique», in *Collection complète des oeuvres, Genève*, 1780-1789, vol. 1, in 4°, édition en ligne: www.rousseauonline.ch, version du 7 octobre 2012.

302 ÁVALOS TENORIO, G.: «Actualidad del concepto de Estado de Hegel», *Nueva Época*, núm. 62, México (UAM), sept-dic. 2010, pp. 26-28.

303 *Vid.* NIZARD, L.: «À propos de la notion de service publique: Mythes étatiques et réprésentation sociales», *Recueil d'ètudes en hommage a Charles Eisenman,* París, 1977.

304 MATÍAS CAMARGO, S. R.: «La teoría del servicio público y las telecomunicaciones», *Diálogos de Saberes*, núm. 38, enero-junio 2013, pp. 43-62, Bogotá, Colombia.

305 Término acuñado por VILLAR PALASÍ, J. L.: «La actividad industrial del Estado en el Derecho administrativo, *Revista de Administración Pública (RAP),* núm. 3, 1950.

ción pública, sometiéndose a un régimen amplio de Derecho público, de tal manera que se restringe el acceso a los operadores privados. No obstante, comienza a considerarse la gestión indirecta de numerosas actividades, aunque el monopolio en cuanto a titularidad del servicio continuaba en manos de la Administración[306].

Para ello, antes de procederse a esa gestión, directa o indirecta, se requiere que se produzca la *publicatio* del servicio[307], como bien decimos, realizándose a través de una declaración expresa habilitada generalmente por norma con rango de ley, o así se configurará posteriormente —tras la promulgación de la Constitución Española— en el ordenamiento jurídico español, en la que se constate que esa actividad se reserva al Estado. Esta actividad para considerarse como tal debería realizarse de una forma continua y regular, que se presta a terceros, no a la propia administración, es decir, no son servicios internos para la propia organización, y será una actividad sometida a un régimen de servicio público muy variable en cuanto a tarifas, expropiación, responsabilidad, bienes afectos, modo de gestión etc., fruto de la potestad discrecional de cada Administración pública.

Cabe señalar, igualmente, que, bajo esta concepción, no serían servicios públicos aquellos que impliquen ejercicio de autoridad[308] o coacción o aquellas actividades que se consideren propias del Estado, ni tampoco, aunque se haya identificado erróneamente en algunos casos, aquellas actividades que se corresponden con la antiguamente denominada «beneficiencia», véase, sanidad, educación o servicios sociales. Estas actividades pueden y las debe prestar el Estado[309] en virtud de ciertos reconocimientos constitucionales (sea vía derechos fundamentales o derechos de tercera generación o sociales, de menor contenido imperativo), pero no entran en contradicción con la prestación pública de las mismas por entidades privadas, es más, se habilita o «certifica» a entidades privadas para que den cumplimiento a estos mandatos constitucionales o legales[310].

---

306 SÁNCHEZ MORÓN, M.: «Capítulo XVIII. Actividades de servicio público y ayudas públicas», *Derecho administrativo: parte general*, Madrid, Tecnos, 2019, p. 790.

307 *Vid.* MARTÍNEZ LÓPEZ-MUÑIZ, J. L.: «La publicatio de recursos y servicios», en AA. VV.: *Estudios de Derecho Público Económico: libro homenaje a D. Sebastián Martín-Retortillo*, 2003, pp. 687-718.

308 No se considera servicio público, pero sí son de exclusiva titularidad pública, por constituir una función esencial del Estado.

309 MEILAN GIL, J.L.: *Progreso tecnológico y servicios públicos... op. cit.,* p. 40. Únicamente «el protagonismo público viene reclamado por la garantía de realización del derecho fundamental». Además, en la pág. 43, también señala que «el monopolio estatal no puede ser característica de una actividad que constituye el contenido de un derecho fundamental».

310 Se trata de actividades reguladas desde otra perspectiva, porque se encargan de satisfacer determinados mandatos constitucionales o derechos, como el derecho a la educación, por ello se requiere autorización, pero no es un servicio público en el sentido en el que se contextualizó y conceptualizó en nuestro marco constitucional, y en general en el

En este sentido se vienen a consagrar derechos y el Estado actúa como un operador económico más, pero no se limita la actividad económica privada, ni se reserva esa actividad al Estado, por tanto, no se requiere un título habilitante de *publicatio*, para prestar dicha actividad. Además, el servicio debe tener un carácter económico para considerarse como servicio público a los efectos de dicho artículo 128 CE, por lo que, si bien se considera, por ejemplo, la educación como un servicio esencial (por vincularse a derechos fundamentales) no sería servicio público desde el punto de vista de la técnica jurídica que lo conceptualiza[311]. De esta manera, los derechos fundamentales, si bien podría pensarse inicialmente que constituyen un fundamento para la constitución de servicios públicos —en sentido originario y estricto—, en definitiva, son más una limitación de la constitución de los mismos, en el sentido de que son un límite a la iniciativa pública[312/313].

Con estas premisas de base, en el caso español, se promulga la Constitución española de 1978, que no recoge explícitamente la definición de servicio público, quizá por aquella dificultad de acuñar un término homogéneo que sirviera a los múltiples usos que se habían hecho del concepto con el trascurso del tiempo en las diferentes administraciones públicas. Sencillamente se recoge cierta limitación del concepto como consecuencia del reconocimiento de los derechos fundamentales y, entre ellos, de la libertad de empresa (art. 38 CE) y aparece mencionado como un equivalente (aproximado, que quizá bebe de aquel origen del concepto) a actividad administrativa en el art. 106 CE. Así mismo, se menciona en los artículos 28 y 37, aunque sin vinculación directa con el concepto original —quizá tenga más que ver aquí con una conceptualización ideológica o política del término— y definitivamente, en el artículo 128 CE[314], que como es bien sabido, recoge la posibilidad de la *publicatio*, lo que significa «atribuir al Estado la titularidad en exclusiva de determinados servicios» o «atribución de titularidad sobre un servicio esencial»[315].

---

ordenamiento jurídico. *Vid.* PAREJO, L.: «Servicios públicos y servicios de interés general: la renovada actualidad de los primeros», *Revista de Derecho de la Unión Europea*, núm. 7, 2004.

311 *Vid.* GARIÑO ORTIZ, G.: «El servicio público como alternativa», *Revista Española de Derecho Administrativo (REDA)*, núm. 23, 1979, pp. 546-553.

312 STC 127/1994, de 5 de mayo (BOE núm. 129 de 31 de mayo de 1994), señala que la gestión que «implica el ejercicio de derechos fundamentales de los ciudadanos no puede organizarse en forma de monopolio estatal que impida absolutamente el ejercicio del derecho».

313 *Vid.* DEVOLVÉ, P.: «Services publiques et libertés publiques», *Revue français de droit administratif*, 1, 1985.

314 Su precedente más próximo es el artículo 44 de la Constitución de la República española de 1931. GACETA DE MADRID, núm. 344, de 10 de diciembre de 1931. Disponible en: https://bit.ly/3TzPTT7.

315 MEILÁN GIL, J. L.: *Progreso tecnológico y servicios públicos... op. cit.*, p. 34.

Cuando hablamos de servicio «esencial», es importante destacar que no existe este término en el derecho positivo español y que se circunscribe a la discrecionalidad de los legisladores el empleo de este término o la calificación de un servicio como tal. No obstante, sí existe una aportación relevante de la jurisprudencia (STC 26/1981, de 17 de julio) que señala que «un servicio no es esencial tanto por la naturaleza de la actividad que se despliega como por el resultado que con dicha actividad se pretende. [...] Para que el servicio sea esencial deben ser esenciales los bienes o intereses que quedan satisfechos» (FJ 10).

Sin embargo, esta aportación viene a concretar parcialmente de qué estamos hablando, pero también viene a corroborar lo que ya mencionábamos, que el concepto de servicio esencial no está definido y que convendría quizá determinar sus características esenciales de un modo más claro y conciso. No obstante, cabe señalar que «los servicios públicos son servicios esenciales, pero no todos éstos son servicios públicos». Esto viene a resaltar que esa nota de esencialidad, presente a nivel constitucional (art. 128 CE), está presente en todos los llamados «servicios públicos» en su concepción tradicional, sin embargo, no todos los servicios esenciales se configuran como servicio público en ese sentido, pues deben darse una serie de condiciones, fundamentalmente que no exista una competencia efectiva[316].

A continuación, como veremos pormenorizadamente en el capítulo siguiente, en concreto, a finales del siglo XX nos encontramos con un cambio en el paradigma socioeconómico, político y tecnológico, que también modifica en cierto modo las preferencias, exigencias y demandas de la ciudadanía, en cuanto a la oferta y calidad de los servicios, por lo que se introduce la competencia, o lo que consideramos operadores privados, en la provisión de determinados servicios que anteriormente se consideraban restringidos a titularidad y gestión pública[317]. De esta manera, se traslada la gestión a operadores privados, argumentando motivos de eficiencia y de mayor profesionalización, prestándose el servicio en régimen de concurrencia, cuestión que comienza, como ya hemos adelantado, con una traslación de la gestión

316 Meilán Gil, J. L.: *Progreso tecnológico y servicios públicos... op. cit.*, pp. 36-37. En este sentido también se manifiesta el autor hablando de los limites materiales a la categorización como servicio público, siendo el formal la reserva de ley, así señala «ha de tratarse de un servicio esencial y, por otro lado, ha de respetarse la economía de mercado. Solo podrá reservarse al sector público (o en la terminología clásica del servicio la titularidad en exclusiva al Estado) una actividad cuando se trate de servicios esenciales y esa esencialidad, como expresión de lo que son las aspiraciones de la sociedad en un momento determinado, debe ser lógica y legítimamente apreciada por sus representantes, que constituyen el parlamento y cuya manifestación jurídica es la ley».
Vid. Duguit, L.: *Las transformaciones del derecho público..., op. cit.*, pp. 30-35, sobra la mutabilidad del concepto de «esencialidad».

317 Matés Barco, J. M.: «Empresas, sociedad y servicios públicos: del Estado prestador al Estado regulador», *Revista Empresa y Humanismo*, vol. 1, núm. XI, 2008, pp. 197-201.

al mercado, para continuar con un traspaso también de la titularidad del servicio a operadores privados en algunos sectores. Para muchos, esto fue denominado como la «crisis del servicio público»[318 / 319] o incluso, la muerte del mismo, sin embargo, para otros, y a la luz de la evolución hasta nuestros días, quien escribe estas líneas también se suma a estos últimos, se trató fundamentalmente de un renacimiento o una reconfiguración del servicio público[320]. En definitiva, se mantiene su objetivo último y su fundamentación o razón de ser, solo que se utilizan diferentes técnicas acompasadas a la realidad social, pero el fin último es la satisfacción de ese interés general[321] o de, en origen, la consagración de esa «solidaridad social».

---

318 MEILÁN GIL, J. L.: *Progreso tecnológico y servicios públicos... op. cit.*, p. 23, señala que «en todo caso, esa crisis es un problema fundamentalmente francés, ajena a los ordenamientos jurídicos en los que el servicio público no fue utilizado en función de la dualidad de jurisdicciones. Una enfermedad imaginaria que se exporta acríticamente por la doctrina a otros países». Esto se explica, y así lo afirma este autor unos párrafos más arriba, por la estricta simetría y relación que existía en Francia en el origen del servicio público hasta que se comienza el proceso de liberalización entre «un sujeto público, un fin público y un régimen jurídico público» que, además señala el autor, «se cuartea cuando el fin público es realizado por una persona jurídica sometida al Derecho privado y que utiliza medios del Derecho Civil y Mercantil», siendo ese en principio el origen de dicha crisis, no extrapolable en cambio a otros ordenamientos jurídicos como el español, donde la gestión privada siempre ha estado presente salvo a comienzos del siglo XX que se deriva hacia régimen jurídico más afrancesado en ese punto, que comienza a limitar la gestión privada y a derivar hacia un servicio público en cuanto a titularidad y gestión, como consecuencia del fracaso en la gestión por parte de operadoras privadas, y como consecuencia de la desestabilización económica fruto de la I Guerra Mundial, así como de las nuevas corrientes ideológicas que surgen en el final de esta, en MEILAN GIL, J. L.: *Progreso tecnológico y servicios públicos... op. cit.*, p. 29-33. En estas páginas también se habla de las distintas etapas que atraviesa el servicio público en nuestro país. Sin ánimo de ser exhaustivos, estas son las siguientes: 1.º) El servicio público como actividad administrativa. 2.º) El servicio público aparece desde muy temprano ligado al concepto de obra pública 3.º) Se impone la relación entre servicio público y dominio público 4.º) Variedad en cuanto a las actividades consideradas como servicio público y al modo de prestarlas (en la gestión de los mismos en las entidades locales fundamentalmente). Es decir, no existe homogeneidad en el concepto. 5.º) Consolidación de la importación del modelo francés de servicio público en 1924.

319 CARLÓN RUIZ, M.: *El servicio universal de telecomunicaciones*, Thomson Civitas, Navarra, 2007, p. 24, donde aboga por un renacimiento del concepto de servicio público. En la misma línea, MARTÍN REBOLLO, L.:« Sociedad, economía y Estado (a propósito del viejo regeneracionismo y el nuevo servicio público) en AA. VV.: *Estudios de derecho público-Libro homenaje a Sebastián Martín-Retortillo*, Endesa-Ibercaja-Civitas, Madrid, 2003, p. 663.

320 MUÑOZ MACHADO, S.: *Servicio público y mercado* (Tomo I), Madrid, Civitas, 1998, p. 40 decía al respecto que «Europa no abomina del servicio público, sino que simplemente quiere ajustarlo a un entorno de competencia».

321 *Vid.* MEILÁN GIL, J. L. *Categorías jurídicas del Derecho Administrativo*, Iustel, 2011, pp. 180-189, para comprender exactamente el concepto de «interés general» en el Derecho Administrativo.

Sin embargo, como es bien sabido, este proceso de traslación no ha sido homogéneo en todos los sectores, varía en función de las características de cada uno de ellos y del servicio a prestar, aunque se caracteriza en general por la utilización de técnicas jurídico-administrativas de intervención adaptadas a cada caso en concreto[322], consecuencia de un binomio «titularidad-gestión» diferente en cada caso, que prestan especial atención a los considerados servicios esenciales, consagrados como derechos constitucionales (servicios sanitarios, educativos y sociales)[323]. En este sentido, todas estas técnicas deben ajustarse a una serie de principios, al triple test de proporcionalidad[324], el principio de neutralidad entre operadores privados y públicos, es decir, los Estados pueden «elegir» unos u otros para la prestación de estos servicios, el principio de libertad respecto a la elección de qué servicios concretos son considerados esenciales y por tanto, dentro de este nuevo marco regulatorio, y finalmente, el principio de proporcionalidad implícito en numerosos preceptos[325].

Así, resultado de esta evolución histórica llegamos a la consideración de que los «servicios públicos» son en el momento actual y desde los años 90 del siglo pasado, «Servicios de Interés General», nomenclatura diseñada por la Unión Europea, en adelante SIG, marco en el cual incluimos los Servicios

322 Malaret i García, E.: «Administración pública y regulación económica», en AA. VV.: *La autonomía municipal. Administración y regulación económica. Títulos académicos y profesionales*, Asociación Española de Profesores de Derecho Administrativo (AEPDA), Pamplona, Thomson Aranzadi, 2007, pp. 130-144.

323 Tornos Mas, J.: *El concepto de servicio público... op. cit.*, p. 197.

324 El triple test de proporcionalidad se corresponde con el análisis que debe realizar el operador jurídico antes de imponer una medida determinada en el ámbito de la actividad administrativa en general, pero en concreto en la delimitación de las obligaciones de servicio público o de servicio universal, en particular Para ello realizará un triple juicio en torno a esa medida, el juicio de adecuación, el juicio de necesidad y el juicio de proporcionalidad estrictamente. El primer consiste en comprobar si ese acto cumple con los fines, es útil para el objetivo que se persigue; el segundo consiste en analizar si la medida es la menos perjudicial posible para el resto de los intereses implicados y si su aplicación está justificada por no existir otra opción para llevar a cabo el fin propuesto; la tercera consiste en analizar si la medida no afecta de manera desmedida los intereses individuales en pro del interés general. «principio de proporcionalidad como guía eficaz en la delimitación de las obligaciones de servicio público, y entre ellas, la del servicio universal».

Vid. Montero Pascual, J. J.: «La actividad administrativa de regulación: definición y régimen jurídico», *Revista Digital de Derecho Administrativo*, núm. 12, 2014, pp. 23-44 y Sarmiento, D.: *El control de proporcionalidad de la actividad administrativa*, Valencia, Tirant lo Blanch, 2004, pp. 587 y ss.

325 Carlón Ruiz, M.: *El servicio universal...op. cit.*, p. 53.

de Interés Económico General (SIEG)[326], siendo éstos «actividades económicas que producen resultados en aras del bien público general y que el mercado no realizaría (o lo haría en condiciones distintas por lo que respecta a la calidad, seguridad, asequibilidad, igualdad de trato y acceso universal) sin una intervención pública»[327].

3.2. Servicios de interés general y obligaciones de Servicio Público (OSP)

De esta manera, el régimen jurídico de los servicios de interés general se empieza a elaborar a finales del siglo XX, como hemos comentado, en el seno de las instituciones europeas, a través de un intento frustrado de elaboración de una Carta Europea de Servicios Públicos o Servicios de Interés Económico General, que, si bien no pudo dotarse de un marco jurídico sólido y vinculante en ese momento, dio lugar a la aprobación de una Comunicación sobre los Servicios de Interés General en Europa en el año 1997, que fue modificada en el año 2000[328]. A continuación, se aprobará el Informe al Consejo Europeo de Laeken: Los servicios de interés general[329] que aborda aspectos relacionados con la viabilidad empresarial y económica de todos los operadores que proveen SIG.

Cada uno de estos textos es coetáneo o posterior inmediatamente al Tratado de Ámsterdam en 1997[330] texto en el que se consagra como tal el concepto de SIEG mediante la introducción del artículo 16 TCCE (futuro artículo 14 TFUE) en el que se reconoce explícitamente a los SIEG como valores o criterios rectores de las políticas y acciones comunitarias, contrapeso, al menos teórico que se recoge el artículo de este Tratado, a la relevancia que se da en este momento histórico al objetivo de competitividad y libertad de mercado[331].

---

326 Destacar aquí el amplio estudio realizado al respecto en Laguna De Paz, J.C.: *Servicios de interés económico general,* Thomson-Civitas, Madrid, 2009, al que nos remitimos para una mayor profundización sobre el término, su origen y su régimen jurídico.

327 Comunicación «Un marco de calidad para los servicios de interés general en Europa», COM (2011) 900 final, 2011, p. 4.

328 DOCE C-17/4 de 19 de enero de 2001.

329 COM (2001) 598 final de 17 de octubre de 2001.

330 Tratado de Ámsterdam por el que se modifican el Tratado de la Unión Europea, los tratados constitutivos de las Comunidades Europeas y determinados actos conexos (97/C 340/01) de 10 de noviembre de 1997.

331 Carlón Ruiz, M.: *Nuevas técnicas para nuevos tiempos... op. cit.*, p. 490.

Posteriormente, se aprobaron otros textos de *soft law*[332], tales como el Libro Verde[333] sobre Servicios de Interés General del año 2003[334], que dio pie a plantearse la aprobación de una directiva que finalmente no vio la luz y fue simplemente sustituida por el Libro Blanco sobre los Servicios de Interés General (2004)[335]. A continuación, se aprueban otras comunicaciones relacionadas con los SIEG, como la Comunicación de la Comisión de 20 de noviembre de 2007, «Servicios de interés general, incluidos los sociales: un nuevo compromiso europeo»[336] y la Comunicación de la Comisión de 20 de diciembre de 2011 «Un marco de calidad para los servicios de interés general en Europa»[337], siendo este el último texto aprobado en este sentido, con carácter general para los SIG. En esta se definirán las diferentes categorías de servicio de interés general como sigue en las siguientes líneas. Se considera Servicio de Interés General como «aquellos que las autoridades públicas de los Estados miembros clasifican como de interés general y que, por lo tanto, están sujetos a obligaciones específicas de servicio púbico (OSP). El término engloba tanto las actividades económicas (Servicios de Interés Económico General) como los servicios no económicos. Estos últimos no están cubiertos por el mercado interior ni por las normas sobre la competencia del Tratado. Algunos aspectos de la forma en que estos servicios están organizados, tales como el principio de no discriminación, pueden estar cubiertos por otras normas generales del Tratado». Así, dentro de los SIG, un subtipo muy importante, dentro de los cuales, como ya hemos dicho, se encuentran los servicios de comunicaciones electrónicas, son los SIEG y las OSP definidos como« actividades económicas que producen resultados en aras del bien público general y que el mercado no realizaría —o lo haría en condiciones

332 Estos textos vinieron precedidos por otros como el proyecto de Carta Europea de Servicios Públicos o Servicios de Interés Económico General de 1994 y de la Comunicación de la Comisión sobre los servicios de interés general en Europa cuya última modificación se produce en el año 2000 (DOCE C-17/4 de 19 de enero). En esta última se señala que «los servicios de interés económico general se diferencian de los servicios ordinarios en que los poderes públicos consideran que deben prestarse incluso cuando el mercado puede no tener suficientes incentivos para hacerlo» (p. 14).

333 Este texto ya anticipa en cierta manera la definición de servicio de interés general, en línea con lo estipulado en otros documentos previos, señalando que «es el término utilizado en el [entonces] artículo 86 del Tratado y se refiere a los servicios de mercado a los que los Estados miembros imponen determinadas obligaciones de servicio público en virtud de criterios de interés general [Anexo II, COM (2003) 270 final de 21 de mayo de 2003].

334 COM (2003) 270 final de 21 de mayo de 2003.

335 COM (2004) 374 final de 12 de mayo. En este, se detalla, además, que el término tradicional de servicio público, tal y como hemos definido que se configuraba en el ordenamiento español —y en este caso se refiere, en cada uno de los ordenamientos europeos— no tiene que ver con el concepto que la Unión Europea ha lanzado de Servicio de Interés General o Servicio de Interés Económico General.

336 COM (2007) 725 final de 20 de noviembre de 2007.

337 COM (2011) 900 final de 20 de diciembre de 2011.

distintas por lo que respecta a la calidad, seguridad, asequibilidad, igualdad de trato y acceso universal— sin una intervención pública. La Obligación de Servicio Público se impone al prestador mediante una atribución y sobre la base de un criterio de interés general que garantice que el servicio se presta en condiciones que le permiten desempeñar su misión». Igualmente, existen otro subtipo de servicios considerados no económicos o, en terminología utilizada por esta Comunicación, Servicios Sociales de Interés General (SSIG), que incluyen los regímenes de la seguridad social, algunos servicios esenciales prestados de manera directa a las personas con un fin de inclusión y cohesión social fundamentalmente[338]. En este sentido, la Comunicación también resalta que el hecho de que un servicio se considere, a nivel de nomenclatura, social, no implica que no se lleve a cabo una actividad económica en su prestación, por tanto pueden existir SSIG de naturaleza económica y no económica.

Así las cosas, el marco jurídico que ampara los SIG en la UE es la referida comunicación del año 2011 y todas las cuestiones procedentes del Derecho originario de la UE que inciden de manera directa en la configuración de la prestación de servicios. Así, los principales artículos que hacen referencia a los SIG o que inciden en el desarrollo de su prestación son, hoy en día, los artículos 14, 92, 102, 106 y 107 TFUE, el art. 36 de la Carta de Derechos Fundamentales de la Unión Europea (de carácter vinculante como consecuencia de las previsiones del art. 6 TUE) y el Protocolo n.º 26 del TFUE. Igualmente, es muy importante atender a lo estipulado en la Directiva que desarrolla la prestación de servicios en el ámbito de la UE (arts. 56-62 TFUE), la «Directiva Bolkestein»[339], aplicable a los SIG, y por tanto a los SIEG, con algunas excepciones como, por ejemplo, el Sector de las Telecomunicaciones. De esta manera, a continuación, procedemos a relatar el contenido de estas previsiones.

Primeramente, el art. 14 TFUE y el Protocolo n.º 26 TFUE se limitan a reconocer el papel relevante que tienen los SIG en la configuración de las sociedades europeas y de sus valores, de tal manera que son clave para la consecución de la cohesión social, económica y territorial. No obstante, es

338 A este respecto consultar Comunicación COM (2006) 177 final, «Aplicación del programa comunitario de Lisboa-Servicios sociales de interés general en la Unión Europea». También es importante, para diferenciar estos servicios de aquellos que incurren en actividad económica, o lo que es lo mismo, para determinar en qué consiste el concepto actividad económica, la STJUE de 22 de enero de 2022, Asunto C-218/00 Cisal INAIL que reafirma la idea de que la seguridad social y sus prestaciones no constituyen actividad económica. Cuestión similar ocurre en los asuntos acumulados del TJUE, STJ de 12 de septiembre de 2000 Asuntos C-180/98 a C-184/98, Pavlov y otros y STJ de 22 de mayo de 2003 Asunto C-355/00, Freskot y STJ de 17 de febrero de 1993, asuntos acumulados C-159/91 y C-160/91, Poucet AGF y Camulrac y Pistre Canvaca.

339 Directiva 2006/123/CE del Parlamento Europeo y del Consejo de 12 de diciembre de 2006 relativa a los servicios en el mercado interior.

especialmente importante el art. 14 TFUE puesto que habilita a las instituciones europeas para legislar en torno a los SIG destacando que «el Parlamento Europeo y el Consejo establecerán dichos principios y condiciones [económicas y financieras] mediante reglamentos, con arreglo al procedimiento legislativo ordinario, sin perjuicio de la competencia que incumbe a los Estados miembros, dentro del respeto a los Tratados, para prestar, encargar y financiar dichos servicios».

Así, este artículo 14 TFUE es la base necesaria para iniciar un desarrollo normativo aún pendiente que nos dote de herramientas para regular las condiciones económico-financieras y los principios básicos de provisión de SIG en la UE, con carácter general. Como vemos, este artículo 14 TFUE sienta la base necesaria para dar curso a un desarrollo normativo comunitario posterior que permita regular los principios generales aplicables a los SIG, entre los que se incluyen los servicios de comunicaciones electrónicas.

Por otro lado, el Protocolo núm. 26 destaca que serán las autoridades nacionales las que organicen, gestionen y financien esos servicios como consideren adecuado atendiendo a las características sociales, culturales, históricas y geográficas de cada Estado, siendo la diversidad una nota característica en este sentido, siempre y cuando, como es lógico respeten el marco normativo de la UE.

Así mismo reconoce que los SIG son características distintivas de las sociedades de la Unión Europea y que la existencia de estos servicios debe garantizarse en condiciones «de un alto nivel de calidad, seguridad y accesibilidad económica, igualdad de trato y promoción del acceso universal y de los derechos de los usuarios». Este punto es relevante puesto que los Tratados reconocen de este modo ciertos principios básicos aplicables a los SIG y a su provisión si bien es cierto que el reconocimiento es tibio y tampoco garantiza una provisión clara de servicios públicos particulares. Igualmente, el Protocolo señala finalmente una exclusión de las previsiones de los Tratados en todo lo relacionado con los SIG a todos aquellos SIG no económicos.

Así mismo, la Carta de Derechos Fundamentales (equivalente en valor jurídico a los Tratados, art. 6 TFUE) respeta y reconoce como derecho subjetivo el «acceso» a los SIEG, pero no se atreve a concretar qué servicios, en qué condiciones o cuál sería su configuración jurídica, aunque sea desde un punto de vista mínimo y de bases, dejando a la discrecionalidad de los Estados que lleven a cabo esta cuestión. Como vemos, más allá de ese reconocimiento formal de la valía de los SIG en las sociedades europeas, la UE no lleva a cabo y rehúye de una configuración jurídica completa y detallada, teniendo presente su ámbito competencial y el contexto de cada Estado.

Igualmente, el artículo 102 TFUE recoge la prohibición de abuso de posición dominante por las empresas proveedoras de esos SIG, lo que será especialmente importante cuando estas provean dichos servicios bajo técnicas de intervención administrativa para garantizar ciertas condiciones de los mismos. Este artículo es importante por la cantidad de jurisprudencia de TJUE que se deriva del mismo, por el régimen jurídico de las ayudas de Estado que introduce y con el que tiene una relación importante, así como con el derecho de la competencia de la UE[340].

Así, el artículo 106 TFUE recoge que los Estados no pueden vulnerar los Tratados ni el derecho de la competencia en la prestación de SIG, ya sean prestados por empresas públicas o privadas, y no considerando las medidas exigidas a estas mediante las técnicas de intervención (por ejemplo, obligaciones de servicio público, en concreto, servicio universal en el sector de las telecomunicaciones) como exención al cumplimento de estas prescripciones. Sin embargo, esto es así siempre que las normas de la competencia y lo establecido en los Tratados que afecte a la prestación de SIG no interfiera en la realización de la misión de interés general[341] que esos operadores, públicos o privados, deben llevar a cabo[342]. En ese caso, como desarrollaremos posteriormente, se exceptúa ese cumplimiento, y, así mismo, el art. 106 TFUE habilita a las instituciones europeas a dictar directivas o cualquier otra decisión en este sentido.

Estas consideraciones, si bien no se han plasmado en un marco normativo general, al menos en el ámbito de las comunicaciones electrónicas y en su regulación sectorial, en clave de principios o fundamentos, sí se han tenido en cuenta, como hemos desarrollado, en la evolución e implementación de un marco jurídico ciertamente favorable a los ciudadanos, vía servicio universal, esquivando así el cumplimiento estricto de condiciones de mercado. No obstante, en virtud de dicho artículo también se ha desarrollado un régimen jurídico paralelo, más allá del servicio universal, que tiene que ver con la financiación de dichos servicios de interés general, o de las obligaciones aparejadas a los mismos, vía ayudas públicas o ayudas de Estado, denominado Paquete Altmark o Paquete SIEG, que veremos a continuación.

---

340 Díez-Picazo, L. M.: «Los servicios de interés económico general en el ordenamiento comunitario» en Muñoz Machado, S., Esteve Pardo, J.: *Derecho de la regulación económica. I. Fundamentos e instituciones de la regulación*, Madrid, Iustel, 2009, pp. 417-419.

341 Interpretación restrictiva de la exención a las reglas de la competencia o al libre mercado, solo se restringirá en aquello que sea estrictamente necesario para garantizar dicha misión de interés general, González Varas Ibáñez, S.: «Del servicio público a los mercados de interés general», *Cuadernos de Derecho Público*, núm. 12 (2001).
Carlón Ruiz, M.: «¿Crisis del servicio público en tiempos de crisis?», Revista de Administración Pública, núm. 189, 2012, p. 85, a propósito del binomio misión de interés general y actividad económico/mercado señala que «Y ello, en el bien entendido de que la identificación de lo que sea un SIEG—bajo esa doble coordenada actividad económica/interés general—queda en manos de los estados y no solo a nivel estatal sino también regional o local, únicos competentes para su determinación, tal y como ha venido a destacar expresamente el art. 1 Protocolo n.° 26».

342 De la Quadra Salcedo, T.: «Servicios de Interés General, misión pública, interés común y ayudas públicas a la extensión de banda ancha», *Noticias de la Unión Europea*, núm. 313, 2011, pp. 3-22.

3.3. Servicios de interés general y ayudas de Estado: Paquete Altmark o «Paquete de SIEG» y Reglamento (UE) 360/2012, de 25 de abril sobre ayudas de minimis a empresas que prestan SIEG

A) Introducción: las ayudas de Estado a tenor del art. 106.2 TFUE

Para finalizar con esta aproximación al régimen jurídico de los SIG a nivel europeo, el artículo 107 TFUE, en relación con el artículo 93 TFUE, señala la prohibición de las ayudas de Estado con carácter general, considerando estas como incompatibles con el mercado interior y con la libre concurrencia, puesto que generarían privilegios para determinados operadores. Sin embargo, existe una excepción clara a esa prohibición recogida en el artículo 93 TFUE, que subraya que «serán compatibles con los Tratados las ayudas [...] que correspondan al reembolso de determinadas obligaciones inherentes a la noción de servicio público». Además, el art. 106 TFUE[343] hace una referencia especial a las empresas que prestan servicios de interés general[344] señalando que quedarán plenamente sometidas a las previsiones del Tratado, salvo que estas sean un obstáculo para la consecución de una misión de interés general a estas encomendada. Este artículo es en esencia el núcleo de interpretación de numerosas sentencias, entre ellas las ya mencionadas, cuyo contenido explicaremos posteriormente, que contribuyeron a hacer una interpretación amplia y garantista de este precepto[345]. Así, en definitiva, lo que vemos es que existe al menos una previsión de exención de cumplimiento de determinadas normas en materia de ayudas de Estado y otras

---

343 1. Los Estados miembros no adoptarán ni mantendrán, respecto de las empresas públicas y aquellas empresas a las que concedan derechos especiales o exclusivos, ninguna medida contraria a las normas de los Tratados, especialmente las previstas en los artículos 18 y 101 a 109, ambos inclusive. ES C 83/90 Diario Oficial de la Unión Europea 30.3.2010 2. Las empresas encargadas de la gestión de servicios de interés económico general o que tengan el carácter de monopolio fiscal quedarán sometidas a las normas de los Tratados, en especial a las normas sobre competencia, en la medida en que la aplicación de dichas normas no impida, de hecho, o de derecho, el cumplimiento de la misión específica a ellas confiada. El desarrollo de los intercambios no deberá quedar afectado en forma tal que sea contraria al interés de la Unión. 3. La Comisión velará por la aplicación de las disposiciones del presente artículo y, en tanto fuere necesario, dirigirá a los Estados miembros directivas o decisiones apropiadas.

344 De acuerdo con el art. 345 TFUE estas empresas prestadoras de SIG pueden ser públicas o privadas. En cualquier caso, en lo que aquí respecta, se verán sometidas al mismo régimen jurídico.

345 Audeod, O. : «La Communauté Européenne et la notion de Service Public», en *Les Postes, l'Europe et le service universel, Institut de Recherches et de Prospective Postales*, París, 1994, p. 172.

normas de la competencia, cuando se trate de proveer servicios de interés general, bajo una serie de circunstancias y premisas[346].

En esta línea, como ya hemos mencionado, la jurisprudencia es enormemente importante si queremos interpretar correctamente el marco jurídico de los SIG, en especial los SIEG, a nivel europeo, ya que clarifica el equilibrio, y los criterios para que este se produzca, entre el derecho a la competencia y el cumplimiento de dicha misión de interés general, mediante la técnica que corresponda en cada momento para cada sector[347].

De esta manera, en primer lugar, es muy importante tener presente tres cuestiones fundamentales: el llamado Paquete Altmark, la sentencia Corbeau (1993) y la Sentencia Almelo (1994) del Tribunal de Justicia de la Unión Europea pues estas determinan cuáles son las condiciones que una determinada empresa en la prestación de un SIG debe cumplir para que su financiación pública no se considere ayuda de Estado y por tanto estará exenta de notificación (y se entiende en consecuencia que es compatible con las normas de la UE) y del régimen ordinario de supervisión y control vinculado a las ayudas de Estado.

Así, el Paquete Altmark, hoy denominado Paquete SIEG[348] engloba la Sentencia Altmark (STJCE de 24 de julio de 2003, Asunto C-280/00, Altmark Trans), la Decisión de la Comisión de 20 de diciembre de 2011 relativa a la aplicación de las disposiciones del artículo 106, apartado 2, del Tratado de Funcionamiento de la Unión Europea a las ayudas estatales en forma de compensación por servicio público concedidas a algunas empresas encargadas de la gestión de servicios de interés económico general, Comunicación de la Comisión (2012/C 8/03) de 11 de enero de 2012 Marco de la Unión Europea sobre ayudas estatales en forma de compensación por servicio público y Comunicación de la Comisión de 11 de enero de 2012 relativa a la aplicación de las normas de la Unión Europea en materia de ayudas estatales a las compensaciones concedidas por la prestación de servicios de interés económico general (2012/C 8/02).

---

346 En aquel momento se aprobó una guía que resultó muy útil a la hora de interpretar las normas sobre ayudas de Estado a la financiación de SIEG, siendo esta la Guía relativa a la aplicación a los servicios de interés económico general, y en particular, a los servicios sociales de interés general, de las normas de la Unión Europea en materia de ayudas estatales, contratos públicos y de mercado interior, SEC (2010) 1545 final de 7 de diciembre de 2010.

347 Matés Barco, J. M.: «Empresas, sociedad y servicios públicos: del Estado prestador al Estado regulador», *Revista Empresa y Humanismo,* vol. 1, núm. XI, 2008, pp. 215-225.

348 Carlon Ruiz, M.: «¿Crisis del servicio público en tiempos de crisis? Algunas acotaciones a la luz de las novedades en el régimen europeo de control de las ayudas de Estado dirigidas a su financiación», *Revista de Administración Pública*, núm. 189, 2012, p. 76 donde detalla la transición que se produce del llamado Paquete Altmark configurado en un primer momento por la propia sentencia, lo cual se mantiene en el tiempo, pero por comunicaciones y decisiones del año 2005, que se actualizan en el año 2011, actualizando de esa manera su contenido y también su nomenclatura. De hecho, la reforma de este marco normativo tiene como antecedente la Comunicación de la Comisión COM (2011) 146 final «Reforma de las normas de la UE en materia de ayudas estatales aplicables a los servicios de interés económico general» de 23 de marzo de 2011.

B) Sentencia Altmark (STJCE de 24 de julio de 2003, Asunto C-280/00, Altmark Trans)[349]

Todo este Paquete Altmark nos permite interpretar si existe o no la ayuda de Estado en un caso concreto en el que se dota de financiación pública a un sector para proveer un determinado SIG y si esta fuera compatible con el derecho de la competencia y con el Derecho originario de la UE, en relación con una serie de criterios interpretativos. Los primeros y más relevantes son los contenidos en la Sentencia Altmark Trans[350] siendo estos cuatro criterios cumulativos que, como decimos, en caso de cumplirse, la financiación pública destinada a la financiación de ese SIG no sería ayuda de estado. El criterio general que se establece en la sentencia Altmark es que solo se considerará ayuda de Estado cuando la misma implique una *ventaja competitiva* a la entidad beneficiaria, teniendo presente otra serie de subcriterios que permiten tomar una u otra decisión[351], estos son[352]:

1. La empresa debe estar encargada de la prestación de un SIEG o de la ejecución de obligaciones de servicio público y estas obligaciones

349 Los criterios establecidos en Altmark se ven reforzados conceptualmente por las previsiones recogidas en la Sentencia Almelo (1994) y la Sentencia Corbeau (1993) emitidas por el TJCE que legitiman la reserva de una actividad al Sector Público, en la medida en que sea necesaria para la consecución de esa misión de interés general prefijada en los términos del servicio, de manera parcial pero también absoluta. Evidentemente, esto se prevé como una excepción que debe sujetarse en todo caso al principio de proporcionalidad. Así, la Sentencia Corbeau señala que se podrá «permitir que los Estados miembros confieran a empresas, a las que encomiendan la gestión de SIEG, derechos exclusivos que puedan obstaculizar la aplicación de las normas del Tratado sobre la competencia, en la medida en que, para garantizar el cumplimiento de la misión específica confiada a las empresas titulares de los derechos exclusivos, sea necesario establecer restricciones a la competencia, o incluso, excluir toda competencia de otros operadores económicos».

350 También refuerza la jurisprudencia de esta sentencia otras como las SSTJCE de 20 de noviembre de 2003, Asunto C-126/01, Ministre de l'Économie, de las Finances et de l'industrie/Gemo SA y de 27 de noviembre de 2003, en los Asuntos acumulados C-34/01 a 38/01, Enirisorse Spa. A este respecto consultar Boissard, B.: «Les compensations pour service public consacrées par la Cour de Justicie des Communautés Européennes Commentaire des Affaires Altmark trans, Gemoet Enirisorse», *RDP*, 4, 2004, pp. 1173-1190. Acierno, S., Baquero Cruz, J.: «La sentencia Altmark sobre ayudas de Estado y servicios públicos, *Revista Española de Derecho Europeo*, núm. 9, 2004, pp. 169-190.

351 Santamato, S., Pesaresi, N.: «Compensation for services of general economic interest: some thoughts on the Altmark ruling», *Competition Policy Newsletter (CPN),* núm. 1, 2004, pp. 17-22 y Boissard, B.: «Les compensations de service publique consacrées para la Cour de Justice des Communautés européennes. Commentaire des affaires Altmark Trans, Gemoet Enirisorse», *Revue de Droit Public (RDP),* núm. 4, 2004, pp. 1173-1190, en esta última se comentan discrepancias sobre los criterios a considerar con el fin de reflejar excepciones cuando se produzca la financiación de SIEG vía ayudas públicas.

352 Una recopilación de dichos criterios desde un punto de vista crítico y analizando la evolución que ha existido respecto a los mismos en sentencias previas relativas al art. 106.2 TFUE se encuentra en Buendía Sierra, J. L.: «Finding the right balance: State Aid and Services of General Economic Interest», *EC State Aid Law: Liber Amicorum in Honour of Francisco Santaolalla*, Kluwer, 2008, pp. 198 y ss.

deben estar explícita y claramente definidas a través de un acto público formal, que adquirirá diferentes formas en cada Estado miembro.

2. El cálculo de la compensación debe realizarse conforme a parámetros establecidos previamente de manera objetiva y transparente, con el fin de evitar que esta compensación conlleve una ventaja económica para la empresa.
3. La compensación debe sufragar única y exclusivamente los gastos ocasionados por la ejecución de las obligaciones de servicio público encomendadas y nunca podrá ser superior a este valor, evitando así compensaciones excesivas, teniendo presentes los beneficios que correspondan, así como un beneficio razonable[353].
4. La elección de la empresa encargada de esta misión se realizará o bien mediante un procedimiento de licitación pública, en condiciones equitativas, no discriminatorias y transparentes, donde se elegirá la oferta que suponga «el menor coste para la colectividad», bien existe la posibilidad de que la elección de la empresa encargada no se produzca mediante un procedimiento de licitación pública, en cuyo caso, la compensación necesaria se calculará sobre la base de un «análisis de los costes que una empresa media bien gestionada y adecuadamente equipada [...] habría soportado para ejecutar estas obligaciones, teniendo en cuenta los ingresos correspondientes y un beneficio razonable por la ejecución de esas obligaciones»[354].

---

353 *Vid*. punto 61 Comunicación 2012/C8/02, donde se define el término «beneficio razonable» atendiendo a criterios económicos que reproducimos literalmente aquí: Se debe entender por beneficio razonable el coeficiente de rendimiento del capital (3) que requeriría una empresa media que estuviera considerando si prestar o no el servicio de interés económico general lo largo de toda la duración del periodo de atribución, teniendo en cuenta el nivel de riesgo. Este depende del sector de que se trate, del tipo de servicio y de las características del mecanismo de compensación. El coeficiente se debe determinar, cuando sea posible, por referencia al coeficiente de rendimiento del capital logrado con tipos similares de contratos de servicio público en condiciones abiertas a la competencia (por ejemplo, contratos adjudicados mediante licitación). En aquellos sectores en los que no exista una empresa comparable a la que tiene encomendada la explotación del servicio de interés económico general, puede hacerse una referencia a empresas comparables sitas en otros Estados miembros o, en caso necesario, con empresas de otros sectores, siempre que se tengan en cuenta las características particulares de cada sector. Para determinar qué constituye un beneficio razonable, los Estados miembros podrán introducir criterios incentivadores, relativos, en particular, a la calidad del servicio prestado y a los incrementos de la eficiencia productiva. El incremento de la eficiencia no puede lograrse a expensas de la calidad de los servicios prestados.

354 A este respecto *Vid*. puntos 62 a 77 Comunicación 2012/C8/02, muy especialmente el punto 67 en cuanto a los criterios de adjudicación, estableciéndose que tanto el precio más bajo como la «oferta económicamente más ventajosa» satisface este criterio «siempre y cuando los criterios de adjudicación incluidos los medioambientales o sociales guarden relación con los servicios prestados y permitan a la oferta económicamente más ventajosa igualar el valor de mercado». *Vid*. también Asunto C-280/00 Altmark Trans GmbH, apartado 87.

Es importante destacar tres proyectos de financiación de redes de banda ancha que cumplieron con los criterios Altmark y por tanto recibieron recursos en concepto de compensación por servicio público para llevar a cabo actuaciones de extensión de infraestructuras y servicios de conectividad digital en zonas remotas o de difícil orografía y acceso[355]. En estos casos[356], se decidió recurrir a la atribución a través de un acto público, de dichas obligaciones de servicio público, en lugar de recurrir a la financiación directa del mercado sin consideración como SIEG, alternativa por la que se decantó posteriormente Francia, y por la que desde un principio apostamos en nuestro país.

Así, hay determinados conceptos clave que se resaltan en la interpretación de estos cuatro parámetros jurisprudenciales, siendo el concepto de servicio de interés económico general en lo que respecta al art. 106.2 TFUE, el contenido del acto de atribución de la obligación de servicio público, la definición de los parámetros de compensación, el procedimiento para evitar una compensación excesiva y los principios que imperan en el momento de la selección del operador.

En cuanto a la determinación de existencia de un SIEG[357], se tratan de servicios que poseen características especiales respecto a otras actividades económicas[358], no obstante, como sabemos no existe normativa europea que delimite un concepto claro de SIEG ya que es potestad de los Estados miembros

---

355 Decisión de la Comisión sobre la ayuda N381/2004, Francia, Banda ancha de extensión en Pyrénnées Atlantiques, DO C 162/05 de 2 de julio de 2005, Decisión de la Comisión sobre la ayuda N382/2004, Francia, Banda ancha Limousin (Dorsal), DO 230/06, d 20 de septiembre de 2005 y Decisión de la Comisión sobre la ayuda N331/2008, Francia, Banda muy ancha en el departamento de Hauts-de-Seine.

356 Kliemann, A., Stehmann, O.: *EU State Aid Control in the Broadband Sector... op. cit.*, p. 505.

357 CNMC. *Informe anual sobre ayudas públicas 2022*, Ref. IAP/CNMC/001/22, p. 97, define Servicios de Interés Económico General (SIEG) como «actividades económicas que las autoridades identifican como de especial importancia para los ciudadanos y que no serían provistos por el mercado, o lo serían en unas condiciones diferente, en ausencia de intervención pública. Ejemplos típicos de SIEG son las redes de transporte, los servicios postales y los servicios postales». Vinculado a ello, el mismo informe define Obligaciones de Servicio Público (OSP) de una manera superficial como «obligaciones de prestación de un servicio de interés general sujeto a condiciones especiales de precio y calidad, impuestas por un operador económico por la normativa o por un contrato público. Las OSP son típicas del sector postal, telecomunicaciones, transporte, energía, servicios financieros y servicios postales, pero pueden existir fuera de los mismos. Este concepto está muy relacionado con la previa declaración de una actividad como SIEG».

358 En este sentido, dependerá de si existe una remuneración de mercado generalmente aceptada, en cuyo caso se adoptará esta (Decisión de la Comisión en el Asunto C49/06 —Italia— Ayuda estatal c49/06 ejecutada por Italia en la remuneración de Poste Italiane por los certificados de ahorro postales), y si no existe dicha remuneración se procederá a una serie de cálculos determinados en los puntos 69 a 77 de la Comunicación 2012/C8/02. *Vid.* también Asunto C-179/90, Merci Convezionali porto di Genova, Rec. 1991, p. I-5889, ap. 27, entre otros.

decidir sobre ámbito de aplicación, su gestión, organización y delimitación, siempre y cuando se respete el ordenamiento jurídico de la UE, fundamentalmente en lo que respecta a su financiación y a las consecuencias que conlleva en el cumplimiento de las normas en materia de competencia. Por ello, la Comisión solo puede limitarse a examinar si el Estado en cuestión ha incurrido en un error manifiesto[359] al definir un servicio como SIEG. Así mismo, se señala que se encarga a las empresas encargadas de un SIEG una «misión específica», lo que, para la Comunicación 2012/C8/02, punto 47, implica «la prestación de servicios que una empresa, si considerase exclusivamente su propio interés comercial, no asumiría o no asumiría en la misma medida o en las mismas condiciones». Así mismo, se considerará por la Comisión que un SIEG debe estar destinado a la ciudadanía o ser de especial interés para el conjunto de la ciudadanía y «en zonas en las que los inversores privados ya han invertido en una infraestructura de red de banda ancha (o están ampliando su infraestructura de red) y ya prestan servicios competitivos de banda ancha con una cobertura adecuada, implantar una infraestructura de banda ancha paralela competitiva con fondos públicos no deberá considerarse un SIEG a tenor del art. 86 del Tratado [hoy art. 106 TFUE]».

A este respecto la Comisión en su Comunicación (2009/C 235/04) Directrices comunitarias para la aplicación de las normas sobre ayudas estatales al despliegue rápido de redes de banda ancha, en adelante, Directrices de 2009, estableció una categorización de las zonas[360] de los Estados miembros en función de la existencia de una, ninguna o varias infraestructuras de banda ancha (puntos 41 a 51), siendo estas zonas blancas (no existe ningún proveedor de red ni previsión en un futuro próximo de tres años de que así sea), grises (solo existe un proveedor de red —riesgo de monopolio[361]—) o

359 Directrices de la comisión sobre ayudas de estado banda ancha 2009, nota 25 señala que «dado que los Estados miembros gozan de un amplio margen de apreciación para definir el ámbito de un SIEG, la Comisión reconoció en las dos decisiones citadas [Decisión de la Comisión N381/04 – Francia, Projet de réseau de télécommunications haut débit des Pyrénées-Atlantiques, y Decisión de la Comisión N382/04 - Francia, Mise en place d'une infraestructura haut débit sur le territoire de la región Limousin(DORSAL)] que, en la medida en que la prestación de una infraestructura de banda ancha ubicua estaría abierta a todos los demás proveedores de red y resolvería una deficiencia de mercado y suministraría conectividad a todos los usuarios en la región en cuestión, el Estado miembro no habría cometido un error manifiesto al considerar que dicho servicio se ajustaba al concepto de SIEG» y a propósito del error manifiesto, muy importante el asunto T-289/03, Bupa y otros/Comisión.

360 Gómez Barroso, J. L., Feijoo, C.: «Volition verss feasibility: state aid when ai dis looked upon favourably: the broadband example», *European Journal of Law and Economics*, núm.34, 2012, pp. 353-354.

361 A este respecto *Vid.* nota 48 sobre las Directrices de ayudas de Estado 2009 «En su Decisión N 131/05 - Reino Unido, "FibreSpeed Broadband Project Wales", la Comisión tuvo que evaluar si el apoyo financiero otorgado por las autoridades galesas para la construcción de una red de fibra óptica abierta y neutra que conectaba 14 parques empresariales podría seguir considerándose compatible aun cuando su ubicación ya estuviera atendida

negras (existen dos o más proveedores de red). En las primeras es necesaria y se ajusta a los requisitos especificados la inversión vía ayudas de Estado que serían compatibles con el mercado interior, en las segundas con carácter general también, y en las terceras no cabría esa financiación como ayudas de Estado compatibles con el ordenamiento jurídico de la UE. La filosofía de dicha sistematización se ha ido plasmando y adaptando en las diferentes directrices, decisiones e incluso reglamentos en torno a esta cuestión a lo largo del tiempo, hasta el momento actual.

En concreto, respecto a la determinación de la inversión en redes y servicios de banda ancha[362] como SIEG, la Comisión ya ha detallado que solo en los casos en los que no exista, al menos, una red paralela de carácter privado que provea estos servicios, o previsiones razonables de que así se produzca en el futuro dicha extensión, por razones de rentabilidad o eficiencia económica, solo en estos supuestos, podría considerarse la inversión en estas infraestructuras y la prestación de servicios de banda ancha aparejados, como SIEG, y exclusivamente cuando cumplan determinadas condiciones establecidas en los puntos 24 a 30 de las Directrices de 2009, orientaciones que, como sabemos, serán actualizadas posteriormente, siendo las últimas vigentes del año 2023.

En caso de que este servicio no cumpla con las estipulaciones ahí reseñadas, se trataría de un servicio más, no de un SIEG, y por tanto, la financiación pública destinada a los mismos no se encuadraría dentro del Paquete Altmark, es decir, no se podría considerar que no es ayuda estatal según la Sentencia Altmark, tampoco podría considerarse ayuda estatal por com-

---

por el operador de red tradicional, que ofrecía líneas arrendadas a precios regulados. La Comisión consideró que las líneas arrendadas ofrecidas por el operador tradicional eran muy caras y que prácticamente no estaban al alcance de las PYME. Los parques empresariales en cuestión no podían conseguir servicios ADSL simétricos superiores a 2 Mbps debido a la distancia hasta las centralitas telefónicas del operador tradicional. Además, este operador no ponía a disposición de terceros sus conducciones y fibra oscura. Por tanto, la presencia del operador tradicional en las zonas en cuestión no garantizaba servicios de Internet de alta velocidad asequibles para las PYME. No había perspectivas de que terceros construyeran infraestructuras alternativas para prestar servicios de alta velocidad a los parques empresariales en cuestión. Véanse también las Decisiones de la Comisión N 890/06 - Francia, "Aide du Sicoval pour un réseau de très haut débit" y N 284/05 - Irlanda, "Regional Broadband Programme: Metropolitan Area Networks ('MANs'), phases II and III". Véanse también las Decisiones de la Comisión N 890/06 - Francia, "Aide du Sicoval pour un réseau de très haut débit" y N 284/05 - Irlanda, "Regional Broadband Programme: Metropolitan Area Networks ('MANs'), phases II and III"».

362 En palabras de Diez-Vega, R: «La banda ancha como servicio regulado», en *Regulación y competencia en Telecomunicaciones*, Instituto de Estudios Europeos, Dykinson, Madrid, 2003, p. 316, «la banda ancha es algo más que velocidad, representa la posibilidad de infinitos servicios y aplicaciones que pueden ser desarrollados y utilizados por el consumidor. Se podría definir como aquella capacidad técnica que permite satisfacer las necesidades actuales y futuras de los ciudadanos, tanto de comunicaciones como de entretenimiento e información».

pensación de servicio público exenta de notificación conforme a la Decisión de la Comisión de 20 de diciembre de 2011 relativa a la aplicación de las disposiciones del artículo 106, apartado 2, del Tratado de Funcionamiento de la Unión Europea a las ayudas estatales en forma de compensación por servicio público concedidas a algunas empresas encargadas de la gestión de servicios de interés económico general, al Reglamento de *minimis* en relación a las ayudas por compensación de servicio público[363], ni que se trate de ayuda estatal por compensación de servicio público cuya compatibilidad con el mercado interior debe interpretarse conforme a las comunicaciones de la Comisión del año 2012 que ayudan a su interpretación[364]. Es decir, sería una ayuda pública ordinaria a un sector concreto de la economía, que, en este caso, como sabemos, se sujetaría a las normas generales de las ayudas de Estado, incluyendo su régimen general de compatibilidad que se acoge a diferentes directrices, así como las posibles exenciones resultantes de su escasa cuantía o de su pertenencia a categorías concretas, como veremos.

En definitiva, esto quiere decir que, en esos supuestos, se consideraría un servicio más, no SIEG, supuesto en el que acudiríamos a otras normas diferentes, aún dentro del marco general regulatorio de las ayudas de Estado y de la competencia de la UE. La diferencia en el recurso a uno u otro régimen jurídico, a nuestro juicio, deriva de la inclusión como tal, cuando así lo prevea el ordenamiento de la Unión, como SIEG a través de un acto público por parte del Estado miembro y cuando cumpla el resto de los requisitos enunciados para considerarse un SIEG. Es en ese momento cuando podrá acogerse al Paquete Altmark o Paquete SIEG.

En este sentido, los puntos detallados en las Directrices de 2009 dan una serie de indicaciones que nos permiten determinar si nos encontramos o no ante un SIEG[365] y, por tanto, si este se vería sujetado o no a lo establecido en el Paquete Altmark respecto a las ayudas (consideradas ayudas de estado o no) destinadas a financiar la prestación de SIEG[366].

Así, se considerará que existe un SIEG cuando los Estados miembros así lo hayan declarado a través de «un acto del poder público que encomiende a los operadores afectados una misión de SIEG» (punto 26 Directrices 2009) y

---

363 Reglamento (UE) 360/2012 de la Comisión de 25 de abril de 2012 relativo a la aplicación de los artículos 107 y 108 del Tratado de Funcionamiento de la Unión Europea a las ayudas de minimis concedidas a empresa que prestan servicios de interés económico general.

364 Comunicación de la Comisión (2012/C 8/03) de 11 de enero de 2012 Marco de la Unión Europea sobre ayudas estatales en forma de compensación por servicio público y Comunicación de la Comisión de 11 de enero de 2012 relativa a la aplicación de las normas de la Unión Europea en materia de ayudas estatales a las compensaciones concedidas por la prestación de servicios de interés económico general (2012/C 8/02).

365 Calvo Diez, G.: «Ayudas de Estado en telecomunicaciones: el Wi-Fi municipal», *Fundación Democracia y Gobierno Local*, 2010, pp.133-134.

366 Gómez Barroso, J. L., Feijoo, C.: *Volition verss feasibility... op. cit.*, pp. 350-351.

estos deben definir cuáles son las razones exactas por las que estiman oportuno declarar este servicio como tal, en función de su carácter específico y por qué merece diferenciarse de otras actividades económicas. Es decir, esta motivación es de vital importancia para que la Comisión pueda realizar un control en la designación, en virtud de la potestad discrecional que posee cada Estado miembro, de dicho SIEG vía control de los errores manifiestos[367]. Esta decisión se tomará como resultado de la llamada prueba de sopesamiento que conjuga dos intereses fundamentales como es el libre mercado y el respeto al derecho de la competencia, y el cumplimiento de una misión de interés general. Es decir, de lo que se trata en definitiva es de hacer un balance entre los efectos negativos de la ayuda sobre la competencia y los positivos desde el punto de vista del interés general[368].

Así mismo, otro de los criterios es que la misión de SIEG encomendada a la empresa o empresas en cuestión ofrezca dicho servicio de manera universal y que, además, en virtud de norma legal o reglamentaria, se encuentre obligada a prestarlo de este modo. Es decir, la empresa encargada de esa obligación de servicio público debe ofrecer conectividad universal a todos los usuarios, sean particulares o empresas, en una región determinada (punto 26 y 27 Directrices 2009)[369]. Además, esto implica que el proveedor de la red que se construye o despliegue no puede impedir el acceso minorista a la misma de manera discrecional o no motivada que implique vulnerar el principio de no discriminación, con independencia de la rentabilidad que le reporte dar acceso o no al operador minoritario. Esto quiere decir que en última instancia

367 *Vid.* STJCE, de 9 de marzo de 2006, Asunto C-323/03 Comisión de las Comunidades Europeas contra Reino de España. Incumplimiento de Estado - Reglamento (CEE) n.° 3577/92 - Cabotaje marítimo - Aplicabilidad a los servicios de transporte de pasajeros en la ría de Vigo - Concesión administrativa de veinte años a favor de un operador único - Compatibilidad - Posibilidad de celebrar contratos de servicio público o de imponer obligaciones de servicio público - Cláusula de congelación (o de «standstill»), también otras anteriores como la STJCE de 10 de diciembre de 1991, Asunto C-179/90, *Merzi Convencional Porto di Genova,* la STJUE de 27 de noviembre de 2003, Asuntos C-34/01 a C-38/01, *Enirisorse,* entre otras.

368 Esta prueba de sopesamiento fue introducida por primera vez en el contexto de las ayudas a la investigación reflejadas en Comisión Europea. Marco comunitario sobre ayudas estatales de investigación y desarrollo e innovación DOUE C 323 de 30 de diciembre de 2006. Igualmente, los parámetros concretos a considerar sobre la prueba de sopesamiento aparecen en la Comunicación de la Comisión Plan de Acción de Ayudas Estatales-Menos ayudas estatales con unos objetivos mejor definidos: programa de trabajo para la reforma de las ayudas estatales 2005-2009, COM (2005) 107 final de 7 de junio.

369 En este sentido se expresa Gómez Barroso, J. L., Feijoo, C.: «Directrices comunitarias para el empleo de ayudas estatales en el despliegue de redes de banda ancha—una novedad conceptual», *Revista de Derecho Comunitario Europeo*, núm. 36, 2010, pp. 443, «ha sido el caso de las ayudas destinadas al despliegue de infraestructuras y muy en concreto al de redes de telecomunicación. En este sector ha dominado una utilización correctora de los fondos públicos: las ayudas se han destinado a áreas que se habían demostrado no rentables para los operadores (comunidades o zonas rurales o con bajo desarrollo económico)».

el proveedor debe proveer de una infraestructura pasiva y de acceso abierto a otros operadores y, además, como es lógico, debe respetar el principio de neutralidad tecnológica.

No obstante, teniendo presente que el mercado de las comunicaciones electrónicas es un mercado completamente liberalizado, como ya sabemos fruto del análisis de normativa europea anterior, determinar un servicio de despliegue de redes de banda ancha no puede basarse en derechos exclusivos o especiales, como se refleja con carácter general en el art. 106.1 TFUE. Es muy importante destacar, y esta es la principal diferencia, a nuestro modo de ver, respecto a las ayudas públicas al sector sin consideración de SIEG y por tanto, sin obligación de servicio público aparejada, es que en estos casos (cuando existe determinación de SIEG para el despliegue de redes de banda ancha) si no se basa en una infraestructura de propiedad pública, se debe establecer «un control adecuado y unas cláusulas de devolución con el fin de evitar que el proveedor del SIEG obtenga una ventaja indebida al conservar la propiedad de la red que se financió con fondos públicos una vez terminada la concesión de SIEG» (punto 29 Directrices 2009).

Finalmente, otro subcriterio a cumplir es que la compensación deberá establecerse conforme a una licitación transparente, abierta y no discriminatoria que permita a todos los operadores concretar de manera clara cuáles son las zonas rentables (en las que, como ya hemos mencionado, no se pueden construir infraestructuras de banda ancha a través de la financiación de ayudas públicas por compensación de servicio público) y no rentables y de esa manera poder solicitar el importe que corresponda como compensación, evitando compensación excesiva.

Seguidamente, en cuanto al acto de atribución, la Comisión establece que el acto puede adquirir diversas formas en función de la normativa del Estado miembro, pudiendo tratarse de un contrato, un instrumento regulador o un instrumento legislativo[370]. En todo caso, el o los actos de atribución deben presentar un contenido mínimo[371] para considerarse válidos y cumplir con

370 Carlón Ruiz, M.: *¿Crisis del servicio público... op. cit.*, p. 88, señala que «el encargo debe producirse a través de un acto de atribución específico —sea legal, regulatorio o contractual— en el que se identifiquen con claridad las obligaciones de servicio público que sean impuestas como una «misión específica» alejada de criterios de puro interés comercial, en correlación con la exigencia del art. 106.2 TFUE lo que se corresponde con un criterio de subsidiariedad respecto del mercado que es consustancial a la idea de obligación de servicio público que solo se explica como excepción en un entorno de competencia justificada por la especificidad de interés general de los servicios o prestaciones objeto de tales obligaciones».

371 Punto 52 Comunicación 2012/C8/02,« a) el contenido y la duración de las obligaciones de servicio público; b) la empresa interesada y, si procede, el territorio afectado; c) la naturaleza de cualesquiera derechos exclusivos o especiales atribuidos a las empresas por la autoridad en cuestión; d) los parámetros aplicados al cálculo, control y revisión de la compensación; y e) las modalidades para evitar y recuperar las posibles compensaciones excesivas».

uno de los criterios de la Sentencia Altmark para determinar que un instrumento de financiación concreto de un SIEG no es ayuda de Estado. Así mismo, en relación con los parámetros para realizar el cálculo de la compensación, se reitera que deben conocerse y establecerse previamente a la atribución de la obligación de servicio público, de manera objetiva y transparente, con el objetivo de evitar que una ventaja económica que beneficie a una empresa en concreto y como es lógico, solo podrán tenerse en cuenta los costes vinculados directamente al SIEG. Si se produjera algún cambio en el importe de la compensación durante el tiempo en el que se haya determinado la prestación del servicio, se regirá por lo previsto en el acto de atribución sobre posibles modificaciones y, a su vez, si la prestación del SIEG se atribuye mediante un procedimiento de licitación, el método de cálculo de la compensación debe ofrecerse, como es lógico, a todos los interesados en participar en el procedimiento[372].

Así, si al hacer un análisis de los criterios recogidos en la Sentencia Altmark se llega a la conclusión de que no cumple con todos ellos de forma cumulativa, se considera que la financiación pública de dichas obligaciones de servicio público se correspondería con una ayuda de Estado siempre que cumpla con los criterios del art. 107.1. En este punto, siguiendo con el análisis de los textos del Paquete Altmark, procedería analizar si dicha ayuda de Estado estaría exenta de notificación o no, y, por tanto, se consideraría compatible con el ordenamiento jurídico de la Unión y, lo más importante, quedaría exenta del mecanismo de control, supervisión y autorización de la Comisión. Para realizar ese segundo análisis debemos acudir a la Decisión 2012/21/UE de 20 de diciembre de 2011 relativa a la aplicación de las disposiciones del artículo 106 apartado 2 del Tratado de Funcionamiento de la Unión Europea[373] a las ayudas estatales en forma de compensación por servicio público concedidas a algunas empresas encargadas de la gestión de la gestión de servicios de interés económico general, donde se establecen los criterios que deben cumplirse para considerarse ayuda de Estado por compensación de servicio público exenta de notificación, conforme al art. 180.3 TFUE por ser consideradas precisamente compatibles con el art. 106.2 TFUE (arts. 1 y 3 Decisión 2012/21/UE).

---

372 Puntos 54 a 59 Comunicación 2012/C8/02.

373 European Commission. *Competition policy, Services of General Interest*. Aquí podemos encontrar informes de notificación de los Estados miembros a la Comisión Europea sobre el cumplimiento de esta Decisión que vincula SIEG y ayudas de Estado. Disponible en: https://competition-policy.ec.europa.eu/state-aid/legislation/sgei_en. En ninguno de los informes relativos a España y Francia en el último año 2022 se recurre a ayudas de Estado por compensación de SIEG para infraestructuras de conectividad digital.

C) Régimen jurídico de las ayudas de Estado por compensación de servicio público exentas de notificación: Decisión 2012/21/UE de la Comisión de 20 de diciembre de 2011 relativa a la aplicación de las disposiciones del art. 106, apartado 2, del TFUE

La Decisión 2012/21/UE vino precedida por la Decisión 2005/842/CE de la Comisión de 28 de noviembre relativa a la aplicación del art. 86.2 TCE (hoy art. 106.2 TFUE) que precisaba el alcance de la excepción del art. 106.2 TFUE del cumplimiento de las normas del Tratado por empresas encargadas de las obligaciones de servicio público o prestadoras de SIG.

Así, esta Decisión se aplicará a las empresas que suministren servicios de interés económico general en virtud del art. 106.2 TFUE y que se correspondan con alguna de las categorías del art. 2 Decisión 2012/21/UE:

> a) compensación inferior a 15 millones de euros anuales en ámbitos diferentes al sector transportes y a las infraestructuras de transportes, b) compensación por prestación de SIEG por hospitales que presten atención médica y en su caso servicios de urgencia (el ejercicio de otras actividades complementarias como la investigación no impide que se considere como una de las categorías objeto de la Decisión), c) compensación por prestación de estos servicios cuando se trate de la atención de necesidades sociales como «asistencia sanitaria, asistencia de larga duración, asistencia infantil, acceso a la reintegración en el mercado laboral, viviendas sociales y protección e inclusión de grupos vulnerables», d) compensación por prestación de SIEG en relación con las conexiones marítimas o aéreas con las islas, en determinadas circunstancias y e) compensación por la prestación de SIEG en aeropuertos y puertos en determinadas circunstancias de tráfico anual.

Si atendemos a estas categorías, comprobamos cómo la financiación de la extensión de redes y prestación de servicios de comunicaciones electrónicas solo cabría en el primer supuesto a) en el caso de que se trataran de actuaciones inferiores a esa cantidad, lo cual limita bastante el encaje de este tipo de actuaciones en la categoría de SIEG, y, por tanto, en el marco de esta Decisión.

En todos los casos, no obstante, se aplicará la presente Decisión[374] únicamente cuando el periodo por el que se ha encomendado a la empresa la prestación del SIEG no sea superior a 10 años (art. 2.2 Decisión 2012/21/UE) y si durante el periodo de atribución se produce un cambio en las circunstancias que implica que deja de cumplir las condiciones de la Decisión, deberá comunicarse la medida de financiación conforme al art. 108.3 TFUE.

Igualmente, la prestación del SIEG a la empresa en cuestión será atribuido por un acto público determinado por el Estado miembro, pero que siempre

374 Tampoco se aplicará la presente Decisión a las ayudas destinadas a la compensación por servicio público concedidas a empresas de transporte terrestre (art. 2.5).

debe concretar el siguiente contenido (art. 4 Decisión 2012/21/UE): la empresa o empresas encargadas, el territorio afectado, el contenido y la duración de la obligación de servicio público, el tipo de derechos exclusivos o especiales que se atribuyan a las empresas por la autoridad correspondiente, una descripción detallada del mecanismo de financiación y de compensación así como los parámetros aplicados previamente para realizar el cálculo, control y supervisión de dicha compensación, así como un detalle del procedimiento para controlar que no se produzcan compensaciones excesivas[375] y en su caso, cómo recuperarlas.

A continuación, si una vez hecho el análisis de adecuación a los supuestos incluidos en dicha Decisión, se constata que la medida en cuestión no cumple con dichos requisitos, se entiende que ya no existe exención de notificación, es decir, si no se cumple con los criterios de la sentencia Altmark ni con los incluidos en la Decisión 2012/21/EU la financiación de las obligaciones de servicio público se considera ayuda de Estado por compensación de servicio público que debe ser notificada. A partir de ahí, será la Comisión la que determinará si es compatible o no con el Derecho de la Unión Europea, valiéndose de los criterios interpretativos del Marco de interpretación (Comunicación de la Comisión relativa a la aplicación de las normas de la Unión Europea en materia de ayudas estatales a las compensaciones concedidas por la prestación de servicios de interés económico general, 2012/C 8/02 y Comunicación de la Comisión Marco de la Unión Europea sobre ayudas estatales en forma de compensación por servicio público, 2012/C 8/03, ambas de 11 de enero de 2012), del derecho originario de la UE y, evidentemente, de la jurisprudencia.

D) Compatibilidad con el mercado interior de las ayudas de Estado notificadas por compensación de servicio público, «Marco de interpretación»

i) Comunicación de la Comisión (2012/C 8/03) de 11 de enero de 2012, Marco de la Unión Europea sobre ayudas estatales en forma de compensación de servicio público

El Marco de interpretación, como decimos, se corresponde con dos comunicaciones, la primera de ellas, que denominaremos Comunicación 2012/C

375 *Vid*. Artículo 5 Decisión 2012/21/CE sobre la compensación de las obligaciones de servicio público. En concreto, cabe destacar de este precepto sus dos primeros apartados que señalan que: *1. El importe de la compensación no superará lo necesario para cubrir el coste neto derivado del cumplimiento de las obligaciones de servicio público, incluido un beneficio razonable. 2. El coste neto puede calcularse como la diferencia entre los costes definidos en el apartado 3 y los ingresos definidos en el apartado 4. Alternativamente, también puede calcularse como la diferencia entre el coste neto para la empresa de operar con la obligación de servicio público y el coste neto o el beneficio de la misma empresa que opere sin obligación de servicio público.* En cuanto a las compensaciones excesivas, *Vid*. Artículo 6 Decisión 2012/21/UE, así como las disposiciones relativas a transparencia, informes y disponibilidad de la información, arts. 7 y ss. Decisión 2012/21/UE.

8/02, se encarga fundamentalmente de aclarar los conceptos para poder proceder a una interpretación clara en la aplicación de las normas sobre ayudas estatales en forma de compensación por servicio público. En concreto, tratará de clarificar tres conceptos vitales para la interpretación correcta del art. 107.1 TFUE y, en consecuencia, para determinar si las ayudas concedidas en estos supuestos serían por tanto incompatibles[376] o no con el mercado interior.

Así, conviene recordar de nuevo en este punto lo que determina el art. 107.1 TFUE por el cual «salvo que los tratados dispongan otra cosa, serán incompatibles con el mercado interior, en la medida en que afecten a los intercambios comerciales entre Estados miembros, las ayudas otorgadas por los Estados o mediante fondos estatales, bajo cualquier forma, que falseen o amenacen falsear la competencia, favoreciendo a determinadas empresas». De esta manera, la Comunicación 2012/C8/02 concreta que se entenderá por «empresa y actividad económica», «fondos estatales» y «efectos sobre los intercambios» en cuanto a las ayudas destinadas a la compensación por servicio público para determinar su compatibilidad con el mercado interior.

- Empresa y actividad económica[377]

Una empresa se considera como una entidad que lleva a cabo una actividad económica, con independencia de su titularidad pública o privada, de su estatus jurídico y de su modo de financiación[378]. De esta manera es muy importante tener en cuenta la naturaleza de las actividades de la entidad en cuestión, así, en primer lugar, su estatus como empresa no depende de si esta se creó con el fin de generar beneficios o no, si no de si pueden y efectivamente así lo hacen, ofrecer servicios y bienes en el mercado[379]. Esta consideración se hace con la vista en determinadas organizaciones sin ánimo de lucro que, sin embargo, precisamente por esa razón, se convierten en

376 FERNÁNDEZ FARRERES, G.: «El régimen de las ayudas de Estado y su impacto en el derecho español», *Revista de Administración Pública (RAP)*, núm. 200, 2016, p. 235.

377 Conviene recordar que, si se produce precisamente un control de la aplicación del régimen jurídico de las ayudas de Estado, o lo que es lo mismo, si se prohíben, con carácter general salvo las excepciones que estamos viendo, las ayudas de Estado, es precisamente porque se cumpliría con el requisito de que estas se destinan a una empresa que realiza actividades económicas. Así lo refleja CARLÓN RUIZ, M.: *¿Crisis del servicio público... op. cit.*, p. 83, «En estos términos establece un género dentro del cual los SIEG [...] son una especie, lo cual es determinante en el ámbito del control de las ayudas de Estado: solo estos últimos son relevantes a los efectos del control de las ayudas estatales, dado que el concepto de «actividad económica» que está en la base de las ayudas encuentra correlación en la premisa del carácter de mercado de los servicios que está implícita en los SIEG».

378 SSTSJUE Asuntos acumulados C-180/98 a C-14/98, Pavlov y otros,Rec. 2000 p. I-6451.

379 Asunto 118/85, Comisión/Italia, Rec. 1987, p. 2599, Asunto C-35/96, Comisión/Italia Rec. 1998, I-3851, ap. 36.

empresas a la luz de la jurisprudencia de la UE[380]. Igualmente, si una entidad lleva a cabo actividades económicas y de manera paralela actividades no económicas, solo se considerará empresa cuando actúe en el desarrollo de la primera[381].

Así mismo, la aplicación de las normas de las ayudas de Estado, como es lógico, solo se aplica cuando el servicio a prestar se realiza en un entorno de mercado, lo cual difiere en cada Estado miembro y depende de cómo se organicen los SIG en el mismo, además de que clarificar un servicio como una actividad de mercado implica cierto dinamismo en su concepto y en la evolución de este a lo largo del tiempo. En este sentido, también se señala que el hecho de que un servicio se preste por la autoridad correspondiente de manera interna no implica negar la naturaleza económica de dicha actividad, y tampoco es relevante si este servicio puede considerarse SIEG.

No obstante, existen cierto tipo de servicios que se prestan en ejercicio de la autoridad pública que se encuentran fuera de los términos del art. 107.1 TFUE o bien «cuando las autoridades que emanan del Estado actúan en calidad de administraciones públicas»[382]. Por otro lado, respecto a los regímenes vinculados a la seguridad social o en su ámbito de actuación, la jurisprudencia establece que depende de si se basan en el principio de solidaridad (no estarían desarrollando una actividad económica) o en regímenes económicos. De esta manera, los regímenes basados en el principio de solidaridad[383] cumplirían con las siguientes condiciones: es obligatoria la afiliación al régi-

380 Asuntos acumulados 209/78 a 215/78 y 218/78 Van Ladnewyck, Rec. 1980, Asunto C-244/94, FFSA y otros, Rec. 1995 y Asunto C-39/07 MOTOE, Rec. 2008, entre otros.

381 A este respecto también es importante determinar los vínculos que pueden existir entre diferentes entidades ya que esto puede determinar que se trate de una única entidad económica en cuanto a la aplicación del régimen jurídico de las ayudas de Estado. Para ello existen una serie de normas y consideraciones a tener en cuenta (Punto 2, epígrafe 2.1., puntos 10 y 11 Comunicación 2012/C8/02) determinadas fundamentalmente a través de la jurisprudencia (Vid. Asunto C-480/09, P AceaElectrabel Produzione SpA/Comisión, Rec. 2010, apartados 47 a 55; asunto C-222/04, Ministero dell'Economia e delle Finanze/Cassa di Risparmio di Firenze SpA y otros, Rec. 2006, p. I-289, apartado 112. Asunto C-222/04, Ministero dell'Economia e delle Finanze/Cassa di Risparmio di Firenze SpA y otros, Rec. 2006, p. I-289, apartados 107-118 y 125).

382 Asunto C-118/85 Comisión/Italia, apartados 7 y 8. Asunto C-30/87, Bodson/Pompes funèbres des régions libérées, Rec. 1988, p. I-2479, ap. 18.
En este sentido, la Comunicación también se expresa en su punto 16, señalando que «una entidad puede considerarse que actúa ejerciendo autoridad pública cuando la actividad en cuestión sea una tarea que forme parte de las funciones esenciales del Estado o esté relacionada con dichas funciones por su naturaleza, por su objeto y por las normas a las que esté sujeta». En términos generales y con independencia de la discrecionalidad e idiosincrasia de cada Estado miembro, podemos hablar de las actividades de ejército y policía, la seguridad de la navegación aérea y del tráfico marítimo, la vigilancia anticontaminación etc.

383 Carlon Ruiz, M.: *¿Crisis del servicio público..., op. cit.*, p. 82.

men, este persigue una finalidad social exclusivamente, el sistema no tiene ánimo de lucro, las prestaciones que se reciben son independientes de la cuantía de las aportaciones, el régimen está sometido al control del Estado y las prestaciones pagadas no son siempre proporcionales a los ingresos de la persona asegurada (punto 18 Comunicación 2012/C8/02).

Igualmente, se establecen una serie de consideraciones en cuanto a la asistencia sanitaria, que también tiene en cuenta la base del sistema: principio de solidaridad o régimen económico[384], y para el caso de la educación pública se considera una actividad no económica a los efectos de la jurisprudencia del TJUE y de las directrices de esta Comunicación, si bien es cierto se concretan una serie de cuestiones para poder comprender esta cuestión y poder discernir una actividad económica (formación privada) de otras que no lo son. Así se señala en el punto 26 Comunicación 2012/C8/02, «al establecer y mantener tal sistema de enseñanza pública, financiado por lo general con cargo a fondos públicos y no por los alumnos o por sus padres (...) no se propone realizar actividades remuneradas, sino que cumple su misión para con la población en los ámbitos social, cultural y educativo»[385].

- **Fondos estatales**

Únicamente las ventajas otorgadas de manera directa o indirecta mediante fondos estatales, es decir, financiación pública, pueden constituir ayuda estatal. No tiene por qué tratarse de una ayuda directa en forma de subvención, ya que existen otros mecanismos que pueden constituirse como ayudas de Estado, tales como los créditos, los beneficios fiscales o los beneficios en especie. Igualmente, los recursos de una empresa pública también

384 Puntos 22 a 24 Comunicación 2012 8C02, «22. En algunos Estados miembros, los hospitales públicos son parte integrante de un servicio nacional de salud y están basados casi en su totalidad en el principio de solidaridad (10). Estos hospitales se financian directamente con las cotizaciones a la seguridad social y otros recursos del Estado y prestan sus servicios gratuitamente a sus afiliados sobre la base de una cobertura universal (11). El Tribunal de Justicia y el Tribunal General han confirmado que, cuando existe una estructura de este tipo, las entidades en cuestión no actúan como empresas (12).
23. Cuando exista la citada estructura, incluso actividades que en sí mismas podrían ser de naturaleza económica, pero se ejercen meramente con fines de prestar otro servicio no económico, no son de naturaleza económica. Una entidad que compra un producto, incluso en grandes cantidades, con la finalidad de ofrecer un servicio no económico no actúa como empresa por el simple hecho de que se comporte como un comprador en un mercado (13).
24. En muchos otros Estados miembros, los hospitales y prestadores de asistencia sanitaria ofrecen sus servicios a cambio de una remuneración, ya sea directamente de los pacientes o de su seguro (14). En estos sistemas, existe cierto grado de competencia entre hospitales en lo referente a la prestación de los servicios de asistencia sanitaria. Cuando es ese el caso, el hecho de que un servicio sanitario sea prestado por un hospital público no es suficiente para que la actividad no se considere económica».

385 Decisión de la Comisión de 25 de abril de 2001 N118/00 Subvention publiques aux clubs sportifs professionels y Asunto C-318/05, Comisión/Alemania, Rec. 2007, p. I-6957, ap. 68.

se consideran fondos estatales en lo que respecta al art. 107.1 TFUE porque en última instancia la autoridad pública que financia dicha empresa tendría control sobre dichos recursos. En consecuencia, cuando una empresa encargada de la prestación de SIEG esté financiada por recursos de una empresa pública cuya financiación sea estatal, la misma constituye ayuda de Estado en virtud de este criterio[386].

Muy importante es el siguiente punto que hace precisamente alusión a la financiación del servicio universal, señalando que cuando se produzcan exacciones a empresas u usuarios que participan en un mismo mercado, generándose así ingresos que serán gestionados y transferidos por las autoridades públicas a las empresas encargadas de prestar un SIEG en concepto de compensación del mismo, se consideran como ayudas de Estado en los términos del art. 107 TFUE[387]. Es decir:

> «Por nutrirse los fondos de que se trata de cotizaciones o exacciones obligatorias impuestas por la legislación del Estado y, estar, como demuestra el presente caso, gestionados y distribuidos conforme a dicha legislación, han de considerarse como fondos estatales en el sentido del art. 107 Tratado, aun cuando sean administrados por organismos distintos de la autoridad» *Asunto 173/73 Italia/Comisión rec. 1974, p. 709, ap. 16.*

Esto significa que se debe acoger a los requerimientos en materia de ayudas de Estado, fundamentalmente a lo relativo a la notificación de la dotación de dichos fondos, para que la Comisión examine la compatibilidad con el mercado interior. Esta circunstancia no tiene mayor implicación ya que, siguiendo con el argumento de este trabajo, estos fondos irían destinados a financiar de manera exclusiva el restrictivo ámbito de actuación del servicio universal, que no alcanza a satisfacer las necesidades en materia de conectividad de los usuarios y empresas, por lo cual, insistimos, se recurre a mecanismos de financiación pública complementarios.

- Efectos sobre los intercambios

Se considera de facto que se afectan los intercambios comerciales y por tanto, la competencia, cuando los mercados en los que opera la empresa prestadora de ese SIEG se encuentran abiertos a la competencia en virtud de normativa nacional o europea, en cuyo caso se aplican las normas de ayudas

---

386 Asunto C-482/99, Francia/Comisión, Rec. 2002, p. I-4397.

387 Punto 36 Comunicación 2012/C8/02, «los pagos compensatorios por la gestión de servicios de interés económico general financiados mediante exacciones parafiscales o cotizaciones obligatorias impuestas por la legislación del Estado y gestionados y distribuidos conforme a dicha legislación son pagos compensatorios efectuados con fondos estatales». A este respecto también se pronuncia Carlón Ruiz, M.: *¿Crisis del servicio público... op. cit.,* p. 86, «Flujos de financiación pública que pueden manifestarse —en su potencial consideración como ayudas de Estado—en las más variadas formas, no exclusivamente de carácter subvencional, de crédito fiscal o de beneficio en especie».

de Estado, sin perjuicio de que serán los propios Estados miembros quienes organicen, gestionen y definan los SIEG y su financiación, que se verá sometida a los diferentes criterios que venimos exponiendo para determinar que se trata de este tipo de ayudas, y de qué manera se insertan o se hacen compatibles con el derecho de la UE.

En ese sentido, esta Comunicación solo hace un par de puntualizaciones señalando que en los supuestos en los que se decida prescindir de un procedimiento de licitación pública para elegir el prestador del SIEG, se debe actuar con especial rigor para que esto no origine falseamientos de la competencia al impedir la entrada de otros competidores. Por otro lado, la Comisión ha considerado que un conjunto de actividades de carácter local[388] no afectan a los intercambios comerciales entre los Estados miembros.

ii) Comunicación de la Comisión (2012/C 8/03) de 11 de enero de 2012 relativa a la aplicación de las normas de la UE en materia de ayudas estatales a las compensaciones concedidas por la prestación de SIEG

El siguiente instrumento de interpretación dentro del Marco mencionado, es la Comunicación de la Comisión, Marco de la Unión Europea sobre ayudas estatales en forma de compensación por servicio público 2012/C8/03, en adelante, Comunicación 2012/C8/03, que permite a la Comisión guiar su decisión y la interpretación correspondiente de las ayudas de Estado destinadas a compensación por servicio público como compatibles o no con el mercado interior a tenor de lo establecido por el art. 107.1 TFUE y con arreglo a lo establecido en el art. 106.2 TFUE respecto a las empresas prestadoras de SIEG. Es importante recordar de nuevo que los principios de esta comunicación no son aplicables a aquella financiación de SIEG que se encuentre en el ámbito de la Decisión 2012/21/UE[389], es decir, en este momento hablamos de ayudas de Estado sujetas a notificación cuyo examen de compatibilidad se valdrá de los principios expuestos en la Comunicación 2012/C8/03.

Así, para que se pueda considerar que la ayuda de Estado por compensación de servicio público es compatible con el mercado interior se deben cumplir una serie de condiciones que nos lleven a determinar que no afecta

388 *Vid.* Punto 40 Comunicación 2012/C8/02: «a) piscinas para uso predominante de la población local, hospitales locales destinados exclusivamente a la población local, c) museos locales que probablemente no atraigan a visitantes transfronterizos y d) acontecimientos culturales locales, cuyos espectadores potenciales están restringidos localmente».

389 Punto 61 Comunicación 2012/C8/03 lo determina así, estableciendo que «los principios expuestos en los puntos 14, 19, 20, 24, 39, 51 a 59 y 60 letra a), no se aplican a las ayudas que cumplen las condiciones establecidas en el artículo 2, apartado 1 de la Decisión 2012/21/UE.

a los intercambios en forma contraria a los intereses de la Unión (en esencia en forma contraria al mercado único interior):

> i) que exista un servicio de interés económico general verdadero (nos remitimos a lo establecido en las Directrices de 2009) en función de lo establecido en el art. 106 TFUE y que así haya sido corroborado mediante consulta pública u otros métodos, ii) que exista un acto de atribución que determine las obligaciones de servicio público así como el cálculo de su compensación, iii) que la duración de la atribución no puede ser superior al periodo requerido para «la amortización de los activos más importantes necesarios para gestionar el SIEG» (Sección 2.4), iv) respeto de la Directiva 2006/111/CE[390], v) respeto de las normas sobre contratación pública vi) garantizar el principio de no discriminación en cuanto al cálculo de la compensación en el caso de que existan varias empresas, vii) que el importe de la compensación no supere lo imprescindible para cubrir el coste neto[391] de la prestación del SIEG, incluido un beneficio razonable[392], en caso contrario la compensación excesiva constituiría ayuda estatal incompatible (Secciones 2.1 a 2.8 Comunicación 2012/C8/03)[393].

De esta manera, el cumplimiento de todos estos requisitos suele ser suficiente para determinar que una ayuda no falsea la competencia y que, por tanto, se considera compatible con el mercado interior. No obstante, en algunos casos pueden existir dudas razonables que la Comisión intentará paliar

390 Directiva 2006/111/CE relativa a la transparencia de las relaciones financieras entre los Estados miembros y las empresas públicas.

391 El cálculo del coste neto podrá realizarse utilizando el método del coste evitado neto con carácter preferente (punto 25 Comunicación 2012/C8/03) o bien otros métodos alternativos como el método basado en la asignación de costes (puntos 28 a 38 Comunicación 2012/C8/03).

392 Sección 2.8 Punto 23 Comunicación 2012/C8/03, «cuando la compensación se base total o parcialmente en los en los costes e ingresos previstos, estos deben especificarse en el acto de atribución. Deben basarse en parámetros plausibles y observables relativos al entorno económico en el que se presta el SIEG. Deben apoyarse, cuando proceda, en los conocimientos de los reguladores del sector o de otras entidades independientes de la empresa». Se entiende también por «beneficio razonable», «coeficiente de rendimiento de capital que requeriría una empresa media que estuviera considerando si prestar o no el SIEG a lo largo de toda la duración del periodo de atribución, teniendo en cuenta el nivel de riesgo, siendo así que el coeficiente de rendimiento de capital se identifica como la tasa interna de rentabilidad (IRR) que la empresa logra sobre su capital invertido en toda la duración del proyecto, es decir, el IRR sobre los flujos de efectivo del contrato», CARLON RUIZ, M.: *¿Crisis del servicio público... op. cit.*, p. 89.

393 Para cada una de las ayudas concedidas como compensación por servicio público se exigirán algunas condiciones en materia de transparencia tales como las contenidas en el punto 60 Comunicación 2012/C8/03, siendo estas a) los resultados de la consulta pública o de otros instrumentos adecuados contemplados en el punto 14, b) el contenido y la duración de las obligaciones de servicio público, c) la empresa, si procede, y el territorio afectado, d)los importes de la ayuda concedida a la empresa anualmente.

recabando compromisos o imponiendo condiciones adicionales al Estado miembro en cuestión (Sección 2.9 Comunicación 2012/C8/03).

E) Reglamento (UE) 360/2012 de la Comisión de 25 de abril de 2012 relativo a la aplicación de los artículos 107 y 108 del Tratado de Funcionamiento de la Unión Europea a las ayudas de minimis concedidas a empresas que prestan servicios de interés económico general

Por otra parte, debemos tener en cuenta las exenciones previstas en cuanto a notificación de todas las ayudas de Estado destinadas a la financiación de un SIEG que cumplan determinados requisitos, y que no superen una cuantía determinada, previstas en el Reglamento (UE) 360/2012 de la Comisión de 25 de abril de 2012 relativo a la aplicación de los artículos 107 y 108 del Tratado de Funcionamiento de la Unión Europea a las ayudas de minimis concedidas a empresas que prestan servicios de interés económico general. En virtud de este, todas aquellas ayudas de Estado concedidas en concepto de compensación por servicio público que no superen los 500.000€ en los tres últimos ejercicios fiscales se considerará que no cumplen con lo estipulado en el art. 107 TFUE y, por tanto, están exentas de la notificación prevista en el art. 108.3 TFUE [art. 2 Reglamento (UE) 360/2012][394]. Esto se aplica con independencia del instrumento financiero que se utilice, aunque bajo determinadas condiciones específicas para cada uno de ellos [art. 2.4 Reglamento (UE) 360/2012].

Así, el límite expresado se corresponderá como la cuantía de dicha ayuda como subvención en efectivo y se trata de cifras en bruto, esto es, antes de que se hayan aplicado deducciones o impuestos. Cuando la ayuda no se conceda en forma de subvención su valor será el equivalente bruto de subvención [art. 2.3 Reglamento (UE) 360/2012]. Además, se aplicará exclusivamente respecto de aquellas ayudas consideradas transparentes, siendo estas las ayudas «cuyo equivalente bruto de subvención pueda calcularse previamente con precisión sin necesidad de efectuar una evaluación del riesgo» [art. 2.4 Reglamento (UE) 360/2012].

Dicha ayuda no se acumulará con otra ayuda estatal destinada a cubrir los mismos costes subvencionables si esta acumulación da lugar a una intensidad de ayuda superior a la prevista en los diferentes reglamentos de exención o en las correspondientes decisiones de la Comisión, no obstante la ayuda de

394 No obstante, es importante resaltar que hay determinadas ayudas destinadas a sectores concretos que se encuentran excluidas del ámbito de aplicación de este Reglamento (Art. 1) como las concedidas a empresas del sector de la pesca y la acuicultura según el Reglamento (CE) 104/2000 del Consejo, de 21 de enero de 2000, entre otras.

minimis podrá combinarse con otras ayudas de minimis siempre y cuando no se supere el límite establecido de 500.000€ y la ayuda concedida en virtud de este reglamento no podrá acumularse con otra compensación por el mismo SIEG, sea esta última ayuda estatal o no [art. 2.8 Reglamento (UE) 360/2012].

Finalmente, solo hay que señalar que el Estado miembro está obligado a informar por escrito a la empresa beneficiaria de la concesión de dicha ayuda, de su carácter de ayuda de minimis, haciendo referencia al reglamento que la regula. No obstante, antes de proceder a la concesión de la misma, el Estado miembro requerirá de la empresa prestadora del SIEG una declaración en la que refleje cualquier otra ayuda de minimis que haya recibido en los últimos dos ejercicios fiscales y durante el año en curso. Esto podría sustituirse por un registro central en el que exista una recopilación y un control de todas las ayudas de minimis concedidas en, al menos, los últimos tres años, datos que deberán conservarse durante diez años, como mínimo, a efectos de control y verificación por parte de la Comisión [art. 3 Reglamento (UE) 360/2012].

CAPÍTULO III

AGOTAMIENTO DE LA TÉCNICA DE SERVICIO UNIVERSAL Y RECURSO A LAS AYUDAS DE ESTADO PARA LA FINANCIACIÓN DE LA CONECTIVIDAD RURAL

Introducción

Hasta el momento hemos analizado el surgimiento del servicio universal y su configuración, financiación y contenido incluyendo las previsiones de la LGT2003. Hemos visto así mismo, cómo se ha derivado igualmente hacia otras obligaciones de servicio público, con una financiación que se rige por el régimen jurídico de las ayudas de Estado (Paquete Altmark o Paquete SIEG), como alternativa para ensanchar el servicio universal en cuanto a la conectividad digital y a las comunicaciones electrónicas. Pues bien, en los siguientes puntos veremos cómo precisamente la reforma del servicio universal del año 2009 ha demostrado que este ha devenido ineficaz y ha reforzado precisamente la financiación vía ayudas públicas directas al mercado, consideradas o no ayuda de Estado, para impulsar el establecimiento de infraestructuras y prestación de servicios allí donde resulta ineficiente, donde existe una insuficiencia de inversión privada.

1. Evolución del régimen jurídico del servicio universal de comunicaciones electrónicas desde 2009 hasta la actualidad

1.1. Actualización de las limitaciones del servicio universal en la unión europea. Refundición de las previsiones del nuevo marco de comunicaciones electrónicas

Una vez consolidado el marco jurídico europeo que nace del denominado Nuevo Marco, que será el conjunto de normas decisivo que permita el impulso y despliegue decidido de las redes de comunicaciones electrónicas a nivel europeo, tal y como mandataban sus preceptos, se procede a una actualización de la normativa en diversos aspectos, actualización que vino precedida de recomendaciones, comunicaciones o dictámenes tales como la Comunicación COM (2006) 334 final de 29 de junio en relación a la revisión del marco regulador de redes y servicios de comunicaciones electrónicas, la Recomendación de la Comisión 2007/879/CE sobre equipos y productos (en el ámbito de la regulación ex ante)[395] y la Recomendación de la Comisión (2008/850/CE) de 15 de octubre sobre plazos, notificaciones y consultas en el sector de las telecomunicaciones, o más concretamente de las comunicaciones electrónicas[396], entre otros.

A) Directiva 140/2009 de 25 de noviembre de 2009

Así, será la Directiva 140/2009 de 25 de noviembre de 2009 una de las primeras en acometer la revisión del marco jurídico de las directivas de principio de siglo, modificando preceptos de la Direlas autorizaciones relativa a un marco regulador de las redes y los servicios de comunicaciones electrónicas, la Directiva 2002/19/CE relativa al acceso a las redes de comunicaciones electrónicas y servicios asociados y a su interconexión y la Directiva 2002/20/CE relativa a las autorización de redes y servicios de comunicaciones electrónicas. En definitiva, esta primera directiva se encarga de modificar las denominadas Directiva Marco, la Directiva de Acceso y la Directiva de Autorización. En las siguientes líneas nos encargaremos de describir cuáles han sido las principales novedades incorporadas que han incidido de manera más o menos directa en la extensión de redes en los Estados miembros, en la prestación de servicios y en la garantía de una calidad mínima de los mismos.

Así, si bien el marco regulador anterior cumplió su función de manera ampliamente satisfactoria, seguían persistiendo algunos problemas tradicionales en el sector como por ejemplo la fragmentación del mercado y, en consecuencia, la también fragmentación de las medidas regulatorias aplicadas por cada Estado miembro seguía siendo demasiado habitual, cuestión que comprometía enormemente el mercado único y la competencia en infraestructuras y servicios. Fundamentalmente se debían revisar aquellas medidas u obligaciones impuestas a los operadores con poder significativo

395 Recomendación de la Comisión de 17 de diciembre de 2007 relativa a los mercados pertinentes de productos y servicios dentro del sector de las comunicaciones electrónicas que pueden ser objeto de regulación ex ante de conformidad con la Directiva 2002/21/CE del Parlamento Europeo y del Consejo relativa a un marco regulador común de las redes y los servicios de comunicaciones electrónicas.

396 Recomendación de la Comisión de 15 de octubre de 2008 sobre las notificaciones, los plazos y las consultas previstos en el artículo 7 de la Directiva 2002/21/CE del Parlamento Europeo y del Consejo, relativa a un marco regulador común de las redes y los servicios de comunicaciones electrónicas.

en el mercado, así como acometer un esfuerzo en materia de coordinación de las políticas y medidas en el sector que se manifestará a través de la creación del ORECE (Organismo de Reguladores Europeos de las Comunicaciones Electrónicas) mediante el Reglamento (CE) 1211/2009 de 25 de noviembre o Reglamento del ORECE[397]. Igualmente, esta Directiva propone por primera vez una estrategia común y ciertamente armonizada en cuanto a la planificación estratégica y coordinación del espectro radioeléctrico[398] (cuestión ya iniciada a través de la Decisión 676/2002/CE de 7 de marzo de 2002 sobre un marco regulador de la política del espectro radioeléctrico) ya que considera de vital importancia el uso del espectro —que se considera un

397 A la aprobación de este reglamento que crea y regula el ORECE debe sumarse, la aprobación del Reglamento (CE) 717/2007 de 27 de junio de 2007 relativo a la itinerancia en las redes públicas de comunicaciones móviles en la comunidad como un instrumento más que contribuye a la consolidación del mercado único en el sector de las comunicaciones electrónicas y al cumplimiento del resto de objetivos en cuanto a coherencia, coordinación y armonización previstos en el marco regulador comunitario de las comunicaciones electrónicas.
Por su parte, el ORECE tiene como antecedente el Grupo de Entidades reguladoras europeas de las redes y los servicios de comunicaciones electrónicas creado por la Decisión 2002/627/CE de 29 de julio de 2002 que tendría como objetivos principales asesorar a la Comisión en la consolidación del mercado interior y, además, ser nexo de unión y coordinación entre las ANR y la Comisión. Con el fin de reforzar dicha cooperación se plantea la creación del ORECE como un organismo que no debe ser una agencia de la Unión Europea ni tampoco tener personalidad jurídica (Cdo. 6 Reglamento del ORECE que debe «actuar como punto de referencia y generar confianza en virtud de su independencia, la calidad de su asesoramiento e información, la transparencia de sus procedimientos y métodos de funcionamiento, y su diligencia en el desempeño de sus tareas». Será un organismo que cooperará, como es lógico con otros comités y grupos existentes como el Comité del espectro radioeléctrico creado a partir de la Decisión 676/2002/CE de 7 de marzo de 2002, Decisión sobre el espectro radioeléctrico y el Grupo de política del espectro radioeléctrico (Decisión 2002/622/CE de 26 de julio de 2002).
Se crea la Oficina del ORECE a través de su reglamento como organismo comunitario —art. 185 Reglamento (CE, Euratom) 1605/2002 de 25 de junio o Reglamento financiero—, autónomo desde un punto de vista financiero, jurídico y administrativo, que sí presenta personalidad jurídica propia y ejercerá diferentes tareas con el objetivo último de dar asistencia profesional y administrativa al ORECE en su conjunto. El ORECE tendrá como ultimo objetivo los mismos que tendrían las ANR en virtud del art. 8 Directiva Marco: mejora del mercado interior de comunicaciones electrónicas en cuanto a redes y servicios, aumento de la coherencia, coordinación y armonización de las medidas aplicables en el marco reglamentario aplicable al sector en la UE. Servirá de apoyo reciproco a la tarea de las ANR, fomentará la cooperación entre ellas y entre las ANR y la Comisión (art. 1 Reglamento del ORECE). Las funciones y tareas detalladas del organismo aparecen en el art. 2 y 3 de dicho reglamento (elaboración de dictámenes, informes, estudios, resolución de consultas sobre diferentes proyectos de medidas, sobre la designación de operadores con peso significativo en el mercado, asistencia a las ANR en el análisis de mercados).

398 Cdo. 28 Directiva, pone algunos ejemplos al respecto como «orientaciones y objetivos que pueden referirse a la disponibilidad y utilización eficaz del espectro radioeléctrico, en aras del establecimiento y del funcionamiento del mercado interior, así como, cuando proceda, a la armonización de los procedimientos de concesión de autorizaciones generales o derechos individuales de la utilización de frecuencias».

recurso público escaso de alto valor económico, social e incluso ambiental— para garantizar el acceso a los servicios de banda ancha de alta velocidad en zonas remotas[399], servicio que, a través de otras tecnologías tradicionales, ha demostrado no proporcionarse de una manera equitativa debido a la ineficiencia que supone para un operador privado la extensión de la línea en zonas de muy baja densidad poblacional y empresarial. En este sentido, se prevé la apertura del acceso al espectro radioeléctrico y la sinergia de la regulación en materia de comunicaciones electrónicas, fundamentalmente a través de las OSP (OSU) y de otras medidas como las ayudas públicas que favorezcan la extensión de las redes de alta velocidad en todo el territorio (Cdo. 24 Directiva 140/2009).

En todo caso, se reitera que debe garantizarse el respeto al principio de neutralidad tecnológica y de servicios salvo cuando estén involucrados objetivos de interés general (seguridad de la vida, promoción de cohesión social, territorial y regional, o evitar una utilización ineficiente del espectro, entre otros que pueden ser definidos por los Estados miembros), en cuyo caso se podrá optar por una tecnología y/o servicio de manera preminente (que no exclusiva), siempre que esté debidamente justificado y atendiendo al principio de proporcionalidad.

Por otro lado, una de las deficiencias que arrastraba el marco anterior es la inexistencia de preceptos que permitieran castigar los incumplimientos del mismo, por lo que se introduce en la Directiva Marco el artículo 21 bis sobre el control del cumplimiento y las posibles sanciones aparejadas determinadas de manera concreta por cada uno de los Estados miembros en su normativa interna, régimen jurídico sancionador que debe ser proporcional, efectivo y disuasorio y ser notificado a la Comisión. Se trata de reflejar la importancia de establecer un régimen sancionador garantista inspirado en una serie de principios comunitarios diseñado para adaptarse a la idiosincrasia del escenario nacional.

Igualmente, si bien es una técnica que ya se ha utilizado con anterioridad simplemente para la extensión de redes del tipo que fueran, la garantía de acceso al bucle o subbucle desagregado como obligación impuesta al operador con peso significativo en el mercado para facilitar el acceso de otros operadores y así la competencia, vuelve a reiterarse en el caso de extensión de redes de comunicaciones electrónicas de banda ancha como instrumento útil para adaptarse de una manera rápida a la evolución tecnológica y social del mercado (Cdo. 60 Directiva 140/2009). No obstante, en el tránsito del primer marco regulatorio de los años 90 y el Nuevo Marco se aprobó el mencionado Reglamento del bucle, que ahora en virtud de esta Directiva, se consi-

399 Cdo. 32 Directiva, «el sistema actual de gestión y distribución del espectro se basa en términos generales en decisiones administrativas que no son suficientemente flexibles para hacer frente a la evolución de la tecnología y la economía, en especial con el desarrollo rápido de la tecnología inalámbrica y la demanda cada vez mayor de ancho de banda».

dera obsoleto e innecesario y se deroga en virtud del art. 4. Todo lo referente al acceso al bucle y subbucle desagregado en cuanto al servicio de banda ancha se someterá al análisis del mercado que realice cada Estado miembro, se encuentra amparado en la Directiva Marco y se irá complementando con la aprobación de la sucesiva normativa que veremos en los próximos epígrafes.

En cuanto a los títulos habilitantes para poder acceder a la explotación del espectro radioeléctrico, se prioriza en este momento la autorización general con el fin de facilitar dicho acceso a estos recursos limitados para prestar los servicios de comunicaciones electrónicas, salvo que se considere con carácter excepcional que se deben conceder derechos individuales, es decir, que el título habilitante deba ser una licencia individual de algún tipo, en los casos concretos en los que se justifique que existe un riesgo de interferencia perjudicial, riesgo de afectar de manera importante a la calidad técnica del servicio o que deba realizarse con el fin de cumplir con otro objetivo de interés general[400].

Además, se sustituye la anterior definición de red de comunicaciones electrónicas por una mucho más completa y actualizada[401] y se añade igualmente la definición de atribución de frecuencias, ambas cuestiones encaminadas a reconocer y posteriormente regular unos principios básicos y orientaciones en torno al espectro radioeléctrico. Igualmente, se modifica el artículo 6 y 7 de la Directiva Marco incorporando mayores garantías en términos de consulta a las partes interesadas de las medidas propuestas por las ANR y en aras de la consolidación del mercado interior se detallan medidas destinadas a una mayor coordinación, supervisión y conocimiento de cada una de las propuestas o actuaciones llevadas a cabo por las ANR nacionales, con la Comisión y con el ORECE.

En esta línea, se incorpora el art. 7 bis por el cual se impone un mayor control por la Comisión de todas las medidas dirigidas a imponer obligacio-

---

400 Cdo. 67 Directiva 2009/140 de 25 de noviembre de 2009 de 25 de noviembre de 2009 por la que se modifican la Directiva 2002/21/CE relativa a un marco regulador común de las redes y los servicios de comunicaciones electrónicas, la Directiva 2002/19/CE relativa al acceso a las redes de comunicaciones electrónicas y recursos asociados, y a su interconexión, y la Directiva 2002/20/CE relativa a la autorización de redes y servicios de comunicaciones electrónicas y art. 5 de la Directiva de autorización: Directiva 2002/20/CE de 7 de marzo de 2002 relativa a la autorización de redes y servicios de comunicaciones electrónicas, modificado como consecuencia de la anterior.

401 Art. 2.a Directiva Marco para a indicar lo siguiente como definición de red de comunicaciones electrónicas «los sistemas de transmisión y, cuando proceda, los equipos de conmutación o encaminamiento y demás recursos, incluidos los elementos de red que no son activos, que permitan el transporte de señales mediante cabes, ondas hertzianas, medios ópticos u otros medios electromagnéticos con inclusión de las redes de satélites, redes terrestres fijas (de conmutación de circuitos y de paquetes, incluido Internet) y móviles, sistemas de tendido eléctrico, en la medida en que se utilicen para la transmisión de señales, redes utilizadas para la radiodifusión sonora y televisiva y redes de televisión por cable, con independencia del tipo de información transportada».

nes a los operadores con peso significativo en el mercado en el marco de los artículos 16, 5, 9 y 13 de la Directiva de Acceso y el artículo 17 de la Directiva del Servicio Universal respecto a los operadores obligados a prestar dicho servicio. De tal manera, que, tras la notificación de la medida, si la Comisión considera que podría vulnerar la competencia o en general el derecho de la Unión, se lo notificará a la ANR del Estado miembro quien deberá paralizar esa implementación al menos durante tres meses. A esta circunstancia le seguirá un periodo de coordinación y cooperación entre la Comisión, la ANR respectiva y el ORECE para adaptar la medida al marco normativo comunitario y a los objetivos de la política de regulación europea.

Así, siguiendo en la línea de concreción de la planificación de la política sobre el espectro radioeléctrico se añade el artículo 8 bis de tal manera que se prevé que la Comisión presente propuestas legislativas que contengan planes plurianuales al respecto, los cuales establecerán las orientaciones políticas y las diferentes metas a alcanzar en términos de armonización en el uso del espectro radioeléctrico por parte de los Estados miembros.

El artículo 9 también es sustituido por un nuevo texto, que se dedica exclusivamente a la determinación de condiciones en cuanto al uso del espectro para la provisión de servicios de comunicaciones electrónicas. En este se mandata a los Estados miembros cumplir con el cometido de garantizar el uso eficiente del espectro radioeléctrico en cuanto a este tipo de servicios ya que posee un valor social y económico muy importante, siempre bajo criterios objetivos y cumpliendo con los principios de transparencia, no discriminación y proporcionalidad que impregnan todo el ordenamiento jurídico europeo en este sentido. Igualmente, hace hincapié en que en ese momento concreto las medidas en cuanto a la armonización de la gestión del espectro que tomen los Estados miembros deben sujetarse necesariamente a lo estipulado en el mencionado artículo 8 bis y en la denominada Decisión del espectro radioeléctrico (Decisión 676/2002/CE de 7 de marzo de 2002 sobre un marco regulador de la política del espectro radioeléctrico).

Se reitera en el mencionado artículo 9 el principio de neutralidad tecnológica[402] y de servicios en el suministro de servicios de comunicaciones electrónicas salvo en casos justificados, entre los que se encuentra el cumplimiento de un objetivo de interés general o la promoción de la cohesión social y territorial. Esto quiere decir que una banda del espectro radioeléctrico solo podrá ser reservada por el ente público en cuestión a un tipo de tecnología

402 De hecho, se recoge al final de esta Directiva una declaración sobre la necesidad de respetar el principio de neutralidad en el acceso a Internet «como un objetivo político y un principio regulador que han de ser fomentados por las autoridades nacionales de reglamentación, junto con el refuerzo de requisitos de transparencia afines y la creación de competencias de salvaguardia para las autoridades nacionales de reglamentación con el fin de prevenir la degradación de los servicios y la obstaculización o entorpecimiento del tráfico en las redes públicas».

y servir de soporte a un tipo concreto de servicio en los casos en los que se justifique atendiendo a los supuestos reflejados en dicho artículo.

Por ejemplo, un Estado miembro podría necesitar reservar una banda de frecuencias para la prestación de un tipo de servicio concreto (comunicaciones electrónicas de banda ancha ultrarrápida) a través de tecnología satélite que alcance a las zonas rurales o remotas, excepcionando así el cumplimiento del principio de neutralidad tecnológica y de servicios, y amparándose en la promoción de la cohesión social y territorial y en el cumplimiento de un objetivo de interés general. Sin embargo, la exclusividad de uso del espectro en estos términos, es decir, la prohibición de la prestación de otros servicios en esa misma banda de frecuencias, no se contempla salvo supuestos en los que esté en peligro la seguridad de la vida, por lo que no se limitaría el acceso a este recurso ni se limitaría la competencia en ese sentido, salvo casos verdaderamente excepcionales.

Así mismo, se incorpora el artículo 9 ter que regula el arrendamiento o transferencia de derechos individuales en cuanto al uso de radiofrecuencias, como un derecho de los operadores respecto a las bandas de frecuencias para las cuales la Comisión prevea esta posibilidad (art. 9 ter. 3 Directiva Marco). En cuanto a la coubicación y compartición de recursos se actualizan algunos artículos como el 12 de la Directiva Marco dotando a los ANR de potestades para que impongan la coubicación o uso compartido de los recursos y elementos de redes para el suministro de servicios de comunicaciones electrónicas con el fin de facilitar la extensión y el acceso a los mismos y evitar la ineficiencia de duplicar las redes físicas. También las ANR podrán exigir, en virtud del art. 12.4 Directiva Marco, que todos los operadores informen de la localización, disponibilidad y situación de sus redes con el fin de dar cumplimiento a este cometido y que las partes interesadas puedan analizar si les conviene la coubicación.

En relación con las modificaciones de la Directiva de Acceso se incorporan el artículo 13 bis y 13 ter sobre separación funcional en términos diferentes a lo que conocíamos hasta este momento. Aquí la separación funcional se refiere a que la ANR puede imponer al operador con peso significativo en el mercado que traspase las actividades de suministro de acceso al por mayor a una unidad empresarial que actúe independientemente, siempre y cuando persista una situación de no competencia o fallo de mercado importante (art. 13 bis Directiva Acceso). No obstante, esta separación funcional también puede llevarse a cabo de manera voluntaria por el operador (art. 13 ter Directiva Acceso).

Finalmente, en cuanto a las modificaciones incorporadas a la Directiva de Autorización, se redefine autorización general (art. 2.2)[403] y se añade un

403 Se redefine autorización general, en términos literales como «un marco jurídico establecido por el Estado miembro que otorgue derechos para el suministro de redes o servi-

párrafo nuevo al art. 3.2 por el cual se simplifica el procedimiento de notificación de inicio de actividad para los operadores que suministren servicios transfronterizos, quienes a partir de ese momento solo tendrán que notificarlo a uno de los Estados miembros implicados. Igualmente, se sustituye el artículo 5 sobre el uso de radiofrecuencias estipulando que los Estados miembros facilitarán la utilización de las mismas vía autorizaciones generales, salvo en casos concretos en los que podrán otorgar «derechos individuales» como este justificado para la consecución de otros objetivos de interés general así fijados por los Estados miembros en consonancia con la normativa comunitaria.

En concreto, el art. 5.5 Directiva de Autorización establece, además, que no podrán limitarse el número de autorizaciones generales salvo cuando sea estrictamente necesario para garantizar el uso eficiente del espectro, de acuerdo con el artículo 7 Directiva de Autorización. Dicho artículo 7 señala que las limitaciones impuestas al número de autorizaciones generales concedidas deberán regirse bajo criterios de objetividad, proporcionalidad, transparencia y no discriminación y siempre cumpliendo con los renombrados objetivos generales del art. 8 y 9 Directiva Marco.

Así mismo, también se refuerza el régimen sancionador aplicable —llegando a contemplarse la posibilidad de retirar sus derechos de uso— en cuanto al incumplimiento de las condiciones de la autorización general otorgada, previo apercibimiento y exigencia de cese en la actuación susceptible de infracción (art. 10 Directiva Autorización) y también cuando se produzca un incumplimiento de las obligaciones de suministrar información (a través de la imposición de sanciones pecuniarias generalmente).

B) Directiva 2009/136/CE de 25 de noviembre de 2009

De forma paralela, mediante la Directiva 2009/136/CE de 25 de noviembre de 2009 se modificará la Directiva de Servicio Universal y también algunos preceptos de la Directiva 2002/58/CE relativa al tratamiento de los datos personales y a la protección de la intimidad en el sector de las telecomunicaciones y el Reglamento (CE) 2006/2006 sobre la cooperación en materia de consumidores. De todas estas incorporaciones, nos interesan las novedades respecto al servicio universal[404], que parten de la base del principio de neutralidad tecnológica como pilar de la garantía de éste, especialmente del

cios de comunicaciones electrónicas y establezca obligaciones específicas al sector que podrán aplicarse a todos o a determinados tipos de redes y servicios de comunicaciones electrónicas, de conformidad con la presente directiva».

404 SINDIC DE GREUGES DE CATALUNYA: *Internet de banda ancha como servicio universal: el derecho a la igualdad digital*, Informe 2013, p. 5 señala, respecto a esta directiva que es muy importante ya que «flexibiliza la determinación del contenido de esta obligación de servicio público por parte de los estados miembros».

elemento que se refiere a la provisión de un acceso a la red pública de comunicaciones desde una ubicación fija, con una calidad determinada y a un precio asequible, por lo que las restricciones relativas a los medios técnicos empleados deben ser mínimas[405].

El acceso a la red pública de comunicaciones, como señalábamos, es un elemento más del servicio universal, que debe garantizarse en condiciones de calidad y a un precio asequible y que, es importante, debe garantizar que el usuario pueda disponer de servicios de telefonía nacional e internacional, de comunicaciones de fax y datos y de acceso funcional a internet con una velocidad que, en esta nueva reforma, vuelve a suponer una incógnita, ya que no se especifica en aras de la flexibilidad. Esto es así puesto que las circunstancias concretas de cada mercado nacional y la viabilidad tecnológica de las infraestructuras de red, entre otros factores, determinan el alcance del servicio universal, como ya se reflejó en su momento en la Directiva del Servicio Universal[406].

Igualmente, se reitera que puede recurrirse a otros fondos comunitarios o nacionales para financiar el despliegue de la infraestructura de red pero, y es importante, también se prevé la inclusión de nuevos elementos en el ámbito del servicio universal y por ende, de su mecanismo de financiación, si la Comisión revisa el marco normativo y el contexto social y político así lo permitiera, en aras de una actualización del servicio universal, en virtud del artículo 15 Directiva de Servicio Universal, cuestión que sin embargo, no se ha producido, no se han ensanchado los límites del servicio universal, si no que se ha recurrido a financiación pública directa para garantizar el acceso a redes de banda ancha ultrarrápida, como veremos posteriormente. Recuérdese que el servicio universal, según normativa comunitaria se financiará por parte de los operadores, es decir, se financiará en el mercado, sin perjuicio de que se puedan elegir otras vías de financiación públicas complementarias. Como hemos destacado en el capítulo anterior, en nuestro país se opta por un mecanismo de financiación que se nutre de la financiación del mercado, cuestión que quizá también haya limitado la ampliación de los elementos contenidos en el servicio universal[407] y, impulsado por las orientaciones

405 Directiva 2009/136/CE del Parlamento Europeo y del Consejo de 25 de noviembre de 2009 por la que se modifican la Directiva 2002/22/CE relativa al servicio universal y los derechos de los usuarios en relación con las redes y los servicios de comunicaciones electrónicas, la Directiva 2002/58/CE relativa al tratamiento de los datos personales y a la protección de la intimidad en el sector de las comunicaciones electrónicas y el Reglamento (CE) 2006/2004 sobre la cooperación en materia de protección de los consumidores, Cdo. 5.

406 En el artículo 15 Directiva del Servicio Universal se estableció el mandato a la Comisión Europea de revisar el contenido del servicio universal para adaptarlo a las circunstancias de demanda y evolución tecnológica y social, revisión que se realizaría teniendo en cuenta una serie de elementos reseñaos en SINDIC DE GREUGES DE CATALUNYA: *Internet de banda ancha... op. cit.*, p. 7.

407 CARLÓN RUIZ, M. *El servicio universal de telecomunicaciones*, Thomson Civitas, Madrid,

europeas, hayamos recurrido a las ayudas públicas para la financiación de la conectividad digital en zonas con infra inversión privada.

Por otro lado, se elimina la obligación de ofrecer un conjunto mínimo de líneas arrendadas como garantía de acceso que se recogía en el marco normativo de 1998 y que se prorrogó con el Nuevo Marco (por tanto, se suprime el Anexo VII de la Directiva de Servicio Universal y se fusionan los anexos que presentaba anteriormente solo en dos anexos, I y II), por resultar innecesario. A su vez, en este momento serán las ANR a través del correspondiente análisis de mercado quienes deberán designar a los operadores encargados del servicio universal (art. 12 Directiva de Acceso y procedimientos desarrollados a lo largo de toda la Directiva Marco), dejando a un lado consideraciones o designaciones comunitarias[408].

El artículo 1 de la Directiva de Servicio Universal se sustituye por un nuevo texto, que señala como objeto el suministro de servicios y redes de comunicaciones electrónicas a los usuarios finales en condiciones de calidad y asequibilidad, con respeto a libre competencia a libertad de elección. El servicio universal debe ser un mecanismo que garantice la provisión de estos servicios allá donde exista un claro fallo de mercado pero además, y esta es la novedad en la que se hace más hincapié en esta revisión del marco normativo, debe ser un mecanismo de garantía del acceso equitativo a los usuarios con discapacidad o en situaciones sociales de necesidad de diverso tipo, imponiendo determinadas obligaciones en cuanto al acceso al servicio y a la adaptación de equipos y terminales, que no procede analizar en este estudio en profundidad, pero que sí merece la pena al menos mencionar (se sustituye el art. 7 y se incorpora el art. 23 bis a la Directiva de Servicio Universal).

En particular, el artículo 4 relativo al suministro de acceso desde una ubicación fija y a la prestación de servicios telefónicos, elemento del servicio universal que más interesa como objeto de este estudio, es sustituido por un nuevo precepto en virtud de esta Directiva del año 2009. Así, se señala como obligación de los Estados miembros garantizar que al menos una empresa se encargue de satisfacer todas las solicitudes razonables de acceso y conexión

---

2007, pp. 70-74, sobre la configuración y limitación del servicio universal de telecomunicaciones, en cuanto a su financiación en relación con lo previsto en la Directiva de Servicio Universal de 2002, fundamentalmente, en consonancia con el resto de las directivas que conforman el paquete liberalizador de principios del siglo XX.
Sobre las limitaciones de las obligaciones de servicio público, GONZÁLEZ-VARAS IBÁÑEZ, S.: *Los mercados de interés... op. cit.*, p. 577.

408 *Vid.* Cdo. 20, Directiva 2009/136/CE del Parlamento Europeo y del Consejo de 25 de noviembre de 2009 por la que se modifican la Directiva 2002/22/CE relativa al servicio universal y los derechos de los usuarios en relación con las redes y los servicios de comunicaciones electrónicas, la Directiva 2002/58/CE relativa al tratamiento de los datos personales y a la protección de la intimidad en el sector de las comunicaciones electrónicas y el Reglamento (CE) n.º 2006/2004 sobre la cooperación en materia de protección de los consumidores.

a una red pública de comunicaciones desde una ubicación fija que permita al menos «realizar comunicaciones de datos, fax y voz a velocidades suficientes para acceder de forma funcional a Internet, teniendo en cuenta las tecnologías dominantes utilizadas por la mayoría de los abonados y la viabilidad tecnológica»[409].

Como hemos comentado en la Directiva 140/2009, se prevé, de manera preceptiva en algunos casos y facultativa en otros, la traslación de los derechos o activos de acceso local a la red a entidades independientes del operador con poder significativo en el mercado al que se imponían determinadas obligaciones. Pues bien, esa traslación también puede llevarla a cabo la empresa designada para prestar el servicio universal, cuestión que debe regularse y así se hace mediante la incorporación del apartado tercero al artículo 8 de la Directiva de Servicio Universal que recoge que dicha empresa deberá notificar de esta realidad a la ANR para que esta pueda evaluar la repercusión de la operación en la prestación del servicio universal sobre todo respecto a lo previsto en el art. 4 Directiva Servicio Universal (suministro de acceso a la red de comunicaciones electrónicas desde una ubicación fija). En ese sentido, la ANR podría imponer, suprimir o modificar algunas obligaciones concretas en virtud de lo previsto en el art. 62 Directiva de autorización.

Por otro lado, es muy importante señalar que se incluye una modificación del artículo 9, apartado 2 de la Directiva de Servicio Universal por la cual se faculta a los Estados miembros para la imposición de tarifas no adecuadas a las condiciones comerciales (en aras de ese principio de asequibilidad que debe regir el servicio universal) que se entiende, son inferiores, en particular para personas con «rentas bajas o necesidades sociales especiales» en lo que tiene que ver con los elementos del servicio universal, en concreto con lo referente al acceso a la red desde una ubicación fija para poder disponer de una serie de servicios (arts. 4.1 y 4.3 Directiva Servicio Universal).

El cumplimiento de las prescripciones en materia de servicio universal se evaluará por las ANR mediante el establecimiento de unos objetivos de rendimiento o requisitos mínimos de calidad del servicio que serán determinados consultando a las partes interesadas (art. 11.4 con arreglo a las directrices del Anexo III y al art. 22 Directiva de Servicio Universal sobre calidad del servicio, también actualizado) y bajo la supervisión de la Comisión y de la ORECE quienes controlarán que no afecte negativamente al correcto funcionamiento del mercado interior.

Así mismo, se modifican algunas cuestiones en relación con la obligación de transparencia y publicidad de la información (arts. 21 Directiva Servicio Universal y nuevo Anexo II Directiva Servicio Universal)[410] por las cuales las

409 *Vid.* SINDIC DE GREUGES DE CATALUNYA: *Internet de banda ancha... op. cit.,* pp. 9 y ss.

410 En este Anexo II se especifica en concreto qué información debe publicarse para cumplir con los mandatos de transparencia y publicidad, entre ellas en su número 4, se detalla

ANR impondrán a los proveedores de redes públicas y servicios de comunicaciones electrónicas al público la publicación de información actualizada, transparente, veraz, comparable y adecuada de las tarifas y precios aplicables a los servicios incluidos en el servicio universal. Igualmente, el artículo 23 Directiva Servicio Universal impone a los Estados miembros la obligación de garantizar la disponibilidad del servicio en casos de catástrofe o situaciones de fuerza mayor, y siempre deberá primar el acceso sin ningún tipo de restricción a los servicios de emergencia.

2. El servicio universal en la Ley 9/2014, de 9 de mayo, y en la Ley 11/2022, de 28 de junio, General de Telecomunicaciones

2.1. Ley 9/2014, de 9 de mayo, General de Telecomunicaciones

Las modificaciones incorporadas en el ámbito del servicio universal por las Directivas del año 2009 fueron incorporadas de manera paulatina al ordenamiento jurídico español. En un primer lugar, se produjeron modificaciones parciales de la norma entonces vigente, de la LGT2003, a través del Real Decreto-ley 13/2012, de 30 de marzo, que se encargaba de modificar ésta y otras leyes. A continuación, al no resultar suficiente y como consecuencia del importante avance de las comunicaciones electrónicas, la evolución tecnológica, los objetivos marcados a nivel europeo y las circunstancias de la demanda de este tipo de servicios, se adopta la Ley 9/2014 de 9 de mayo, General de Telecomunicaciones, para actualizar el marco normativo en el que se desarrollen las comunicaciones electrónicas desde un punto de vista sectorial, pero fundamentalmente en el que se recoja lo previsto sobre servicio universal.

De esta manera, en la LGT2014, en cuanto a las obligaciones de servicio público impuestas a los operadores como consecuencia de fallos en el mercado que impiden la provisión del servicio de comunicaciones electrónicas en condiciones mínimas de calidad y asequibilidad a toda la ciudadanía, será el Título III el encargado de actualizar los preceptos referidos, insistiendo de nuevo en que se aplicará con carácter supletorio a lo establecido en esta ley, lo previsto para el contrato de concesión de servicio público recogido en la normativa en materia de contratación pública, en aquel momento, el Real Decreto legislativo 3/2011 de 14 de noviembre.

«información acerca de los derechos en relación con el servicio universal, con inclusión, en su caso, de las facilidades y servicios citados en el Anexo I».

En el cumplimiento de estas obligaciones deberán respetarse los principios de servicio público clásico, a los que se unen algunos de inspiración europea, siendo el principio de igualdad, transparencia, continuidad, no discriminación, adaptabilidad, permanencia y disponibilidad y el cese de dichas obligaciones se producirá cuando se constate que el servicio se está prestando en condiciones de competencia efectiva similares a las que se produciría en caso de no intervención (art. 23 LGT2014).

Seguidamente, volvemos a encontrarnos con la distinción entre dos tipos de obligaciones de servicio público: el servicio universal y otras obligaciones de servicio público, estando las primeras recogidas en la Sección 2.ª Título III LGT2014, y las segundas en Sección 3.ª Título III LGT2014.

En cuanto al primero de ellos, al servicio universal, ya nos hemos extendido anteriormente explicando su fundamento teórico y otras cuestiones, por lo que aquí ya solo procede continuar y actualizar el contenido del mismo. De esta manera se reitera lo ya reflejado en el año 2003 respecto al acceso funcional a internet desde una ubicación fija como contenido esencial del servicio universal (art. 25.1.a LGT2014), a una velocidad de 1Mbps en sentido descendente, velocidad que podría ser actualizada por el Gobierno, previsión que no ha sido utilizada (art. 25.4 LGT2014) por otro parte. Igualmente, se siguen incluyendo el resto de los elementos del servicio universal (catálogo de abonados, efectuar y recibir llamadas nacionales e internacionales, teléfonos públicos de pago y algunas prescripciones relativas a los usuarios con discapacidad y personas con necesidades sociales especiales, art. 25.1 LGT2014) sin ninguna modificación relevante para el objeto de este trabajo.

Así, la designación de los operadores encargados del servicio universal será llevada a cabo por el Gobierno siempre siguiendo un procedimiento de licitación pública (art. 26.2 LGT2014) y se aplicarán los mismos criterios ya enunciados en cuanto a rentabilidad y cálculo del coste neto del servicio universal y también existirán indicadores de rendimiento de la prestación del servicio que servirán como criterio de evaluación del desempeño en la consecución de esta obligación de servicio universal. Como sabemos, la financiación del servicio universal, también en este momento, seguirá un mecanismo equivalente al de la norma de 2003 (art. 27 LGT2014), régimen jurídico al que nos remitimos. Simplemente quiero recordar aquí que se procederá a una compensación a través de los fondos existentes en el fondo nacional del servicio universal cuando se considere que existe una carga injustificada para los operadores designados, y que será el propio mercado, los propios operadores con poder significativo de mercado los encargados de financiar este fondo con aportaciones proporcionales.

Por otro lado, en cuanto a las otras obligaciones de servicio público que podrán implementarse cuando se justifique en razones de seguridad pública, defensa nacional, seguridad vial o cualquier cuestión que afecte a la seguridad de las personas, o bien, cuando estén motivadas por alguna de las siguientes cuestiones reflejadas en su art. 28.2 LGT2014[411], se remite igualmente la norma a desarrollo reglamentario, cuestión que nunca ha visto la luz de esta forma y nunca se ha regulado más allá de lo estipulado en dicho artículo, al menos en lo que respecta a la imposición de obligaciones de servicio público adicionales vinculadas por ejemplo a facilitar la comunicación entre determinados colectivos en circunstancias especiales con el fin de garantizar la cohesión territorial. Así, entre esas obligaciones adicionales no circunscritas a cuestiones de defensa o seguridad nacional, la LGT2014 señala que se podrán imponer argumentando cualquiera de los motivos destacados en el artículo 28.2 LGT2014, como decíamos. Entre ellos podemos mencionar la garantía de la cohesión territorial, la extensión de nuevos servicios y tecnologías vinculados a la sanidad, la educación o la acción social la cultura y la necesidad de garantizar la comunicación entre determinados colectivos en circunstancias especiales que se consideren insuficientemente atendidos, como motivos fundamentales que podrían haber sido puestos en valor para imponer obligaciones adicionales más allá del contenido del servicio universal, con el fin de garantizar la conectividad digital rural.

Como podemos apreciar, aunque existe una previsión normativa, no se han desarrollado estos preceptos y se optó en nuestro país mayoritariamente por ayudas públicas a los operadores, cuestión que también se propone en la norma, para poder desplegar redes y prestar servicios de comunicaciones electrónicas en zonas de deficiencia de mercado[412]. No obstante, es cierto que se incorpora como novedad la posibilidad de recurrir a la gestión directa por parte del Gobierno cuando se produzca un incumplimiento claro por parte de los operadores de las obligaciones de servicio público concretas recogidas en el Título III LGT2014 (art. 6.6 LGT2014) sobre obligaciones de servicio público en general, que incluye tanto el servicio universal como las adicionales. En la práctica, esto se aplicaría solo para el incumplimiento del servicio universal, ya que, como decimos, apenas se ha desarrollado y aplicado lo relativo a otras obligaciones adicionales de servicio público. Además, aunque es de

411 Con el fin de que las administraciones públicas pudieran en su caso imponer obligaciones de servicio público distintas de las previstas en ese Título, en concreto en el artículo 28 LGT2014, antes de llevarse a cabo cualquier actuación de tipo normativo o en forma de acto administrativo, será necesario el informe preceptivo del Ministerio de Industria, Energía y Turismo (Disposición adicional novena LGT2014), y en dicha medida deberá detallarse claramente cuál será el mecanismo de financiación de esas nuevas obligaciones de servicio público, coste que no podrá recaer en el mercado, es decir, en los propios operadores si no que deberá asumirse en el contexto de financiación de políticas públicas, salvo circunstancias excepcionales y debidamente justificadas, mencionándose en particular «motivos de interés público».

412 Kliemann, A., Stehmann, O.: *EU State Aid Control in the Broadband Sector... op. cit.*, p. 495. El autor señala que esta deficiencia de mercado se muestra especialmente en las zonas rurales, donde concurren varios factores que determinan una infra inversión de operadores privados, lo que hace reaccionar a las entidades públicas imponiendo medidas regulatorias o de financiación específicas.

reconocer la buena fe de esta medida para evitar un incumplimiento por parte del operador de sus obligaciones de prestación, la propia norma reconoce que se realizará como último recurso y con carácter muy excepcional y siempre transitorio, previo informe preceptivo de la CNMC, hasta que se solucione la situación de incumplimiento.

Debido a la debilidad de la medida, se hace también necesario complementar el régimen jurídico de las obligaciones de servicio público en este momento, con un refuerzo del régimen sancionador por incumplimiento, sobre todo, y así lo reconoce el articulado, del servicio universal. Así, el Título VIII LGT2014 prevé como infracción muy grave «la negativa a cumplir con las obligaciones de servicio público según lo previsto en el Título III de la Ley y su normativa de desarrollo» (art. 77-16 LGT2014), que lleva aparejada una sanción pecuniaria de hasta veinte millones de euros y, en su caso, una inhabilitación del operador para la explotación de redes o prestación de servicios de comunicaciones electrónicas de hasta cinco años (art. 79.1.a y b LGT2014).

Sin embargo, el incumplimiento de las obligaciones de servicio público (que no negativa a llevarlas a cabo) del Título III LGT2014 se considera simplemente infracción leve, de ahí la desprotección a la que se ha visto sometida continuamente el servicio universal y las obligaciones de servicio público, que ha devenido consecuentemente en una ineficiencia clara. Es sorprendente como las sanciones por infracciones leves no suponen ningún tipo de actuación disuasoria para los operadores, ya que se fijan en un máximo de 50.000 € (art. 79.1.d LGT2014)[413].

Bien es cierto que, adicionalmente, en la Disposición adicional sexta se prevén multas coercitivas, compatibles e independientes de las sanciones mencionadas, que se podrán imponer para asegurar el cumplimiento de las requerimientos o resoluciones de Ministerio de Industria, Energía o Turismo, en aquel momento, o de la CNMC por un importe diario de entre 125-30.000 €, lo que quizá podría disuadir de una conducta indebida a los operadores sujetos a obligaciones de servicio público. En todo caso, la debilidad del régimen jurídico del servicio universal de telecomunicaciones para satisfacer las demandas de acceso al servicio de comunicaciones electrónicas en el año 2014 es palpable, y es consecuencia de tres cuestiones muy claras: el propio contenido del servicio universal es completamente insuficiente en un contexto donde el acceso

413 Los criterios para determinar la cuantía de la sanción aparecen en el art. 80 LGT2014 y, además, se establece medidas previas de inicio del procedimiento sancionador (art. 81 LGT2014) que consisten en ordenar el cese de la actuación presuntamente infractora del ordenamiento jurídico al operador en cuestión, pero solo en casos tasados en el apartado uno de este precepto, considerados de urgencia y que puedan desembocar en perjuicios graves o muy graves para la sociedad en su conjunto. El plazo de prescripción de las infracciones será de tres años en las consideradas muy graves, de dos en las graves y de un año en el supuesto de infracción leve. Por su lado, las sanciones consecuencia de infracciones muy graves prescribirán a los tres años, las sanciones vinculadas a infracciones graves a los dos años y las relativas a infracciones leves, al año (art. 83 LGT2014).

funcional a Internet que se garantiza, que es de 1 Mbps, queda muy lejos de los estándares del mercado que se mueven en ese momento, en términos de calidad de la conexión y de soporte de servicios considerados básicos, un laxo régimen sancionador que se aplica en caso de incumplimiento de las obligaciones de servicio público en general y un déficit de desarrollo normativo respecto a obligaciones adicionales de servicio público vinculadas a cohesión territorial o implementación de servicios públicos innovadores. A todo ello se suma la cuestión de que el servicio universal no puede financiarse a través de fondos públicos si no que se nutre de un mecanismo de financiación cuyos recursos proceden del propio mercado. El fracaso de la configuración del sistema para garantizar el acceso a un servicio de conectividad digital de calidad en situaciones de deficiencia de mercado estaba anunciado a nuestro modo de ver, y se hace cada vez más patente con el avance tecnológico, el cambio en la configuración de la demanda de estos servicios, y la aplicación determinante de los mismos en el desarrollo económico territorial de todas las regiones[414].

2.2. El servicio universal en la vigente Ley 11/2022, de 28 de junio, General de Telecomunicaciones

Visto el fracaso del servicio universal[415] y de las demás obligaciones de servicio público a disposición del legislador para proveer un servicio de

414 En la Comunicación de la Comisión El servicio universal en el ámbito de las comunicaciones electrónicas: informe sobre el resultado de la consulta pública y de la tercera revisión periódica del alcance de ese servicio conforme al artículo 15 de la Directiva 2002/22/CE, de 23 de noviembre de 2011 se realiza una revisión del servicio universal y de su contenido, llegando a la conclusión final de que no se debía ampliar el contenido del servicio universal en lo que respecta a la incorporación del acceso a banda ancha ultrarrápida, y se dan indicaciones hacia la siguiente etapa en la que predominan otras herramientas de intervención. El informe SINDIC DE GREUGES DE CATALUNYA: *Internet de banda ancha como servicio universal: el derecho a la igualdad digital*, Informe 2013, p. 12, también da cuenta de ello de la siguiente forma: «se pretendía aclarar si la obligación de servicio universal debe convertirse en una instrumento proactivo en el ámbito de la banda ancha y, por lo tanto, tiene una función a realizar en la consecución del objetivo "banda ancha para todo el mundo", o bien si esta universalización debe resolverse con otras medidas estratégicas nacionales y de la UE [...] Los resultados de la consulta [...] fueron muy diferentes y [...] no se consiguió un consenso [...] de hecho, los gobiernos y las autoridades de regulación que concurrieron a la consulta fueron partidarios de mantener las características fundamentales de la obligación de servicio universal».

415 GÓMEZ BARROSO, J. L., FEIJOO, C.: *Directrices comunitarias para el empleo... op. cit.*, p. 446, constata, tras el estudio concreto de las directrices aprobadas por la Comisión Europea respecto a las ayudas a la extensión de redes de banda ancha, la idea de que el servicio universal se agota y no se modela como un instrumento adecuado para este objetivo, de tal manera que «esta definición demasiado estricta del servicio universal hace que resulte difícil encajar en él otras concepciones impulsoras. Esto se ha puesto de manifiesto con la aparición y difusión de los accesos de banda ancha. Pese a que existe un indudable

conectividad digital que se ajuste a los mínimos de calidad, accesibilidad, velocidad[416] y soporte de servicios esenciales en un contexto de desarrollo digital de la economía, en el que podemos considerar que ya nos encontramos desde hace algunos años, se propone una gran reforma del régimen jurídico de las comunicaciones electrónicas a nivel europeo. De esta manera, se aprueba una nueva directiva que aglutina las cuestiones abordadas, de manera separada, en las directivas del Nuevo Marco o Paquete Telecom, modificadas en su momento, y ahora revisadas y actualizadas prácticamente en todos sus términos. Esta será la Directiva (UE) 2018/1972[417], en adelante, Código Europeo de Comunicaciones Electrónicas/CECE, que dará lugar a la Ley 11/2022, de 28 de junio, General de Telecomunicaciones (en adelante, LGT2022), que, en lo que tiene que ver con el servicio universal de comunicaciones electrónicas, recoge en sus artículos 84 a 92 ciertas novedades al respecto. Así, se recoge la obligatoriedad de que los Estados provean en al ámbito del servicio universal un «servicio de acceso adecuado y disponible a una Internet de banda ancha», teniendo en cuenta las condiciones generales de acceso de cada Estado miembro así como los informes de análisis geográfico, que correspondan, con el fin de analizar correctamente el estado de la cuestión y proceder a una planificación ordenada y con sentido de la extensión de tecnologías de acceso a internet de banda ancha en las zonas que continúen excluidas. Se señala el término «banda ancha», es decir, se amplía el contenido del servicio universal a proveer, pero, aunque esto se prescribe como una obligación de servicio universal, se encomienda a cada Estado miembro, una vez haya estudiado geográficamente el acceso al servicio existente, las medidas concretas para incorporar esta previsión como OSU en los términos de velocidad y calidad que estime oportunos.

Como decíamos, se señala el concepto «banda ancha» pero no se concreta a través de qué tipo de tecnología puede proveerse (con el fin de respetar el principio de neutralidad tecnológica) para que los Estados adopten la mejor solución adecuada a su contexto nacional, pero también se rebajan, de este modo, las exigencias respecto a los operadores y a los Estados ya que

impulso político que propugna la generalización de estos accesos, y pese a que la definición de servicio universal se somete a revisión periódicamente, la figura permanece inalterada» (desde 2009 a nivel europeo).

416 A propósito de las limitaciones que presenta el servicio universal para dar cabida a los requerimientos de la sociedad y la economía en materia de conectividad digital, algunos autores han llegado a proponer un ensanchamiento del servicio universal para conseguir un acceso equitativo a los servicios de comunicaciones electrónicas como el siguiente caso respecto al servicio universal en el ámbito de las telecomunicaciones en el contexto estadounidense, Glass, V., Tardiff, T.: «Reforming funding of universal Access to telecommunications and broadband services: Approaches for the new decade», *Telecommunications Policy*, núm. 45, 2021, pp. 2 y 8-9.

417 Directiva (UE) 2018/1972 del Parlamento Europeo y del Consejo de 11 de diciembre de 2018 por la que se establece el Código Europeo de las Comunicaciones Electrónicas.

no se determina una velocidad mínima de acceso. Sin embargo, no podemos dejar de mencionar que por primera vez sí se establece un criterio claro de mínimos (art. 84.1 CECE) por el cual la banda ancha que se provea debe ser suficiente para cubrir los servicios enumerados en el Anexo V del CECE[418] servicios por otra parte que, si bien han avanzado respecto a lo previsto anteriormente, no son suficientes para la consecución de un desarrollo digital de la economía en condiciones de equilibrio territorial, lo que no impide reconocer el avance que supone incluir en el servicio universal el acceso a banda ancha.

Por otro lado, también se señalan una serie de características en relación con las OSU existentes (art. 87) y se subraya, como se ha hecho en otros textos europeos o en diversa jurisprudencia, que dicha obligación de servicio universal debe imponerse garantizando, como es habitual, la mínima distorsión del mercado[419]. Así mismo, en relación con la financiación de esas OSU no se altera particularmente su régimen jurídico, remitiéndose de nuevo al mecanismo de financiación del mercado y dejando, no obstante, abierta la puerta a financiación pública complementaria en concepto de compensación por asunción de obligaciones de servicio universal (art. 90 CECE) y se intenta reforzar la transparencia en su gestión. También se prevé la posible aprobación de servicios obligatorios adicionales, es decir, de otras obligaciones de servicio público añadidas (art. 92 CECE), a discrecionalidad del Estado miembro.

En definitiva, el CECE modifica de manera sustancial el marco normativo aplicable a las OSU en tanto en cuanto amplia el contenido del servicio universal respecto a la disponibilidad de acceso desde una ubicación fija a Internet de banda ancha, cuando anteriormente hablábamos de acceso funcional, y además se determinan los servicios mínimos que dicha banda ancha debe soportar. Es decir, estamos ante un avance importante en términos generales en cuanto a previsiones normativas, aunque resulten insuficientes y determinen el recurso a otras medidas más adecuadas.

No obstante, se mantiene el régimen de financiación intacto y en el caso español, como veremos, a pesar de las previsiones normativas que habilitan otras opciones, seguimos recurriendo a la financiación a través del propio mercado y aunque recurrimos a fondos públicos los ubicamos fuera del

418 Anexo V. Conjunto mínimo de los servicios que deberá soportar el servicio de acceso adecuado a internet de banda ancha de conformidad con el artículo 84, apartado 3. 1)Correo electrónico 2)motores de búsqueda que permitan la búsqueda y obtención de información de todo tipo 3)herramientas básicas de formación y educación en línea 4)prensa o noticias en línea 5)adquisición o encargo de bienes o servicios en línea 6)búsqueda de empleo y herramientas para la búsqueda de empleo 7)establecimiento de redes profesionales 8) banca por internet 9)utilización de servicios de administración electrónica 10)redes sociales y mensajería instantánea 11)llamadas telefónicas o videollamadas (calidad estándar).

419 Cosculluela Montaner, L., López Benítez, M.: *Derecho Público Económico*, Iustel, Madrid, 2.ª edición, 2008, pp. 30 y ss.

ámbito del servicio universal. Así, conviene decir que, se comienza a configurar ese acceso a los servicios de conectividad digital como algo verdaderamente esencial, al menos en condiciones básicas, y así se hace saber en esta Directiva, con el fin de que todos los ciudadanos con independencia de su zona de residencia o de su nivel socioeconómico pueda tener garantizado el acceso a un servicio de comunicaciones electrónicas de carácter mínimo, sin perjuicio de las insuficiencias e ineficiencias que el régimen del servicio universal hace manifiestas.

Por su parte, en la LGT2022 incorpora en el Título III las obligaciones de servicio universal y obligaciones de carácter público, estableciendo una serie de obligaciones de servicio público, entre las que se encuentra el servicio universal, que se impondrán a los operadores en aras del cumplimiento de los objetivos recogidos en el art. 3 LGT2022, señaladas en concreto en los arts. 35 a 43 LGT2022, que podrán recaer sobre cualquier operador sea cual sea la tecnología y el servicio que utilice (principio de neutralidad tecnológica). En el artículo 35 LGT2022 se establecen las consideraciones generales del servicio universal, así como la delimitación de dichas obligaciones, y, sobre todo, se establece qué operadores en concretos serían seleccionados y en base a qué criterios, podrían ser designados para asumir el servicio universal (art. 35.3 LGT2022). Estos serán aquellos que ostenten derechos individuales particulares, en la línea de lo que ya hemos comentado en legislaciones anteriores (derechos de ocupación de dominio público, propiedad privada) o aquellos que se consideren operador con un peso significativo en un determinado mercado de referencia. Así mismo se reitera el necesario respeto que los operadores, en cumplimiento de las obligaciones de servicio universal deben llevar a cabo respecto a los principios, que recuerdan en mucho a los principios clásicos del servicio público, de «adaptabilidad, disponibilidad, accesibilidad universal y permanencia», inspirados también por los principios europeos de transparencia, igualdad y no discriminación.

Como contrapeso, y como cuestión que siempre se ha intuido, pero quizá no remarcado de una manera tan clara, se incluye en el apartado sexto de ese mismo artículo, que, como es lógico, se procederá a retirar las obligaciones de servicio universal impuestas cuando se demuestre que el mercado puede proveer este servicio de manera espontánea sin necesidad de intervención pública. Pues bien, dicho esto, es importante ver, hasta qué punto el servicio universal en cuanto a su contenido se ha visto modificado o no, y cuáles son las circunstancias en las que se despliega el servicio universal de comunicaciones electrónicas en nuestro país.

Así, en el artículo 37 LGT2022 se establece el contenido actual del servicio universal, partiendo de las premisas establecidas en el CECE, siendo el elemento relativo a la garantía de acceso a una ubicación fija de banda ancha el más importante, que se fija con una velocidad de al menos 10Mbps en sentido descendente, aunque se remite a desarrollo reglamentario una ampliación de la misma a 30 Mbps cuando, ampliación que se producirá cuando sea posible atendiendo al estado de despliegue y desarrollo de redes. En ese real decreto, a su vez, se determinarían las condiciones técnicas, las características y parámetros necesarios para que se produzca la garantía del servicio universal en esos términos.

Ese acceso de banda ancha de 10 Mbps previsto como contenido esencial del servicio universal en nuestro país, se complementa además por lo previsto en el Anexo III de la LGT2022[420] por el cual se establecen una serie de servicios mínimos que la tecnología que se adopte para presentar el servicio de comunicaciones electrónicas pueda soportar. Así, el Anexo III LGT2020 establece doce servicios mínimos, en consonancia con los establecidos por el CECE, que debe soportar la banda ancha que se asegura en el ámbito del servicio universal, siendo algunos de ellos, la realización de «llamadas telefónicas y videollamadas de calidad estándar, banca por internet, adquisición o encargo de bienes o servicios en línea, prensa o noticias en línea y utilización de servicios de administración electrónica» entre otros[421].

Por otro lado, se prevé un control tarifario en el sentido de dotar de asequibilidad al servicio universal (art. 38 LGT2022) de tal manera que los precios impuestos deben tener presente los colectivos de personas con necesidades especiales o en situación de vulnerabilidad, que deben poder acceder al servicio (cuestión que se remite igualmente a real decreto para detallar las particularidades de las personas que formen parte de esos colectivos), para ello se prevén abonos sociales específicos. Para el resto de los usuarios, el control de la CNMC se limitará a cerciorarse que el coste de los servicios incluidos en el servicio universal se ajusta a los niveles de precios al consumo y de rentas aunque es cierto que, respecto al acceso a banda ancha, se establece en el art. 38.7 LGT2022 que, mediante real decreto se establecerán las condiciones en las cuáles se prestará este servicio para garantizar su asequi-

420 A este respecto, se refuerza la consideración de imperativo legal de esta premisa sobre el contenido del servicio universal a través del art. 38.8 LGT2022 que señala que «Todos los operadores que presten servicios de acceso a una internet de banda ancha y los servicios de comunicaciones vocales que se presten a través de una conexión subyacente en una ubicación fija en el marco del servicio universal deben garantizar el cumplimiento de las condiciones de velocidad de acceso a internet y de prestación de los servicios normativamente establecidas así como las que figuren en los correspondientes contratos con los consumidores».

421 Anexo III LGT2022, «Conjunto mínimo de los servicios que deberá soportar el servicio de acceso adecuado a internet de banda ancha a que se refiere el artículo 37.1.a): 1.º) correo electrónico; 2.º) motores de búsqueda que permitan la búsqueda y obtención de información de todo tipo; 3.º) herramientas básicas de formación y educación en línea; 4.º) prensa o noticias en línea; 5.º) adquisición o encargo de bienes o servicios en línea; 6.º) búsqueda de empleo y herramientas para la búsqueda de empleo; 7.º) establecimiento de redes profesionales; 8.º) banca por internet; 9.º) utilización de servicios de administración electrónica; 10.º) redes sociales y mensajería instantánea; 11.º) llamadas telefónicas y videollamadas (calidad estándar)».

bilidad «en aras de garantizar la plena participación social y económica de los consumidores en la sociedad».

Así mismo, en atención a los derechos de los usuarios con discapacidad como parte del servicio universal que se incluye en las últimas modificaciones normativas, se recoge en el art. 39 LGT2022 la posibilidad de ampliar y de establecer medidas concretas en cuanto a la adaptación de aparatos y equipos para que los usuarios con discapacidad puedan acceder al servicio en condiciones de equidad. Por otro lado, sabemos que existen otro tipo de obligaciones de servicio público, más allá del servicio universal (art. 36 en relación con el 46 LGT2022), que en la actualidad se configuran de una manera similar a lo que se establecía en la norma anterior, y es que se fundamentan en razones de cohesión territorial, de extensión de nuevos servicios innovadores vinculados a la sanidad, educación, cultura y acción social, y al objetivo esencial de facilitar la conexión entre determinados colectivos que se encuentren insuficientemente atendidos.

De la misma manera se remite a desarrollo reglamentario esta cuestión, algo que tampoco se produce en este momento. Reiteramos lo interesante que hubiera resultado poder aprovechar esta remisión normativa para obligar a los operadores a aumentar las prestaciones vía obligación de servicio público, como servicio de interés económico general que es, siendo una oportunidad más perdida.

Finalmente, en cuanto a la financiación del servicio universal (arts. 40 a 42 LGT2022) no se aprecian grandes modificaciones respecto al mecanismo establecido en las normativas anteriores, se trata de un mecanismo de exacción a los operadores privados los cuales están obligados a contribuir al mecanismo aportando cantidades proporcionales a su entidad y a sus ingresos brutos, al Fondo Nacional del Servicio Universal, de donde se compensará a los operadores encargados de prestar el servicio que consideren que se les impone una carga injusta, atendiendo a lo previsto en el art. 40 LGT2022. La cuantía de la compensación se calculará conforme al mecanismo recogido en estos artículos y en el desarrollo reglamentario aparejado y vendrá determinada, fundamentalmente, por el coste neto en el que incurra el operador obligado al suministra el servicio universal.

Como vemos, no hay grandes variaciones y en lo esencial se mantiene la línea que veníamos comentando y que, en nuestra opinión ha lastrado el servicio universal como instrumento de intervención eficaz y limitado su alcance, si bien es cierto que las ampliaciones que se hacen del mismo en la norma vigente son bienvenidas y dan la oportunidad de un acceso efectivo, al menos en la teoría, a servicios básicos centrados en la comunicación con administraciones, proveedores de servicios esenciales como los educativos y sanitarios, pero llegan tarde teniendo en cuenta el estado de evolución tecnológica en el que nos encontramos. Digamos que el servicio universal es un mecanismo muy lento, restrictivo y que va por detrás de los avances técnicos y sociales, por las complejidades legislativas que entraña y por el mecanismo de financiación que adopta. De ahí que otras medidas más flexibles, de carácter unitario y de implementación regional concreta se hayan impuesto a esta alternativa de servicio público.

CAPÍTULO IV

RÉGIMEN JURÍDICO DE LAS AYUDAS DE ESTADO Y MODELOS PARA LA CONECTIVIDAD RURAL

1. Régimen jurídico de las ayudas de Estado no vinculadas a compensación por SIEG

1.1. Régimen jurídico básico: derecho originario de la UE (arts. 107 a 109 TFUE)

El régimen jurídico de las ayudas de Estado es uno de los más importantes y significativos desde el punto de vista de la Unión Europea en cuanto a configuradora y garante del mercado único y de las libertades sobre las que descansa el proyecto europeo: libertad de circulación de personas, de bienes, de servicios y de establecimiento. Esto es así porque aborda algo tan determinante como la inyección de inversión pública en el mercado, a través de diferentes instrumentos, con el fin de estimular la actividad económica o de garantizar determinados derechos o valores centrales de la Unión Europea (como la cohesión económica, social y territorial) pero salvaguardándose de un intervencionismo excesivo que afecte a la libre competencia. Es por ello por lo que se parte de un conjunto de artículos del TFUE en los cuales se establecen las líneas directrices y, posteriormente, se combina con numerosa jurisprudencia, instrumentos normativos tales como Directivas o Reglamentos y también infinidad de textos de *softlaw* que aconsejan sobre la disposición, gestión, organización, rendición de cuentas y supervisión de las ayudas de Estado que operan en la economía de mercado.

Así, los principales preceptos que regulan esta cuestión desde el derecho originario de la UE son los artículos 106 a 109 TFUE. No obstante, como ya hemos señalado anteriormente, conviene recordar la distinción entre lo previsto en el art. 106 TFUE y lo establecido en el resto de los preceptos, y es que la realidad que se encarga de regular es diferente y, en ocasiones, tiende a confundirse. El primero de ellos establece la prohibición de ayudas de Estado a empresas que gocen de derechos especiales o exclusivos en un sector determinado y su completa sujeción a los arts. 100-109 TFUE (106.1 TFUE), cuestión que también se aplicaría para las empresas proveedoras de SIG, salvo que la aplicación de estas normas de competencia impida la consecución de su misión que les haya sido confiada (106.2 TFUE). Estas dos cuestiones clave en la primera conceptualización de las ayudas de Estado quedan encomendadas a posterior regulación en forma de decisiones o directivas y, como ya hemos explicado ampliamente, es concretada por la jurisprudencia de manera decisiva.

Pues bien, la segunda de las vertientes del régimen jurídico de las ayudas de Estado tiene que ver con lo que nos ocupa en este apartado, que es analizar el régimen jurídico de cada uno de los instrumentos financieros públicos que han sido utilizados para paliar la infra inversión privada en determinados sectores considerados de gran relevancia social y económica. Esta inversión se corresponde con poner fondos en sus diferentes formas (sean ayudas directas y/o subvenciones o no) a disposición de todas las empresas que quieran llevar a cabo una determinada prestación de servicios o construcción de infraestructuras para ello, bajo ciertas circunstancias, valiéndose de este impulso público. Se aprecia la diferencia fundamental que es que en el primer caso la diana de esta financiación son empresas ya predeterminadas (derechos exclusivos, obligaciones de servicio público etc.) y en este caso la diana es todo el mercado, todos los operadores que puedan estar interesados.

Dicho esto, en este último marco nos encontramos con el art. 107 TFUE[422] en virtud del cual quedan prohibidas, o explícitamente se señala que son «incompatibles con el mercado interior», las ayudas de Estado, con carácter general, que bajo sus múltiples formas utilicen fondos estatales que 1) interfieran perjudicialmente sobre los intercambios entre los Estados miembros, 2) que falseen o puedan falsear la competencia[423], 3) beneficiando de forma clara a determinadas empresas[424]. Sin embargo, en su apartado segundo

422 García Guijo, L.: «Las ayudas de Estado en la Unión Europea: concepto, requisitos e implicaciones», *Dereito: revista xuridica da Universidade de Santiago de Compostela,* núm. 2. Vol. 12, 2012, p. 100.

423 En particular, «cuando un Estado concede una ventaja financiera a una empresa en un sector liberalizado en el que hay, o podría haber competencia. El hecho de que el importe de la ayuda sea pequeño o que la empresa beneficiaria sea pequeña no descarta de por sí un falseamiento o la amenaza de falseamiento» en Fernández Farreres, G.: *El régimen de ayudas de Estado y su impacto en el derecho español... op. cit.*, p. 236-237.

424 Respecto al concepto de empresa en la UE, consultar Asunto C-222/04 Ministero dell'Economia e delle Finanze/Cassa di Ris parmio di Firenze SpA y otros, Rec. 2006, p. I-289, se refiere a «entidad que ejerce una actividad económica». En ese sentido se señala que no es decisivo el estatuto jurídico nacional de la entidad que recibe la ayuda, por tanto, una

establece una serie de excepciones a esta norma general que se corresponden con: «a) las ayudas de carácter social concedidas a los consumidores individuales, siempre que se otorguen sin discriminaciones basadas en el origen de los productos; b) las ayudas destinadas a reparar los perjuicios causados por desastres naturales o por otros acontecimientos de carácter excepcional; c) las ayudas concedidas con objeto de favorecer la economía de determinadas regiones de la República Federal de Alemania [...]».

Igualmente, en el apartado 3 del artículo 107 TFUE se regulan algunos supuestos que podrían considerarse compatibles en función de diferentes circunstancias, como son, por ejemplo, las ayudas cuyo fin sea estimular el desarrollo regional de determinadas áreas de los Estados miembros cuya estructura social, económica y social se encuentre muy por debajo de la media y acuse una grave situación, así como las zonas recogidas en el artículo 349 TFUE (regiones ultraperiféricas)[425]. Otras categorías de ayudas que podrían considerarse compatibles con los tratados y con el derecho de la competencia de la Unión serían las destinadas a financiar un proyecto de interés común europeo o a paliar una grave perturbación económica de la economía, las que faciliten el desarrollo de algunas actividades concretas en determinadas regiones, las destinadas a la promoción de la cultura, conservación del patrimonio, «siempre que no alteren los intercambios en forma

empresa pública que ejerce una actividad económica también se consideraría empresa a estos efectos. Por otra parte, tampoco es decisiva la existencia de ánimo de lucro porque las entidades de este tipo también pueden ofrecer servicios y bienes en el mercado como cualquier otra empresa. No obstante, es importante destacar que no se considera actividad económica la actividad que se realiza en ejercicio de autoridad pública, los sistemas de seguridad social basados en el principio de solidaridad, sistemas sanitarios públicos si existe competencia de la sanidad privada, servicios de educación pública y algunas actuaciones de las universidades públicas u organismos de investigación.

En este sentido también cabe preguntarse qué se entiende y como se determina que existe un beneficio para esas empresas concretas. Se entiende beneficio en última instancia como «ventaja», es decir, como «beneficio económico que una empresa no podía haber obtenido en condiciones normales de mercado, es decir, sin intervención estatal», STJUE Altmark, ya referenciada, donde también se habla de «prueba del operador en una economía de mercado (OEM)», «conformidad con condiciones de mercado» y «transacciones en igualdad de condiciones -pari passu-».

También señala que se favorecería con esa ayuda a determinadas empresas, esto es, existe un criterio de selectividad, derivada de prácticas administrativas discrecionales (como serían autorizaciones, excepciones, derechos exclusivos o especiales etc.) y también se refiere a medias fiscales destinadas a determinadas empresas o grupos de empresas. *Vid.* Pastoriza Vázquez, S., Calvo Salinero, R.: «Control y ayudas de Estado dentro del Derecho comunitario», *La Ley Digital 9038/2008*, núm. 241, 2008, p. 2.

425 Art. 2.12 Reglamento de exenciones categorías 2014 «regiones definidas en el art 349 TFUE; de conformidad con la Decisión 2010/718/UE del Consejo Europeo, desde el 1 de enero de 2012, San Bartolomé dejó de ser región ultraperiférica; de conformidad con la Decisión 2012/419/UE del Consejo Europeo, desde el 1 de enero de 2014, Mayotte se convirtió en región ultraperiférica»

contraria al interés común», y cualquier otras categorías de ayudas que así considere el Consejo por decisión, a propuesta de la Comisión.

Una vez establecido esto, el art. 108 TFUE se encarga de regular un régimen de supervisión y examen por parte de la Comisión de todos los regímenes de ayudas existentes en cada Estado miembro, proponiendo medidas siempre en consonancia con el desarrollo del funcionamiento del mercado interior (art. 108.1 TFUE). En este sentido, cuando la Comisión, previa consulta a los Estados miembros implicados, considere que una ayuda otorgada vulnera lo establecido en el art. 107 TFUE o que se aplica de un modo abusivo, emplazará al Estado miembro en cuestión a que suprima dicha medida o a que aplique las modificaciones que la Comisión considere oportunas. Por ello, la Comisión será informada de todas las medidas de ayudas previstas con la antelación suficiente para poder presentar sus consideraciones (obligación de notificación de la ayuda de Estado, ex art. 108.3 TFUE)[426] y si considerara que no son conformes al derecho de la Unión, iniciará el procedimiento de examen previsto y, como consecuencia, el Estado miembro no podrá ejecutar ninguna actuación en relación a esa medida antes de que la Comisión se haya pronunciado[427].

Así, si el Estado miembro no cumpliera con estas medidas en plazo, la Comisión u otro Estado miembro puede acudir al TJUE[428], a tenor de lo esta-

---

426 Si la ayuda hubiera de ser notificada y el Estado no procede de esa manera ante la Comisión Europea, la misma será declarada ilegal en los términos previstos en FERNÁNDEZ FARRERES, G.: *El régimen de las ayudas de Estado... op. cit.,* p. 241. En concreto, ese mismo autor en la pág. 248 se expresa de la siguiente manera respecto a la intervención del tribunal nacional en esta cuestión, resaltando que: «los tribunales nacionales no pueden pronunciarse, ciertamente, sobre la compatibilidad de las ayudas con el mercado común, pero sí pueden controlar las que sean ilegales, que son las otorgadas con infracción del procedimiento de control comunitario y con independencia, por tanto, de su compatibilidad por razones de fondo, tal como desde hace tiempo ha establecido la jurisprudencia comunitaria (baste remitir a la STJCE de 21 de noviembre de 1991, as. C-354, Rec. 1990, p. I-5505 y conclusiones del abogado general Jacobs).

427 FERNÁNDEZ FARRERES, G.: *El régimen de ayudas de Estado y su impacto en el derecho español... op. cit.,* p. 239, donde se señala cual sería la resolución del procedimiento de análisis de compatibilidad de la ayuda de Estado con el mercado interior, posterior a la notificación. Así, la Comisión podrá emitir una decisión positiva, es decir, la ayuda es compatible, una decisión condicional en la cual se proponen una serie de medidas al Estado miembro para que la ayuda sea finalmente compatible, y una decisión negativa en la que no se considera compatible de ninguna manera con el mercado común, y, por tanto, el Estado miembro no podrá ejecutar la medida.

428 El art. 259 TFUE considera, respecto a la intervención de otro Estado miembro lo siguiente: «Antes de que un Estado miembro interponga, contra otro Estado miembro, un recurso fundado en un supuesto incumplimiento de las obligaciones que le incumben en virtud de los Tratados deberá someter el asunto a la Comisión. La Comisión emitirá un dictamen motivado, una vez que los Estados interesados hayan tenido la posibilidad de formular sus observaciones por escrito y oralmente en procedimiento contradictorio. Si la Comisión no hubiere emitido dictamen en el plazo de tres meses desde la fecha de la solicitud, la falta de dictamen no sería obstáculo para poder recurrir al Tribunal».

blecido en los artículos 258 y 250 TFUE. Sin embargo, si un Estado miembro así lo requiere, en circunstancias de extraordinaria excepcionalidad debidamente motivadas, el Consejo por unanimidad podrá decidir que la ayuda es compatible con el mercado interior (si el Consejo no decide en un plazo de tres meses, será la Comisión quien decida). Finalmente, el art. 109 y 108.4 TFUE señalan que se regulará vía reglamento la aplicación de los preceptos reseñados del art. 107 y 108, sobre, por un lado, la aplicación del procedimiento de notificación[429] recogido en el art. 108.3 TFUE[430] y del tipo de ayudas que quedarían exentas de dicha notificación, y, por tanto, se consideran directamente conformes al ordenamiento jurídico comunitario.

De esta manera, el régimen general señala una prohibición de estas cuando se cumplan las condiciones que aparecen en el art. 107.1 TFUE y en consecuencia cada una de las medidas debe ser notificada a la Comisión (regímenes notificados) para que realice las observaciones relativas a esa prohibición general y las declare o no conformes al ordenamiento comunitario (que será un dictamen caso por caso o un dictamen automático de compatibilidad basándose en directrices o marcos comunitarios para ese tipo de ayuda en concreto)[431].

Sin embargo, de forma paralela a este régimen general nos encontramos con un régimen de compatibilidad automática que se basa en el Reglamento General de Exenciones por categorías (RGEC)[432], donde se exime de dicha notificación, y a su vez, con el régimen jurídico de las ayudas de minimis que por su cuantía económica no forma parte de este entramado jurídico, y se eximen de notificación puesto que se considera que, en principio, cumpliría con las condiciones del art. 107.1 TFUE para considerarse incompatibles con el mercado interior. No obstante, como también ya hemos comentado, existen determinadas ayudas en circunstancias coyunturales derivadas de crisis económicas u otras circunstancias que se eximen de notificación y que se consideran compatibles de manera prácticamente automática.

---

429 FERNÁNDEZ FARRERES, G.: *El régimen de ayudas de Estado y su impacto en el derecho español ... op. cit.*, p. 238.

430 El procedimiento de notificación aparece regulado en el Reglamento (UE) 2015/1589 del Consejo de 13 de julio de 2015 por el que se establecen normas detalladas para la aplicación del art. 108 TFUE.

431 Esto, en opinión de algunos autores, limita la capacidad de decisión del Estado y la eficacia y celeridad de la medida ya que para poder procederse a su ejecución es necesaria una Decisión de la Comisión que avale que la medida de ayuda es conforme al ordenamiento jurídico de la Unión Europea, es decir, que no incurre en ninguno de los supuestos del art. 107 TFUE para ser considerada incompatible.

432 Reglamento (UE) 2021/1237 de la Comisión de 23 de julio de 2021 por el que se modifica el Reglamento (UE) 651/2014 por el que se declaran determinadas categorías de ayudas compatibles con el mercado interior en aplicación de los artículos 107 y 108 TFUE.

1.2. Ayudas de minimis: Reglamento (UE) 1407/2013

Existen un tipo de ayudas de Estado consideradas ayudas públicas de minimis, las cuales son muy necesarias para impulsar determinados sectores económicos que necesitan especialmente un estímulo económico, que en ningún caso suponga una perturbación a las normas de la competencia. Son aquellas ayudas que se conceden a una empresa determinada[433] durante un periodo de tiempo determinado y que no superan una cantidad fija especifica y que, al cumplir estos requisitos quedan exentas del régimen de control de ayudas de Estado que lleva a cabo la UE, puesto que se considera que no tiene repercusión en la competencia y en el mercado único de la Unión.

Estos parámetros han ido variando a lo largo del tiempo[434] y en la actualidad aparecen regulados en el Reglamento (UE) 1407/2013 relativo a la aplicación de los artículos 107 y 108 TFUE a las ayudas de minimis, en adelante. Actualmente, el límite máximo de ayudas de minimis que no tendrían que notificarse a la Comisión Europea es de 200.000 € en los tres últimos ejercicios fiscales concedidos a la misma empresa (art. 3.2 Reglamento), con particularidades respecto a las empresas dedicadas al transporte de mercancías por carretera y a las empresas del sector pesquero, agrícola y ganadero, así como de transformación de productos agrícolas, entre otras, que se detallan a lo largo del articulado (art. 1 Reglamento).

Estos límites de los que hablamos, según lo estipulado en el art. 3.6 Reglamento se cumplirán, salvo las excepciones ya señaladas, con independencia del tipo de ayuda de que se trate o del objetivo al que esté destinada, y con independencia de si está financiada total o parcialmente por la Unión Europea. Cabe la posibilidad de que la ayuda se conceda a través de otro instrumento diferente a la subvención (préstamos, garantías, aportaciones de capital, medidas de financiación de riesgos etc.), en cuyo caso el importe de la misma será su equivalente de subvención bruta, que se calculará conforme a unas normas comunes para todos los Estados miembros (art. 4 Reglamento).

433 El TJUE considera que una entidad que esté controlada (de facto o de iure) por una misma entidad mayor se considera una misma empresa, lo cual es especialmente importante a estos efectos para determinar si la ayuda cumpliría con este requisito para considerarse ayuda de minimis exenta de notificación. *Vid*. STJCE Asunto C-382/99, Países Bajos/Comisión, Rec. 2002, p. I-5163. Igualmente, para aclarar la existencia o no de dicha vinculación, importante ver lo establecido al respecto en el Cdo. 4 del Reglamento de minimis que se refiere a su vez a la Recomendación 2003/361/CE de la Comisión y al Reglamento (CE) 800/2008, Anexo I sobre el análisis de dicha vinculación en Pymes y en empresas vinculadas con un mismo organismo público o diferentes.

434 *Vid.* Comunicación de la Comisión relativa a las ayudas de minimis (DO C 68 de 6.3.1996, Reglamento (CE) 69/2001 de la Comisión, de 12 de enero de 2001, relativo a la aplicación de los artículos 87 y 88 del Tratado a las ayudas de minimis (DO L 10 de 13.1.2001) y Reglamento 1998/2006 de la Comisión, de 15 de diciembre de 2006, relativo a la aplicación de los artículos 87 y 88 del Tratado a las ayudas de minimis (DO L 379 de 28.12.2006).

No obstante, es importante no olvidar que este Reglamento, así como el Reglamento de exenciones que analizaremos posteriormente, solo podrá aplicarse respecto de aquellas ayudas consideradas transparentes (art. 4.1 Reglamento), lo que quiere decir que «su equivalente de subvención bruta pueda calcularse previamente con precisión sin necesidad de efectuar una evaluación del riesgo». Estas ayudas de minimis serán compatibles con las destinadas a financiar servicios de interés general reflejadas en el Reglamento (UE) 360/2012, de 25 de abril[435] (art. 5 Reglamento) y podrá procederse, con carácter general, a la acumulación de ayudas de minimis que se encuentren sujetas a este Reglamento siempre y cuando no superen en conjunto el límite máximo establecido.

Finalmente, en la concesión de este tipo de ayudas a una empresa por parte de un Estado miembro, este debe informar a la beneficiaria de que dicha ayuda se encuentra regulada por dicho reglamento, y deberá asegurarse de que la empresa no supera el límite establecido teniendo en cuenta las ayudas recibidas en los dos últimos ejercicios fiscales. Para ello, puede reclamar una declaración responsable de la misma en la que refleje todas las ayudas anteriores recibidas de manera transparente, o bien, a través de la creación de un registro de ayudas de minimis concedidas donde pueda consultar que se cumplen las condiciones y limitaciones para poder proceder conforme al ordenamiento jurídico (art. 6 Reglamento). En este mismo precepto, en su último apartado, se prevé una obligación del Estado miembro de suministrar, como es lógico, toda la información que sea requerida por la Comisión a este respecto y de conservarla durante un periodo de 10 años.

Finalmente, hay que señalar que este reglamento estará en vigor desde el 1 de enero de 2014 hasta el 31 de diciembre de 2023, cuando deberá aprobarse una nueva normativa que actualice los límites a la situación económica y social de la Unión Europea, sin perjuicio de que se seguirá aplicando durante un periodo de seis meses, hasta que exista, efectivamente, un nuevo Reglamento de Minimis (art. 7.4 y 8 Reglamento).

Por tanto, todas las ayudas públicas dedicadas a la financiación de la extensión de redes o prestación de servicios de comunicaciones electrónicas que se encontrara por debajo de dicho umbral quedarían exentas de notificación por considerarse per se, que no afectarían al mercado interior. No obstante, como es sabido, la financiación de este tipo de despliegues excede y con mucho, cuando hablamos del conjunto del proyecto, de los limites aquí marcados, por tanto, con carácter general la financiación pública de la extensión de la conectividad digital o se deberá someter al examen de compatibilidad de la Comisión, o bien, por cumplir con una serie de características que veremos a continuación, se considerará categoría exenta de notificación.

---

435 Reglamento (UE) 360/2012 de la Comisión de 25 de abril, relativo a la aplicación de los artículos 107 y 108 del Tratado de Funcionamiento de la Unión Europea a las ayudas de minimis concedidas a empresas que prestan servicios de interés económico general.

1.3. Ayudas de Estado exentas vinculadas a las infraestructuras de conectividad digital en virtud del Reglamento de exención por categorías (RGEC)

Las ayudas exentas aparecen reguladas en el Reglamento (UE) 651/2014 de la Comisión de 17 de junio de 2014 por el que se declaran determinadas categorías de ayudas compatibles con el mercado interior en aplicación de los artículos 107 y 108 de Tratado, que fue modificado recientemente por el Reglamento (UE) 2021/1237 de la Comisión de 23 de julio, que incluye importantes modificaciones en cuanto a la configuración de las ayudas de Estado regionales y ayudas de Estado al establecimiento de infraestructuras de banda ancha y de desarrollo e instalación de 4G y 5G así como a proyectos de carácter transfronterizo que tengan como objetivo final la mejora de la conectividad digital como servicio indispensable en la Unión Europea.

De esta manera, el reglamento de exenciones, en virtud del art. 109 TFUE en consonancia con el art. 108.4 TFUE, se encarga de recoger una serie de supuestos en los que se eximirá al Estado de la notificación de la concesión de la ayuda estatal, en cualquiera de sus formas, a una empresa, sin perjuicio de que sí debe comunicase la existencia de la misma en aras de la transparencia y cooperación en el suministro de información a la Comisión. Los antecedentes de dicho Reglamento se remontan al Reglamento (CE) 994/98 del Consejo de 14 de mayo de 1998 que facultaba en aquel momento a la Comisión para declarar exentas de la obligación de notificación, bajo determinadas condiciones, las siguientes ayudas: ayudas a la investigación y desarrollo, las ayudas a las pequeñas y medianas empresas (Pymes), ayudas a la formación y al empleo, ayudas a la protección del medio ambiente y ayudas regionales en virtud de los mapas aprobados por la Comisión para cada Estado miembro sobre las regiones diana de esta financiación.

En consecuencia, se aprobó el Reglamento (CE) 800/2008 de 6 de agosto por el que se declaran determinadas categorías de ayudas compatibles con el mercado común en aplicación de los artículos 87 y 88 el Tratado (el primer Reglamento General de Exención por categorías) aplicable hasta el 30 de junio de 2014[436]. Sin embargo, en el año 2013 se considera que debe producirse una ampliación[437] de las categorías de ayudas reflejadas en un primer momento en el año 1998 lo cual se producirá a través de la adopción del Reglamento (UE) 733/2013 del Consejo, de 22 de julio de 2013 por el que se

436 Se modificó su periodo de vigencia en virtud del Reglamento (UE) 1224/2013 de 29 de noviembre de 2013 por el que se modifica el Reglamento (CE) 800/2008 en lo relativo a su periodo de aplicación

437 Esto vino motivado entre otros textos, por la Comunicación de 8 de mayo de 2012 de la Comisión sobre la modernización de las ayudas estatales en la UE, COM (2012) 209 final.

modifica el Reglamento (CE) 994/98 sobre la aplicación de los artículos 92 y 93 del Tratado Constitutivo de la Comunidad Europea a determinadas categorías de ayudas estatales horizontales, momento en el que ya se incluyen, entre otras, las ayudas a las infraestructuras de banda ancha.

A su vez, la comunicación (COM (2012) 209 final, de 8 de mayo de 2012 «Modernización de las ayudas estatales en la UE») da una serie de indicaciones para adaptar la normativa de las ayudas estatales en la Unión Europea al nuevo contexto social y económico, en particular, para que resulten un mecanismo útil para dar cumplimiento a los objetivos de la Estrategia Europa 2020, y para, por otro lado, clarificar el concepto de ayuda de Estado y reforzar el control ex post a realizar por la Comisión. Así, esto sirvió de impulso para aprobar las nuevas directrices sobre ayudas de estado del año 2013 (Comunicación de la Comisión de 26 de enero de 2013 «Directrices de la Unión Europea para la aplicación de las normas sobre ayudas estatales al despliegue rápido de redes de banda ancha, DOC. 25), el Reglamento (UE) 1407/2013 relativo a la aplicación de los artículos 107 y 108 TFUE a las ayudas de minimis y el nuevo Reglamento de Exención por Categorías de 2014 que será reformado en 2021.

Así, se adoptará el presente Reglamento (UE) 651/2014 de la Comisión de 17 de junio de 2014 por el que se declaran determinadas categorías de ayudas compatibles con el mercado interior en aplicación de los artículos 107 y 108 del Tratado, en adelante, Reglamento (UE) 651/2014. En el marco de aplicación del mismo, así como del Reglamento de minimis, es importante destacar que la financiación pública procedente de la Unión Europea y gestionada directamente por sus instituciones, agencias, empresas comunes u otros organismos de la Unión, que, por tanto, se encuentran fuera del control de un Estado miembro, no se considerará ayuda estatal y por tanto no se verán sometidas a ninguno de las limitaciones o requisitos reflejados en su régimen jurídico; se trata de una regulación dirigida a las ayudas de Estado controladas directa o indirectamente por los Estados miembros (Cdo. 26 Reglamento (UE) 651/2014). Este Reglamento será modificado posteriormente por el Reglamento (UE) 2021/1237 de la Comisión de 23 de julio por el que se modifica el Reglamento (UE) 651/2014 por el que se declaran determinadas categorías de ayudas compatibles con el mercado interior en aplicación de los artículos 107 y 108 del Tratado, en adelante, RGEC. Mediante esta reforma legislativa se incorporan importantes cambios que detallaremos a continuación como conjunto, como régimen jurídico vigente en la actualidad que emana de esta reciente revisión.

De esta manera, existen una serie de condiciones para la exención que son en esencia las que ya hemos mencionado, y que se encuentran detalladas en el art. 3 del RGEC, de esta forma:

> «Los regímenes de ayudas, las ayudas individuales concedidas con arreglo a regímenes de ayudas y las ayudas ad hoc serán compatibles con el mercado interior a tenor del art. 107, apartados 2 o 3, del Tratado y quedarán exentas de la

obligación de notificación establecida en el artículo 108, apartado 3, del Tratado, siempre que dichas ayudas cumplan todas las condiciones establecidas en el Capítulo I del presente Reglamento, así como las condiciones específicas aplicables a la categoría pertinente establecidas en el Capítulo III del presente Reglamento».

Así, en el artículo 1 se enumeran los tipos de ayudas a las que se aplicará el Reglamento de exenciones por categorías siendo, a los efectos de este estudio, importantes las ayudas regionales (art. 1.a) y las ayudas para infraestructuras de banda ancha (art. 1.i). A continuación, aunque una ayuda cumpla con los criterios de exención del artículo 3 y se encuentre en el listado del artículo 1, esto no implica directamente que nos encontremos ante un supuesto de exención y, por tanto, de aplicación del RGEC. Es decir, existen otra serie de requisitos que se deben cumplir, el primero de ellos es que las ayudas a las que no referimos no deben superar los umbrales de notificación (art. 4) determinados para cada tipo de ayuda. Por ejemplo, para el caso de las ayudas regionales a la inversión, el límite sería de 100 millones de euros (*vid*. art. 4.1.a y art. 2.20 RGEC sobre el mecanismo de cálculo), en las ayudas regionales al desarrollo urbano se sitúa en 20 millones de euros (art. 4.1.b en relación con el art. 16.3 RGEC), y en las ayudas dedicadas a infraestructuras de conectividad digital se establece lo siguiente en los apartados y, y bis, y ter e y quater (anteriormente, previa a la modificación del año 2012, simplemente se establecía un límite genérico de 70 millones de euros a infraestructuras de redes banda ancha). Así, estas ayudas exentas se refieren a:

- Despliegue de redes fijas de banda ancha en forma de subvención con un límite de 100 millones de euros y si se trata de un instrumento financiero, el límite se sitúa en 150 millones de euros.
- Ayudas al despliegue de redes de 5G o 4G, con los mismos límites que en el primer caso, 100 millones de euros en el caso de subvenciones y 150 millones de euros en el caso de tratarse de instrumentos financieros.
- Ayudas destinadas a proyectos de interés común en el campo de las infraestructuras transeuropeas de conectividad [Reglamento (UE) 2021/1153, Mecanismo Conectar Europa] que poseen un sello de excelencia, en forma de subvención con un límite de 100 millones de euros y 150 millones de euros en forma de instrumento financiero.
- Para los regímenes de bonos de conectividad, en 24 meses contando con toda la financiación destinada a este fin en un Estado miembro, no puede exceder de 50 millones de euros.

Otra de las condiciones que deben cumplir las ayudas para sujetarse a este reglamento es que deben tratarse de ayudas transparentes, tal y como se entienden en el artículo 5 del mismo, siendo estas aquellas en las que su equivalente de subvención bruto[438] pueda calcularse con carácter previo con pre-

438 Se entiende como tal «el importe de la ayuda si se ha proporcionado en forma de subven-

cisión sin que sea necesario realizar una evaluación de riesgo. Se enumeran, con diferentes particularidades, como ayudas transparentes, subvenciones y bonificaciones de tipos de interés, préstamos, garantías, determinadas ventajas fiscales, anticipos reembolsables, medidas de financiación riesgo etc.

Así mismo, las ayudas deben tener un efecto incentivador en el mercado en la zona en la que se aplique la ayuda, es decir, resultados palpables en cuanto a la dinamización y cumplimiento de objetivos previstos en el proyecto de actuación descrito en la solicitud, conforme a los parámetros establecidos en el art. 6 RGEC. Sin embargo, para determinados tipos de ayudas no será necesario examinar ese carácter de medida incentivadora, o se considerará que ya lo poseen como consecuencia de su naturaleza (art. 6.5 RGEC), por ejemplo, las ayudas regionales de funcionamiento o las ayudas para el acceso de las Pymes a la financiación de acuerdo con lo dispuesto en los arts. 21 y 21 RGEC. Así, la intensidad de la ayuda y los costes subvencionables se estimarán antes de que se produzca cualquier deducción fiscal o carga y será esa cantidad la que se deberá tener en cuenta cuando se estudien los umbrales de notificación del art. 4 RGEC.

En otro orden de cosas, también se prevén una serie de consideraciones sobre la acumulación de este tipo de ayudas con el fin de que no se sobrepasen los límites fijados para poder acogerse a la exención que recoge este Reglamento (art. 8 RGEC) y sobre las medidas de publicación e información de las mismas que deberán estar completamente disponibles en un sitio web donde se detallen las ayudas concedidas y existentes, fundamentalmente en cumplimiento del art. 11 RGEC, en los términos establecidos en el artículo 9 RGEC[439].

Seguidamente, el Capítulo II se encarga de regular el seguimiento y control que llevará a cabo la Comisión sobre el cumplimiento del RGEC, estableciendo como medida sancionadora la posibilidad de retirar el beneficio de la exención por categorías (en futuras ayudas, imponiendo de esta manera la práctica de la notificación a tenor del art. 108.3 TFUE) a una determinada ayuda cuando un Estado miembro haya concedido una ayuda considerando que se encontraba exenta de notificación y la Comisión haya advertido lo contrario, por no cumplir con los requisitos que venimos detallando y que aparecen en los capítulo I y III del Reglamento (art. 10 RGEC).

Anteriormente mencionábamos el art. 11 RGEC y es que es especialmente importante ya que, si bien decidimos que estas ayudas están exentas de notificación (lo que significa en esencia que no forman parte de un régimen

---

ción al beneficiario, antes de cualquier deducción fiscal o de otras cargas» art. 2.22 RGEC y art. 7.3 RGEC.

439 CNMC. Comisión Nacional de los Mercados y de la Competencia. *Informes anuales de ayudas públicas en España, años 2020, 2021 y 2022*. Disponible en: https://www.cnmc.es/ambitos-de-actuacion/promocion-de-la-competencia/ayudas-publicas.

notificado y por tanto, no tienen por qué contar con una decisión de la Comisión que avale su concesión), ello no quiere decir que no deba producirse una comunicación constante de las mismas a las autoridades europeas en aras del procedimiento habitual de seguimiento de las actuaciones. Por ello, el artículo 11 establece el procedimiento de comunicación a la Comisión de cada una de dichas ayudas a través del formulario normalizado que aparece en el Anexo II RGEC, junto a un enlace que permita acceder al texto completo, en un plazo de 20 días desde su entrada en vigor, a la vez que se prevé la presentación de un informe anual en el que se recojan las diferentes medidas de forma conjunta y la conservación de toda documentación en registros durante un periodo de al menos diez años (art. 12 RGEC).

A) Ayudas regionales

En cuanto a las ayudas regionales, hay que decir, en primer lugar, que pueden englobar entre sus actuaciones medidas dirigidas a financiar infraestructuras de conectividad digital ya que no se considera un sector específico de la economía y por tanto no se encontraría fuera de este grupo de ayudas (art. 13.b RGEC). Las medidas de ayuda regional son compatibles con el mercado interior en función de lo establecido en el art. 107.3 TFUE y quedan exentas, como decimos, de esa obligación de notificación siempre que se cumpla con las condiciones siguientes. En primer lugar, estas se concederán en zonas asistidas, siendo estas las que aparecen en el mapa regional[440] propuesto por cada Estado miembro que la Comisión evaluará y a partir del cual emitirá una Decisión[441] al respecto, en este caso para el periodo 2022-2027[442].

440 Universidad de Granada y Junta de Andalucía. *Ayudas estatales: la Comisión aprueba el mapa de ayudas regionales 2022-2027 para España*, 18 de marzo de 2002. Disponible en: https://cde.ugr.es/index.php/union-europea/noticias-ue/1360-ayudas-estatales-la-comision-aprueba-el-mapa-de-ayudas-regionales-2022-2027-para-espana.
Comisión Europea. Comunicado de prensa, *Ayudas estatales: la Comisión aprueba el mapa de ayudas regionales 2022-2027 para España*, Disponible en: https://ec.europa.eu/commission/presscorner/detail/es/ip_22_1763

441 Decisión de la Comisión Europea (C 2022) 1524 final de 17 de marzo de 2022. Ayuda estatal SA.100859 (2021/N) – España. Mapa de ayudas regionales para España (1 de enero de 2022–31 de diciembre de 2027).

442 Las ayudas regionales que no cumplan con los requisitos establecidos en este RGEC, en el Reglamento de minimis ni formen parte del ámbito objetivo del Paquete de SIEG, se verán sometidas a un análisis de compatibilidad con el mercado interno conforme al art. 107.1 TFUE, siguiendo las directrices contenidas en la Comunicación de la Comisión Europea relativa a Directrices sobre ayudas estatales de finalidad regional (2021/C 153/01) de 24 de abril de 2021. Los elementos principales de estas directrices son «(i) aumento de la cobertura global de las ayudas regionales y actualización de las zonas a y zonas c-, (ii) aumento de las intensidades máximas de ayuda para favorecer los objetivos del Pacto Verde Europeo y de la Estrategia Digital. Además, se incluyen varias modificaciones para zonas ultraperiféricas, zonas fronterizas, zonas de transición justa para zonas desfavorecidas o zonas con despoblación; y (iii) validez de los mapas de ayudas regionales para el

En concreto, las ayudas regionales destinadas al desarrollo de la red de banda ancha deberán cumplir tres condiciones (art. 14.10 RGEC): se concederán exclusivamente en zonas en las que no exista una red de la categoría que se vaya a desplegar (en la versión del año 2014 del Reglamento se hacía una distinción entre redes de banda ancha básica y redes de nueva generación, como las dos tipologías básicas en torno a las cuales se desplegarías las diferentes redes) y en las que exista una probabilidad muy baja de que dicha red se despliegue en los próximos tres años desde la concesión de la ayuda, el operador de la red debe ofrecer acceso minorista y mayorista a la infraestructura en condiciones no discriminatorias y equitativas (incluyendo desagregación física en el caso de redes NGA) y debe recurrirse a un procedimiento de selección competitivo para la concesión de las ayudas.

Así mismo, la intensidad de la ayuda no podrá ser superior a la establecida en el mapa regional que se encuentre en vigor en cada momento y el beneficiario de la ayuda debe aportar una financiación mínima del 25 % de los costes subvencionables procedente de fondos no públicos (recursos propios o financiación privada), salvo en las regiones ultraperiféricas[443] donde el porcentaje podrá ser inferior al 25 % (art. 14.14 RGEC). Como subtipo de ayuda regional, existen las ayudas regionales al desarrollo urbano cuyos proyectos estarán cofinanciados por los Fondos Estructurales y de Inversión Europeos y deben apoyar la ejecución de una «estrategia integrada de desarrollo urbano sostenible» en una zona asistida (art. 16.2 EGEC). Además, la inversión total no podrá ser superior a 20 millones de euros a través de esta vía, las ayudas podrán adquirir la forma de préstamos, garantías, capital, cuasi capital o una combinación de ellos y al menos, deberán movilizar inversiones privadas que se correspondan con un 30 % como mínimo del total de la financiación proporcionada para el proyecto (art. 16.6 RGEC), todo ello en consonancia con lo previsto en el Reglamento (UE) 1303/2013[444], en particular en lo relativo a los costes subvencionables de los arts. 65 y 37.

periodo 2022-2027 con una revisión intermedia en 2023» CNMC. Informe anual sobre ayudas públicas 2022, Ref. IAP/CNMC/001/22, p. 52.

443 Art.2.12 Reglamento de exenciones categorías 2014 «regiones definidas en el art 349 TFUE; de conformidad con la Decisión 2010/718/UE del Consejo Europeo, desde el 1 de enero de 2012, San Bartolomé dejó de ser región ultraperiférica; de conformidad con la Decisión 2012/419/UE del Consejo Europeo, desde el 1 de enero de 2014, Mayotte se convirtió en región ultraperiférica».

444 Reglamento (UE) 1303/2013 del Parlamento Europeo y del Consejo de 17 de diciembre de 2013 por el que se establecen disposiciones comunes relativas al Fondo Europeo de Desarrollo Regional, al Fondo Social Europeo, al Fondo de Cohesión, al Fondo Europeo Agrícola de Desarrollo Rural y al Fondo Europeo Marítimo y de la Pesca, y por el que se establecen disposiciones generales relativas al Fondo Europeo de Desarrollo Regional, al Fondo Social Europeo, al Fondo de Cohesión y al Fondo Europeo Marítimo y de la Pesca, y se deroga el Reglamento (CE) 1083/2006 del Consejo.

B) Ayudas a infraestructuras de banda ancha

En cuanto a las ayudas a infraestructuras de banda ancha[445] o de conectividad digital en general, se produce una gran modificación en el año 2021 con la incorporación de nuevas tipologías de ayudas a este respecto, basadas fundamentalmente en nuevas tecnologías (4G y 5G), en nuevas medidas como los bonos de conectividad que veremos a continuación, y en un incremento de los umbrales de notificación, que ya hemos reseñado. Así, en cuanto a las tipologías, anteriormente un único artículo se encargaba de regular estas ayudas, el artículo 52, y en la actualidad nos encontramos con los art. 52 bis, ter y quater.

El artículo 52 se sustituyó íntegramente y en el mismo se regulan cuáles serían los costes subvencionables, siendo estos todos los costes de construcción, explotación y gestión de una red fija de banda ancha. La ayuda podrá concederse a través de dos vías diferentes (art. 52.6.a y b): en el primer caso la ayuda se concederá a los proveedores privados de servicios de comunicaciones electrónicas en virtud de un procedimiento de selección competitivo, transparente, abierto, no discriminatorio, respetando el principio de neutralidad tecnológica y los principios que emanan de la normativa de contratación pública, es decir, se tendrá en cuenta la oferta económicamente más ventajosa. En este sentido, en el apartado a de este precepto se señala que «la autoridad otorgante de la ayuda establecerá previamente criterios de adjudicación cualitativos objetivos, transparentes y no discriminatorios que deberán ponderarse con el importe de la ayuda solicitada. En condiciones de calidad similares se concederá la ayuda al licitador que haya solicitado el importe de ayuda más bajo».

En el segundo caso, se asignaría la ayuda sin un procedimiento de selección competitivo (apartado b), a una autoridad pública para la extensión y gestión, directamente o indirectamente mediante una entidad interna, de la red fija de banda ancha. La entidad pública o entidad interna prestaría exclusivamente servicios mayoristas usando la red financiada y podrá, igualmente, llevar a cabo una concesión o atribución a terceros para que construya o explote la red, en cuyo caso, como es lógico, sí se procederá a un procedimiento de selección competitivo transparente, no discriminatorio y abierto, respetando el principio de neutralidad tecnológica y los principios de la normativa en materia de contratación pública, basándose en la oferta económicamente más ventajosa. En este sentido, cuando la inversión se lleve a cabo sin un proceso de selección competitivo el importe de la ayuda no superará la diferencia entre los costes subvencionables y el beneficio de explotación de

445 Se suprime, tras la última modificación de 2021, la definición de banda ancha básica y de «redes de acceso de nueva generación NGA» y, además, se incluyen las definiciones 139 bis, ter y quater, muy importantes en cuanto a la ampliación de la financiación de este tipo de redes.

la inversión y cuando se produzca a través de un procedimiento de selección competitivo, el importe máximo se establecerá en el mismo, respetando los umbrales que ya hemos señalado (art. 52.2 RGEC).

Por otro lado, la explotación de la red construida en virtud de estas ayudas ofrecerá el más amplio acceso mayorista, tanto activo (mínimo durante siete años) como pasivo (por tiempo ilimitado) posible (art. 139 RGEC) incluida la desagregación física, en condiciones equitativas y no discriminatorias[446] y el precio del acceso mayorista se fijará en función de los parámetros reflejados en el art. 52.8 RGEC.

En este ámbito concreto de ayudas a la extensión de redes fijas de banda ancha, se fijan tres tipos diferentes de inversión (art. 52.3 RGEC):

- Despliegue de redes para conectar motores socioeconómicos[447] y hogares en regiones donde no existe infraestructura capaz de dar el servicio a una velocidad de al menos 30 Mbps (de descarga) considerada como velocidad umbral, presentes en ese momento o previstas para el futuro en un plazo general de tres años o aquel necesario para el despliegue de las redes con financiación pública, que nunca será inferior a dos años. La red que se despliegue debe proporcionar al menos el doble de la velocidad existente o prevista y en todo caso al menos 30 Mbps de velocidad de descarga (velocidad objetivo).
- Despliegue de redes para conectar motores socioeconómicos y hogares en regiones donde no existe infraestructura capaz de dar el servicio a una velocidad de al menos 100 Mbps, en el mismo horizonte temporal que las anteriores. En este caso, la red financiada debe ser capaz de proporcionar al menos el doble de la velocidad existente o prevista en la zona de actuación, y en todo caso, al menos 300 Mbps de velocidad de carga y 100 Mbps de velocidad de descarga (velocidad objetivo).
- Despliegue de redes para conectar motores socioeconómicos exclusivamente, en áreas en las que solo exista una red capaz de proporcionar

446 Art. 52.7 RGEC señala que «las obligaciones de acceso serán ejecutadas con independencia de cualquier cambio en la propiedad, la gestión o el funcionamiento de la red subvencionada. En el caso de las ayudas a la construcción de conducciones, estas serán lo suficientemente grandes para dar cabida al menos a tres redes y diferentes tipologías de red».

447 Reglamento GEC artículo 139 ter (se añade con la modificación realizada en el 2021), «motores socioeconómicos»: «entidades que por su misión naturaleza o localización, pueden generar, directa o indirectamente, importantes beneficios socioeconómicos para los ciudadanos, las empresas y las comunidades locales situadas en su territorio circundante o en su zona de influencia, incluidas, entre otras, las autoridades públicas, las entidades públicas o privadas encargadas de la gestión de servicios de interés general o de servicios de interés económico general, tal como se establece en el artículo 106, apartado 2, y las empresas intensivas de digitalización».

velocidades de descarga de, como mínimo, 100 Mbps, pero por debajo de 300 Mbps en ese momento o planificadas en el mismo horizonte temporal que el resto de tipologías. En este caso, los objetivos son mucho más ambiciosos ya que señala el apartado c «la red asistida garantizará como mínimo una duplicación de las velocidades de carga y descarga en comparación con las redes actuales o planificadas de forma creíble, y deberá ser capaz de proporcionar de forma fiable al menos 1 Gbps de velocidades de descarga (velocidades objetivo)».

En esta línea, para verificar las condiciones que dirigen a una u otra categoría de inversión, la autoridad correspondiente se servirá de cartografía, confirmada a través de consulta pública sobre el estado real y previsto de las redes en el territorio (art. 52 bis 4 RGEC). La consulta pública deberá llevarla a cabo el organismo público competente publicando las características de la medida prevista y las zonas geográficas diana de la actuación pública que fueron identificadas como consecuencia de la cartografía previa. De esta manera, se invitará a los operadores privados a que presenten observaciones sobre las redes existentes o previstas, en un plazo de tres años (puede ampliarse si la ejecución de la ayuda conllevara más tiempo, pero en ningún caso sería inferior a dos años), en las regiones identificadas, quienes podrán aportar dicha documentación en un plazo de, como mínimo, 30 días.

A continuación, respecto a las redes móviles 4G y 5G, se establece lo mismo en relación a los importes máximos de la ayuda para el proyecto que en el caso de las infraestructuras de redes de banda ancha fija, así como para la consideración de los costes subvencionables (art. 52 bis 2 RGEC). En todo caso, la inversión en redes inalámbricas 5G se situará en zonas donde no se hayan despegado redes móviles o las que existan no puedan soportar servicios de más de 3G y en las que no exista ni redes de 4G ni 5G disponibles, como es lógico, ni se hayan planificado en un horizonte temporal de 3 años desde la publicación de la ayuda. Por su parte, la inversión en redes 4G se realizará en zonas donde no existan redes móviles o las que existan no puedan soportar servicios superiores a 2G y en las que no existan redes móviles 3G, 4G ni 5G en ese momento o planificadas en un horizonte temporal de 3 años.

Así, para poder verificar que se cumplen las condiciones reseñadas sobre las redes existentes o previstas en una zona determinada, y, por tanto, proceder a la inversión en las mismas, se llevará a cabo un estudio cartográfico de las infraestructuras disponibles en las regiones en cuestión, y se complementará siempre con una consulta pública (art. 52 bis 4 RGEC) en los términos ya detallados para las redes fijas de banda ancha. La medida deberá aportar una mejora significativa o cambio profundo[448] respecto a las redes existentes

448 Art. 52.5 RGEC interpreta en cuanto a la inversión pública en redes fijas de banda ancha que se produce un cambio profundo cuando «como resultado de la inversión subvencionada se lleva a cabo una inversión significativa en la red de banda ancha y la red

en ese momento o planificadas de forma creíble en los próximos tres años o en un plazo superior necesario para el despliegue de la red financiada públicamente, nunca inferior a dos años.

Así mismo, es muy importante considerar que estas ayudas no deben confundirse o interferir con las obligaciones impuestas a los operadores en materia de cobertura derivadas de derechos de uso del espectro radioeléctrico, como ya mencionamos al explicar los objetivos y metas de los programas de conectividad y digitalización de la UE y nacionales. Es decir, la infraestructura que se despliegue para facilitar los servicios de 4G y 5G no se tendrá en cuenta en lo que respecta al cumplimiento de dichas obligaciones asociadas a los derechos del espectro radioeléctrico (art. 52 bis 5 RGEC). Además, el proyecto de extensión de infraestructuras de redes móviles 4G o 5G deberá aportar una «mejora significativa (cambio profundo)[449]» en la realidad de las redes móviles de la zona afectada en un plazo de tres años, con carácter general, o un plazo superior (aunque nunca inferior a dos años) en el caso de que los proyectos previstos requieran un horizonte temporal de despliegue superior.

Finalmente, señalar que las condiciones de concesión y ejecución de la ayuda (procedimiento de selección competitivo o sin recurrir a un procedimiento de este tipo, con las consecuencias y particularidades aparejadas) serán las mismas que las recogidas para el despliegue de redes fijas de banda ancha (art. 52.6 a 52.9 y art. 52 bis 7 a 9 RGEC).

En este caso, las ayudas para el despliegue de redes móviles de 4G y 5G, la ayuda concedida deberá reembolsarse si es superior a 10 millones de euros, para lo cual los Estados miembros habilitarán un mecanismo de supervisión y recuperación de los fondos (art. 52 bis 10 RGEC). No obstante todo lo anterior, las redes de 4G o 5G financiadas con recursos públicos solo podrán utilizarse para la prestación de servicios de acceso inalámbrico fijo en dos supuestos muy concretos que en esencia tienen que ver con la constatación

subvencionada aportara al mercado nuevas capacidades significativas en términos de disponibilidad y capacidad del servicio de acceso a internet de banda ancha, velocidades y competencia en comparación con las redes existentes o planificadas de forma creíble». Además, «el proyecto debe incluir inversiones significativas en infraestructuras pasivas que va más allá de las inversiones marginales relacionadas simplemente con la mejora de los elementos activos de la red».

449 Se entiende por «cambio profundo» en virtud del art. 52 bis 6 RGEC, como la situación en la que «como resultado de la intervención subvencionada, se llevará a cabo una nueva inversión significativa en la red móvil y la red subvencionada aportará al mercado nuevas capacidades significativas en términos de disponibilidad y capacidad del servicio de la red móvil, velocidades y competencia, en comparación con las redes presentes o planificadas de forma creíble». Igualmente, en este mismo precepto se establece que «el proyecto debe incluir inversiones significativas en infraestructura pasiva que va más allá de las inversiones marginales relacionadas simplemente con la mejora de los elementos activos de la red».

vía cartografía y consulta pública, de la inexistencia de redes de cualquier tipo (se incluye y menciona explícitamente redes de banda ancha) que no sean capaces de soportar velocidades de, por un lado, al menos 30 Mbps para determinadas zonas y/o 100 Mbps, en otras áreas diferentes. Igualmente, la red inalámbrica fija de 4G o 5G que es objeto de la ayuda debe ofrecer unas velocidades mínimas[450].

Añadido a lo anterior, y también como novedad respecto a 2014, en el RGEC se incluyen ayudas para proyectos de interés común en el ámbito de la infraestructura transeuropea de conectividad digital (art. 52 ter RGEC). Se trata de ayudas que habrán sido concedidas en virtud de las previsiones del Reglamento (UE) 2021/1153 relativo al Mecanismo Conectar Europa, en adelante, Reglamento (UE) 2021/1153 que posean el Sello de Excelencia allí regulado, que se considerarán a partir de ese momento compatibles con el mercado interior y, además, una categoría más de las exentas en virtud del RGEC. Así, cada uno de los proyectos deberá cumplir con una serie de condiciones acumulativas (art. 57 ter 3 RGEC):

- El beneficiario debe aportar al menos el 25 % de los costes subvencionables del proyecto a través de recursos propios o mediante financiación privada que complementaría a la financiación pública cuyo porcentaje aumenta al 30 % de inversión privada cuando el proyecto se ejecute a través de una plataforma de inversión.

---

450 Art. 52 bis. 11 RGEC: «11. El uso de la red 4G o 5G financiada con fondos públicos para prestar servicios de acceso inalámbrico fijo solo se permitirá según lo establecido a continuación:
a) en zonas en las que no exista una red capaz de proporcionar de forma fiable velocidades de al menos 30 Mbps de descarga presentes o planificadas de forma creíble en el plazo de tres años a partir del momento de publicación de la medida de ayuda prevista o en el mismo horizonte temporal que el despliegue de la red subvencionada, que no podrá ser inferior a dos años, siempre que se cumplan las condiciones acumulativas siguientes: i) la cartografía y el ejercicio de consulta pública también tienen en cuenta las redes fijas de banda ancha existentes o planificadas de forma creíble, determinadas de conformidad con el artículo 52, apartado 4; ii) la solución de acceso inalámbrico fijo 4G o 5G objeto de ayuda es capaz de proporcionar de manera fiable velocidades de al menos 30 Mbps de descarga y, como mínimo, una duplicación de la velocidad de descarga y carga en comparación con las redes fijas presentes o planificadas de forma creíble en esas zonas;
b) en zonas en las que no exista una red capaz de proporcionar de forma fiable velocidades de al menos 100 Mbps de descarga presentes o planificadas de forma creíble en el plazo de tres años a partir del momento de publicación de la medida de ayuda prevista o en el mismo horizonte temporal que el despliegue de la red subvencionada, que no podrá ser inferior a dos años, siempre que se cumplan las condiciones acumulativas siguientes: i) la cartografía y el ejercicio de consulta pública también tienen en cuenta las redes fijas de banda ancha presentes o planificadas de forma creíble, determinadas de conformidad con el artículo 52, apartado 4; ii) la solución de acceso inalámbrico fijo 4G o 5G objeto de ayuda es capaz de proporcionar de manera fiable velocidades de al menos 300 Mbps de descarga y 100 Mbps de carga y al menos una duplicación de la velocidad de descarga y carga en comparación con las redes fijas presentes o planificadas de forma creíble en esas zonas.

- Costes subvencionables serán aquellos recogidos en el Reglamento (UE) 2021/1153.
- El proyecto debe seleccionarse a través de tres vías diferentes: a) mediante un intermediario financiero que haya sido designado por la Comisión, entre una serie de candidatos independientes, y basándose en directrices de inversión en común acuerdo b) será la Comisión quien seleccione el proyecto a través de un procedimiento de licitación o c) será un grupo de expertos independientes designados por la Comisión quien se encargue de esa tarea.
- El proyecto posibilitará capacidades de conectividad muy superiores a las que se consideran imperativas como consecuencia de obligaciones jurídicas diversas (por ejemplo, las vinculadas a los derechos de uso del espectro, pero también se podrían mencionar las obligaciones de servicio público o las que se encuentren en un pliego de un procedimiento de licitación por el que se impongan determinadas obligaciones de cobertura o calidad del servicio).
- El proyecto debe, a su vez, permitir y garantizar el acceso mayorista a terceros a sus redes, incluida la desagregación, siempre en condiciones no discriminatorias y equitativas (conforme a los arts. 52.7 y 8, y art. 52 bis, 8 y 9, en función del caso).

Por otro lado, existen diferentes categorías de proyectos que podrían ser subvencionables con una ayuda estatal que se consideraría exenta, siendo estos: inversiones destinadas a la consolidación de un tramo transfronterizo de un corredor 5G[451] en un corredor de transporte [en función de lo establecido en el Reglamento (UE) 1315/2013[452]], inversiones destinadas a financiar un tramo transfronterizo «de una red transeuropea de terabits que apoye a los objetivos de la Empresa Común de Informática de Alto Rendimiento Europea», aquellas destinadas al tramo transfronterizo de una red que interconecte infraestructuras de computación en la nube de motores socioeconómicos determinados y el despliegue de red de cable submarino (art. 52 ter 4 RGEC).

De manera paralela, también se incorpora otra medida de fomento de la demanda de servicios de conectividad digital cuya financiación pública vía ayudas de Estado se consideraría compatible con los tratados en lo que

451 Art. 139 quater) RGEC incluido con la modificación de 2021: corredor 5G: «una vía de transporte, por carretera, ferrocarril o vías navegables interiores, completamente cubierta con infraestructura de conectividad digital, en particular, sistemas 5G, y que permita la prestación ininterrumpida de servicios digitales que actúen en sinergia según se definen en el Reglamento (UE) 2021/1153 del Parlamento Europeo y del Consejo, como la movilidad conectada y automatizada, servicios similares de movilidad inteligente para los ferrocarriles o conectividad digital en vías navegables interiores».

452 Reglamento (UE) 1315/2013 del Parlamento Europeo y del Consejo, de 11 de diciembre de 2013, sobre las orientaciones de la Unión para el desarrollo de la Red Transeuropea de Transporte, y por el que se deroga la Decisión 661/2010/UE.

respecta al art. 107.3 TFUE y se encontraría exenta que aparece reflejada en el art. 52 quater RGEC. Se trata de los llamados bonos de conectividad NOTA cuyo fin es facilitar además nuevos servicios que responden a nuevas demandas de la ciudadanía como es el avance del teletrabajo, la teleasistencia médica, la educación a distancia y la formación o los servicios de conectividad digital imprescindibles para las Pymes.

Así, se establece que la duración de dichos bonos no podrá exceder de 24 meses y serán admisibles bajo diferentes categorías (apartado 3 del art. 52 quater RGEC), los bonos dirigidos a los consumidores individuales (para abonarse a un nuevo servicio con una velocidad mínima de 30 Mbps) y los destinados a Pymes (nuevo servicio con una velocidad mínima de 100 Mbps). En ambos casos, cubrirán un máximo del 50 % de los costes totales mensuales y de establecimiento y las autoridades abonarán directamente el importe al operador prestador del servicio o al usuario final, en función de las circunstancias (art. 52 quater 4 RGEC) y evidentemente, solo podrán solicitarse estos bonos en zonas en las que exista al menos un operador en condiciones de prestar el servicio a las velocidades específicas[453], lo cual se verificará, una vez más, mediante cartografía y consulta pública y siempre deberá respetarse el principio de neutralidad tecnológica (art. 52 quater 6 RGEC).

Se incluyen en la modificación del año 2021 (Sección 2 bis, Capítulo III) la financiación de los proyectos de Cooperación Territorial Europea (CTE) regulados en el Reglamento (UE) 1299/2013 del Parlamento Europeo y del Consejo, de 17 de diciembre de 2013, por el que se establecen disposiciones específicas relativas al apoyo del Fondo Europeo de Desarrollo Regional al objetivo de cooperación territorial europea y por el Reglamento (UE) 2021/1059 del Parlamento Europeo y del Consejo, de 24 de junio de 2021, sobre disposiciones específicas para el objetivo de cooperación territorial europea (Interreg) financiado con ayuda del Fondo Europeo de Desarrollo Regional y los instrumentos de financiación exterior. También se incluirán entre las categorías exentas las ayudas relativas a «productos financieros apoyados por el Fondo InvestEU» (art.1.1. RGEC) que se plasma en la incorporación de nuevas definiciones [puntos 166 a 172, en función del Reglamento (UE) 2021/523, art. 2], y fundamentalmente en la sección 16 del Capítulo III RGEC.

En eta sección se regula en concreto el ámbito de aplicación y las condiciones comunes de las ayudas exentas que se incluyen en los productos apoyados por el Fondo InvestEU. Es especialmente importante detenernos aquí para explicar, al menos someramente en qué consiste esta financiación ya que también es importante en cuanto al impulso y fomento de las infraestructuras de conectividad digital. Estas ayudas cumplirán con los requisitos y

453 Art. 52 quater 6 RGEC: «A fin de facilitar la elección de los consumidores o las Pymes, la lista de proveedores admisibles para cada una de las zonas geográficas objetivo se publicará en línea y todos los proveedores interesados podrán solicitar su inclusión sobre la base de criterios abiertos, transparentes y no discriminatorios».

condiciones establecidos en el Reglamento (UE) 2021/523 Reglamento (UE) 2021/523 del Parlamento Europeo y del Consejo de 24 de marzo de 2021 por el que se establece el Programa InvestEU y se modifica el Reglamento (UE) 2015/1017 y en las directrices contenidas en el Anexo del Reglamento Delegado (UE) 2021/1078 de la Comisión de 14 de abril de 2021 por el que se completa el Reglamento (UE) 2021/523 del Parlamento Europeo y del Consejo estableciendo las directrices de inversión para el Fondo InvestEU.

En particular en lo que respectar al ámbito de la conectividad, se establece que solo se destinarán fondos por valor de hasta 150 millones de euros en virtud de este fondo para financiar los proyectos de infraestructura de conectividad digital transeuropea mencionados, con arreglo a lo dispuesto en el art. 52 ter RGEC y en el Reglamento (UE) 2021/1153. Por otro lado, este fondo podrá financiar proyectos para la extensión de redes fijas de banda ancha que conecten algunos motores socioeconómicos, cumpliendo con una serie de condiciones: i) solo se concederán a aquellos proyectos que cumplan con lo establecido, en cuanto a compatibilidad, en el art. 52 salvo que se precise lo contrario en los puntos iii) y iv) de este punto; ii) el importe nominal de la ayuda concedida al amparo del Fondo InvestEU no debe superar los 150 millones de euros; iii) el proyecto solo se centra en comunicar motores socioeconómicos concretos como son administraciones o entidades públicas o privadas encargadas de la prestación de servicios de interés general o de interés económico general (siguiendo lo dispuesto en el art. 106.2 TFUE), por tanto, están excluidos los proyectos en los que estén implicadas otro tipo de entidades. En este caso, igualmente, se debe constatar y verificar la deficiencia en el mercado correspondiente, para poder proceder a la financiación de este tipo de actuaciones públicas de extensión de redes y provisión de servicios de conectividad, para lo cual las autoridades competentes se servirán de cartografía y consulta pública, en los términos estipulados en el art. 56 sexies 3.d RGEC[454].

454 «d) No obstante, lo dispuesto en el artículo 52, apartado 4, la deficiencia del mercado constatada deberá verificarse mediante una cartografía adecuada disponible o, cuando no se disponga de ella, mediante una consulta pública, de la siguiente manera:

i) la cartografía puede considerarse adecuada si tiene una antigüedad no superior a 18 meses e incluye todas las redes capaces de proporcionar de forma fiable velocidades de descarga de al menos 100 Mbps, pero inferiores a 300 Mbps (velocidades umbral) que atraviesan las instalaciones de un motor socioeconómico admisible identificado en la letra c). Esta cartografía debe ser llevada a cabo por la autoridad pública competente, debe tener en cuenta todas las redes capaces de proporcionar de forma fiable las velocidades umbral presentes o planificadas de forma creíble en los tres años siguientes o en el mismo horizonte temporal que la intervención subvencionada prevista, que no podrá ser inferior a dos años, y debe realizarse: i) para redes puramente fijas a nivel de dirección sobre la base de los locales atravesados, y ii) para redes de acceso fijo inalámbrico a nivel de dirección sobre la base de locales atravesados o sobre la base de cuadrículas de un máximo de 100 x 100 metros,

ii) la consulta pública deberá ser llevada a cabo por la autoridad pública competente mediante la publicación en un sitio web adecuado en el que se invite a las partes inte-

Finalmente, solo incidir en que las ayudas que no estén exentas de esa obligación de notificación según el art 108.3 TFUE, como es sabido, deben en virtud del RGEC o de otros reglamentos aprobados según el art. 1 del Reglamento 994/98 anteriormente vigentes, ser evaluadas por la Comisión, atendiendo a las directrices, marcos y recomendaciones recogidos en las comunicaciones correspondientes.

1.4. Directrices del año 2023 sobre ayudas de Estado para redes de banda ancha

A finales del año 2022 se produce una completa actualización, sistematización y organización de las directrices relativas a la aplicación de la normativa en materia de ayudas de Estado en el sector de la banda ancha a nivel europeo, partiendo de las últimas directrices del año 2023. Esto se plasma en la Comunicación de la Comisión *Directrices relativas a las ayudas estatales a las redes de banda ancha*, C (2022) 9343 final de 12 de diciembre de 2022, que rápidamente se ven revisadas en enero del año 2023 para proceder a aprobarse las orientaciones más recientes recogidas en la Comunicación de la Comisión *Directrices relativas a las ayudas estatales a las redes de banda ancha* 2023/C 36/01 que también pretenden dar cumplimiento a la Comunicación Gigabit, la Comunicación «Configurar un futuro para Europa», la Comunicación sobre la «Brújula Digital» y la propuesta de Decisión del Parlamento Europeo y del Consejo por la que se rige el programa de política «Itinerario hacia la Década digital» para 2030 [Comunicación de 9 de marzo de 2021 de la Comisión, «Brújula Digital 2030: el enfoque de Europa para el Decenio Digital», COM (2021) 118 final].

Así mismo, un instrumento muy importante que ha dado un impulso de gran calado el cumplimiento de estos objetivos es el Mecanismo de Recuperación y Resiliencia (MRR) regulado en el Reglamento (UE) 2021/241 del Parlamento Europeo y del Consejo, ya que exige que cada Estado miembro dedique al menos el 20 % de los fondos asignados conforme a dicho reglamento a la transición digital y hemos visto como ha sido fuente de financiación de numeroso programas y políticas públicas de conectividad y digitalización en nuestro país.

---

resadas a presentar observaciones sobre el proyecto de medida y a remitir información fundamentada sobre redes capaces de proporcionar de forma fiable velocidades de descarga de al menos 100 Mbps pero inferiores a 300 Mbps (velocidades umbral) presentes o planificadas de forma creíble en los tres años siguientes o en el mismo horizonte temporal que la intervención subvencionada prevista, que no podrá ser inferior a dos años, y que atraviesen los locales de un motor socioeconómico admisible según lo indicado en la letra c), sobre la base de la siguiente información: i) en el caso de redes puramente fijas, a nivel de dirección sobre la base de los locales atravesados, y ii) para redes de acceso fijo inalámbrico a nivel de dirección sobre la base de locales atravesados o sobre la base de cuadrículas de un máximo de 100 x 100 metros. La consulta pública durará al menos 30 días».

Estas directrices, no obstante, a diferencia de otras anteriores, ya incorporan recomendaciones respecto a las ayudas de Estado destinadas a compensación por servicio público derivadas del art. 106.2 TFUE si bien solo en lo respectivo a la interpretación de la definición de SIEG[455], al igual que las respectivas al régimen general de compatibilidad al que se someten estas ayudas una vez cumplan con lo especificado en el art. 107.1 TFUE, de acuerdo con el art. 108.3 TFUE. Es por ello, que nutre de una interpretación global a todo el marco jurídico de las ayudas de Estado respecto a un sector concreto: a la extensión de redes de banda ancha.

En particular, como ya hemos reiterado, no se considera ayuda estatal la financiación gestionada directamente por las instituciones, empresas comunes, agencias u otros organismos de la UE, que no esté bajo el control directo de las Estados miembros, como por ejemplo las previsiones en materia de financiación de conectividad del Reglamento (UE) 2021/1153, Mecanismo Conectar Europa, y se deroga el Reglamento (UE) 1316/2013 del Parlamento Europeo y del Consejo de 11 de diciembre de 2013 por el que se crea el Mecanismo Conectar Europa, por el que se modifica el Reglamento (UE) 913/2010 y por el que se derogan los Reglamentos (CE) 680/2007 y (CE) 67/2010, así como el Reglamento (UE) 283/2014 del Parlamento Europeo y del Consejo de 11 de marzo de 2014 relativo a unas orientaciones para las redes transeuropeas en el sector de las infraestructuras de telecomunicaciones y por el que se deroga la Decisión n.º 1336/97/CE.

Un punto positivo de esta comunicación es que distingue de manera sistemática los diferentes tipos de red de banda ancha, siendo las redes de acceso ultrarrápido fijo (redes fijas), las «redes basadas en fibra (FTTx), redes de cable mejoradas que utilizan el estándar DOCSIS 3.0 como mínimo, algunas redes inalámbricas, como las redes de acceso inalámbricas fijas (por ejemplo, las redes de acceso inalámbricas fijas basadas en tecnología 5G, potencialmente también otras tecnologías inalámbricas que incluyen soluciones fijas de radio, especialmente la nueva generación de wifi, Wi-Fi6) y las redes por satélite también pueden prestar servicios fijos de banda ancha ultrarrápida»[456].

455 Es decir, en cuanto a las recomendaciones interpretativas para determinar la compatibilidad de las ayudas de estado por compensación por servicio público, el punto 26 remite al Paquete SIEG (la Decisión de la Comisión de 20 de diciembre de 2011 relativa a la aplicación de las disposiciones del artículo 106, apartado 2, del Tratado de Funcionamiento de la Unión Europea a las ayudas estatales en forma de compensación por servicio público concedidas a algunas empresas encargadas de la gestión de servicios de interés económico general, Comunicación de la Comisión (2012/C 8/03) de 11 de enero de 2012 Marco de la Unión Europea sobre ayudas estatales en forma de compensación por servicio público y Comunicación de la Comisión de 11 de enero de 2012 relativa a la aplicación de las normas de la Unión Europea en materia de ayudas estatales a las compensaciones concedidas por la prestación de servicios de interés económico general (2012/C 8/02).) que ya hemos analizado.

456 Comunicación de la Comisión *Directrices relativas a las ayudas estatales a las redes de banda ancha* 2023/C 36/01, punto 2.3.1 en adelante.

Por su lado, las redes de acceso móviles son fundamentalmente las redes 4G, que una vez consolidadas en determinadas zonas están transitando hacia el despliegue del 5G como red no autónoma dependiente de la anterior (LTE, y LTE Advanced) cuya autonomía irá aumentando de manera progresiva «lo que permitiría servicios móviles más eficaces, entre otras cosas, menor latencia y mayores capacidades de transmisión, y serían posibles escenarios y aplicaciones de utilización avanzada. Como sabemos, para que estas tecnologías tengan lugar deben hacer uso del espectro radioeléctrico, que se constituye como dominio público que se regulará vía concesión o vía autorización de uso en función de cada caso. No obstante, como vemos ya se prevé en este punto que para poder garantizar un uso eficiente del espectro los Estados miembros podrán imponer obligaciones vinculadas a la concesión de los derechos de uso, tales como cobertura geográfica, poblacional, de vías de transporte o determinados requisitos mínimos en cuanto a la calidad del servicio. Finalmente, las redes de retorno se definen como infraestructuras necesarias en el caso de las dos tipologías de red (red fija y red móvil) y pueden ser de fibra óptica, cobre, microondas o satélite, siendo estas también, como es lógico objeto de financiación cuando se quiere configura una alternativa de prestación de servicios de comunicaciones electrónicas.

A) Aportaciones sobre la definición de SIEG a aplicar en la interpretación del Paquete SIEG respecto a las redes de banda ancha

En esta comunicación, como aquellas que la precedieron y que marcaron las directrices a aplicar en cuanto a la evaluación de la compatibilidad de las ayudas públicas con el mercado interior, existen algunas consideraciones respecto a qué se considera SIEG y a su financiación con cargo a fondos públicos que conviene recordar, aunque no sea la opción normalmente elegida para financiar la extensión de redes y prestación de servicios de comunicaciones electrónicas.

En este sentido, la primera consideración es que no se pueden imponer obligaciones de servicio público respecto a un servicio que ya se presta en el mercado o podría prestarse de forma satisfactoria y ya en condiciones acordes al interés público (por ejemplo, precio, calidad objetiva, continuidad y acceso al servicio etc.) a empresas que operan en condiciones normales de mercado. Es decir, solo se admite la intervención estatal definiendo obligaciones de servicio público en zonas en las que se demuestre que no existen inversores privados que presten el servicio o que estén interesados en hacerlo en un futuro próximo.

Por tanto, un Estado miembro debe proceder, como también ya hemos mencionado, a la elaboración de cartografías detalladas y una consulta pública que confirme la existencia de redes o la previsión de su extensión por parte de inversores privados en cada uno de los territorios. Igualmente, como es lógico, la red debe ofrecer acceso universal a la banda ancha a usuarios individuales y también a empresas, debe ser tecnológicamente neutra y el prestador del SIEG debe ofrecer acceso mayorista a la red de manera equitativa y no discriminatoria[457].

B) Evaluación de la compatibilidad de la ayuda en virtud del art. 107.3 TFUE

Las ayudas a la extensión de banda ancha deberán cumplir con dos condiciones generales para considerarse compatibles con el mercado interior en virtud de dicho precepto: que contribuyan al desarrollo económico regional de determinadas áreas de los Estados miembros y que no alteren las condiciones de los intercambios de manera contraria al interés común.

- La ayuda debe facilitar el desarrollo económico de una región en concreto, es decir, facilitar una actividad económica. Se debe motivar que las redes serán facilitadoras de actividades económicas, además el despliegue de redes debe tener un efecto incentivador, esto quiere decir que la existencia de redes motiva al beneficiario a modificar su comportamiento respecto al desarrollo concreto de una actividad económica apoyada por la ayuda, que, en caso contrario no habría realizado o lo habría hecho de modo diferente[458]. Evidentemente, la ayuda debe cumplir con el resto de las disposiciones de la Unión para poder considerarse compatible con el mercado interior[459].
- La ayuda no debe alterar las condiciones de los intercambios de manera contraria al interés común. En este punto se deben analizar los efectos positivos de la ayuda[460] y la necesidad de intervención

457 *Vid*. punto 29, Comunicación de la Comisión *Directrices relativas a las ayudas estatales a las redes de banda ancha* 2023/C 36/01.

458 «La ayuda no debe financiar los costes de una actividad que una empresa realizaría, en cualquier caso. Tampoco debe compensar el riesgo comercial normal de una actividad económica» Sentencia 13 de junio de 2013 HGA y otros /Comisión, Asunto C-630/11 P y C-633/11.

459 Sentencia 22 de diciembre de 2020, Austria/Comisión, C-594/18 P.

460 Punto 43, Comunicación de la Comisión *Directrices relativas a las ayudas estatales a las redes de banda ancha* 2023/C 36/01: Los Estados miembros podrán decidir diseñar intervenciones estatales que contribuyan a reducir la brecha digital. Pueden optar por intervenir para corregir desigualdades sociales o regionales, o para lograr objetivos de equidad, es decir, como una forma de mejorar el acceso a un medio esencial de comunicación y participación en la sociedad, reforzando así la cohesión social y territorial. Además, los Estados miembros pueden decidir diseñar intervenciones estatales que también contribuyan a la consecución de los objetivos de la política digital de la Unión, impulsen el logro de los objetivos del Pacto Verde de la Unión y promuevan inversiones verdes sostenibles en todos los sectores.

estatal (vinculada a deficiencias en el mercado que se interpretan de manera diferente para las redes móviles y para las redes fijas, ya que a final se trata de dos mercados diferentes[461]), es decir, que sea una medida que aporte una mejora importante que el mercado no conseguiría sin intervención, que palie una deficiencia del mercado.

En este sentido, para la determinación de la deficiencia del mercado en cuanto a las redes de acceso fijo, se establece que la inversión debería ir dirigida a las zonas en las que no hay una red fija previa ni se prevea su construcción en un horizonte temporal de tres años. En particular, se considera que existe una deficiencia de mercado cuando no existe ni se espera que exista en el horizonte temporal de tres años, con carácter general, redes que suministren una velocidad de descarga de como mínimo 1Gbps y de carga de al menos 150 Mbps, determinándose así la velocidad como uno de los parámetros de calidad del servicio más utilizados, junto a la latencia de la red.

En cuanto a las redes móviles, la ayuda estatal se considerará necesaria cuando se cumplan dos requisitos fundamentales, «a) la red móvil existente o prevista de forma creíble no ofrece a los usuarios finales una calidad de servicios suficiente para satisfacer la evolución de sus necesidades y b) la intervención estatal proporcionará dicha calidad de los servicios, aportando así una mejora sustancial que el mercado no puede ofrecer»[462].

Estas necesidades pueden tener que ver, y así lo hace constar la comunicación, con poder disfrutar de un acceso continuo en línea (movilidad conectada y automatizada, corredores de transporte) alcanzar capacidades y velocidades mínimas equivalentes a las que se enuncian para el caso de las redes fijas, y otras características como la menor latencia o la capacidad de conectar numerosos terminales a gran velocidad para el desarrollo de soluciones innovadoras en agricultura o industria (5G...).

Por tanto, cuando exista en una zona determinada una red móvil capaz de satisfacer las necesidades de los usuarios finales, financiar mediante ayudas estatales la consolidación de otra nueva puede con mucha probabilidad amenazar la competencia y resultar incompatible con el mercado interior. Por otro lado, la financiación vinculada a paliar estas deficiencias de mercado respecto a las redes móviles no puede utilizarse para cumplir con las obligaciones que derivan de la

461 Punto 34, Comunicación de la Comisión Directrices relativas a las ayudas estatales a las redes de banda ancha 2023/C 36/01.

462 *Vid*. Decisión de la Comisión C(2020) 8939 final, de 16 de diciembre de 2020, asunto SA.54648 (Alemania, despliegue de infraestructuras móviles en Brandenburgo).

concesión de derechos de uso sobre el espectro radioeléctrico, cuestión que ya hemos reiterado en numerosas ocasiones[463].

De esta manera, los Estados miembros se valdrán de cartografía y consultas públicas para confirmar que existe una deficiencia de mercado, que se cumplen los criterios estipulados y que procede una intervención estatal en forma de ayuda de Estado[464].

Así mismo, las ayudas concedidas deben ser óptimas para conseguir ese objetivo, es decir, el Estado miembro debe demostrar que es la medida más adecuada para paliar la deficiencia del mercado a ese respecto. La Comisión considerará que la ayuda no es compatible con el mercado interior si existe otra medida menos intervencionista (medidas administrativas, regulación ex ante u otros) con la que se consigan los mismos objetivos. Además, las redes financiadas públicamente deben conseguir un cambio muy considerable en las condiciones de acceso y prestación del servicio en esa zona determinada[465].

En concreto, en cuanto a la determinación de qué se entiende por cambio considerable en las redes de acceso fijo se considera que en las zonas blancas y grises, se deberá como mínimo triplicar la velocidad de descarga existente y la inversión pública debe ser significativa en términos de infraestructuras y que aporte nuevas capacidades relevantes al mercado, y en las zonas negras (siempre y cuando se certifique claramente que existe una deficiencia de mercado) la financiación pública debe posibilitar que se triplique la velocidad de descarga respecto a la velocidad existente, que se ofrezca al menos una velocidad de descarga de 1 Gbps y una de carga de, como mínimo, 150 Mbps y conllevar el despliegue de nuevas capacidades significativas a servicio del mercado[466].

En cuanto a la consideración de «cambio considerable» respecto a las redes de acceso móvil, la red financiada debe garantizar dicho cambio en términos, sobre todo, de disponibilidad, capacidad y velocidad de los servicios móviles que habilite un soporte fiable para nuevos servicios innovadores. En este sentido, se ha considerado que el despliegue de redes 4G y 5G[467],

463 *Vid*. Comunicación de la Comisión *Directrices relativas a las ayudas estatales a las redes de banda ancha* 2023/C 36/01, punto 66 y ss.

464 Secciones 5.2.2.4.1 y 5.2.2.4.2 Comunicación de la Comisión *Directrices relativas a las ayudas estatales a las redes de banda ancha* 2023/C 36/01.

465 En atención a lo previsto en el punto 97 Comunicación, esto se producirá cuando «a) el despliegue de la red fija o móvil financiada con fondos estatales representa una nueva inversión importante y b) la red financiada con fondos estatales aporta al mercado un nivel significativo de nuevas capacidades en términos de disponibilidad, capacidad, velocidad y competitividad de los servicios de banda ancha»

466 Sección 5.2.3.1. Comunicación de la Comisión Directrices relativas a las ayudas estatales a las redes de banda ancha 2023/C 36/01.

467 Corral Hernández, D.: «5G una carrera por la hegemonía y el futuro con muchos beneficios», *Instituto Español de Estudios Estratégicos (IEEE)*, núm. 19, 2020, pp. 746 a 752,

especialmente las redes 5G tienen un impacto significativo y cumplirían con este criterio[468].

Siguiendo con este esquema, es necesario que la medida de actuación sea proporcional respecto al problema que se quiere abordar, para lo cual es imprescindible que se ajuste al mínimo necesario para conseguir los objetivos fijados, con el fin de limitar lo máximo posible el falseamiento de la competencia. Para ello debe garantizarse que se realiza una asignación de la ayuda a través de, preferentemente, un procedimiento de selección competitivo o bien de un procedimiento de asignación directa a una autoridad que construya y gestione la red o a través de una entidad interna (sección 5.2.4.1), el respeto al principio de neutralidad tecnológica (sección 5.2.4.2), el uso de infraestructuras existentes (5.2.4.3) y la garantía de acceso mayorista (sección 5.2.4.4)[469].

Respecto al acceso mayorista reseñado, se establece una limitación, a nuestro juicio, clave para el desarrollo correcto de estas infraestructuras de banda ancha, fijas o móviles, vía ayudas de Estado compatibles con el mercado interior, en un contexto de deficiencia de mercado como es el entorno rural. Y es que se prevé una limitación de ese acceso mayorista, que podría imponer el Estado miembro en cuestión, solo a las «demandas razonables de acceso» y no otorgar dicho acceso a todos los operadores, sin distinción, que cursen una demanda de acceso (puntos 147 y ss.) cuando «el suministro de tales productos aumentara desproporcionadamente los costes de inversión sin ofrecer beneficios significativos en cuanto al aumento de la competencia».

No obstante, esto se trata de una limitación excepcional que el Estado miembro debe justificar y motivar ampliamente, para que la Comisión auto-

---

donde se hace un recorrido del avance del 5G a nivel europeo desde un punto de vista normativo, y, además, se señalan en las últimas páginas las aplicaciones y nuevos servicios que facilita la tecnología 5G.

468 Punto 11 Comunicación de la Comisión *Directrices relativas a las ayudas estatales a las redes de banda ancha* 2023/C 36/01, respecto al 5G autónomo que es soporte de nuevos servicios tales como «seguimiento médico y servicios de emergencia, control en tiempo real de maquinaria industrial, redes inteligentes para la gestión de las energías renovables, movilidad conectada y automatizada, detección precisa de fallos e intervención rápida, garantizando así un cambio considerable en comparación con generaciones móviles anteriores»

469 Mecanismo de reembolso previsto para los casos de ayudas concedidas atendiendo a un procedimiento de selección competitivo que deberá ser previsto en todos los proyectos que superen los 10 millones y que se activará en las circunstancias especificadas en la sección 5.2.4.4.5. Es importante resaltar el punto 156 por el cual «no es necesario un reembolso cuando el proyecto se lleve a cabo mediante el modelo de inversión directa, en el que una autoridad pública construye y explota una red pública, exclusivamente mayorista, con el único objetivo de conseguir un acceso equitativo y no discriminatorio a todas las empresas (hay otros casos, otros modelos de propiedad pública alternativos en los que puede sí puede ser pertinente incluir una cláusula de reembolso, vid. Decisión de la Comisión C(2016) 3208 final, de 26 de mayo de 2016, asunto SA40720 (2016/N)-Reino Unido, Banda ancha en el Reino Unido (DO C323 de 2 de septiembre de 2016).

rice dicha limitación al acceso mayorista. Así, se menciona que sería argumento válido, esgrimir «la baja densidad de población de las zonas afectadas, el tamaño de la superficie objetivo o el tamaño de los beneficiarios de la ayuda» como razones válidas[470]. Conectado con lo anterior se considera que existe una «demanda razonable de acceso» cuando 1) el solicitante presente un plan de negocios coherente que justifique la necesidad de basarse en la red financiada públicamente y 2) en la misma área geográfica ninguna empresa ofrece un servicio de acceso a precios equivalentes a los existentes en las zonas más densamente pobladas. Por ello, es un buen mecanismo para priorizar determinadas demandas de acceso enfocadas en satisfacer la necesidad de conectividad en zonas rurales despobladas, sin perjuicio de que los gastos adicionales que suponga llevarla a cabo serán asumidos por el beneficiario de la ayuda.

Finalmente, los Estados miembros deben cumplir con los preceptos relativos a transparencia, supervisión y presentación de informes de la sección 7 (así mismo la Comisión podrá exigir que se realicen evaluaciones *ex post* en determinados regímenes de ayudas o bajo ciertas circunstancias, sección 8) y la Comisión, una vez verifique el cumplimiento de los requisitos hasta aquí enunciados, lo que llevara a cabo será, en última instancia, una ponderación de los aspectos positivos y negativos de la ayuda sobre la competencia, para lo cual los Estados miembros deben ofrecer una argumentación contra fáctica de la necesidad de la medida: qué hubiera ocurrido respecto al desarrollo económico y social de una determinada zona si no se recurre a inversión pública (desarrollo económico, cumplimiento de cuestiones de equidad, cohesión social, acceso a recursos en línea imprescindibles para formar parte de las sociedades digitales actuales, estimulación del mercado, cumplimiento de los objetivos de conectividad de la UE...). Además, los EM también deben demostrar que los efectos negativos se circunscriben a lo mínimo imprescindible (presentación de evaluación de impacto y de informes *ex post* realizados en el ámbito de proyectos similares llevados a cabo con anterioridad).

De manera paralela, se contemplan ayudas a la demanda de servicios de conectividad digital vía bonos sociales y bonos de conectividad, en este último caso, estos incentivos deben, por un lado, facilitar el desarrollo de una actividad económica, y, por otro lado, la concesión de los mismos no puede alterar las condiciones normales de los intercambios de manera contraria al interés común[471].

---

470 Decisión de la Comisión C (2012) 8223 final, de 20 de noviembre de 2012, asunto SA33671 (2012/N) —Reino Unido— Régimen nacional de banda ancha para el Reino Unido-Banda ancha en el Reino Unido (DO C16 de 19 de enero de 2013).

471 Sección 6.2. Comunicación de la Comisión Directrices relativas a las ayudas estatales a las redes de banda ancha 2023/C 36/01.

2. Ayudas de Estado y modelos de inversión en infraestructuras de banda ancha y en la prestación de servicios de comunicaciones electrónicas

2.1. La disyuntiva entre un procedimiento de selección competitivo o atribución directa a una entidad pública

Como hemos visto en las directrices del año 2023, se contemplan dos posibilidades a la hora de seleccionar el operador encargado de la construcción y/o explotación de las redes de banda ancha y la prestación de servicios de comunicaciones electrónicas. Normalmente se prevé un procedimiento de selección competitivo a través del cual se designa un operador que será posteriormente titular y gestor de dicha red, pero también se contempla la posibilidad de que se gestione directamente por parte de una autoridad pública el despliegue de redes de banda ancha dando acceso mayorista a los operadores externos para proceder a la prestación del servicio, o bien que se preste el servicio a través de una entidad interna, el llamado modelo de inversión directa[472].

Así, se considera que la prestación directa del servicio por la entidad pública, es decir, la prestación de servicios minoristas al usuario final (a través de una entidad interna vinculada), señala la Comisión, que se podrá realizar como «comercializador de último recurso cuando el mercado no garantice la prestación de tales servicios»[473].

En todo caso, el Estado miembro debe justificar su elección y se deben cumplir los criterios que hemos reseñados, sobre todo garantizar que no existe inversión privada interesada y que no se altera de manera sustancial la competencia, antes de proceder a adoptar uno u otro modelo. Es lógico

472 Como ejemplos de modelos de inversión directa podemos mencionar los autorizados como consecuencia de las siguientes decisiones de la Comisión: Decisión de la Comisión C(2018) 6613 final, de 12 de octubre de 2018, asunto SA49614 (2018/N)-Lituania-Desarrollo de infraestructura de acceso de nueva generación-RAIN 3 (DOC 424 de 23 de noviembre de 2018); Decisión de la Comisión C(2016) 3931 final, de 30 de junio de 2016, asunto SA41647-Italia-Estrategia de Banda Ultraancha (DOC 258 de 15 de julio de 2016), Decisión de la Comisión C (2019) 6098 final, de 20 de agosto de 2019, asunto SA52224-Austria-Proyecto de banda ancha en Carintia (DOC 381 de 8 de noviembre de 2019).

473 *Vid.* Comunicación de la Comisión *Directrices relativas a las ayudas estatales a las redes de banda ancha* 2023/C 36/01, p. 22.
Decisión de la Comisión C (2019) 8069 final, de 15 de noviembre de 2019, asunto SA.54472 (2019/N) —Irlanda— Plan Nacional de Banda Ancha de 10 de enero de 2020.

que, si la entidad pública decide asumir directamente el despliegue de redes, deberá recurrir al correspondiente procedimiento de licitación de obra pública o de concesión de obra pública (veremos posteriormente las posibilidades) para construir la red, que, será de titularidad pública[474].

En este sentido, partiendo de la existencia de dos alternativas claramente diferenciadas, es muy clarificadora la clasificación, un poco más detallada, que se realiza en el Anexo IV de la Comunicación de 31 de enero de 2023 de la Comisión Directrices relativas a las ayudas estatales a las redes de banda ancha (2023/C 36/01) en la que se determina los diferentes modelos, partiendo de la financiación pública, que han utilizado, de manera general y no exhaustiva, los Estados miembros para el despliegue de redes y prestación de servicios de conectividad digital a toda la ciudadanía y a todas las empresas, garantizando así la prestación de este servicio allí donde el mercado no llega. Estos modelos se diferencian entre otras cosas en el tipo de titularidad, por un lado, y gestión, por otro, pública o privada de las infraestructuras de telecomunicaciones[475]. Estos modelos son esencialmente los siguientes:

- **Modelo de diferencia de financiación**: el término «diferencia de financiación» se refiere a la diferencia que existe entre los costes de inversión y los beneficios que se esperan. Así, este modelo consiste en que cualquiera de las autoridades públicas de los Estados miembros concede subvenciones a los operadores de banda ancha para diseñar, construir y explotar las infraestructuras correspondientes, teniendo presentes los ingresos y un beneficio razonable. Desde nuestro punto de vista, esto es inútil en las zonas rurales no rentables que aún no tienen acceso a servicios de comunicaciones electrónicas de alta velocidad, ya que, previsiblemente, no habrá ingresos muy cuantiosos y tampoco un beneficio razonable (como mucho se cubrirán costes) y en caso de producirse, la cobertura de costes o la obtención de beneficios se producirá muy a largo plazo.

  En este caso el beneficio razonable se define como «la tasa de rendimiento del capital que requeriría un inversor, teniendo en cuenta el nivel de riesgo específico del sector de la banda ancha y el tipo de servicios prestados. La tasa de rendimiento del capital

474 Punto 124 Comunicación de la Comisión *Directrices relativas a las ayudas estatales a las redes de banda ancha* 2023/C 36/01: «124. Cualquier concesión u otra atribución por parte de dicha autoridad o entidad interna a un tercero para diseñar, construir o explotar la red debe adjudicarse mediante un procedimiento de selección competitivo abierto, transparente y no discriminatorio. El procedimiento debe ajustarse a los principios de contratación pública, sobre la base de la oferta económicamente más ventajosa, y respetar el principio de neutralidad tecnológica, sin perjuicio de las normas aplicables en materia de contratación pública».

475 Centro de Estudios y Documentación Internacionales de Barcelona (CIDOB), Comisión Económica para América Latina y el Caribe (CEPAL).: *Conectados... op. cit.,* p. 56.

exigido viene determinada normalmente por el coste medio ponderado del capital («CMPC»). En este modo de despliegue de red y prestación de servicios, la infraestructura normalmente es titularidad privada del operador que ha invertido en la misma, quien asumirá, evidentemente, los riesgos financieros asociados a la construcción de infraestructuras nuevas y quien asumirá la tarea de captar nuevos clientes. Atendiendo a la investigación realizada a lo largo de todo este trabajo, este es el modelo predominantemente adoptado por España, lo que ha tenido éxito en tiempos pasados, pero, como ya hemos comentado, es un modelo agotado, pues no es eficaz en las zonas remotas y aisladas aún pendientes de cobertura, por los enormes costes que supone y la falta de rentabilidad existente. Es decir, la demanda potencial es muy baja y, además, el coste de extender redes de banda ancha terrestres que permitan la conexión desde una ubicación fija es muy elevado.

- **Modelo de ayuda en especie**: los Estados miembros facilitan la extensión de las redes de banda ancha poniendo a disposición de los operadores las infraestructuras ya existentes o de nueva construcción, infraestructuras pasivas necesarias para que estos presten el servicio más fácilmente. Por ejemplo, mediante la instalación de conducciones de fibra, dando acceso a postes o torres ya existentes, realizando obras de excavación públicas para facilitar la colocación de conducciones y redes. A mi juicio esta ayuda en especie se realiza de forma complementaria a cualquiera de los otros modelos, y coadyuba a la labor que se realiza por estos. Es un soporte necesario que ayuda mucho a la instalación de redes, sea a través del modelo que sea, pero no es suficiente, no se trata de un modelo proactivo de despliegue de redes y servicios de comunicaciones electrónicas.
- **Modelo de inversión directa**: los Estados miembros construyen la red, sea fija o móvil y la explotan de manera directa a través de un operador interno o de una rama de la administración pública[476]. En estos casos, esta red «estatal» se explotará solo en términos mayoristas, es decir, concediendo acceso a todos los operadores o proveedores de servicios minoristas de banda ancha atendiendo a una serie de condiciones equitativas y no discriminatorias.

476 Decisión de la Comisión C (2011) 7285 final de 19 de octubre de 2011, asunto N330/2010-Francia- Programa Nacional de rede de muy alta velocidad. Parte B (DO C364) que engloba diversas modalidades de intervención, «entre ellas una en que las colectividades territoriales pueden operar sus propias redes de banda ancha en la modalidad de ejecución estatal». Comunicación de la *Comisión Directrices relativas a las ayudas estatales a las redes de banda ancha* 2023/C 36/01, Anexo IV, p. 42.

- **Modelo de concesionario**: Los Estados miembros financian la construcción de la red de banda ancha, sea fija o móvil, cuya titularidad será pública, y su explotación la ofrece mediante un procedimiento de selección competitivo a un operador de comunicaciones electrónicas que puede explotar comercialmente la red en términos mayoristas, o combinando la prestación de servicios tanto mayoristas como minoristas. Esta alternativa se prevé en el caso francés, en caso de que no haya interesados minoristas en prestar servicio a través del modelo de inversión directa. Diríamos que el modelo elegido, en el que se da un papel predominante a la entidad local, sería una apuesta por el modelo de inversión directa, que puede derivar en un modelo de concesionario, en los términos de esta clasificación.

CONCLUSIONES

A lo largo del siglo XIX y XX se han configurado, como vemos, distintas técnicas de intervención del mercado de Telecomunicaciones que han tenido su sentido en cada momento histórico en consonancia con la evolución tecnológica, y también, político-institucional en cuanto a la concepción del servicio como servicio público en sentido clásico o servicio de mercado. De esta manera, la propuesta de una vía intermedia como SIEG parece que fue razonable y eficaz en un momento inicial del proceso de liberalización, pero una vez las sociedades han transitado hacia una digitalización plena y la liberalización se ha consolidado, se ha recurrido a técnicas alternativas como es la financiación pública de redes e infraestructuras de comunicaciones electrónicas para garantizar el acceso al servicio en zonas no rentables, con el fin de también garantizar la cohesión económica, social y territorial de las sociedades europeas. Estas últimas técnicas se han ido adaptando y modulando a cada ordenamiento jurídico interno, en función también del papel diferenciado que cada Estado miembro da a sus corporaciones o entidades locales, así como a otros niveles administrativos.

De esta manera, podemos concluir que, en primer lugar, el servicio de comunicaciones electrónicas ha sido configurado desde su origen como un servicio de telecomunicaciones de tipo privado, que se presta en el mercado de manera libre.

En segundo lugar, comprendemos y de ahí que se hayan llevado a cabo todas las intervenciones del sector relatadas en esta obra, que las sociedades modernas y los estados lo consideran como esencial para sus ciudadanos y para el sostenimiento cohesionado de las sociedades. Es por ello que se pretende garantizar, con mayor o menor acierto, de una manera más o menos extensa, el acceso a un servicio mínimo de comunicaciones electrónicas, de acceso a Internet, con independencia de las circunstancias geográficas que impiden que el servicio se preste de manera rentable en términos de mercado.

En tercer lugar, cada vez más se ha considerado que este servicio de mercado es imprescindible para que la ciudadanía ejerza de manera efectiva y equitativa muchos derechos y libertades reconocidos constitucionalmente desde el origen del Estado liberal, pero que hoy son derechos ejercicios «en lo digital», en la sociedad digital, de la que no pueden desprenderse y la que utilizan para hacerse efectivos (derecho de acceso a la educación, libertad de expresión, libertad de empresa, derecho a la autotutela ante las administraciones públicas, derecho a relacionarse en plenas condiciones de igualdad con las administraciones públicas, acceso a servicios de salud y/o sociales etc.). Es por ello por lo que esta obra es especialmente relevante, ya que es útil desde un punto de vista teórico y también práctico pues necesitamos dar soluciones al ejercicio pleno de derechos en esta nueva era.

En cuarto lugar, fruto del análisis de las técnicas utilizadas históricamente solo podemos indicar que muchas fueron útiles en su momento, pero que hoy en día devienen obsoletas como consecuencia del avance tecnológico, social y económico. Hoy en día es imprescindible el acceso a los servicios de comunicaciones electrónicas o de internet en condiciones de calidad e igualdad con independencia del lugar de residencia. Sabemos, una vez analizada esta obra, que tanto las obligaciones de servicio público diversas, como la técnica de financiación pública de los operadores privados a través de ayudas de Estado, ya no son tan útiles como creíamos y la brecha digital rural-urbano sigue existiendo.

Ante esta realidad, y a la espera de que se consoliden alternativas tecnológicas de acceso a estos servicios en condiciones de calidad e igualdad en todo el territorio (y de que estas sean rentables para prestarse por operadores privados) la solución que se espera es que la administración pública despliegue las herramientas necesarias para garantizar el acceso a este servicio esencial, que ya es todo un derecho indirectamente consagrado.

En ese sentido, en quinto lugar, para responder a la pregunta de investigación principal de esta obra que es ¿Cómo conseguimos, desde el Derecho, desde las Administraciones públicas, que, efectivamente los ciudadanos, con independencia de sus circunstancias de residencia, puedan acceder a este servicio? Pues bien, en este momento de desarrollo tecnológico, una alternativa que ofrecemos, aunque no exclusiva ni excluyente, es recurrir a la financiación pública y facilitación de la prestación del servicio a través de los diferentes modelos reseñados en la última parte de este trabajo, todos ellos respetuosos con el libre mercado y con la normativa de la UE. De manera transversal, aquellos que nos inspiran una solución factible, recurren a facilitar al menos la infraestructura a los operadores privados que pueden utilizarla para prestar el servicio (como ocurre en muchas entidades locales francesas), y a, llegado el caso de no existir interés por parte de estos operadores, a prestar este servicio a través de entidades sujetas a un contrato de servicios o bien a través de operadores o entidades públicas creadas *ad hoc* para esta cuestión. Esta última alternativa supondría la asunción de alguna manera por parte de las administraciones públicas de la titularidad de ese tipo de servicio o de la asunción de la competencia en materia de prestación de servicios de conectividad digitales o conexos, que permitan desplegar esta opción. Lo mismo sería aplicable, como es en el país galo, a un hipotético contrato de concesión de servicios que pasaría por la asunción por la entidad pública de la competencia en esta materia, cuestión que sí se refleja en el CGCT francés, pero no en nuestro ordenamiento jurídico.

En definitiva, la conclusión principal y somera es que una intervención directa del ente público dotando de infraestructura física o de soporte técnico a los operadores para prestar el servicio es necesaria. De ese modo se abaratarían los enormes costes de despliegue existentes que desincentivan a los operadores privados. Esto cabe en nuestro ordenamiento jurídico actual, tal y como se configuran las competencias de los entes locales y de otras administraciones públicas. No obstante, siendo más ambiciosos, creemos que en el seno de las entidades locales debería articularse, al igual que ocurre en otros países, una competencia o atribución en materia de prestación de comunicaciones electrónicas que habilite, cuando el mercado no llegue a cubrir determinadas áreas, a la posible e hipotética prestación por el ente local (a través de contrato de concesión o de prestación directa con medios propios de la administración pública) para la prestación de este servicio de comunicaciones electrónicas a la ciudadanía. Por tanto, en último término sería aconsejable modificar el listado de competencias de las entidades locales recogido en la Ley 7/1985, de 2 de abril, Reguladora de las Bases del Régimen Local, atribuyendo a la entidad oportuna en su momento esta capacidad.

Así, como idea final, solo he de puntualizar que es interesante comprobar cómo en función del modelo elegido podemos inclinar la balanza hacia un servicio de comunicaciones electrónicas *prestado* por entidades públicas, si me permiten la simplificación, o bien liberalizado pero intervenido de manera clara por estas. Es por ello que, en última instancia, dotar de una nota de *servicio público* a la prestación de comunicaciones electrónicas puede realizarse respetando completamente el libre mercado y el mercado único europeo, como hemos podido ver, solo es cuestión de voluntad legislativa para lo cual es necesario dotar de los instrumentos jurídicos necesarios a las administraciones públicas en materia de potestades y competencias para poder llevarlo a cabo, con pleno respeto al ordenamiento jurídico nacional y europeo.

BIBLIOGRAFÍA

Doctrina

Acierno, S., Baquero Cruz, J.: «La sentencia Altmark sobre ayudas de Estado y servicios públicos», *Revista Española de Derecho Europeo*, núm. 9, 2004, pp. 169-190.

Alland, D., Berlin, D., Bloch, F.: *Les contrats de communications* électroniques*: collectivités territoriales et NTIC*, coll. Guides juridiques, éd. Le moniteur, 2009.

Allemand, R., Miquet, H.: «Attributions des collectivités locales: réseaux de communications électroniques» *Encyclopédie des collectivités locales*, ch. 10, Études des domaines d'attributions, 2016-2.

Allemand, R.: «L'intervention des collectivités territoriales dans le domaine des télécommunications», *AJDA* 2004. 2025.

Alonso Espinosa, C.: «La información en la Red y el principio de neutralidad tecnológica: la libertad de expresión y la difusión de información administrativa», *Revista Vasca de Administración Pública*, núm. 81, 2008, pp. 15-61.

Álvarez González, E. M.: «Transformación digital y acceso a los servicios públicos» en Álvarez González, E.M.: *Régimen jurídico de la despoblación en España: Reforma territorial, transformación digital y valorización del patrimonio natural y cultural* (núm. 1/23), Pamplona, Aranzadi, 2023, pp. 147-197.

ARCEP: Rapport public au Parlement, *La montée vers le très haut débit. Améliorer les débits disponibles dans les territoires et favoriser le déploiement du très haut débit dans les zones rurales*, 28 septembre 2010.

ARCEP-CETE: L'article L. 1425-2 du CGCT, mise à jour mai 2010. *La connaissance des réseaux de communications électroniques et la couverture des services: guide pratique à l'attention des collectivités territoriales*, 2010.

Ariño Ortiz, G.:

Privatizaciones y liberalizaciones en España: balance y resultados (1996-2003). Tomo I. Proceso privatizador. Aspectos jurídicos. La liberalización de las telecomunicaciones, Comares, Granada, 2004.

«El servicio público como alternativa», *Revista Española de Derecho Administrativo (REDA)*, núm. 23, 1979, pp. 546-553.

Ariño Ortiz, G., De la Cuétara, J. M.: «Algunas ideas básicas sobre regulación de sectores estratégicos», *Cuadernos de Derecho Público*, núm. 9, 2000.

Arjonés Girález, D.: «Un principio jurídico de neutralidad aplicado a la regulación del servicio de banda ancha. Análisis de la neutralidad de la red desde la perspectiva de la arquitectura por capas», *Revista española de derecho administrativo*, núm. 155, 2012, pp. 319-343.

Ashmore, F., Farrington, J., Skerratt, S.: «Community-led broadband in rural digital infrastructure development: implications of resilience», *Journal of Rural Studies*, núm. 54, 2017, pp. 408-425.

Audeod, O.: «La Communaute Européenne et la notion de Service Public», en *Les Postes, l'Europe et le service universel, Institut de Recherches et de Prospective Postales*, París, 1994.

Ávalos Tenorio, G.: «Actualidad del concepto de Estado de Hegel», *Nueva Época*, núm. 62, México (UAM), sept-dic. 2010, pp. 26-28.

Bahamonde Magro, A. (Dir.), Martinez Llorente, G., Otero Carvajal, L. E.:

Las comunicaciones en la construcción del Estado contemporáneo en España 1700-1936. Ministerio de Obras Públicas, Transportes y Medio Ambiente, Madrid, 1993.

Las telecomunicaciones en España. Del telégrafo óptico a la sociedad de la información, Ministerio de Ciencia y Tecnología, 2002.

BANCO DE ESPAÑA: «Los servicios, el núcleo inflacionista de la economía española», *Boletín económico del Banco de España*, núm. 3, pp. 13-17.

Barata y Mir, J.: «El concepto de net neutrality y la tensión entre regulación pública y autorregulación privada de las redes», *IDP. Revista de Internet, Derecho y Política*, núm. 13, 2012, pp. 44-52, Disponible en: https://bit.ly/3QXfCU7.

Bauby, P.: *Les services publics*, Flammarion, París, 1997.

Bazex, M.: «Les rapports entre le droit de la concurrence et la régulation sectorielle», *CCC*, núm. 11, 2011.

Bel, G., Calzada, J.: «Privatization and Universal Service Obligations», *Journal of Institutional and Theoretical Economics*, vol. 65, núm. 4, pp. 650-669.

Belot, C.: Rapport d'information du Sénat, établi au nom de la délégation à l'aménagement et au développement durable du territoire sur le thème *Internet haut débit et collectivités territoriales*, Session ordinaire 2004-2005, n.° 443.

Bénoit, J.: *Les collectivités locales et les communications électroniques: présentation des lois de juin et juillet 2004*, Cah. Actu. 2004-3.

Besson, E.: Secrétaire d'État au Développement de l'économie numérique, *Plan numérique 2012*, oct. 2008.

Berthon, G.: *Les collectivités territoriales en matière de communications* électroniques, LPA, núm. 18, 2007.

Boissard, B.: «Les compensations pour service public consacrées par la Cour de Justicie des Communautés Européennes Commentaire des Affaires Altmark trans, Gemoet Enirisorse», *Revue de Droit Public (RDP),* 4, 2004, pp. 1173-1190.

Bourreau, M., Feasey, R., Ambre, N.: «Assesing fifteen years of State Aid for broadband in the European Union: A quantitative análisis», *Telecommunications Policy*, núm. 44, 2020, pp. 1-24.

Brault, J.: *Histoire de la télephonie*, Bell Telephone Quaterly, G. Masson, París. 1927.

Braconnier, S.: «La régulation des services publics», *Revue française de droit administratif (RFDA)*, vol. 1, núm. 17, 2001.

Briglauer, W., Durr, N., Falck, O., Huschelrath, K.: «Does state aid for broadband deployment in rural áreas closet he digital and economic divide? », *Information Economics and Policy*, núm. 46, 2019, pp. 68-85.

Briglauer, W., Cambini, C., Gugler, K., Stocker, V.: «Net neutrality and high speed broadband networks: evidence fromn OECD countries», *European Journal of Law and Economics*, núm. 55, 2023, pp. 533-571.

Bronner, L.: «L'intervention des collectivités territoriales en matière de réseaux de communications électroniques», *RFDA*, 305, 2005.

Buendía Sierra, J. L.: «Finding the right balance: State Aid and Services of General Economic Interest», *EC State Aid Law: Liber Amicorum in Honour of Francisco Santaolalla*, Kluwer, 2008.

Calvo Calvo, A.:

El estado accionista: Telefónica en la década de 1980, IV CLADHE, Bogotá, 2014.

«El teléfono en España antes de Telefónica (1877-1924)», *Revista de Historia Industrial,* núm. 13, 1998.

«Infraestructuras urbanas de la Segunda Revolución Tecnológica. La difusión del teléfono en las ciudades españolas», 1877-1930, *Revista electrónica de geografía y ciencias sociales*, vol. XI, núm. 238, 1 de mayo de 2007.

«Las tecnologías de acceso a internet en España: nacimiento y evolución de la Red Digital de Servicios Integrados, 1984-2005», *Actes de Història de la Ciéncia i de la Técnica. Nova Época*, vol. 11, 2018, pp. 69-93.

Calvo Diez, G.: «Ayudas de Estado en telecomunicaciones: el Wi-Fi municipal», *Fundación Democracia y Gobierno Local*, 2010, pp. 125-136.

Calzada, J., Costas, A.:

«La liberalización de las telecomunicaciones en España: objetivos europeos versus intereses nacionales», *Revista de Historia Industrial*, vol. 2, núm. 63, año XXV, 2016, pp. 161-204.

«La liberalización de las telecomunicaciones en España. Actores, ideas e intereses», *Documento de trabajo del GIM*, Universitat de Barcelona, 2012.

Calzada, J., Estruch, A.: «Telefonía móvil en España: regulación y resultados», *Cuadernos económicos del ICE*, núm. 81, pp. 39-70.

Calzada, J., García-Mariñoso, B., Ribé, J., Rubio, R., Suárez, D.: «Fiber deployment in Spain», *Journal of Regulatory Economics,* núm. 53, 2018, pp. 256-274.

Canals i Ametller, D.: «Principios, reglas y garantías propias del derecho público en la prestación privada de servicios de interés general», *Revista Española de Derecho Administrativo (REDA)*, núm. 158, 2003.

Carbonell Porras, E.:

«Régimen local», *Revista General de Derecho Administrativo*, núm. 5, 2004.

«La cooperación intermunicipal en la realización de las obras y servicios locales (reflexiones a propósito de algunos mecanismos distintos de la creación de entidades supramunicipales)», *Anuario de Derecho Municipal*, núm. 4, 2010, pp. 57-96.

«Sobre la reforma local y las competencias municipales propias», *Revista Vasca de Administración Pública*, núm. 99-100, 2014 (ejemplar dedicado a Homenaje a Demetrio Loperena y Ramón Martín Mateo), pp. 765-781.

«¿Un estatuto básico para los municipios pequeños? Un comentario de urgencia», *Revista de Estudios de la Administración local y Autonómica: Nueva Época*, núm. 15, 2021, pp. 58-70.

«Las diputaciones provinciales, garantes de servicios e infraestructuras en los municipios rurales: su posición institucional en la lucha contra la despoblación», *Cuadernos de derecho local*, vol. 39, núm. 56 (ejemplar dedicado a Los gobiernos locales ante el reto demográfico), 2017, pp. 84-117.

«De nuevo sobre el municipio pequeño y el »régimen de organización de los municipios de menor población o en riesgo de despoblación» en la propuesta de la LBRL de 2022», *Revista de Estudios Locales CUNAL*, núm. extra-255 (ejemplar dedicado a: El estatuto del pequeño municipio: Un reto para los habilitados nacionales), 2022, pp. 52-77.

«Las competencias locales diez años después de la LRSAL», *Revista de Estudios de la Administración Local y Autonómica: Nueva Época,* núm. 19, 2023, pp. 8-28.

«La reforma local en España: algunas reflexiones cinco años después», en Carbonell Porras, E., Piperata, G. (Dirs.), Cosculluela Montaner, L., Vandelli, L. (Pr.): *La reforma del gobierno local en España e Italia*, Editoriale Scientifica, 2019, pp. 25-74.

«Las Administraciones Locales» en Rebollo Puig, M., Vera Jurado, D. J. (Dirs.): *Derecho administrativo: conceptos fundamentales, fuentes y organización*, vol. 1, Madrid, Tecnos, 2019, pp. 359-388.

«Las Diputaciones provinciales en la lucha contra la despoblación», en Moreno González, G. (Dir.): *Reformas para la cohesión territorial en España*, Marcial Pons, 2022, pp. 153-167.

Carbonell Porras, E., Piperata, G.: «La riforma del governo locale in Spagna e in Italia: una introduzione», en Carbonell Porras, E., Piperata, G. (Dirs.), Cosculluela Montaner, L., Vandelli, L. (Pr.): *La reforma del gobierno local en España e Italia*, Editoriale Scientifica, 2019, pp. 9-14.

Carlón Ruiz, M.:

El servicio universal de telecomunicaciones, Thomson Civitas, Navarra, 2007.

«Nuevas técnicas para nuevos tiempos: del servicio público al servicio universal» en Muñoz Machado, S., Esteve Pardo, J.: *Derecho de la regulación económica. I. Fundamentos e instituciones de la regulación*, Madrid, Iustel, 2009, pp. 464-535.

«¿Crisis del servicio público en tiempos de crisis? Algunas acotaciones a la luz de las novedades del régimen europeo de control de las ayudas de Estado dirigidas a su financiación», *Revista de Administración Pública (RAP)*, núm. 189, 2012, pp. 75-103.

Carro Fernández-Valmayor, J. L.: «Reflexiones sobre las transformaciones actuales del Derecho Público, en especial del Derecho Administrativo», *Revista de Administración Pública (RAP),* núm. 193, 2014.

Cassagne, J. C.: «Evolución de los principios aplicables a los servicios públicos y problemas actuales tras los procesos de privatización», *Revista de Administración Pública (RAP)*, núm. 157, 2002, pp. 467-494.

Cassese, S.: «La retórica del servizio universale», en Frova, S.: *Telecommunicazioni e servicio universale*, Instituto di Studi e Análisis Económica, Giuffre, Milán, 1999.

Cepeda Celdrán, V.: «La Unión Europea ante el espectro radioeléctrico, conectividad en las Tecnologías de la Información y la Comunicación» en *Boletín de información*, núm. 326, 2012, pp. 156 y 157

Communier, J. M.: «L'aménagement numérique par les collectivités territoriales», *JurisClasseur*, LexisNexis Fasc. 480, 2017.

Conclusiones del Abogado General Sr. **Giuseppe Tesauro** presentadas el 23 de mayo de 1996, Asunto C-302/94.

Conseil d'Etat: «Service public, services publics, déclin ou renouveau», *Etudes et documents, Conseil d'Etat*, núm. 44, 1994.

Corral Hernández, D.: «5G una carrera por la hegemonía y el futuro con muchos beneficios», *Instituto Español de Estudios Estratégicos (IEEE)*, núm. 19, 2020, pp. 734-759.

Cosculluela Montaner, L., López Benítez, M.: *Derecho Público Económico*, Iustel, Madrid, 2.ª edición, 2008.

Costas A., Serrano, J. M.: «Problemas escogidos y olvidados de la política económica española» en Costas A., Serrano, J. M.: *Diez ensayos sobre economía española*, Barcelona, Península, 1996.

Crapart, L.: *L'article L. 1424-1 du CGCT* relatif à l'intervention des collectivités locales en matière de communications électroniques, Coll. Terr. Étude 17, 2004.

Cubero Marcos, J. I.:

«Neutralidad de red. Interconexión y acceso a las redes a la luz del Código Europeo de comunicaciones electrónicas», *Revista española de derecho administrativo*, núm. 217, 2022, pp. 103-134.

«Regulación, iniciativa pública económica y libre competencia: hacia un modelo sin inmunidades», *Revista de Administración Pública (RAP)*, 2011, pp. 121-155.

De Courcel et **Senac de Monsembernard**.: «Les collectivités locales, opérateurs de télécoms», du «pourquoi» au «comment», *BJCL*, 146, 2004.

De la Quadra Salcedo, T.: «Servicios de Interés General, misión pública, interés común y ayudas públicas a la extensión de banda ancha», *Noticias de la Unión Europea*, núm. 313, 2011.

Desprairies, A.:

«La distinction entre service public administratif et service public industriel et commercial. Elle tangue mais ne sombre pas»,*Les classifications en droit administratif*, Paris, Mare & Martin, 2021.

«Le transfert aux Régions de la gestion de fonds structurels européens: un bilan en demi-teinte», *G&FP - Gestion & finances publiques: la revue*, N.° 3, 2020, pp. 64-71.

«Loi MAPAM - Régionalisation des fonds européens: la médaille a son revers»,*AJCT. Actualité juridique Collectivités territoriales*, N.° 6, 2014.

Devolvé, P.:

«Services publiques et libertés publiques», *Revue français de droit administratif*, 1, 1985.

«Les services publics locaux de communications electroniques», in *Mélanges en l'Honneur de Jean-François Lachaume, Le droit administratif: permanences et convergences*, Dalloz, 2007.

Diario de Burgos, 25 de septiembre de 1988. *Zona urbana telefónica en Sandoval de la Reina*.

Didriche, O.: «L'établissement et l'exploitation d'un réseau de communications électroniques n'est pas un service public local», Note sous TA Nancy, 1000043, *AJCT*, 373, 2012.

Díez-Picazo, L. M.: «Los servicios de interés económico general en el ordenamiento comunitario» en Muñoz Machado, S., Esteve Pardo, J.: *Derecho de la regulación económica. I. Fundamentos e instituciones de la regulación*, Madrid, Iustel, 2009, pp. 410-424.

Diez-Vega, R: «La banda ancha como servicio regulado», en *Regulación y competencia en Telecomunicaciones*, Instituto de Estudios Europeos, Dykinson, Madrid, 2003.

Duguit, L.: *Las transformaciones del derecho público*, Editorial Heliesta, Buenos Aires, 1975.

Eckert, G.: «Convention d'enfouissement des réseaux de communications électroniques», núm 4, *Contrats Marchés publics*, 2013.

Esteve Pardo, J.:

La nueva relación entre Estado y Sociedad. Aproximación al trasfondo de la crisis, Marcial Pons, Madrid-Barcelona-Buenos Aires-Sao Paolo, 2013.

«La extensión del derecho público. Una reacción necesaria», *Revista de Administración Pública (RAP)*, núm. 189, 2012.

«La Administración garante. Una aproximación», *Revista de Administración Pública (RAP)*, núm. 197, 2015.

Estado garante. Idea y realidad, INAP investiga, 2015.

Principios de derecho regulatorio. Servicios de interés económico general y regulación de riesgos, Marcial Pons, Barcelona, 2021.

Essevaz-Roulet, B.: «Les enjeux des communications électroniques pour les collectivités locales», *Les dossiers des experts*, éd. Territorial, 2009.

Faludi, A.: «La política de cohesión territorial de la Unión Europea», *Boletín de la A.G.E.*, núm. 39, 2005, pp. 11-30-

Fernández, T. R.:

«Las transformaciones del Derecho Administrativo a resultas de las privatizaciones», *Revista Andaluza de Administración Pública*, núm. 39, 2000, pp. 105-116.

«Del servicio público a la liberalización desde 1950 hasta hoy», *Revista de Administración Pública (RAP)*, núm. 150, 1999, pp. 57-74.

Fernández de Gatta Sánchez, D.:

«Los problemas de la estructura municipal de Castilla y León: instrumentos y soluciones de la nueva Ley de Régimen Local», *Consultor de los ayuntamientos y de los juzgados: Revista técnica especializada en administración local y justicia municipal*, núm. 19, 1999, pp. 2948-2956.

«La estructura municipal de Castilla y León: incidencia de la legislación sobre Régimen Local, Urbanismo y Ordenación del Territorio», *Revista de estudios de la administración local*, núm. 291, 2003, pp. 337-364.

«Fórmulas asociativas para la mejor prestación de los Servicios Públicos: mancomunidades de municipios y consorcios», *Revista de estudios locales CUNAL,* núm. extra-1 (ejemplar dedicado a los Servicios Públicos Locales), 2017, pp. 203-228.

«La nueva estrategia de la Unión Europea sobre las zonas rurales: pacto verde, visión a largo plazo y nueva Bauhaus», *La Ley Unión Europea*, núm. 98, 2021.

«El tratado de Ámsterdam: elaboración, contenido y perspectivas» en Ortega Carmona, A., Fernández Madrazo, J. A. (Dirs.): *La Unión Europea: el euro y aspectos jurídicos del Tratado de Ámsterdam: curso monográfico impartido por la Universidad de Salamanca*, Universidad de Salamanca, 1999, pp. 25-62.

«Los municipios y las mancomunidades en la Ley de Racionalización y Sostenibilidad de la Administración Local» en Casares Marcos, A. B. (Coord.), Quintana López, T. (Dir.): *La reforma del régimen local,* Valencia, Tirant lo Blanch, 2014, pp. 303-369.

«La Unión Europea y el territorio» en Fernando Pablo, M. M., González Bustos, M. A., González Iglesias, M., Terrón Santos, D., Fernández de Gatta Sánchez, D. (Coords.): *Contratos públicos, urbanismo y ordenación del territorio*, Salamanca, Ratio Legis, 2017, pp. 147-166.

«Las Administraciones Locales» en Carbonell Porras, E., Piperata, G. (Dirs.), Cosculluela Montaner, L., Vandelli, L. (Pr.): *La reforma del gobierno local en España e Italia*, 2019, pp. 25-74.

«Las Administraciones Locales» en González Bustos, M. A. (Coord.): *Sistema Básico de Derecho Administrativo: parte general,* 2022, pp. 117-145.

«La nueva política de la Unión Europea sobre las zonas rurales» en Fernando Pablo, M. M. (Dir.), Domínguez Álvarez, J. L. (Coord.): *Rural Renaissance: acción, promoción y resiliencia*, 2022, pp. 71-96.

Fernández De Gatta Sánchez, D., González Iglesias, M.A.: «Los problemas dc la estructura poblaciones y municipal de España: principales instrumentos y medidas para paliarlos en la legislación básica sobre régimen local» en Rodriguez Escanciano, S., Álvarez Cuesta, H. (Coords.), Quintana López, T. (Pr.): *La economía social como palanca para la sostenibilidad de los territorios*, Valencia, Tirant lo Blanch, 2021, pp. 25-70.

Fernández Farreres, G.:

«El concepto de servicio público y su funcionalidad en el Derecho Administrativo en la nueva economía», *Justicia Administrativa: Revista de derecho administrativo*, núm. 18, 2003, pp. 7-21.

«El régimen de las ayudas de Estado y su impacto en el derecho español», *Revista de Administración Pública (RAP)*, núm. 200, 2016, pp. 231-250.

Fernández Ramos, S.: «Título IV. Las relaciones de la Comunidad Autónoma de Andalucía con las entidades locales», en Montoya Martín, E. (Coord.), Fernández Ramos, S. y Rivero Ysern, J. L. (Dirs.): *Derecho local de Andalucía: la Ley 5/2010, de 11 de junio de Autonomía Local de Andalucía*, Madrid, Iustel, 2012, pp. 241-291.

Fernández-Shaw, F.: «La Unión Internacional de Telecomunicaciones (UIT): pasado, presente y futuro», *Revista de Política Internacional*, núm. 125, 1973, pp. 91-117.

Fernando Pablo, M. M.:

«Régimen jurídico del dominio público radioeléctrico», Colección *Derecho de la sociedad de la Información,* Cavanillas Múgica, S. (Dir.), núm. 18, Comares, Granada, 2009.

Derecho general de las telecomunicaciones, Madrid, Constitución y Leyes COLEX, 1998.

Régimen jurídico del dominio público radioeléctrico, Granada, Comares, 2009.

«El poder regulador del mercado de las telecomunicaciones» en Sosa Wagner, F., Martín Mateo, R. (Coord.): *El derecho administrativo en el umbral del siglo XXI: homenaje al profesor Dr. D. Ramón Martín Mateo*, vol. 3, 2000, pp. 2853-2894.

«Artículo 45. Títulos habilitantes para el uso del dominio público radioeléctrico» en García de Enterría, E., De la Quadra-Salcedo, T.: *Comentarios a la Ley General de Telecomunicaciones: Ley 32/2003, de 3 de noviembre*, Iustel, 2004, p. 739.

«Artículo 44: Facultades del Gobierno para la gestión del dominio público radioeléctrico» en García de Enterría, E., De la Quadra-Salcedo, T.: *Comentarios a la Ley General de Telecomunicaciones: Ley 32/2003, de 3 de noviembre*, Iustel, 2004, p. 728.

«Artículo 43. Gestión del dominio público radioeléctrico» en García de Enterría, E., De la Quadra-Salcedo, T.: *Comentarios a la Ley General de Telecomunicaciones: Ley 32/2003, de 3 de noviembre*, Madrid, Iustel, 2004, p. 699.

«El espectro radioeléctrico entre mercado y Administración Pública», en Sánchez Macías, J. I., Calvo Ortega, R., Rodríguez López, F. (Coord.):

Economía, derecho y tributación: estudios en homenaje a la profesora Gloria Begué Cantón, Universidad de Salamanca, 2005, pp. 577-604.

«La responsabilidad patrimonial de la administración en el ámbito de las telecomunicaciones: estudio general y ámbitos sectoriales» en Casares Marcos, A. B. (Coord.), Quintana López, T. (Dir.): *La responsabilidad patrimonial de la administración pública: estudio general y ámbitos sectoriales*, Valencia, Tirant lo Blanch, 2009, pp. 1325-1367.

«Vieja y nueva gestión del espectro radioeléctrico: por una política fuerte de espectro radioeléctrico para España» en Arenilla Sáez, M. (Coord.): *La administración pública entre dos siglos: Ciencia de la Administración, Ciencia Política y Derecho Administrativo, Homenaje a Mariano Baena del Alcázar*, Madrid, INAP, 2010, pp. 1341-1375.

«La ordenación de las redes inalámbricas» en Muñoz Machado, S. (Dir.): *Derecho de la regulación económica (Telecomunicaciones)*, Madrid, Iustel, vol. 4, 2010, pp. 905-928.

«La ordenación del dominio público radioeléctrico» en Vida Fernández, J. (Coord.), De la Quadra Salcedo, T. (Dir.): *Derecho de las telecomunicaciones: adaptado a la Ley 9/2014, de 9 de mayo, General de Telecomunicaciones*, Madrid, Iustel, 2015, pp. 529-248.

«Red y servicio de telecomunicación: La necesidad de una congruente diferenciación jurídica», *Revista Española de Derecho Administrativo (REDA)*, núm. 96, 1997, pp. 591-601.

«Sobre el dominio público radioeléctrico: espejismo y realidad», *Revista de Administración Pública (RAP)*, núm. 143, 1997, pp. 107-148.

«Aspectos relevantes de la nueva Ley General de Telecomunicaciones», *E-Derecho Administrativo (e-DeA)*, núm. 10, 2003.

«Sobre los derechos de uso del espectro radioeléctrico en España y en Europa», *Revista Aranzadi de derecho y nuevas tecnologías*, núm. 21, 2009, pp. 77-100.

«Vieja y nueva gestión del espectro radioeléctrico: por una política fuerte de espectro radioeléctrico para España», *AR: Revista de Derecho Informático*, núm. 132, 2009.

Figueiras, A.: *Una panorámica de las telecomunicaciones*, Pearson Ecuación, Madrid, 2002.

Font i Llovet, T., Vilalta Reixach, M.:

«La lenta vuelta a la normalidad. Los gobiernos locales tras la pandemia...y ante los fondos NGEU», *Anuario de Gobierno Local*, núm. 1, 2021, pp. 11-41.

«Administración Local», *Informe comunidades autónomas*, núm. 2021, 2021, pp. 411-420.

Font i Llovet, T., Galán Galán, A.:

«El debate sobre los servicios públicos locales: público y privado, la efectividad de los derechos sociales, autonomía y financiación», *Anuario del Gobierno Local,* núm. 1, 2017, pp. 11-43.

«Autonomía local, estabilidad presupuestaria y principio democrático en España», *Questoes Atuais de Direito Local*, núm. 13, 2017, pp. 89-96.

«Principio democrático, autonomía local, estabilidad presupuestaria y servicios públicos ¿hacia la cuadratura del círculo?», *Anuario del Gobierno Local*, núm. 1, 2015, pp. 11-31.

Font i Llovet, T.: «La cooperación administrativa en los servicios públicos locales», *Revista Digital de Derecho Administrativo*, núm. 7, 2012, pp. 109-113.

Forey, E.: «Le rôle des collectivités territoriales dans l'aménagement du territoire», *RFDA,* 296, 2005.

Freemann, J.: «Extending public law norms through privatization», *Harvard Law Review*, núm. 116, 2003.

Gaceta de Madrid:

20 de mayo de 1894.

15 de junio de 1886.

16 de diciembre de 1908.

1 de julio de 1911, núm. 185.

15 mayo 1924, núm. 167.

10 de diciembre de 1931, núm. 344. Disponible en: https://bit.ly/3TzPTT7

Galán Vioque, R.:

«La progresiva apertura de los servicios públicos locales a la libre competencia», *Revista de Estudios de la Administración Local y Autonómica: Nueva Época*, núm. 14, 2020, pp. 69-87.

«Servicios públicos locales y derecho de la Unión Europea», en Tavares da Silva, S. (Coord.): *Descentralizaçao administrativa luso-espanhola*, Facultad de Direito, Instituto Jurídico, 2018, pp. 329-354.

«El servicio público», en Jordano Fraga, J. (Coord.): *Lecciones de derecho administrativo. Parte general. Volumen II.,* Madrid, Tecnos, 2022, pp. 116-138.

García Guijo, L.: «Las ayudas de Estado en la Unión Europea: concepto, requisitos e implicaciones», *Dereito: revista xuridica da Universidade de Santiago de Compostela*, núm. 2. Vol. 12, 2012, pp. 97-127.

Garcia Legaz Ponce, J.: «Liberalización, competencia y regulación de las telecomunicaciones en España», *Economía Industrial*, núm. 337, 2001, pp. 103-118.

Ghosh, S.: «Broadband penetration and economic growth: Do policies matter?», *Telematics and Informatics*, núm. 34, 2017, pp. 676-693.

Gilles, W.: «L'État, acteur de premier rang de l'aménagement numérique des territoires», *Lamy Collectivités Territoriales*, 95, 1ère Nov. 2013.

Glass, V., Tardiff, T.: «Reforming funding of universal Access to telecommunications and broadband services: Approaches for the new decade», *Telecommunications Policy*, núm. 45, 2021, pp. 1-13.

Gómez-Ferrer Rincón, R.: «El softlaw comunitario en materia de telecomunicaciones», *Revista Española de Derecho Europeo*, núm. 8, 2003, pp. 687-713.

Gómez Barroso, J. L., Feijoo, C.:

«Directrices comunitarias para el empleo de ayudas estatales en el despliegue de redes de banda ancha-una novedad conceptual», *Revista de Derecho Comunitario Europeo*, núm. 36, 2010, pp. 441-465.

«Volition verus feasibility: state aid when looked upon favourably: the broadband example», *European Journal of Law and Economics*, núm. 34, 2012, pp. 347-364.

González Bustos, M. A.:

«La actividad relacional de colaboración y de coordinación de la Comunidad Autónoma de Castilla y León con su Administración Local» en Rodríguez Arana, J. R., Del Guayo Castiella, I. (Coords.): *Panorama jurídico de las administraciones públicas del siglo XXI: homenaje al profesor Eduardo Roca Roca*, Madrid, INAP, 2002, pp. 503-518.

«La prestación de los servicios de la gestión compartida: los consorcios, las mancomunidades y otras fórmulas» en González Bustos, M. A. (Coord.): *Las nuevas diputaciones provinciales de régimen común: asistencia, prestación y coordinación de servicios municipales,* CEMCI (Centro de Estudios Municipales y de Cooperación Internacional), 2015, pp. 231-267.

«El principio de cooperación y su reflejo en la normativa básica local: especial incidencia en la cooperación superior de las diputaciones» en

MELLADO RUIZ, L., FORNIELES GIL, A. (Coord.): *Gestión cooperativa en el ámbito local*, Valencia, Tirant lo Blanch, 2018, pp. 51-86.

«Nuevo enfoque de los Derechos Humanos en el entorno digital» en TOMÉ DOMÍNGUEZ, P. (Coord.), TERRÓN SANTOS, D., DOMÍNGUEZ ÁLVAREZ, J. L. (Dirs.): *Inteligencia artificial y defensa: nuevos horizontes*, Pamplona, Thomson Reuters Aranzadi, 2021, pp. 131-146.

Las nuevas diputaciones provinciales de régimen común: asistencia prestación y coordinación de servicios municipales, Centro de Estudios Municipales y de Cooperación Internacional (CEMCI), 2015.

«Régimen jurídico de la prestación de servicios en los puertos de interés general», en GUERVÓS MAILLO, M. A., GOROSPE OVIEDO, J. I., LAGO MONTERO, J. M. (Dirs.): *Tasas portuarias por usos y servicios*, Pamplona, Thomson Reuters-Aranzadi, 2013, pp. 313-338.

GONZÁLEZ BUSTOS, M. A., CASARES MARCOS, A. B.: «La prestación de servicios de calidad en el mundo rural a través de las diputaciones provinciales» en RODRIGUEZ ESCANCIANO, S., ÁLVAREZ CUESTA, H. (Coords.), QUINTANA LÓPEZ, T. (Dir.): *La economía social como palanca para la sostenibilidad en los territorios rurales*, Valencia, Tirant lo Blanch, 2021, pp. 71-119.

GONZÁLEZ-VARAS IBÁÑEZ, S.: *Los mercados de interés general: Telecomunicaciones y postales, energéticos y de transportes: privatización, liberalización, regulación pública y derecho de la competencia*, Comares, 2001.

GRAU RUIZ, M. A.: «La protección del interés económico general y de la cohesión social y territorial en la Unión Europea» en GARRIDO MAYOL, V., GARCÍA COUSO, S., ÁLVAREZ CONDE, E. (Coords).: *Comentarios a la Constitución Europea*, vol. 3, 2004, pp. 103-138.

GROUD, H., PUGEAULT, S.: «Les nouvelles conditions d'intervention des collectivités territoriales dans le secteur des télécommunications», *Dr. adm. Étude 17*, 2004.

GRUBER, H., HATONEN, J., KOUTROMPIS, P.: «Broadband Access in the EU: An assesment of future economic benefits», *Telecommunications Policy*, núm. 38, 2014, pp. 1046-1058.

GUTIÉRREZ ALONSO, J.: «Proceso de integración de las redes telefónicas de San Sebastián y Guipuzcoa», *Cuadernos de Historia Contemporánea*, vol. 29, 2007, pp. 75-94.

GONZÁLEZ VARAS IBÁÑEZ, S.: «Del servicio público a los mercados de interés general», *Cuadernos de Derecho Público*, núm. 12, 2001.

GRUPE, H.J.C.: «Regulación económica y teoría del monopolio natural», *Económica: La Plata*, vol. 36, núm. 1, 1990, pp. 73-96.

IDOUX, P.: «Montée en débit via l'accès à la sous-boucle locale: une stratégie risquée de résorption de la fracture numérique», *Lamy de la Concurrence*, 23, 2010.

JORDANA, J., SANCHO, D.:

«Policy networks and market opening. Telecommunications liberalization in Spain», *European Journal of Political Research*, núm. 44, 2005.

«Opciones de regulación y opciones de intervención: las políticas públicas de telecomunicaciones», en JORDANA J., SANCHO, D.: *Políticas de Telecomunicaciones en España*, Madrid, Tecnos, 1999.

JOSKOW, P.L.: «Inflation and Environmental Concern: Structural Change in the Process of Public Utility Price Regulation», *Journal of Law and Economics*, vol. 17, núm. 2, 1974, pp. 291-237.

KARPENSCHIF, M., MIDOL-MONNET, L.: «Le programme national «Très Haut Débit-Volet B»: nouvelles responsabilités et nouveaux pouvoirs pour les collectivités territoriales en matière d'aménagement numérique», *JCPA*, 7, 2012.

KLIEMANN, A., STEHMANN, O.: «EU State Aid Control in the Broadband Sector-The 2013 Broadband Guidelines and Recent Case Practice», *European State Aid Law Quaterly*, núm. 3, Vol. 12, 2013, pp. 493-515.

KOLLING, M.: «Territorial cohesión and democracy in the EU», *Política y Sociedad* (Universidad Complutense de Madrid), núm. 58, 1, 2021, pp. 1-11.

KOUBI, G.: «Aménagement numérique des territoires: la mise en œuvre d'un programme national sans relief», *JCPA*, 38, 2011.

LAFERRIÉÈRE, E.: *Traité de la Jurisdiction Administrative et des recours contentieux*, París, 1986 (I).

LAFFITTE, O.: «Collectivités territoriales et communications électroniques: enjeux et état des lieux», *Le Moniteur - Contrats publics*, núm. 134, juill. 2013.

LAGUNA DE PAZ, J. C.:

Telecomunicaciones: Regulación y Mercado, Thomson Reuters Aranzadi, Navarra, 2010.

«Regulación, externalización de actividades administrativas y autorregulación», *Revista de Administración Pública (RAP)*, núm. 185, 2011.

«El servicio universal», en De la Quadra-Salcedo Fernández del Castillo, T.: *Derecho de la regulación económica. IV. Telecomunicaciones*, Madrid, Iustel, 2009, pp. 389-431.

Servicios de interés económico general, Thomson-Civitas, Madrid, 2009.

Laurie, F.: «Compétences des collectivités territoriales et implantation des réseaux de communications électroniques sur les territoires», *Legicom*, Victoires Éditions, núm. 47, 2011/2.

Le Roy, M.: «Déploiement d'un réseau très haut débit par les collectivités territoriales: mode d'emploi», *JCPA*, núm. 17, 28 avr. 2014.

Lebreton, G.: *Droit administratif Général*, Ed. Dalloz, 11.ª édition, 2021.

Lehtonen, O.: «Population grid-based assessment of the impact of broadband expansion on population development in rural areas», *Telecommunications Policy*, núm. 44, 2020, p. 1-13.

Lombard, M., Nicinski, S., Glaser, E.: «Réseau à très haut débit», *AJDA,* 1148, 2012.

López, E. G., Zapata, L. M. H., Cabrera, J. M., Laverde, S. M. O.: «Las TIC y la sociedad digital: doce años después de la Ley. Las TIC y las telecomunicaciones y el derecho de la competencia», *Universidad Externado de Colombia*, 2021.

Loussouarn, M., Lequellenec, E.: «Domaine public: comment valoriser un réseau câblé?», *Lamy droit d'immatériel*, 1ère nov. 2011.

Majza, B.: «L'aménagement numérique du territoire», *Contrats Marchés*, núm. 3, 2013.

Malaret i García, E.:

«Administración pública y regulación económica», en AA. VV.: *La autonomía municipal. Administración y regulación económica. Títulos académicos y profesionales*, Asociación Española de Profesores de Derecho Administrativo (AEPDA), Pamplona, Thomson Aranzadi, 2007, pp. 127-160.

«Servicios públicos, funciones públicas, garantías de los derechos de los ciudadanos: perennidad de las necesidades, transformación del contexto», *Revista de Administración Pública (RAP)*, núm. 145, 1998, pp. 49-88.

Mangenot, M. (dir.): *Administrations publiques et service d'interet general: quelle européarisation?*, Institute Européen d'Administration Publique, Maastricht, 2005.

Marais, B.: «Principe d'égalité et respect de la concurrence: fourniture gratuite des informations sur les réseaux de télécommunications aux collectivités territoriales»; *Note sous Conseil d'État, 8 juin 2010, Fédér. Française des télécommunications et des communications* électroniques, req. 327062, Gaz. Pal. 1 ère. Oct. 2010.

Marsden, C. T.: «Neutralidad de la Red: Historia, regulación y futuro», *IDP. Revista de Internet, Derecho y Política*, núm. 13, 2012, pp. 24-43. Disponible en: https://bit.ly/3QUctV0

Martí del Moral, A., De la Torre Martínez, L.: «Las obligaciones de servicio público» en De la Quadra-Salcedo Fernández del Castillo, T.: *Derecho de la regulación económica. IV. Telecomunicaciones*, Madrid, Iustel, 2009, pp. 355-387.

Martín Rebollo, L.: «Sociedad, economía y Estado (a propósito del viejo regeneracionismo y el nuevo servicio público) en AA. VV.: *Estudios de derecho público-Libro homenaje a Sebastián Martín-Retortillo*, Civitas, Madrid, 2003.

Martín-Retortillo Baquer, L.: «El derecho de acceso a los servicios de interés económico general (el art. 36 de la Carta de los Derechos Fundamentales de la Unión Europea) en AA. VV.: *Estudios de derecho público económico: libro homenaje a D. Sebastián Martín-Retortillo*, Madrid, Civitas, 2003, pp. 494-525.

Martínez López-Muñiz, J. L.: «La publicatio de recursos y servicios», en AA. VV.: *Estudios de Derecho Público Económico: libro homenaje a D. Sebastián Martín-Retortillo*, 2003, pp. 687-718.

Matés Barco, J. M.: «Empresas, sociedad y servicios públicos: del Estado prestador al Estado regulador», *Revista Empresa y Humanismo*, vol. 1, núm. XI, 2008, pp. 187-230.

Matharan, X., Abboub, S.: «Le service public local des communications électroniques: bilan de dix années et perspectives d'évolutions», *Revue Française de Droit Administratif (RFDA)*, 313, 2015.

Matías Camargo, S. R.: «La teoría del servicio público y las telecomunicaciones», *Diálogos de Saberes*, núm. 38, enero-junio 2013, pp. 43-62, Bogotá, Colombia.

Maurey, H.: Rapport au Premier ministre, «Réussir le déploiement du très haut débit: une nécessité pour la France», *La Documentation française*, 2010.

Meilan Gil, J. L.:

Categorías jurídicas del Derecho Administrativo, Iustel, 2011.

Progreso tecnológico y servicios públicos, Civitas, Madrid, 2006.

Montero Pascual, J. J.: «La actividad administrativa de regulación: definición y régimen jurídico», *Revista Digital de Derecho Administrativo*, núm. 12, 2014, pp. 23-44.

Moral Soriano, L.:

«El encuentro del servicio público con los servicios de interés económico general», *Revista Española de Derecho Europeo*, núm. 12, 2004, pp. 539-562.

«Servicio universal y telecomunicaciones en el Derecho comunitario», *Revista del Derecho de las Telecomunicaciones e Infraestructuras en Red (REDETI)*, núm. 16, 2003, pp. 37-62.

Moreno Valero, P.: «El servicio universal de telecomunicaciones en la Unión Europea», *Boletín Económico de ICE*, núm. 2679, 2001, pp. 9-18

Moya, A.: *Redes empresariales, inversión directa extranjera y monopolio: El caso de Telefónica 1924-1965*, Actas del VIII Congreso de la Asociación Española de Historia Económica, 2005.

Muñoz Machado, S.:

Servicio público y mercado (Tomo I), Civitas, 1998.

Servicio público y mercado (Tomo II): *Las telecomunicaciones,* Civitas, 1998.

Nizard, L.: «À propos de la notion de service publique: Mythes étatiques et réprésentation sociales», *Recueil d'ètudes en hommage a Charles Eisenman,* París, 1977.

Olivé Roig, S.: «Madrid 1932, nace la Unión Internacional de Telecomunicaciones», *Foro Histórico de las Telecomunicaciones-Revista Bit*, núm. 116, diciembre-enero 2008.

Olivier, F., Sultan, N.: « Les schémas d'aménagement numérique en pratique: portage et contrats publics », *Contrats Marchés*, 4, 2012.

Olsson, S. O.: «Cooperative forms and new technology in rural Sweden», en SHOT, A.: *A book of Abstracts of Papers presented at the Annual meeting of the Society for the History of Technology*, 1992.

Ortiz Laverde, S.M.:

«Entre regulación y competencia: revisión institucional de la Comisión Nacional de los Mercados y la Competencia CNMC», 12, 1, *Universidad Externado de Colombia*, 2015.

«El regulador convergente. Ventajas y desventajas. La revisión de la experiencia del modelo del Reino Unido, México y Argentina de cara al nuevo regulador», *Universidad Externado de Colombia*, Bogotá, 2017.

«Apuntes sobre la Comisión Nacional de los Mercados y la Competencia en España», *Revista Digital de Derecho Administrativo*, núm. 14, 2015.

«Acceso al mercado de las telecomunicaciones y ejercicio de la actividad. Revisión de la experiencia de la Unión Europea y española y su incidencia en las legislaciones colombiana y peruana», *Revista de Derecho Administrativo*, Pontificia Universidad Católica del Perú, núm. 20, 2021, pp. 16-45.

Paéz Pérez, P.N., Silva Ruiz, J.: «Las teorías de la regulación y privatización de los servicios públicos», *Administración y Desarrollo,* vol. 52, núm. 38, 2010, pp. 39-56.

Parejo, L.: «Servicios públicos y servicios de interés general: la renovada actualidad de los primeros», *Revista de Derecho de la Unión Europea*, núm. 7, 2004.

Pastoriza Vázquez, S., Calvo Salinero, R.: «Control y ayudas de Estado dentro del Derecho comunitario», *La Ley Digital 9038/2008,* núm. 241, 2008.

Pedraza Córdoba, J.: *Competencia efectiva y servicios de interés económico general. El caso de las telecomunicaciones*, Valencia, Tirant lo Blanch, 2014.

Pellissier, G.: « Les communications électroniques, espace concurrentiel et service public », RJEP, núm. 680, 1ère nov. 2010.

Perez Yuste, A.: «La creación de la Compañía Telefónica Nacional de España en la dictadura de Primo de Rivera», *Cuadernos de Historia Contemporánea*, vol. 29, 2007, pp. 95-117.

Perez San Juan, O., Vilar Ten, J.L.: «El servicio de telefonía fija en España», *Foro Histórico de las Comunicaciones*, Disponible en: https://bit.ly/3XDk6RY

Pérez Soto, P., Damborenea Trigueros, I.: «Principales novedades de la Ley 11/2022, de 28 de junio, General de Telecomunicaciones un año después de su entrada en vigor», *Diario La Ley*, núm. 10328, 2023.

Popovic, D.: *Le droit communautaire de la concurrence et les communications* électroniques, éd. LGDJ Lextenso, 3, 2009.

Quintana López, T.:

«Derecho de los vecinos a la prestación de los servicios públicos», *Cuadernos de derecho local*, núm. 16, 2008, pp. 7-13.

«Servicios públicos», *Anuario del Gobierno Local,* núm. 1, 1996, pp. 333-344.

«El derecho de los vecinos a la prestación y establecimiento de los servicios públicos municipales en la jurisprudencia», *Repertorio de Jurisprudencia Aranzadi*, núm. 7, 2007, pp. 77-86.

«Las mancomunidades en nuestro derecho local: evolución histórica», *Revista de estudios de la administración local y autonómica*, núm. 248, 1990, pp. 713-732.

«Las organizaciones supranacionales en España: las mancomunidades», *Revista de estudios de la administración local y autonómica*, núm. 254, 1992, pp. 305-318.

Quintana López, T., Lobato Gómez, J. M., Rodriguez Escanciano, S., Casares Marcos, A. B.: «Prestación eficiente de servicios sobre infraestructuras en régimen concesional: indicadores de calidad y cláusula de progreso», *Estudios de construcción y transportes*, núm. 106, 2007, pp. 109-136.

Quiriny, B.: «Le coût d'enfouissement des réseaux», *AJDA*, 1572, 2013.

Rivero Ortega, R.: *El estado vigilante*, Madrid, Tecnos, 2003.

Rivero, J.: «Hariou et l'évenement de la notion de service public», en *L'evolution du Droit Public*, Ed. Sirey, París, 1956.

Rodriguez Miguez, J. A.: «Mercado, participación pública en el capital y ayudas estatales: el principio del inversor privado en una economía de mercado», *Gaceta Jurídica de la Unión Europea y de la Competencia*, núm. 221, 2002, pp. 59-75.

Roland, L.: *Prècis de Droit Administratif*, Dalloz, Paris, 11.ª Ed., 1957.

Romeo López, J. M.: «La liberalización de las telecomunicaciones. Lecciones de historia», *Llull Revista de la Sociedad Española de Historia de las Ciencias y de las Técnicas*, vol. 20, núm. 3, 1997, pp. 665-696.

Rousseau, J. J.: «Du contrat social ou principes de droit politique», en *Collection complète des oeuvres*, Genève, 1780-1789, vol. 1, in-4°, édition en ligne: www.rousseauonline.ch, version du 7 octobre 2012.

Sánchez Miñana, J., Sánchez Ruiz, C.: «Sobre la difusión del teléfono de Bell en sus comienzos (1876-1977)», *Actes de historia de la ciencia y de la técnica. Nova época*, vol. 4, 2011, pp. 33-53, Disponible en: https://bit.ly/3ZVRo0K

Sánchez Morón, M.: «Capítulo XVIII. Actividades de servicio público y ayudas públicas», en Sánchez Morón: *Derecho administrativo: parte general*, Madrid, Tecnos, 2019, pp. 787-835.

Santamato, S., Pesaresi, N.: «Compensation for services of general economic interest: some thoughts on the Altmark ruling», *Competition Policy Newsletter (CPN)*, núm. 1, 2004, pp. 17-22.

Sarasibar Iriarte, M.: «La participación de las entidades locales en los ámbitos estatal y supranacional», *Revista Vasca de Administración Pública*, núm. 89, 2011, pp. 149-181.

Sarmiento, D.: *El control de proporcionalidad de la actividad administrativa*, Valencia, Tirant lo Blanch, 2004.

Terrier, G.: «Des réseaux haut débit d'initiative publique», *La semaine juridique, Administrations et Collectivités Territoriales*, 30, 2007.

Tomé Domínguez, P.M.:

«Los consorcios de infraestructuras digitales europeos (EDIC) como instrumento de gobernanza de la UE en materia de conectividad y digitalización», *Blog CIGG (Centro de Investigación para la Gobernanza Global) de la Universidad de Salamanca*. Disponible en: https://cigg-usal.es/los-consorcios-de-infraestructuras-digitales-europeos-edic-como-instrumento-de-gobernanza-de-la-ue-en-materia-de-conectividad-y-digitalizacion/

«La asociación para la innovación como instrumento de ejecución del mecanismo de recuperación y resiliencia», *Revista Española de Derecho Administrativo (REDA)*, núm. 214, 2021, pp. 189-208.

Tornos Mas, J.: «El concepto de servicio público a la luz del derecho comunitario», *Revista de Administración Pública (RAP)*, 2016, pp. 193-211.

Valin S.: *Services publics: un défi pour l'Europe. Approches matinales et enjeux communautaires*, Ed. Charles Leopold Mayer, París, p. 37, 2007.

Vautrin, D.: «L'intervention des collectivités territoriales dans L'aménagement numérique du territoire», Mémoire inédit sous la dir. d'Allemand, R. et Combeau, P., *Master Droit de la décentralisation*, 2007, Université de Metz.

Véret, D., Cotto, V.: «Entre la délégation de service public et le marché public dans le haut débit: le nouveau cadre d'intervention des collectivités territoriales», *Gaz. Pal.,* 2000, 2004.

Villar Palasí, J. L.: «La actividad industrial del Estado en el Derecho administrativo, *Revista de Administración Pública (RAP)*, núm. 3, 1950.

Walsten, S.:

Telecommunications privatization in Developing Countries: The Real Effects of Exclusivity Periods, Working paper Stanford University, Palo Alto, 2000.

«An econometric analysis of telecom competition, privatization and regulation in Africa and Latin America», *The Journal of Industrial Economics*, vol. 49, núm. 1, pp. 1-19.

Normativa y textos de *soft law* más importantes

ARCEP. «La régulation au service des territoires connectés», *Rapport d'activité*, tome 2, 2018.

Boletín oficial de las Cortes Generales. Congreso de los Diputados.

25 de abril de 1992, Serie E, núm. 201.

II Legislatura, 1 de octubre de 1985, Núm. 233-I. Memoria justificativa al Proyecto de ley de Ordenación de las Telecomunicaciones.

Boletín oficial del Estado.

Núm. 96 de 22 de abril de 1986. Instrumento de ratificación del Convenio Internacional de Telecomunicaciones hecho en Nairobi el 6 de noviembre de 1982.

Jurisprudencia Administrativa del Consejo de Estado Francés «Grands Arrets», 21.º edición, 2019 (traducción de la edición francesa de 2017), Dalloz, Madrid, pp. 112-118.

Núm. 20, de 23 de enero de 1992, Resolución de 14 de enero de 1992, de la Subsecretaría, por la que se dispone la publicación del Contrato del Estado con «Telefónica de España, Sociedad Anónima».

Núm. 305, de 22 de diciembre de 1970, Decreto 3585/1970, de 21 de diciembre, sobre reorganización de los servicios de telecomunicación que debe prestar la Compañía Telefónica Nacional de España (CTNE).

Núm. 81, de 4 de abril de 1981, Instrumento de ratificación de 26 de enero de 1981, del Protocolo de 19 de mayo de 1978 sobre los privilegios, exenciones e inmunidades de INTELSAT, hecho en Washington el 19 de mayo de 1978.

Núm. 235, de 1 de octubre de 1985. Instrumento de Ratificación del Convenio estableciendo la Organización Europea de Telecomunicaciones por Satélite (EUTELSAT), Acuerdo de Explotación relativo a la Organización Europea de Telecomunicaciones por Satélite (EUTELSAT), hechos en París el 15 de julio de 1982, y del Protocolo de modificación, hecho en París el 15 de diciembre de 1983.

Núm. 164, de 10 de julio de 1982, Ley 25/1982, de 30 de junio, de agricultura de montaña.

Núm. 351 de 17 de diciembre de 1954, Ley de 16 de diciembre de 1964 de Expropiación Forzosa.

Ley de 26 de octubre de 1907 de Ordenación de las Telecomunicaciones.

Núm. 306, de 23 de diciembre de 1995, Ley de 42/1995, de 22 de diciembre, de las telecomunicaciones por cable.

Núm. 99, de 25 de abril de 1998, Ley 11/1998, de 24 de abril, General de Telecomunicaciones.

Núm. 264, de 4 de noviembre de 2003, Ley 32/2003, de 3 de noviembre, General de Telecomunicaciones.

Núm. 144, de 10 de mayo de 2014, Ley 9/2014, de 9 de mayo, General de Telecomunicaciones.

Núm. 155, de 29 de junio de 2022, Ley 11/2022, de 28 de junio, General de Telecomunicaciones.

Núm. 307, de 24 de diciembre de 1984, Real Decreto 2248/1984 de 28 de noviembre sobre extensión del servicio telefónico en el medio rural.

Núm. 148, de 21 de junio de 2000, Real Decreto Legislativo 2/2000 de 16 de junio, por el que se aprueba el texto refundido de la Ley de Contratos de las Administraciones Públicas.

Núm. 292 de 6 de diciembre de 1984, Real Decreto 2164/1984, de 31 de octubre, por el que se regula la acción común para el desarrollo integral de las zonas de agricultura de montaña y de otras zonas equiparables en desarrollo de la Ley 25/1982.

Núm. 248, de 16 de octubre de 1999, Real Decreto-ley 16/1996, de 15 de octubre, por el que se adoptan medidas para combatir la inflación y facilitar un mayor grado de competencia en las telecomunicaciones.

Núm. 139, Real Decreto-ley 6/1996 de 7 de junio de liberalización de las telecomunicaciones, posterior Ley 12/1997, de 24 de abril, de Liberalización de las Telecomunicaciones (BOE núm. 99 de 25 de abril de 1997).

Núm. 78, de 31 de marzo de 2012, Real Decreto-Ley 13/2012 de 30 de marzo por el que se trasponen directivas en materia de mercados interiores de electricidad y gas y en materia de comunicaciones electrónicas, y por el que se adoptan medidas para la corrección de las desviaciones por desajustes entre los costes e ingresos de los sectores eléctrico y gasista.

Núm. 213, de 5 de septiembre de 1998, Real Decreto 1736/1998, de 31 de julio, por el que se aprueba el Reglamento por el que se desarrolla el Título III de la Ley General de Telecomunicaciones en lo relativo al servicio universal de telecomunicaciones, a las demás obligaciones de servicio público y a las obligaciones de carácter público en la prestación de los servicios y en la explotación de las redes de telecomunicaciones.

Núm. 102 de 29 de abril de 2005, Real Decreto 424/2005 de 15 de abril por el que se aprueba el Reglamento sobre las condiciones para la prestación de servicios de comunicaciones electrónicas, el servicio universal y la protección de los usuarios.

Núm. 113 de 12 de mayo de 1993, Resolución de 27 de abril de 1993, de la Secretaría General de Comunicaciones, por la que se dispone la publicación del Acuerdo del Consejo de Ministros de fecha 12 de marzo por el que se aprueba el Plan Operacional de Extensión del Servicio Telefónico en el Medio Rural 1993-1996 que antecede al Plan de Telefonía Rural 1988-1991.

Centro de estudios y Documentación Internacionales de Barcelona (CIDOB), Comisión Económica para América Latina y el Caribe (CEPAL): *Conectados a la banda ancha: Tecnología, políticas e impacto en América Latina y España*, 2012.

Circulaire n.° 5412/SG du Premier Ministre du 31 juillet 2009, relative aux « Schémas directeurs et concertation régionale sur l'aménagement numérique du territoire », annexe 5 et annexe 2 de la circulaire du 16 aout relative à la mise en œuvre du *Programme National très haut débit et de la politique d'aménagement numérique du territoire* (Réf. NOR: PRMX1120797C).

CNMC. Comisión Nacional de los Mercados y de la Competencia.

Informes anuales de ayudas públicas en España, años 2020, 2021 y 2022 Disponible en: https://www.cnmc.es/ambitos-de-actuacion/promocion-de-la-competencia/ayudas-publicas

Blog. *Análisis de las redes de nueva generación en España*. Consultado el 5 de mayo de 2023. Disponible en: https://blog.cnmc.es/2014/03/24/analisis-de-las-redes-de-nueva-generacion-en-espana/#:~:text=Las%20redes%20de%20acceso%20de,hasta%20el%20hogar%20(

Análisis geográfico de los servicios de banda ancha y despliegue de NGA en España. Datos diciembre 2021, Ref. ESTAD/CNMC/022/21.

Comisión del Mercado de las Telecomunicaciones:

Resolución de 23 de septiembre de 1999.

Resolución de 28 de noviembre de 2002.

Comisión Europea:

Comunicación de 25 de octubre de 1994, *Libro Verde sobre la liberalización de las infraestructuras de telecomunicaciones y redes de televisión por cable*, COM (94) 400 final.

Informe para España sobre el Índice de la Economía y Sociedad Digitales (DESI), 2022.

Comunicación de la Comisión de 19 de mayo de 2010, *Una Agenda Digital para Europa*, COM (2010) 245 final.

Configurar el futuro digital de Europa, Corredores transfronterizos 5G. Disponible en: https://digital-strategy.ec.europa.eu/es/policies/cross-border-corridors

Comunicación de 28 de abril de 1993, sobre consultas efectuadas con motivo del informe sobre la situación del sector de las telecomunicaciones, COM (93) 159 final.

Comunicación de la Comisión de 29 de enero de 2020, *Despliegue seguro de la 5G en la UE-Aplicación de la caja de herramientas de la UE*, COM (2020) 50 final.

Communication de la Commission au Conseil sur les Télécommunications. Lignes d'action, de 29 septembre 1983, COM (83) 573 final.

Comunicación de la Comisión al Consejo sobre la política comunitaria de las telecomunicaciones, de 5 de junio de 1986, COM (86), 325 final.

Comunicación de la Comisión relativa a la aplicación de las normas de la Unión Europea en materia de ayudas estatales a las compensaciones concedidas por la prestación de servicios de interés económico general, COM 2012/C 8/03.

Comunicado de prensa «Ayudas estatales: la Comisión aprueba el mapa de ayudas regionales 2022-2027 para España», Disponible en: https://ec.europa.eu/commission/presscorner/detail/es/ip_22_1763.

Comunicación de la Comisión relativa a la definición de mercado de referencia a efectos de la normativa comunitaria en materia de competencia, COM 97/CE 372/03.

Comunicación de la Comisión sobre los servicios de interés general en Europa cuya última modificación se produce en el año 2000 (DOCE C-17/4 de 19 de enero).

Comunicación de 19 de mayo de 2010, *Una Agenda Digital para Europa*, COM (2010) 245 final.

Comunicación de 4 de agosto de 2009, *Informe sobre Competitividad Digital de Europa. Principales logros de la estrategia i2010 entre 2005 y 2009*, COM (2009) 390 final.

Comunicación de 21 de mayo de 2003, *Libro Verde sobre los servicios de interés general*, COM (2003) 270 final.

Comunicación de 12 de mayo de 2004, *Libro Blanco sobre los servicios de interés general,* COM (2004) 374 final.

Comunicación de 20 de noviembre de 2007 que acompaña a la Comunicación «Un mercado único para la Europa del siglo veintiuno», *Ser-*

vicios de interés general, incluidos los sociales: un nuevo compromiso europeo, COM (2007) 725 final.

Comunicación de 20 de diciembre de 2011 *Un marco de calidad para los servicios de interés general en Europa*, COM (2011) 900 final.

Comunicación de 8 de mayo de 2012, *Modernización de las ayudas estatales en la UE*, COM (2012) 209 final.

Comunicación de 6 de marzo de 1996, relativa a las ayudas de minimis (DO C 68).

Comunicación de la Comisión de 25 de junio de 2008 «Pensar primero a pequeña escala»-«*Small Business Act*» *para Europa: Iniciativa en favor de las pequeñas empresas*, COM (2008) 394.

Comunicación de 9 de marzo de 2021, *Brújula Digital 2030: el enfoque de Europa para el Decenio Digital*, COM (2021) 118 final.

Comunicación de 30 de junio de 2021, *Una visión a largo plazo para las zonas rurales de la UE: hacia unas zonas rurales más fuertes, conectadas, resilientes y prósperas antes de 2040*, COM (2021) 345 final.

Comunicación de 19 de enero de 2001, *Los servicios de interés general en Europa* (2001/C 17/04).

Comunicación *Hacia una economía europea dinámica. Libro Verde sobre el desarrollo del mercado común de los servicios y equipos de telecomunicaciones*, COM (87) 290 final.

Comunicación de 1 de junio de 2005, *i2010 Una sociedad de la información europea para el crecimiento y el empleo*, COM (2005) 229 final.

Comunicación de 20 de septiembre de 2010, *Banda ancha europea: inversión en crecimiento impulsado por la tecnología digital*, COM (2010) 472 final.

Comunicación de 6 de octubre de 2010, *Contribución de la Política Regional al crecimiento inteligente en el marco de Europa 2020*, COM (2010) 553 final.

Decisión de la Comisión en el Asunto C49/06 -Italia- Ayuda estatal C49/06 (DO L 189 de 21 de julio de 2009).

Decisión de 20 de diciembre de 2011, relativa a la aplicación de las disposiciones del artículo 106, apartado 2, del Tratado de Funcionamiento de la Unión Europea a las ayudas estatales en forma de compensación por servicio público concedidas a algunas empresas encargadas de la gestión de servicios de interés económico general (2012/21/CE).

Decisión de la Comisión de 25 de abril de 2001 (N118/00) Subvention publiques aux clubs sportifs professionnels.

Decisión de 6 de mayo de 2010 sobre las condiciones técnicas armonizadas relativas al uso de la banda de frecuencias de 790-862 MHz para los sistemas terrenales capaces de prestar servicios de comunicaciones electrónicas en la Unión Europea (2010/267/UE).

Decisión 2008/411/CE de la Comisión de 21 de mayo de 2008, relativa a la armonización de la banda de frecuencias de 3400 MHz-3800MHz para sistemas terrenales capaces de prestar servicios de comunicaciones electrónicas en la Comunidad.

Decisión 2009/766/CE de la Comisión, de 16 de octubre de 2009, relativa a la armonización de las bandas de frecuencias de 900MHz-1800 MHz para los sistemas terrenales capaces de prestar servicios paneuropeos de comunicaciones electrónicas en la Comunidad.

Decisión de Ejecución (UE) 2022/173 de 7 de febrero de 2022 relativa a la armonización de las bandas de frecuencias de 900 MHz y 1800 MHz para los sistemas terrenales capaces de prestar servicios de comunicaciones electrónicas en la Unión y por la que se deroga la Decisión 2009/766/CE.

Decisión de 29 de julio de 2002 por el que se establece el Grupo de entidades reguladoras europeas de las redes y los servicios de comunicaciones electrónicas (2002/627/CE).

Decisión de 26 de julio de 2002, por la que se cera un Grupo de política del espectro (2002/622/CE).

Decisión 2008/477/CE de 13 de junio de 2008, relativa a la armonización de la banda de frecuencias de 2500- 2690MHz para los sistemas terrenales capaces de prestar servicios de comunicaciones electrónicas en la Comunidad.

Directiva de 16 de noviembre de 2006 relativa a la transparencia de las relaciones financieras entre los Estados miembros y las empresas públicas, así como a la transparencia financiera de determinadas empresas (2006/111/CE).

Directiva 90/388/CE de la Comisión, de 28 de junio de 1990 relativa a la competencia en los mercados de servicios de telecomunicaciones.

Directiva 96/19/CE de 13 de marzo de 1996, por la que se modifica la Directiva 90/388/CEE en lo relativo a la instauración de la plena competencia en los mercados de telecomunicaciones.

Informe al Consejo Europeo de Laeken. Los servicios de interés general, 17 de octubre de 2001, COM (2001) 598 final.

Informe McKinsey, Shaping the digital transformation in Europe, sept. 2020.

Informe sobre la competitividad digital de Europa (SEC-2010 627) «Líneas móviles= tarjetas de datos dedicadas + llaves USB + dongles».

Recomendación 2000/417/CE de 25 de mayo de 2000 sobre el acceso desglosado al bucle local: prestación competitiva de una amplia gama de servicio de comunicaciones electrónicas, incluidos los multimedios de banda ancha y los servicios de internet de alta velocidad.

Recomendación de la Comisión de 28 de octubre de 2009 para facilitar la obtención del dividendo digital en la Unión Europea (2009/848/CE).

Recomendación 2010/572/UE de 20 de septiembre de 2010 relativa al acceso regulado a las redes de acceso de nueva generación (NGA).

Reglamento (UE) 2021/1237 de la Comisión de 23 de julio de 2021 por el que se modifica el Reglamento (UE) n.º 651/2014, por el que se declaran determinadas categorías de ayudas compatibles con el mercado interior en aplicación de los artículos 107 y 108 del Tratado (Reglamento de Exención por Categorías).

Reglamento (UE) 2021/1237 de la Comisión de 23 de julio de 2021 por el que se modifica el Reglamento (UE) 651/2014, por el que se declaran determinadas categorías de ayudas compatibles con el mercado interior en aplicación de los artículos 107 y 108 del Tratado.

Reglamento (UE) 1224/2013 de 29 de noviembre de 2013 por el que se modifica el Reglamento (CE) 800/2008 en lo relativo a su periodo de aplicación.

Reglamento (CE) 69/2001 de la Comisión, de 12 de enero de 2001, relativo a la aplicación de los artículos 87 y 88 del Tratado a las ayudas de minimis.

Reglamento 1998/2006 de la Comisión, de 15 de diciembre de 2006, relativo a la aplicación de los artículos 87 y 88 del Tratado a las ayudas de minimis.

Comisión Europea y High Level Group Benchmarkin Framework. *Informe i2010 High Level Group-Benchmarking Framework*, 2006.

Comisión del Mercado de las Telecomunicaciones. *Informe el mercado de las telecomunicaciones, audiovisual e internet*, 2001.

Comité Económico y Social Europeo. Dictamen del Comité económico y Social Europeo, *Una evaluación independiente sobre los servicios de interés general* (2008/C 162/10).

CONTRATO DE CONCESIÓN CON TELEFÓNICA (CTNE) de 31 de octubre de 1946.

CONSEJO EUROPEO:

Conclusiones del Consejo Europeo sobre la configuración del Futuro Digital de Europa (2020/C202 I/01).

Decisión del Consejo 87/95/CEE, de 27 de diciembre de 1986, relativa a la normalización en el campo de la tecnología de la información y de las telecomunicaciones (D.O.L 36, 7 de febrero de 1987).

Decisión de 28 de junio de 1999 por la que se establecen los procedimientos para el ejercicio de las competencias de ejecución atribuidas a la Comisión (1999/468/CE).

Decisión de 29 de octubre de 2010, por la que se modifica el estatuto respecto de la Unión de la isla de San Bartolomé (2010/718/UE).

Decisión de 11 de julio de 2012 por el que se modifica el estatuto de Mayotte respecto de la Unión Europea (2012/419/UE).

Directiva 86/361/CEE 24 de julio de 1986 relativa a la primera etapa del reconocimiento mutuo de la homologación de equipos terminales de comunicaciones.

Directiva 2006/112/CE de 28 de noviembre de 2006 relativo al sistema común del impuesto sobre el valor añadido.

Directiva 2008/118/CE de 16 de diciembre de 2008 relativa al régimen general de los impuestos especiales y por la que se deroga la Directiva 92/12/CEE.

Directiva 90/387/CEE del Consejo, de 28 de junio de 1990, relativa al establecimiento del mercado interior de los servicios de telecomunicaciones mediante la realización de la oferta de una red abierta de telecomunicaciones.

Directiva 92/44/CEE de 5 de junio de 1992 relativa a la aplicación de la oferta de red abierta a las líneas arrendadas.

Recomendación del Consejo 84/550/CEE, de 12 de noviembre de 1984, relativa a la primera fase de apertura de los contratos públicos de telecomunicaciones (D.O. L 298, de 16 de noviembre de 1984).

Recomendación del Consejo 86/659/CEE de 22 de diciembre de 1986, relativa a la introducción de la Red Digital de Servicios Integrados (RDSI) en la Comunidad Europea (D.O.L 382, de 31 de diciembre de 1981).

Recomendación del Consejo 84/550/CEE, de 12 de noviembre de 1984, relativa a la primera fase de apertura de los contratos públicos de telecomunicaciones.

Reglamento (CEE) 3300/86 del Consejo, de 27 de octubre de 1986, por el que se establece un programa comunitario relativo al desarrollo de determinadas regiones desfavorecidas de la comunidad mediante un mejor acceso a los servicios avanzados de telecomunicaciones (Programa STAR).

Reglamento (UE) 2015/1589 del Consejo de 13 de julio de 2015 por el que se establecen normas detalladas para la aplicación del art. 108 TFUE.

Reglamento (CE) 104/2000 del Consejo, de 17 de diciembre de 1999 por el que se establece la organización común de mercados en el sector de los productos de la pesca y de la acuicultura.

Reglamento (CE, Euratom) 1605/2002 de 25 de junio por el que se aprueba el Reglamento financiero aplicable al presupuesto general de las Comunidades Europeas.

Consejo Europeo y Parlamento Europeo:

Decisión 243/2012/UE de 14 de marzo de 2012 por la que se establece un programa plurianual de política del espectro radioeléctrico.

Decisión 676/2002/CE de 7 de marzo de 2002, sobre un marco regulador de la política del espectro radioeléctrico en la Comunidad Europea (Decisión espectro radioeléctrico).

Decisión de 17 de junio de 1997 relativa a un conjunto de orientaciones para las redes transeuropeas de telecomunicaciones (1336/97/CE).

Decisión de 16 de septiembre de 2009 relativa a las soluciones de interoperabilidad para las administraciones públicas europeas (ISA) (922/2009/CE).

Directiva 2002/22/CE de 7 de marzo de 2002 relativa al servicio universal y los derechos de los usuarios en relación con las redes y los servicios de comunicaciones electrónicas (Directiva servicio universal).

Directiva (UE) 2018/1972 de 11 de diciembre de 2018 por la que se establece el Código Europeo de las Comunicaciones Electrónicas.

Directiva 2002/21/CE de 7 de marzo de 2002 relativa a un marco regulador común de las redes y los servicios de comunicaciones electrónicas (Directiva marco).

Directiva 2002/20/CE de 7 de marzo de 2002 relativa a la autorización de redes y servicios de comunicaciones electrónicas (Directiva de autorización).

Directiva 2006/123/CE del Parlamento Europeo y del Consejo de 12 de diciembre de 2006 relativa a los servicios en el mercado interior.

Directiva 97/13/CE de 10 de abril de 1997 sobre el marco común en materia de autorizaciones generales y licencias individuales en el ámbito de los servicios de telecomunicaciones.

Directiva 98/10/CE de 26 de febrero de 1998 sobre la aplicación de la oferta de red abierta (ONP) a la telefonía vocal y sobre el servicio universal de telecomunicaciones en un entorno competitivo.

Directiva 97/51/CE del de 6 de octubre de 1997, por la que se modifican las Directivas 90/387/CEE y 92/44/CEE del Consejo a efectos de su adaptación a un entorno competitivo en el sector de las telecomunicaciones.

Directiva 95/62/CE del de 13 de diciembre de 1995 sobre la aplicación de la oferta de red abierta (ONP) a la telefonía vocal.

Directiva 97/13/CE de 10 de abril de 1997 sobre autorizaciones generales y licencias individuales en el ámbito de los servicios de telecomunicaciones.

Directiva 97/33/CE del de 30 de junio de 1997 relativa a la interconexión en las telecomunicaciones en lo que respecta a garantizar el servicio universal y la interoperabilidad mediante la aplicación de los principios de la oferta de red abierta (ONP).

Reglamento (UE) 182/2011 de 16 de febrero de 2011, por el que se establecen las normas y los principios generales relativos a las modalidades de control por parte de los Estados miembros del ejercicio de las competencias de ejecución por parte de la Comisión.

Reglamento (UE) 2019/1700 de 10 de octubre de 2019 por el que se establece el mercado común para las estadísticas europeas relativas a las personas y los hogares, basadas en datos individuales recogidos a partir de muestras, se modifican los Reglamentos (CE) 808/2004, (CE) 452/2008 y (CE) 1338/2008 del Parlamento Europeo y del Consejo y se derogan el Reglamento (CE) 1177/2003 del Parlamento Europeo y del Consejo y el Reglamento (CE) 577/98 del Consejo.

Reglamento (UE) 2021/1058 del Parlamento Europeo y del Consejo, de 24 de junio de 2021, relativo al Fondo Europeo de Desarrollo Regional y al Fondo de Cohesión.

Reglamento (UE) 2021/240 del Parlamento Europeo y del Consejo por el que se establece un instrumento de apoyo técnico.

Reglamento (UE) 2021/523, de 24 de marzo de 2021, por el que se establece el programa InvestEU y se modifica el Reglamento (UE) 2015/1017.

Reglamento (UE) 2021/690 del Parlamento Europeo y del Consejo, de 28 de abril de 2021, por el que se establece un programa para el mercado interior, la competitividad de las empresas, incluidas las pequeñas y medianas empresas, el ámbito de los vegetales, animales, alimentos y piensos, y las estadísticas europeas (Programa para el Mercado Único), y se derogan los Reglamentos (UE) núm. 99/2013, (UE) núm. 1287/2013, (UE) núm. 254/2014 y (UE) núm. 652/2014.

Reglamento (UE) 2021/694 del Parlamento Europeo y del Consejo, de 29 de abril de 2021, por el que se establece el Programa Europa Digital y por el que se deroga la Decisión (UE) 2015/2240.

Reglamento (UE) 2021/695 del Parlamento Europeo y del Consejo, de 28 de abril de 2021, por el que se crea el Programa Marco de Investigación e Innovación «Horizonte Europa», se establecen sus normas de participación y difusión, y se derogan los Reglamentos (UE) núm. 1290/2013 y (UE) núm. 1291/2013.

Reglamento (UE) 2021/1153 del Parlamento Europeo y del Consejo, de 7 de julio de 2021, por el que se establece el Mecanismo «Conectar Europa» y se derogan los Reglamentos (UE) núm. 1316/2013 y Reglamento (UE) núm. 283/2014.

Reglamento (UE) 2021/241 de 12 de febrero de 2021 por el que se establece el Mecanismo de recuperación y Resiliencia.

Reglamento (UE) 1315/2013 de 11 de diciembre de 2013 sobre las orientaciones de la Unión para el desarrollo de la Red Transeuropea de Transporte, y por el que se deroga la Decisión 661/2010/UE.

Reglamento (UE) 347/2013 de 17 de abril de 2013 relativo a las orientaciones sobre las infraestructuras energéticas transeuropeas y por el que se deroga la Decisión 1364/2006/CE y se modifican los Reglamentos (CE) 713/2009, (CE) 714/2009 y (CE) 715/2009.

Reglamento (UE) 283/2014 del Parlamento Europeo y del Consejo de 11 de marzo de 2014 relativo a unas orientaciones para las redes transeuropeas en el sector de las infraestructuras de telecomunicaciones y por el que se deroga la Decisión 1336/97/CE.

Reglamento (CE) 717/2007 de 27 de junio de 2007 relativo a la itinerancia de redes públicas de telefonía móvil en la Comunidad y por el que se modifica la Directiva 2002/21/CE.

European Commission:

Communication from the Commission to the European Parliament, the Council, the European Económic and Social Committee and the Committe of the regions, *An EU initiative on Web 4.0 and virtual worlds:*

a head start in the next technological transition of 11.7.2023, COM(2023) 442 final.

Shaping Europe's Digital Future. Disponible en: https://digital-strategy.ec.europa.eu/en.

Competition policy, Services of General Interest. Disponible en: https://competition-policy.ec.europa.eu/state-aid/legislation/sgei_en.

European Commission. Radio Spectrum Policy Group. *Strategic roadmap towards 5G for Europe. Opinion on spectrum related aspects for next generation wireless systems (5G)*, 9 november 2016, RSPG16-032 final.

GSMA Association. *The mobile economy*, 2022. Disponible en: chrome-extension://efaidnbmnnnibpcajpcglclefindmkaj/https://www.gsma.com/mobileeconomy/wp-content/uploads/2022/02/280222-The-Mobile-Economy-2022.pdf.

Gobierno de España:

Plan de Recuperación, Transformación y Resiliencia: Componente 15, Conectividad digital, impulso a la ciberseguridad y despliegue del 5G, 16 de junio de 2021.

III Informe de ejecución del PRTR, 2023. Disponible en: https://planderecuperacion.gob.es/documentos-y-enlaces.

LOI n.° 2004-575 du 21 juin 2004 pour la confiance dans l'économie numérique.

LOI n.° 2004-669 du 9 juillet 2004 relative aux communications électroniques et aux services audiovisuelles.

Ministére de l'Économie, des Finances et de la Souveraineté industrielle et numérique, *Plan Très Haut Débit: déploiement de la fibre optique partout en France d'ici 2025*. Disponible en: https://www.economie.gouv.fr/plan-de-relance/mesures/plan-france-tres-haut-debit-fibre-optique

Ministerio de Asuntos Económicos y Transformación Digital:

Estrategia de Impulso de la Tecnología 5G, 2020. Disponible en: https://bit.ly/3h5Azex.

El Gobierno lanza la consulta pública sobre zonas elegibles para las ayudas de conectividad ultrarrápida. Disponible en 2023. Disponible en: https://www.lamoncloa.gob.es/serviciosdeprensa/notasprensa/asuntos-economicos/Paginas/2023/240523-gobierno-consulta-ayudas-conectividad.aspx.

Agenda España Digital 2025, 2020.

Mapa zonas elegibles Programa UNICO-Demanda Rural. Disponible en: https://experience.arcgis.com/experience/a1efc4ec0e4b42ad90274ad6febb1608/.

Agenda España Digital 2026, 2022.

Plan para la Conectividad y las Infraestructuras Digitales de la sociedad, la economía y los territorios. Disponible en: https://bit.ly/3t3D2eO.

Informe cobertura de banda ancha en España en el año 2020, mayo 2021. Disponible en: https://bit.ly/3vb2yBz.

El Ministerio de Asuntos Económicos y Transformación Digital lanza una consulta para identificar proyectos que impulsen la transformación digital y la cohesión territorial mediante la extensión de banda ancha de muy alta velocidad al 100 % de la población y el despliegue de redes 5G en zonas poco pobladas, enero 2021. Disponible en: https://portal.mineco.gob.es/es-es/comunicacion/Paginas/210113_np_manifestaciones.aspx.

Plan de telecomunicaciones y redes ultrarrápidas 2013, 2013.

Consulta pública sobre la licitación de la banda de frecuencia de 26 GHz para la prestación de servicios de comunicaciones electrónicas de banda ancha. Disponible en: https://portal.mineco.gob.es/es-es/ministerio/participacionpublica/consultapublica/Paginas/Consulta_publica_licitacion_banda_frecuencias_26GHz_prestacion_servicios_comunicaciones.aspx

Informe de cobertura de banda ancha en España en el año 2022, 2022.

Ministerio de Política Territorial y Función Pública. *Estrategia Nacional frente al Reto Demográfico*, 31 diciembre de 2020. Disponible en: https://www.lamoncloa.gob.es/consejodeministros/Paginas/enlaces/290319-enlace-reto.aspx.

nPerf DATA: *Mapa cobertura nPerf 5G*. Disponible en: https://bit.ly/3JQcHbb.

Observatorio Europeo 5G para Europa. *Impacto del 5G en los sectores económicos*. Disponible en: https://5gobservatory.eu/5g-trial/major-european-5gtrials-and-pilots/.

OCDE. *Network developments in support of innovation and user needs*, 2009.

Parlamento Europeo. Resolución del Parlamento Europeo de 12 de septiembre de 2013 sobre una Agenda Digital para el crecimiento, la movilidad y el empleo: ha llegado la hora de acelerar, (2016/C 093/17).

Real Decreto de 18 de marzo de 1891.

Real Decreto de 19 de marzo de 1912.

Real Decreto-Ley de 12 de abril de 1924.

Real Decreto de 4 de julio de 1924.

Secretaria General del Congreso de los Diputados, Documentación preparada para la tramitación del proyecto de ley de ordenación de las telecomunicaciones (BOCG-Congreso, Serie A. núm. 27 de 21 de marzo de 1987), Documentación núm. 57, abril 1987. Documentación española, comunidades europeas. Documentación Extranjera. Bibliografía.

Sindic de Greuges de Catalunya: *Internet de banda ancha como servicio universal: el derecho a la igualdad digital*, Informe 2013.

Universidad de Granada y Junta de Andalucía. *Ayudas estatales: la Comisión aprueba el mapa de ayudas regionales 2022-2027 para España*, 18 de marzo de 2002. Disponible en: https://cde.ugr.es/index.php/union-europea/noticias-ue/1360-ayudas-estatales-la-comision-aprueba-el-mapa-de-ayudas-regionales-2022-2027-para-espana.

Jurisprudencia

- STS de 17 de marzo de 1979.
- STJUE Asunto C-302/94 Judgment of 12 December 1996, The Queen / Secretary of State for Trade and Industry, ex parte British Telecommunications (C-302/94, ECR 1996 p. I-6417).
- STJUE de 24 de julio de 2003 (Asunto C-280/00) Altmark Trans GmbH y sobre el Reglamento (CEE) n. 1191/69 - Explotación de servicios regulares de transporte urbano, de cercanías y regional - Subvenciones públicas - Concepto de ayuda de Estado - Compensación que constituye la contrapartida de obligaciones de servicio público.
- STC 127/1994, de 5 de mayo (BOE núm. 129 de 31 de mayo de 1994).
- STJCE de 6 de diciembre de 2001 (Asunto C-146/00) y Conclusiones del Abogado General Sr. L.A. GEELHOED, presentadas el 7 de junio de 2001.
- STJCE de 7 de enero de 2004 (Asunto C-117/01), National Health Service Pensions Agency.
- STJCE de 23 de abril de 1991 (Asunto C-41/90), Hofner y Elser.
- STJCE de 8 de julio de 1999 (Asunto T-266/97), Vlaamse Televisie Maatscbappij.

- STS 667/2000 de 2 de febrero de 2000.
- SAN de 11 de mayo de 2004.
- SAN de 5 de febrero de 2004.
- SAN 6523/2004 de 21 de octubre.
- SAN 4536/2004, de 24 junio.
- STJCE de 20 de noviembre de 2003 (Asunto C-126/01), Ministre de l'Économie, de las Finances et de l'industrie/Gemo SA.
- STJCE 27 de noviembre de 2003 (Asuntos acumulados C-34/01 a 38/01), Enirisorse Spa.
- STJCE de 12 de septiembre de 200 (Asuntos acumulados C-180/98 a C-14/98) Pavlov y otros.
- STJCE de 16 de junio de 1987 (Asunto 118/85, Comisión/Italia).
- STJCE de 18 de junio de 1998 (Asunto C-35/96, Comisión/Italia).
- STJCE de 29 de octubre de 1980 (Asuntos acumulados 209/78 a 215/78 y 218/78), Van Ladnewyck.
- STJCE de 16 de noviembre de 1995 (Asunto C-244/94), FFSA.
- STJUE de 16 de diciembre de 2010 (Asunto C-480/09), P AceaElectrabel Produzione SpA/Comisión.
- Asunto C-222/04, Ministero dell'Economia e delle Finanze/Cassa di Risparmio di Firenze SpA y otros, Rec. 2006, p. I-289, apartado 112.
- STJ de 10 de enero de 2006 (Asunto C-222/04), Ministero dell'Economia e delle Finanze/Cassa di Risparmio di Firenze SpA.
- STJCE de 16 de junio de 1987 (Asunto C-118/85), Comisión/Italia.
- STJCE de 4 de mayo de 1988 (Asunto C-30/87), Bodson/Pompes funèbres des régions libérées.
- STJCE de 9 de marzo de 2006 (Asunto C-323/03), Comisión/Reino de España
- STJCE de 10 de diciembre de 1991 (Asunto C-179/90), Merci Convezionali porto di Genova.
- STJCE de 11 de septiembre de 2007 (Asunto C-318/05), Comisión/Alemania.
- STJCE de 16 de mayo de 2002 (Asunto C-482/99), Francia/Comisión.
- STJCE de 13 de junio de 2002 (Asunto C-382/99), Países Bajos/Comisión.

Made in the USA
Middletown, DE
05 November 2026

36541620R10159